# A MARAVILHOSA TRAMA DAS COISAS

# A MARAVILHOSA TRAMA DAS COISAS

Sabedoria indígena, conhecimento científico
e os ensinamentos das plantas

# ROBIN WALL KIMMERER

Tradução de Maria de Fátima Oliva Do Coutto

Copyright do texto © 2013 by Robin Wall Kimmerer
Copyright da introdução © 2020 by Robin Wall Kimmerer
Todos os direitos reservados. Nenhuma parte deste livro pode ser utilizada ou reproduzida, sob quaisquer meios existentes, sem a autorização por escrito da editora.

TÍTULO ORIGINAL
Braiding Sweetgrass: Indigenous Wisdom, Scientific Knowledge, and the Teachings of Plants

COPIDESQUE
Vivien Gonzaga e Silva

PREPARAÇÃO
Fábio Gabriel Martins

REVISÃO
Eduardo Carneiro
Iuri Pavan
Lorrane Fortunato
Thais Entriel

LEITURA SENSÍVEL
Mayra Sigwalt

DESIGN DE CAPA
Mary Austin Speaker

DIAGRAMAÇÃO E ADAPTAÇÃO DE CAPA
Julio Moreira | Equatorium Design

**CIP-BRASIL. CATALOGAÇÃO NA PUBLICAÇÃO**
**SINDICATO NACIONAL DOS EDITORES DE LIVROS, RJ**

K62m

  Kimmerer, Robin Wall, 1953-
    A maravilhosa trama das coisas : sabedoria indígena, conhecimento científico e os ensinamentos das plantas / Robin Wall Kimmerer ; tradução Maria de Fátima Oliva do Coutto. - 1. ed. - Rio de Janeiro : Intrínseca, 2023.
    416 p. ; 23 cm.

  Tradução de: Braiding sweetgrass: indigenous wisdom, scientific knowledge, and the teachings of plants.
    ISBN 978-65-5560-411-5

  1. Filosofia indiana. 2. Etnoecologia. 3. Filosofia da natureza. 4. Ecologia Humana – Filosofia. 5. Botânica – Filosofia. 6. Índios Potawatomi - Biografia. 7. Índios Potawatomi - Vida social e costumes. I. Coutto, Maria de Fátima Oliva do. II. Título.

23-82264         CDD: 305.8
                 CDU: 633.88(=1-82)

Gabriela Faray Ferreira Lopes - Bibliotecária - CRB-7/6643

[2023]
*Todos os direitos desta edição reservados à*
Editora Intrínseca Ltda.
Rua Marquês de São Vicente, 99, 6º andar
22451-041 — Gávea
Rio de Janeiro — RJ
Tel./Fax: (21) 3206-7400
www.intrinseca.com.br

Para todos os Guardiões do Fogo
 meus pais
  minhas filhas
   e meus netos,
que ainda se juntarão a nós neste lugar maravilhoso

# Sumário

Introdução ... 9
Prefácio ... 19

**Plantar a erva ancestral**
    Ataensic, a mulher que caiu do céu ... 23
    O conselho das Nozes-Pecãs ... 31
    O presente dos Morangos ... 43
    Uma oferenda ... 54
    Ásteres e varas-de-ouro ... 59
    Aprender a gramática da animação ... 68

**Cuidar da erva ancestral**
    Lua de Açúcar de Bordo ... 81
    Witch Hazel, ou Hamamélis ... 90
    Deveres maternais ... 100
    O consolo dos nenúfares ... 116
    Discurso de Gratidão ... 123

**Colher a erva ancestral**
    Epifania das favas ... 137
    As Três Irmãs ... 144
    *Wisgaak gokpenagen*: o cesto de freixo-negro ... 157

    *Mishkos kenomagwen*: os ensinamentos da erva     172

    Nação Bordo: guia de cidadania     183

    A Honorável Colheita     191

**Trançar a erva ancestral**

    Seguindo os rastros de Nanabozho: tornar-se originário no lugar     219

    O som das halésias     230

    Sentados em círculo     238

    Queimada em Cascade Head     256

    Fincar raízes     269

    *Umbilicaria*: o umbigo do mundo     282

    Filhos das florestas primárias     291

    Testemunha da chuva     307

**Queimar a erva ancestral**

    Pegadas do Windigo     317

    O Sagrado e o Superfund     324

    Povo do Milho, Povo da Luz     355

    Dano colateral     362

    *Shkitagen*: Povo do Sétimo Fogo     374

    Derrotar o Windigo     388

Epílogo: Retribuir as dádivas     395

Uma nota quanto ao tratamento dos nomes das plantas     401

Uma nota quanto ao tratamento das línguas indígenas     403

Uma nota a respeito das histórias indígenas     405

Bibliografia     407

Agradecimentos     409

# Introdução

*A**wiingaashk* acaba de florescer à margem do meu lago, a primeira erva a brotar e, portanto, a marcar sua presença no emaranhado de palha meio marrom devido ao inverno. A panícula aberta é uma flecha constelada, com estames e pistilos emplumados, que balança sob a brisa. Ao me agachar no solo úmido para examinar melhor, cada florzinha tem a extremidade bordô e cor de cobre e reluz um brilho metálico, até reflete bem mais do que seria exigido de uma flor que não atrai abelhas, mas apenas o vento. É como se quisesse ser notada, elevando uma flor, tal uma bandeira, diante do imenso pasto verde da campina que a engole, para que não nos esqueçamos desse lugar quando chegar a hora de colher as compridas lâminas reluzentes, em meados do verão, e tendo apenas uma leve fragrância a nos guiar.

Essa erva ancestral não apareceu aqui do nada; eu a plantei há muitos anos e me sinto grata ao ver como se alastrou. Apesar das flores elegantes, a *wiingaashk* não se dissemina através de sementes transportadas pelo vento, mas por rizomas, finos tentáculos de caules subterrâneos que serpenteiam pelo solo, invisíveis até começarem a se erguer e, então, florescem. Raras vezes são predominantes nas campinas; pelo contrário, aproximam-se de modo lento e persistente, a fim de brotar ao lado de outras plantas maiores. Elas me encantam por sua subversiva infiltração no *statu quo*; por conta própria, encontram seu caminho e se instalam em novos lugares, onde seu brilho e fragrância sedutora acenam e nos atraem até o limite da consciência, como a lembrança de algo que um dia conhecemos e gostaríamos de reencontrar. Seu discreto movimento nos detém, nos convida a diminuir o ritmo e admirar a pradaria com um novo olhar. Veja o que está a sua espera: basta apenas prestar atenção. Ao me ajoelhar, é impossível evitar o suspiro de reconhecimento pela dádiva que ali sempre esteve presente.

De maneira análoga, esse também tem sido o caminho percorrido por *A maravilhosa trama das coisas*, como se as histórias no livro personificassem os ensinamentos do que o inspirou. Pouco a pouco, o livro foi se alastrando por baixo da superfície, como uma rede de rizomas, a princípio despercebida, até que, como no terreno à beira do meu lago, eu o visse florescer por todos os lados. Estou imersa em gratidão pela disseminação da mensagem que o livro transmite, por sua fragrância e seu brilho.

Desde tempos imemoriais, nós, a espécie humana, aceleramos o movimento da *wiingaashk* por toda a Ilha da Tartaruga (como muitos povos locais chamam a região da América do Norte) ao trazê-la para viver a nosso lado e compartilhar com amigos. É assim que essa erva ancestral se propaga melhor: quando a carregamos conosco. Foi assim, também, que este livro traçou seu caminho pelo mundo, não pela dispersão das sementes, mas por uma amorosa passagem de mão em mão. Esta linda edição celebra todas essas mãos.

A Milkweed Editions, editora original de *A maravilhosa trama das coisas*, relata que pequenas livrarias presentearam seus clientes com o livro, os quais acabaram voltando em busca de mais exemplares para compartilhar com amigos. Leitores davam seus livros para outras pessoas, dizendo: "Acho que você precisa ler isso", como se entregassem um manifesto de amor ao mundo.

Queria poder compartilhar todas as histórias que foram partilhadas comigo: casais que se cortejaram copiando passagens para seus amados, seguidos por votos de casamento inspirados por liquens; uma filha que todas as noites lia capítulos ao telefone para seu pai, cego, do outro lado do país; bebês que foram batizados de Hazel; bicicletas apelidadas de *wiingaashk*; declamações do Discurso de Gratidão em refeições nos feriados; manifestos de protesto; testemunhos no Tribunal da Terra. Várias pessoas me enviaram fotos nas quais o livro lhes fazia companhia: numa canoa no rio Amazonas, no alto de uma montanha, num trem rumo à Noruega, num leito de hospital, num fardo de feno no celeiro, um marco na quarentena. Curvo-me em agradecimento diante da solicitação de uma idosa, numa casa de repouso, de que as últimas palavras que ela ouvisse tivessem o perfume de morangos-silvestres. Essas histórias são dádivas para o espírito do escritor, e sou muito grata a todos vocês.

Todos têm um desejo secreto, suponho, um desejo latente por algum tipo de superpoder ou outra vida que poderia ter sido sua. Sei que não devemos cobiçar os cloroplastos do próximo, mas devo confessar minha incontrolável inveja da clorofila. Ainda sou fiel ao que escrevi há anos: "Às vezes, eu gostaria de ser capaz de fazer fotossíntese para que, só de existir, só de tremeluzir às margens da planície ou flutuar preguiçosamente em um lago, eu pudesse realizar o trabalho do mundo. Bastaria ficar ali de pé e em silêncio sob o sol."

Na ausência de cloroplastos, escrever é o mais perto dessa alquimia que sou capaz de chegar.

Uma folha, banhada pela luz, com estômatos escancarados para a lufada de ar, não difere da escritora em profunda reflexão no escuro, a mente escancarada para tufos de pensamentos tão amorfos quanto a atmosfera. Ambas estamos peneirando e separando infinitos fluxos de materiais tão onipresentes que se tornam invisíveis, moléculas singulares com as quais é possível criar vida.

Fico maravilhada com as turbinas de folhas verdes reluzentes que transformam ar e água em blocos de açúcar, como letras rodopiando e se transformando em palavras que podem ser unidas e reunidas, a ponto de traduzir qualquer coisa que se possa imaginar. Ah, se eu pudesse apenas transformar uma ideia em tinta, do mesmo modo como elas geram substâncias a partir da luz, o material inorgânico comum em moléculas de palavras orgânicas que energizam o desabrochar da vida; flores para seduzir, raízes para conectar, frutos para alimentar, sementes para resistir, seivas para curar a pele e aromas para recuperar toda a memória — tudo da luz e do ar transformado em açúcar.

Um dia, quando eu for um narciso, serei capaz de realizar fotossíntese. É algo que aguardo esperançosa.


Em circunstâncias assim, inevitavelmente indagam aos escritores: "Por que você escreveu esse livro?" Essa pergunta me paralisou. Eu deveria ter uma resposta erudita, mas a verdade é que o escrevi porque não consegui me conter. Havia histórias de plantas pedindo que fossem contadas, e elas forçaram o caminho, romperam a terra, percorreram meu braço com a força motriz do lírio-do-bosque em busca do sol. Coube a mim a honra e a responsabilidade de segurar a caneta. Sou profundamente grata pelo privilégio de transmitir a mensagem das plantas e, com isso, lhes permitir desempenhar sua missão. Escrevo baseada na crença de que as plantas são medicinais. Possam, assim, suas histórias nos trazer a cura.

O cantor Laurence Cole compôs músicas a partir de *A maravilhosa trama das coisas*. Uma delas, um canto hipnótico: "Um grande anseio paira sobre nós, o de viver de novo em um mundo feito de dádivas."★ Esse anseio foi o que impulsionou este livro. Escrevi *A maravilhosa trama das coisas* em resposta ao anseio presente nas comunidades indígenas de que nossa filosofia e nossas práticas sejam reconhecidas como guias para nos conduzir de volta ao caminho da vida. Escrevi em resposta ao anseio dos colonizadores, atormentados pelo grande número de injustiças e por viverem em terras roubadas, de encontrar o caminho do pertencimento. Ouvi os anseios da própria Terra espezinhada, que pede para ser amada e honrada de novo. Ouvi o anseio dos grous-canadenses, dos tordos-dos-bosques e das íris-aquáticas, cujo único desejo é viver. Escrevi movida pelo sentimento de reciprocidade em relação aos ensinamentos Anishinaabe, compartilhados comigo por algumas pessoas e plantas. Aprendemos que o motivo de nossos ancestrais se agarrarem a esses ensinamentos que os colonizadores tentaram apagar — é que um dia eles viriam a ser necessários a todos os seres. Aqui, na hora do Sétimo Fogo, na era da Sexta Extinção, do caos climático, da desconexão e da desonra, acredito ter chegado o momento.

Atrelada ao impulso de compartilhar, surge a missão de proteger. Com excessiva frequência, os abdutores se apropriaram dos conhecimentos indígenas; assim, o dom do conhecimento deve estar firmemente associado à responsabilidade de detenção desses conhecimentos. A sabedoria indígena poderia servir como tratamento contra a destruição de nosso relacionamento com nossa terra; a obrigação moral de compartilhar a cura deveria, então, ser acompanhada de uma prescrição para evitar seu uso indevido. Ela é sempre bem-vinda para inspirar uma autêntica revitalização do relacionamento com a terra, sem tirá-la de ninguém, mas, sim, encontrando e respeitando raízes já existentes e lembrando como cultivar as suas.

Escrevi com a intenção de fornecer um antídoto para o que os biólogos conservacionistas cunharam de "cegueira botânica", ou seja, para a ausência

---

★ Laurence Cole: "A great longing is upon us." Disponível em: <www.laurencecole.com/album/a-great-longing-is-upon-us/>. [N. da E.]

de conscientização coletiva quanto à importância das plantas para o funcionamento do ecossistema, e a consequente deficiência das políticas públicas, do conhecimento científico e a falta de apoio financeiro para a preservação das plantas. A cegueira botânica e seu correspondente, a solidão das espécies, impedem o reconhecimento do mundo verde como um jardim de dádivas. O ciclo flui transformando a atenção em dádiva, em gratidão e reciprocidade. E começa pelo reconhecimento.

Escrevi movida pelo sentimento de reciprocidade. Possa eu, em troca do privilégio de passar minha vida pessoal e profissional escutando as plantas, compartilhar seus ensinamentos com quem nem sequer sabia que elas tinham algo a dizer.

Lewis Hyde, autor do livro *The Gift*, tão importante para mim, explica como a arte, vista como dom, se comporta como aquele tipo de música em que na letra há um diálogo entre duas partes. Um dos elementos das canções tradicionais Potawatomi capazes de fazer meu coração acelerar é a estrutura na qual um líder canta uma frase da música em meio ao silêncio e é atendido por outras vozes, em resposta, que repetem a frase, agora de modo assertivo, retornando, em seguida, para o líder, que lhes lança uma nova frase. Esse esquema se repete e continua até todos estarem cantando. Assim como uma tempestade, que começa com o primeiro tamborilar e se transforma em temporal, com todos molhados e dançando na chuva ao som dos trovões. Para mim, parece uma voz solitária que descobre não estar sozinha. Diversos leitores usaram as mesmas palavras: "Achei que fosse o único a amar a terra dessa maneira." Assim, vivenciei a resposta a *A maravilhosa trama das coisas* — juntos formamos um coro.

Passei a compreender a contínua tarefa de *A maravilhosa trama das coisas* nesse diálogo, um chamado que se eleva de um anseio compartilhado e uma resposta que cresce em um coro de retorno a nossas origens. Incontáveis leitores contaram suas histórias de memórias enterradas sob o barulho do mundo, pela mercantilização da natureza, por se esquecerem de que também são algo bom para a terra. As pessoas estão se lembrando de outras maneiras de estar no mundo, em irmandade. Querem se lembrar de seus dons e de como os ofertar ao mundo. Quem sabe as plantas nos ajudem a lembrar.

*A maravilhosa trama das coisas* nos convida a realizar o *minidewak*, uma oferenda à Mãe Natureza, a estender nossa manta e enchê-la de presentes feitos por nós, em retribuição a tudo o que nos foi dado, em compensação por tudo o que tomamos. A resposta a esse convite tem sido um derramar de presentes recíprocos, de arte, de música e de ciência em favor da terra. Eu poderia lotar páginas de louvor por esses gestos de reciprocidade, mas só posso mencionar alguns, para inspirá-los a acrescentar os seus.

Por exemplo, músicas extraordinárias brotaram de *A maravilhosa trama das coisas*: o oboé de Sarah Fraker toca, num gesto de reciprocidade, em respeito pela árvore da qual foi confeccionado; vários cantores interpretam a canção em homenagem aos liquens, a partir do chamado de Laurence Cole; e, no hino do povo Cree, de Cheryl L'Hirondelle, os pássaros, a água e o povo cantam, todos juntos, selando a promessa de cuidar das plantas. Fazemos um coro e tanto.

Fiquei honrada com as inesperadas artes, pôsteres, mandalas, tecidos, esculturas. Uma estampa tricotada, uma receita de pão, filmes, podcasts, uma dança criada em homenagem às varas-de-ouro e aos ásteres, tudo isso serve de exemplo de quanto o poder da dádiva brota a cada oferenda, quando não há a intenção de guardar as dádivas, mas, sim, de compartilhá-las.

E minha profunda reverência aos professores que prepararam os "currículos da erva ancestral", de pré-escolas florestais a cursos universitários. Um professor de biologia do ensino médio que baseia suas aulas no Discurso de Gratidão, o curso de MBA que elabora um plano de negócios centrado na Honorável Colheita, o professor de teologia que desafia seus alunos a escreverem novas liturgias para a Terra. E se restarem dúvidas quanto ao poder que essas histórias têm de mudar o mundo, lembrem-se de que os administradores da reserva de Cascade Head, no Óregon, reintroduziram a terapia de cura pelo fogo naquela paisagem sagrada. Eles têm plena consciência de que sua importante ciência de restauração foi impulsionada pelo imperativo de uma história ancestral.

Todas essas ações renovam minha fé na possibilidade de viver num mundo baseado na reciprocidade. Unidos podemos mudar o mundo. Trançamos uma comunidade de erva ancestral, despertamos em todos a consciência de não estarmos sozinhos. A força dessa comunidade tem o poder de ativar as mudanças, e nossos rizomas coletivos estão se espalhando.

Comecei a escrever *A maravilhosa trama das coisas* numa época, ao que parece — considerando-se a pandemia global e as instabilidades por ela geradas —, mais inocente, quando a catástrofe climática não passava de uma incandescência no horizonte. Sentíamos o cheiro da fumaça, mas nossas casas ainda não haviam sido consumidas pelas chamas. Havia um cauteloso otimismo em relação a uma liderança preocupada com a mudança climática, com a justiça para a terra e para os seres, humanos ou não.

Desde então, muita coisa aconteceu no que tange à crise climática, quando os malignos Windigos assumiram o poder político, provocaram dor e infligiram feridas. Não preciso dizer mais nada. Essa evidência pode sugerir que as histórias das plantas dotadas de poderes curativos não funcionaram muito a contento para curar nossa relação com a terra e nem mesmo entre nós. Os poderosos provedores da destruição ainda estão no poder, os céus se cobrem de sombras. Como sempre, porém, escuto a orientação das florestas, que nos ensinam a respeito da mudança. As forças da criação e da destruição estão de tal modo entrelaçadas que, por vezes, é impossível dizer onde uma termina e a outra começa. As árvores longevas, com copas mais altas e que formam um dossel nas florestas, podem dominar a mata por gerações e definir as condições ecológicas para o próprio desenvolvimento, enquanto suprimem o de outras, explorando todos os recursos com sua egoística dominância. Entretanto, nesse ínterim, elas preparam o terreno para o que está por acontecer, e algo sempre acontece, ainda mais poderoso do que elas: um incêndio, um vendaval, uma doença. Por fim, um dia, a antiga floresta é destruída e substituída por uma vegetação mais baixa, pelo banco de sementes ali enterrado, à espera desse momento de transformação e renovação. Todo um novo ecossistema nasce para substituir o que não mais funciona num mundo modificado. *A maravilhosa trama das coisas*, espero, faz parte dessa nova vegetação, semeada por muitos pensadores e executores e suprindo o banco de sementes com diversas espécies, para que, quando o dossel desmoronar, o que decerto ocorrerá, um novo mundo já esteja prestes a nascer. O "novo" e o antigo, com suas origens na cosmovisão indígena, conviverão em relação justa entre terra e pessoas. Tudo o que o "grande dossel" do colonialismo tentou suprimir pouco a pouco está vindo à tona. É o tempo profetizado pelo Sétimo Fogo, um tempo secreto no qual as lembranças do coletivo transformam o mundo. A era escura e a era inundada pela luz. Então, nos lembramos de palavras de resiliência e muitas vezes repetidas: "Eles tentaram nos enterrar, mas não sabiam que éramos sementes."

É como se pudéssemos vislumbrar, pouco a pouco despontando no horizonte, o mundo no qual desejamos viver; a questão é saber como chegaremos lá. Essa é uma questão familiar à *wiingaashk*, impossibilitada de deixar um lugar e viajar para outro melhor por intermédio de sementes. Ki★ confia nos seres humanos para transportar os rizomas, aqueles que podem com facilidade cruzar distâncias e fronteiras, cientes de que não importa o que desejem ver do outro lado dessa crise ecológica e cultural, deve ser passado de mão em mão com muito amor.

A mítica história de Ataensic, a mulher que caiu do céu, é a força vital de *A maravilhosa trama das coisas*, significando tanto uma abertura como um fechamento, englobando as histórias ocorridas nesse espaço de tempo. A versão compartilhada na primeira edição é a mais completa narrativa do épico, mas não a única. Em todas, há sempre o Rato-almiscarado mergulhador e a terra nas costas da Tartaruga. O resgate pelos gansos e as oferendas dos animais são uma constante, assim como as sementes trazidas por Ataensic, iniciando o pacto de reciprocidade entre os humanos recém-chegados e nossos parentes ancestrais.

O que varia de uma história para outra é apenas a maneira como Ataensic cai de um mundo para outro. A versão mais divulgada diz que ela escorrega, a terra cede na borda do buraco no céu, onde existe a grande Árvore da Vida. É um acidente, com consequências míticas, e assim começa a história. Contudo, em outras narrativas, nenhum acidente ocorre. Numa das versões, ela foi empurrada; em outra, atirada — não por maldade, mas por sua presença ser imprescindível para a missão sagrada. Ataensic precisou de uma "ajudinha" para deixar seu adorado lar e se mudar para outro. Em todas as versões que ouvi, ela foi uma viajante acidental e, possivelmente, relutava em ir para outro mundo, como uma semente levada pelo vento.

Quando vejo as mulheres fortes que conheço, tanto indígenas quanto recém-chegadas, sobreviventes e guerreiras, professoras, artistas, fazendeiras, cantoras, curandeiras, mães, *nokos*, tias, filhas e irmãs dedicadas a manter as famílias e comunidades unidas e a abrir caminho para um novo mundo,

---

★ Pronome que significa um ser vivo da Terra.

custo a aceitar nossa Ataensic como uma emissária passiva e inconsciente. Não consigo. Posso vê-la parada na borda do buraco no céu, sua barriga semeada com vida nova, olhando para a escuridão lá embaixo. Guiada pelo ofuscante raio de luz que cintila através da abertura, ela vislumbra o mundo à espera das sementes que carrega, arrancadas da Árvore da Vida. Com toda a humildade e todo o respeito pelos ensinamentos dessa história sagrada, não posso evitar que minha imaginação, no ciclo do tempo, divague sobre esse momento. E se ela abre os braços, determinada, olha para trás, sente a criança se mexer em seu ventre e, então... E se ela pula?

Ela é uma mulher imbuída do dever de salvaguardar a vida. Exatamente como todas as mulheres que, ao longo de toda a nossa dolorosa história, carregam a vida em tempos de privação e doença, em longas peregrinações, escondem crianças para evitar que sejam enviadas a internatos e acolhem as que regressam, lutam contra oleodutos, protegem a água, guardam as sementes, aprendem a língua, realizam cerimônias, honram a terra... As descendentes de Ataensic não são mulheres que recuariam diante do abismo, caso isso significasse proteger a vida.

Como sociedade, estamos no limite, e sabemos disso. Podemos olhar pelo buraco aberto a nossos pés e ver um planeta cintilante, azul e verde, como se observado da perspectiva do espaço, vibrando com o canto dos pássaros, com sapos e tigres. Poderíamos abrir os olhos, continuar a respirar o ar envenenado, testemunhar a extinção de nossos parentes e determinar nosso valor baseados no quanto suportamos. Poderíamos tapar nossos ouvidos, indiferentes a nosso conhecimento, recuar da borda e nos afastar da cinzenta degradação.

Nessa época de transformação, na qual a criação e a destruição se enfrentam como os míticos netos de Ataensic, que disputaram numa partida o futuro da Terra, do que precisaríamos para seguir a mulher que caiu do céu? Para saltar para o novo mundo, ajudar em sua criação? Pulamos ao observar o implacável sofrimento que caminha em nossa direção, fazendo isso em função do medo e do presságio? Ou talvez possamos olhar para baixo e, atraídos pelo verde resplandecente, ouvir a canção dos pássaros, sentir o perfume da erva ancestral e, desejar fazer parte de uma história diferente. De uma história pela qual ansiamos, história da qual começamos a nos lembrar, história que se lembra de nós.

O que é preciso para abandonar o que não funciona e assumir os riscos da incerteza? Precisaremos de coragem, precisaremos segurar as mãos uns dos outros e torcer para os gansos nos segurarem. Cantar ajudaria. O pouso pode não ser suave, mas a terra contém muitas curas. Impulsionados pelo amor, prontos para o trabalho, podemos saltar na direção do mundo que queremos ajudar a criar, com os bolsos cheios de sementes. E de rizomas.

# Prefácio

Estenda as mãos e deixe que nelas eu deposite um maço de erva ancestral recém-colhida, solta e esvoaçante como o cabelo recém-lavado. A parte superior é de um verde dourado e lustroso, as hastes, onde se unem ao solo, são roxas e brancas. Aproxime-o do nariz. Descubra a fragrância de baunilha e mel que se destaca do cheiro da água do rio e da terra escura e compreenderá seu nome científico: *Hierochloe odorata,* cujo significado é erva sagrada e perfumada. Em nossa língua, a planta é chamada de *wiingaashk,* o cheiro doce do cabelo da Mãe Natureza. Inspire seu perfume e começará a se lembrar de coisas que sequer sabia estarem esquecidas.

Um maço de erva ancestral, dobrado na ponta e dividido em três partes, está pronto para ser trançado. Ao trançar a *wiingaashk* — de modo que fique macia, sedosa e justifique ser oferecida de presente —, é necessário imprimir certa carga de tensão. Como qualquer menininha com a trança bem apertada lhe dirá, é preciso um pouco de força. Claro, podemos trançá-la a sós — basta prender uma extremidade numa cadeira ou segurá-la com os dentes, e, então, iniciar a trança a partir do ponto de apoio e ir se distanciando —, mas o ideal é que se faça com outra pessoa, para que possam ir trançando juntas, aproximando-se, curvadas, a cabeça próxima uma da outra, conversando e rindo, observando as mãos uma da outra, e, enquanto uma segura firme, a outra passa as mechas finas para a outra, uma de cada vez. Unidas pela erva ancestral, a reciprocidade reina entre vocês; unidas pela erva ancestral, quem segura é tão essencial quanto quem trança. A trança vai ficando mais delicada e fina ao se aproximar da ponta, até estarem trançando lâminas individuais da erva, e então a amarram.

Pode segurar a ponta enquanto eu tranço? Com as mãos unidas pela erva, podemos inclinar nossa cabeça e fazer uma trança em homenagem à terra? E depois eu a segurarei, enquanto você também faz uma trança.

Eu poderia entregar-lhe uma trança de erva ancestral tão grossa e reluzente quanto a que descia pelas costas de minha avó. Mas não posso oferecê-la, nem você pode aceitá-la. A *wiingaashk* não tem dono, ela pertence a si mesma. Então, em seu lugar, eu lhe ofereço uma trança de histórias, com o intuito de restabelecer nossa relação com o mundo. Fiz essa trança a partir de três mechas: os conhecimentos indígenas, o conhecimento científico e a história de uma cientista Anishinaabekwe que tenta reuni-los e colocar tudo a serviço do que há de mais importante no mundo. É um entrelaçamento da ciência, do espírito e das histórias, antigas e novas, que podem servir para restaurar nossa relação destroçada com a terra. Uma farmacopeia de histórias curativas, capazes de nos permitir imaginar uma relação diferente, na qual o povo e a terra sejam, mutuamente, boas medicinas.

# Plantar a erva ancestral

A melhor maneira de plantar a *wiingaashk* não é enterrando a semente, mas colocando as raízes direto no solo. Assim, a planta é passada das mãos para a terra, ao longo de anos, de geração para geração. As campinas ensolaradas e bem irrigadas são seu *habitat* preferido. Ela prolifera mesmo em bordas erodidas.

# Ataensic, a mulher que caiu do céu

*No inverno, quando a terra verde descansa sob um manto de neve, é chegada a hora das histórias. Os contadores de histórias começam invocando os que vieram antes de nós e as transmitiram, pois somos apenas mensageiros. No início havia o Mundo do Céu.*

Ela caiu como uma semente de ácer, o generoso bordo, dando piruetas sob a brisa do outono.* De onde antes só havia a escuridão, um raio de luz emanava de um buraco no Mundo do Céu e indicava seu caminho. Ela levou muito tempo para cair. Com medo, ou talvez esperança, apertava um feixe no punho cerrado.

Ao se precipitar, nada avistou lá embaixo senão a extensão de água escura. Contudo, nesse vazio, vários olhos se ergueram para ver a repentina luminosidade. Viram um objeto pequeno, uma diminuta partícula de pó no raio de luz. À medida que esse objeto se aproximava, puderam perceber que se tratava de uma mulher com os braços esticados, o cabelo negro comprido esvoaçante, e que descia em espiral na direção deles.

---

* Adaptado da tradição oral e de Shenandoah e George, 1988.

Os gansos menearam a cabeça um para o outro e saíram da água, numa onda de gracitar musical. A mulher sentiu o bater das asas quando voaram para amortizar sua queda. Distante do único mundo que conhecera, ela prendeu a respiração ao sentir o morno abraço de penas macias, enquanto era carregada com extrema delicadeza. E assim tudo começou.

Os gansos não podiam segurar a mulher acima da água por muito mais tempo, então convocaram um conselho para decidir qual providência tomar. Acomodada nas asas, a mulher viu todos se reunirem: mergulhões, lontras, cisnes, castores, peixes de todas as espécies. Uma grande tartaruga flutuava no centro das águas e lhe ofereceu as costas para repousar. Agradecida, ela desceu das asas dos gansos e subiu no domo do casco da tartaruga. Os outros animais compreenderam que ela precisava de terra para construir um lugar para si e discutiram como poderiam atender à necessidade da mulher. Alguns, capazes de mergulhar em maiores profundidades, já tinham ouvido falar da lama no fundo da água e concordaram em descer para buscar um pouco.

O Mergulhão foi o primeiro a imergir, mas a distância era demasiada e, muito tempo depois, apesar dos esforços, retornou à superfície sem trazer nada. Um a um, os outros animais prestaram ajuda — Lontra, Castor, Esturjão —, mas a profundidade, a escuridão e a pressão eram enormes, mesmo para o mais habilidoso dos nadadores. Voltaram todos ofegantes em busca de ar e com a cabeça latejando. Alguns nem sequer voltaram. Por último, restou apenas o pequeno Rato-almiscarado, o mergulhador mais fraquinho de todos. Ofereceu-se como voluntário, sob o olhar ressabiado dos outros. Suas perninhas se debateram enquanto tentava descer, e desapareceu por um longuíssimo tempo.

Os outros esperaram e esperaram pelo seu retorno, temendo que o pior tivesse acontecido com o irmão. Não demorou muito, o corpinho miúdo e inerte do Rato-almiscarado subiu num jorro de borbulhas. Ele dera a vida para ajudar a humana indefesa. E, então, os demais notaram sua patinha fechada com firmeza, e, quando a abriram, encontraram um punhadinho de terra do fundo das águas. A Tartaruga disse: "Ei, ponha nas minhas costas e eu cuido disso."

Ataensic inclinou-se e espalhou a lama pelo casco da tartaruga. Comovida com as extraordinárias dádivas dos animais, ela cantou em agradecimento e seus pés acariciaram a terra quando começou a dançar. E a terra foi aumentando e aumentando cada vez mais, enquanto ela dançava em sinal de gratidão, e foi se estendendo das costas da Tartaruga — e assim surgiu a nossa terra. Ataensic não fora a única responsável pela formação dela, mas, sim, a alquimia de todas as dádivas dos animais, associada a sua profunda gratidão. Juntos, formaram o lugar hoje conhecido como Ilha da Tartaruga, nosso lar.

Como qualquer visita bem-educada, Ataensic não chegara com as mãos vazias. Ainda trazia o feixe. Quando caíra no buraco do Mundo do Céu, ela estendera a mão para se agarrar à Árvore da Vida que ali crescia e trouxera alguns de seus galhos, com frutos e sementes de todas as espécies de plantas. Então, as espalhou pela nova terra e, com extremo zelo, cuidou de cada uma, até que o mundo marrom se transformasse num mundo verde. A luz do sol passou através do buraco e propiciou a germinação das sementes. As gramíneas silvestres, as flores, as árvores e as plantas medicinais espalharam-se por toda parte. E assim, como os animais passaram a ter muito o que comer, muitos se mudaram para a Ilha da Tartaruga e foram viver com Ataensic.

De acordo com nossas histórias, a *wiingaashk*, ou *sweetgrass*, foi a primeira planta a brotar na terra. Sua fragrância nos traz a deliciosa lembrança da mão de Ataensic. Por isso, a ela foram conferidas honrarias, tornando-se uma das quatro plantas sagradas de meu povo. Inspire seu perfume e começará a se lembrar de coisas que sequer sabia estarem esquecidas. Nossos anciãos afirmam que as cerimônias são os meios de nos "lembrar de lembrar", portanto, a *wiingaashk* é uma planta cerimonial poderosa e valorizada por muitas nações indígenas. Também é usada para a confecção de lindos cestos. Considerada tanto uma erva medicinal quanto membro da família, tem valor material e espiritual.

O ato de trançar o cabelo de quem se ama é uma demonstração de grande ternura. A gentileza e outros muitos sentimentos fluem entre quem trança e quem tem o cabelo trançado, ambos conectados pela trança. A *wiingaashk* ondula em fios, comprida e lustrosa como um cabelo longo recém-lavado. Por isso, ela é associada ao cabelo esvoaçante da Mãe Natureza. Quando trançamos a erva ancestral, estamos trançando o cabelo da Mãe Natureza, demonstrando-lhe nossa amorosa atenção, nossa preocupação com sua beleza e bem-estar e nossa gratidão por tudo o que nos oferece. Crianças que, desde o nascimento, ouvem a história de Ataensic, trazem nos ossos a responsabilidade que flui entre os seres humanos e a terra.

A história da jornada de Ataensic, de tão rica e fulgurante, me parece uma tigela profunda, de azul celestial, da qual eu poderia beber repetidas vezes. Contém nossas crenças, nossa história, nossos relacionamentos. Ao olhar para essa tigela estrelada, vejo imagens rodopiantes tão fluidas que passado e presente parecem ser uma única coisa. As imagens de Ataensic nos falam não apenas do lugar de onde todos viemos, mas também de como podemos prosseguir.

Em meu laboratório, tenho o quadro *Moment in Flight* [Momento em voo], de Bruce King, no qual ele retratou Ataensic. Flutuando em direção à Terra, com um punhado de sementes e flores, ela examina meus microscópios e registros de dados. Pode parecer uma justaposição bizarra, mas, para mim, ela pertence a esse lugar. Como escritora, cientista e transmissora da história de Ataensic, sento-me aos pés dos mentores mais velhos e escuto suas canções.

Às segundas, quartas e sextas, às 9h35, costumo estar num auditório da universidade, lecionando botânica e ecologia — tentando, em resumo, explicar a meus alunos como os jardins de Ataensic, conhecidos por alguns como "ecossistemas globais", funcionam. Certa manhã, inicialmente corriqueira, fiz uma pesquisa com alunos da matéria Ecologia Geral. Entre outras coisas, pedi que classificassem seus conhecimentos quanto às interações negativas entre o ser humano e o meio ambiente. Quase sem exceção, os duzentos alunos afirmaram ter certeza de que o ser humano e a natureza não combinam. Esses alunos, do terceiro ano, haviam selecionado uma carreira voltada para a proteção ambiental; portanto, de certa maneira, a resposta não me causou grande surpresa. Eles tinham recebido bons treinamentos no que diz respeito à mecânica da mudança climática, às toxinas na terra e na água e à crise resultante do desaparecimento de *habitats*. Na pesquisa, eu também havia solicitado que classificassem seu conhecimento quanto às interações positivas entre o ser humano e a terra. Quase metade dos alunos respondeu: "Nenhuma."

Fiquei abismada. Como é possível, em vinte anos de escolarização, não terem conseguido pensar em nenhuma relação benéfica entre o ser humano e o meio ambiente? Talvez os exemplos negativos, vistos todos os dias — áreas industriais contaminadas, pecuária industrial, alastramento urbano —, tenham distorcido a capacidade deles de ver alguma vantagem na relação entre a raça humana e a terra. À medida que a terra empobrece, ocorre igual empobrecimento no alcance dessa visão. Quando conversamos a respeito do assunto, depois da aula, me dei conta de que eles não eram capazes nem de conceber como poderiam ser as relações benéficas entre a espécie à qual pertencem e as demais. Como podemos nos dedicar à sustentabilidade ecológica e cultural se não conseguimos imaginar o caminho a seguir? Se não podemos imaginar a generosidade dos gansos? Esses alunos não foram criados escutando a história de Ataensic.

De um lado do planeta, havia povos cuja relação com o mundo dos seres vivos fora configurada com base em Ataensic, a criadora de um jardim voltado para o bem-estar de todos. Do outro lado, outra mulher, também com um jardim e uma árvore. Mas, por provar o fruto da árvore, fora banida do próprio jardim, e os portões se fecharam com estardalhaço atrás dela. Essa mãe da humanidade foi obrigada a vagar pelo mundo selvagem e a ganhar o pão com o suor do próprio rosto, sem saborear os frutos doces e suculentos que curvam os galhos. Para comer, foi instruída a subjugar o lugar hostil que, desde então, fora a ela destinado.

Mesmas espécies, mesma terra, histórias diferentes. Como todas as histórias da Criação, a cosmologia é uma fonte de identidade e orientação para o mundo. Ela nos conta quem somos: seres inevitavelmente formados por elas, não importa quão distantes possam estar de nossa consciência. Uma história leva ao generoso abraço do mundo; a outra, à expulsão. Uma das mulheres é nossa jardineira ancestral e participou da criação deste mundo verde e generoso, futuro lar de seus descendentes. A outra, exilada, estava apenas de passagem num mundo estranho, em uma estrada acidentada, rumo a seu verdadeiro lar no Paraíso.

E, então, houve o encontro — a prole de Ataensic e os filhos de Eva —, e a terra em nosso entorno carrega as cicatrizes desse encontro, os ecos de nossas histórias. Segundo os descendentes de Eva, nem o Inferno conhece a fúria de uma mulher desprezada. Só posso imaginar a conversa entre Eva e Ataensic: "Irmã, você perdeu..."

A história de Ataensic, compartilhada pelos povos originários da região dos Grandes Lagos, é uma estrela permanente na constelação de ensinamentos conhecidos como Instruções Originais. Não são, contudo, "instruções" no sentido de mandamentos ou regras, funcionam como bússolas: fornecem orientações, mas não o mapa. A tarefa de cada um nesta vida é criar esse mapa para si mesmo. Seguir as Instruções Originais sempre será diferente para cada um de nós e em cada era.

Na sua época, o povo nativo de Ataensic vivia de acordo com sua interpretação das Instruções Originais, de acordo com os preceitos éticos que englobavam a caça respeitosa, a vida familiar, as cerimônias que faziam sentido naquele seu mundo. Essas medidas de cuidado podem não parecer adequadas no mundo urbano de hoje, no qual "verde" é um slogan publicitário, não uma campina. Os búfalos desapareceram e o mundo seguiu adiante. Não posso devolver os salmões aos rios, e caso eu colocasse fogo no meu quintal para produzir pasto para os alces, meus vizinhos acionariam o alarme.

A Terra era nova ao dar as boas-vindas ao primeiro ser humano. Agora ficou velha, e alguns suspeitam já termos esgotado sua boa vontade em nos acolher, por termos deixado as Instruções Originais de lado. Desde o princípio do mundo, as outras espécies foram botes salva-vidas para os humanos. Agora, precisamos inverter os papéis e ser o delas. Contudo, as histórias capazes de nos guiar, se é que ainda são contadas, vão se tornando vagas em nossa memória. Qual significado teriam hoje? Como podemos traduzir as histórias do princípio do mundo num momento tão mais perto de seu fim? A paisagem mudou, mas a história permanece viva. E, enquanto a repito um sem-número de vezes, Ataensic parece me fitar nos olhos e indagar o que lhe darei em retribuição pela dádiva de um mundo criado nas costas da Tartaruga.

Vale a pena recordar que a mulher original era, ela própria, uma imigrante. Caiu de seu lar no Mundo do Céu, um lugar muito longínquo, deixou para trás todos os que a conheciam e a amavam. Jamais poderia retornar. Desde 1492, quase todos aqui também são imigrantes. Talvez tenham chegado à ilha Ellis sem nem saber que a Ilha da Tartaruga se encontrava debaixo de seus pés. Alguns de meus ancestrais pertencem ao povo de Ataensic, e eu faço parte desse povo. Alguns de meus ancestrais também eram outro tipo de imigrantes: um era um comerciante de peles francês; outro, um carpinteiro irlandês; e outro, ainda, um dono de granja galês. E aqui estamos todos, na

Ilha da Tartaruga, tentando construir um lar. Suas histórias de chegadas com os bolsos vazios, sem trazer nada além da esperança, identificam-se com a de Ataensic. Ao chegar aqui, ela também não trazia nada além de um punhado de sementes e apenas uma instrução: "Usar seus dons e sonhos para fazer o bem." As mesmas instruções que todos nós recebemos. De peito aberto, ela aceitou as dádivas dos outros seres e delas fez uso, sem nunca deixar de honrá-las, e compartilhou as dádivas trazidas do Mundo do Céu, ao se dedicar à tarefa de fazer o mundo florescer e construir um lar.

Talvez a história de Ataensic sobreviva; afinal, nós também estamos sempre caindo. Nossa vida, tanto a pessoal quanto a coletiva, partilha uma mesma trajetória. Quer pulemos, quer sejamos empurrados ou caso a borda do mundo que conhecemos simplesmente desmorone sob nossos pés, caímos, rodopiando e chegando a algum lugar novo e inesperado. Apesar do nosso medo de cair, as dádivas do mundo se erguem para nos amparar.

À medida que consideramos essas instruções, também cabe lembrar que Ataensic não veio sozinha para cá. Estava grávida. Ciente de que seus netos herdariam o mundo que ela lhes deixaria, não se dedicou à tarefa do florescimento visando a apenas sua época. Graças a suas ações de reciprocidade, ao dar à terra e dela receber, o imigrante original se tornou indígena. Para todos nós, tornar-se originário em relação a um lugar significa viver ciente da importância do futuro de nossos filhos, cuidar da terra como se nossa vida, tanto material quanto espiritual, disso dependesse.

Muitas vezes, ouvi a história de Ataensic ser mencionada como uma bobagem, um "folclore" pitoresco. Entretanto, mesmo quando mal interpretada, há força na narrativa. A maioria de meus alunos nunca ouvira a história da origem da terra onde nasceu. Contudo, quando lhes contei, surgiu um brilho em seus olhos. Será que eles podem, podemos todos, compreender a história de Ataensic não como um artefato do passado, mas como instruções para o futuro? Pode uma nação de imigrantes seguir mais uma vez seu exemplo para se tornar nativa, construir seu lar?

Veja o legado da pobre Eva ao ser exilada do Éden: a terra mostra os hematomas de um relacionamento abusivo. Não apenas a terra está destruída, mas, o que é pior, nossa relação com a terra. Como Gary Nabhan escreveu, não podemos estabelecer a cura e a restauração de modo significativo sem a "re-historiação". Em outras palavras, nosso relacionamento com a terra não pode cicatrizar sem ouvirmos suas histórias. Mas quem as contará?

Na tradição ocidental, existe uma comprovada hierarquia dos seres, com os humanos, no topo, lógico — o ponto máximo da evolução, os queridinhos da Criação —, e as plantas no patamar mais baixo. Mas, nas formas originárias de conhecimento, os humanos são mencionados como "os irmãos mais novos da Criação". Dizemos que o ser humano é quem tem menos experiência de como viver, logo, é quem mais tem a aprender — devemos procurar nossos professores de outras espécies em busca de orientação. A sabedoria das irmãs mais velhas é evidente pelo modo como vivem. Elas nos dão o exemplo. Vivem nesta terra há muito mais tempo do que nós, e tiveram tempo para ver como tudo funciona. Vivem tanto em cima quanto embaixo da superfície e unem o Mundo do Céu à terra. As plantas sabem como produzir alimentos e medicinas contando apenas com a luz e a água, e os concedem a outros seres.

Gosto de imaginar que, quando Ataensic espalhou o punhado de sementes pela Ilha da Tartaruga, estava plantando alimento para o corpo, bem como para a mente, a emoção e o espírito: estava nos deixando professores. As plantas podem nos contar suas histórias. Cabe a nós aprendermos a escutar.

# O conselho das Nozes-Pecãs

As ondas de calor tremeluzem sobre a relva; o ar está pesado, claro e vibra com o chiar das cigarras. Os meninos passaram todo o verão descalços; ainda assim, em setembro de 1895, a grama seca espeta seus pés quando percorrem a pradaria chamuscada pelo sol, erguendo os calcanhares como se fizessem a dança da grama. Com seus macacões desbotados e magros como galhos de salgueiro-chorão, quando correm, dá para ver as costelas nos peitos estreitos sob a pele escura. Desviam-se para a sombra do bosque, onde a grama é mais macia e fria, saltitando na vegetação alta com a agilidade característica dos meninos. Descansam alguns minutos na sombra; em seguida, levantam-se de um salto e pegam gafanhotos para servir de isca.

As varas de pescar estão no mesmo lugar onde as deixaram, encostadas num velho choupo. Prendem os gafanhotos nos anzóis e atiram a linha enquanto o lodo do fundo do riacho de água gelada escorre entre os dedos dos pés. Contudo, a água mal se move no irrisório canal deixado pela seca. Nenhum peixe morde, só os mosquitos. Depois de um tempo, a chance de ter peixe para o jantar parece tão diminuta quanto a barriga deles por baixo das calças denim desbotadas, presas com barbante. Ao que tudo indica, à noite não restará outra opção a não ser jantar biscoitos e caldo ralo. De novo. Odeiam voltar para casa com as mãos vazias e desapontar a mãe, mas no fundo, até um biscoito seco enche a barriga.

A terra ali, ao longo do rio Canadian, no centro do Território Indígena, é uma savana ondulante de grama e arvoredos nas terras baixas. Grande parte jamais foi arada, pois ninguém tem arados. Os meninos seguem o córrego, de arvoredo em arvoredo, rumo à casa no loteamento, torcendo por um laguinho fundo em algum lugar, para salvar a pescaria, sem encontrar nada. Até que um dos garotos dá uma topada em algo duro e redondo escondido na grama alta...

E há mais ao lado, outro e mais outro, e outro mais — tantos que ele mal consegue andar. O menino pega uma bola grande e verde do chão e a arremessa para o irmão, entre as árvores, berrando: "*Piganek!* Vamos levar elas pra casa!" As nozes apenas começaram a amadurecer e já caem e cobrem a grama. Os meninos enchem os bolsos num piscar de olhos e, em seguida, empilham um monte mais. As pecãs são gostosas, mas tão difíceis de carregar quanto um monte de bolas de tênis: quanto mais delas você pega, mais acabam no chão. Eles odeiam voltar para casa de mãos vazias, e a mãe ficará contente com isso — mas é impossível carregar mais que um punhado...

Quando o sol se põe, o calor amaina um pouco. A temperatura ao entardecer se ameniza nas terras baixas e fica frio o bastante para que eles voltem às pressas para casa, loucos para jantar. A mãe berra e os meninos chegam correndo, as pernas finas batendo umas nas outras, as cuecas brancas brilhando na luz fraca. Dão a impressão de carregarem uma grande tora bifurcada, pendurada feito jugo nos ombros. Eles as atiram aos pés da mãe com sorrisos de triunfo: duas calças puídas presas com barbante nos tornozelos e abarrotadas de nozes.

Um desses menininhos magricelas era meu avô, faminto o bastante para juntar comida sempre que a encontrava. A família morava numa casinha na pradaria de Oklahoma, quando a área ainda era Território Indígena, pouco antes de tudo desaparecer. Por mais imprevisível que a vida possa ser, temos ainda menos controle nas histórias contadas a nosso respeito depois que partimos. Como meu avô gargalharia ao saber que seus bisnetos o conhecem não por ter sido um veterano condecorado na Primeira Guerra Mundial, não por sua especialidade como mecânico de automóveis ultramodernos, mas como o menino descalço na reserva, correndo para casa de cueca com a calça cheia de nozes-pecãs.

A palavra *pecan* — que dá nome ao fruto da árvore conhecida como nogueira-pecã (*Carya illinoensis*) — foi introduzida na língua inglesa a partir das línguas indígenas. *Pigan* é uma noz, qualquer noz. As nogueiras, as nogueiras-pretas e as nogueiras-brancas de nossas terras natais, no Norte, têm nomes próprios específicos. Mas essas árvores nos foram tiradas, bem como nossa terra natal. As terras em torno do lago Michigan eram cobiçadas pelos colonos. A nós restou caminhar em compridas filas, cercados por soldados, sob a mira de armas, ao longo da trilha que passou a ser conhecida como Trilha da Morte. Fomos levados para outra área, longe de nossos lagos e florestas. Mas, depois, outros colonos quiseram essa terra também, e de novo levantamos acampamento, desta vez, em número ainda menor. No espaço de uma única geração, meus ancestrais foram "removidos" três vezes — de Wisconsin para o Kansas, com escala entre esses dois estados, e, por fim, para Oklahoma. Fico pensando se olharam para trás para vislumbrar os lagos cintilantes pela última vez, como miragens. Terão acariciado as árvores para nunca as esquecerem, à medida que elas rareavam cada vez mais, até só haver grama?

Tanto se perdeu e se deixou ao longo desse caminho. Sepulturas de metade do povo. Línguas. Conhecimentos. Nomes. Minha bisavó, Sha-note, "Sopro do vento", foi rebatizada de Charlotte. Não eram permitidos nomes impossíveis de serem pronunciados por soldados ou missionários.

Ao chegarem ao Kansas, devem ter ficado aliviados ao encontrar bosques de nogueiras ao longo dos rios — uma espécie desconhecida, mas que dava frutos deliciosos e em abundância. Sem nome para essa nova comida, a chamaram simplesmente de noz — *pigan* —, que se tornou *pecan* em inglês.

Só preparo torta de pecã no Dia de Ação de Graças, e quando há bastante gente para comer a torta toda. Nem gosto dessa noz em especial, mas minha intenção é homenagear a árvore. Alimentar os convidados com seus frutos, em torno da grande mesa, nos relembra as boas-vindas das árvores a nossos ancestrais, quando chegaram sozinhos e cansados e tão longe de casa.

Os meninos podiam ter voltado para casa sem peixe, mas levaram quase tanta proteína quanto se tivessem pescado uma fileira de bagres. As nozes são as sardinhas da floresta, contêm muita proteína e, sobretudo, gordura — "a carne dos pobres", e eles eram muito pobres. Hoje as saboreamos descascadas e fritas, mas nos velhos tempos eram fervidas e transformadas em mingau. A gordura flutuava no alto como na sopa de galinha; separada, era guardada como manteiga de nozes: boa refeição para o inverno por ser rica em calorias e vitaminas — tudo de que se precisa para garantir a vida. Afinal, esse é o sentido principal das nozes: prover o embrião com todo o necessário para dar início a uma nova vida.

Nogueiras-brancas, nogueiras-pretas, nogueiras e nogueiras-pecãs são árvores pertencentes à mesma família (*Juglandaceae*). Nosso povo levava as nozes sempre que migrava, apesar de costumar usar cestos para o transporte e não calças. Hoje, as nogueiras-pecãs seguem os rios através das pradarias, povoando terras férteis nas quais as famílias se estabeleceram. Meus vizinhos Haudenosaunee, ou Iroqueses, contam que seus ancestrais gostavam tanto das nozes-brancas que hoje em dia é fácil saber onde se localizavam os antigos povoados. Dito e feito: há um bosque de nogueiras-brancas, raras em florestas "silvestres", na colina acima da nascente perto de minha casa. Eu limpo as ervas daninhas ao redor das árvores jovens todo ano e derramo um balde de água nelas quando as chuvas tardam. Para nunca deixar de me lembrar.

No local de origem da casa da família, no assentamento em Oklahoma, existe uma árvore de pecã protegendo o que resta da casa. Imagino minha bisavó recolhendo as nozes para prepará-las e uma delas rolando até um ponto acolhedor na soleira da porta. Ou talvez minha bisa tenha quitado sua dívida com as árvores plantando um punhado delas em seu pomar.

Ao recordar mais uma vez essa antiga história, surpreende-me o fato de os meninos no bosque terem sido tão espertos e levado para casa tudo que conseguiram: não há safra todo ano, as nogueiras produzem a intervalos imprevisíveis. Alguns anos, oferecem um verdadeiro banquete, embora, na maioria, haja escassez, em ciclos *boom*/colapso, conhecidos como culturas bianuais. Ao contrário das frutas suculentas e vermelhas que nos convidam a comê-las de imediato, antes que estraguem, as nozes se protegem com cascas duras e verdes curtidas, se assemelham quase a uma pedra. Não foram feitas para serem comidas logo, com suco escorrendo pelo queixo. São destinadas a servir de alimento no inverno, quando precisamos de gordura e proteína, ricas calorias para nos manter aquecidos. Em tempos difíceis, as nozes nos trazem segurança, são o embrião da sobrevivência. De tão valiosa sua recompensa, o conteúdo é protegido num cofre, com fechadura dupla, uma caixa dentro de outra caixa. Isso protege o embrião dentro da noz e seu suprimento, mas também garante, na prática, que a noz será guardada em lugar seguro.

Abrir a casca exige muito trabalho, e só um esquilo imprudente roeria a casca ao ar livre, onde um gavião, alegre e satisfeito, se aproveitaria da despreocupação do esquilo. Nozes são concebidas para serem levadas para dentro de casa, serem armazenadas num ninho de esquilos ou no celeiro de uma cabana em Oklahoma. A caminho do esconderijo do tesouro, algumas com certeza serão esquecidas — e então nasce outra árvore.

Para que a cultura bianual tenha êxito e dê origem a novas florestas, cada árvore deve produzir quantidades imensas de nozes — tantas que supere em muito o possível número de predadores de sementes. Se a árvore produzisse poucas nozes todo ano, todos os seus frutos seriam comidos e não haveria uma próxima geração de pecãs. Contudo, dado o alto valor calórico das nozes, as árvores não podem se permitir essa exorbitância todo ano — precisam poupar, como as famílias poupam para ocasiões especiais. As árvores bianuais demoram anos para produzir açúcar, e, em vez de gastá-lo aos poucos, tratam de guardá-lo "embaixo do colchão", armazenando calorias, como o amido, em suas raízes. Só quando a conta tinha um excedente é que meu avô podia levar para casa quilos de nozes.

Esse ciclo de abundância e escassez continua sendo um parquinho de diversões de hipóteses para os fisiologistas vegetais e os biólogos evolutivos. Os ecologistas florestais levantam a hipótese de que a cultura bianual é resultado desta simples equação energética: produza frutos só quando puder se dar a esse luxo. Faz sentido. Mas árvores crescem e acumulam calorias em diferentes proporções, dependendo de seu *habitat*. Assim, de modo semelhante a alguns colonos que receberam terras de solo fértil, as árvores afortunadas enriqueceriam e dariam frutos com frequência, enquanto suas vizinhas, à sombra delas, labutariam muito e só raras vezes teriam frutos em abundância, obrigadas a aguardar anos para poder reproduzir. Se isso fosse verdade, cada árvore só daria frutos segundo um cronograma próprio, previsível pelo tamanho de suas reservas de amido armazenado. Contudo, não é isso o que ocorre. Se uma árvore dá frutos, todas dão — não há solistas. E não apenas uma árvore no bosque, mas todas no bosque; não apenas um bosque na floresta, mas todos os bosques, em todo o condado e em todo o estado. As árvores não se comportam como indivíduos, mas como um coletivo. Ainda não sabemos ao certo como isso funciona. Mas constatamos que a união faz a força, e o que acontece com um, acontece com todos nós. Podemos morrer de fome ou nos banquetearmos juntos. Todo florescimento é sempre mútuo.

No verão de 1895, os celeiros em todo o Território Indígena estavam repletos de pecãs, assim como as barrigas dos meninos e dos esquilos. Para as pessoas, a cadência de abundância era uma dádiva, uma profusão de alimentos que bastava ser apanhada no chão. Quer dizer, isso, se você conseguisse chegar antes dos esquilos. Todavia, caso não chegasse, ao menos haveria muito guisado de esquilo naquele inverno. Os bosques de pecã são pródigos. Tal generosidade compartilhada pode parecer incompatível com o processo de evolução, que recorre ao imperativo da sobrevivência individual. Mas cometemos um grave erro se tentamos separar o bem-estar individual da saúde do conjunto. A dádiva da abundância das pecãs funciona também como dádiva para si mesmas. Ao saciar esquilos e seres humanos, as árvores estão garantindo a própria sobrevivência. Os genes que se convertem nesse ritmo de produção afluem em correntes evolucionistas para as próximas gerações, enquanto aqueles a quem falta a capacidade de participar serão comidos e chegarão a um beco sem saída evolucionário. De igual modo, quem sabe ler a terra em busca de nozes e as leva para a segurança de suas casas sobreviverá às nevascas de fevereiro e passará esse ensinamento a seus descendentes, não por transmissão genética, mas por meio de práticas culturais.

Cientistas florestais descrevem a generosidade das espécies bianuais com a hipótese de saciedade do predador. Parece que a história acontece assim: quando as árvores produzem mais do que os esquilos conseguem comer, algumas nozes escapam dos predadores. Da mesma forma, quando as despensas dos esquilos estão abarrotadas de nozes, as rechonchudas mamães grávidas têm ninhadas maiores e a população de esquilos dispara. O que significa que as mamães gaviões têm mais filhotes e as tocas das raposas também ficam lotadas. Entretanto, quando o outono seguinte chega, adeus dias felizes, pois as árvores encerram a produção de nozes. Então, há pouco com que encher as despensas dos esquilos — voltam todos para casa de mãos vazias —, ou seja, são obrigados a sair cada vez com mais frequência, expondo-se à reforçada população de gaviões vigilantes e raposas famintas. Na balança, a taxa predador/presa não pende a favor dos esquilos, e, tendo em vista a inanição e a predação, a população de esquilos despenca. Na ausência de suas conversas, os bosques silenciam. Dá para imaginar, a essa altura, as árvores cochichando umas para as outras: "Só sobraram poucos esquilos. Não acham que seria uma boa hora para produzir nozes?" Por toda a paisagem, desabrocham as flores da nogueira-pecã, para mostrar o surgimento da nova safra abundante. Juntas, as árvores sobrevivem, e vicejam.

A política de remoção dos indígenas definida pelo governo federal forçou muitos povos originários a deixarem suas terras. Essa política nos afastou de nosso conhecimento e estilo de vida tradicionais, dos ossos de nossos ancestrais, das plantas que nos ajudavam a viver. Nem isso, porém, extinguiu nossa identidade. Assim, o governo tentou uma nova estratégia: afastar as crianças de suas famílias e culturas, enviá-las para escolas distantes, por tempo suficiente, assim esperavam, para que se esquecessem de quem eram.

Por todo o Território Indígena, há registros de "agentes indígenas", como eram conhecidos. Os agentes recebiam recompensas para arrebanhar crianças e despachá-las para internatos mantidos pelo governo. Tempos depois, para simular a anuência dos responsáveis, obrigavam os pais a assinar documentos nos quais autorizavam a ida dos filhos para as escolas, "legalmente". Quem se recusasse podia acabar preso. Quem sabe alguns pais nutrissem a esperança de assim proporcionar aos filhos um futuro melhor do que o trabalho numa terra vitimada pelo fenômeno climático da tempestade de areia? Outras vezes, os suprimentos dados pelo governo federal — farinha com carunchos e banha rançosa, que supostamente substituíam a carne de búfalo — eram suspensos até os pais assinarem as autorizações. Talvez um ano com boa safra de pecãs pudesse afastar os agentes por mais uma estação. A ameaça de serem mandados embora decerto faria com que um menininho seminu voltasse correndo para casa com a calça recheada de comida. Talvez, num ano de safra ruim de pecãs, o agente tenha voltado à procura de criancinhas de pele marrom, magricelas, sem perspectiva de refeição. Talvez tenha sido esse o ano em que minha bisavó assinou os documentos.

Crianças, língua, terras: quase tudo era arrancado, roubado, quando não se estava de olho, pois andava ocupado demais na luta pela sobrevivência. Diante de tamanha perda, se havia uma coisa da qual nosso povo não podia abrir mão era do significado da terra. Na mente do colono, a terra era propriedade, bem imobiliário, capital ou recursos naturais. Para nosso povo, entretanto, a terra era tudo: a identidade, a conexão com nossos ancestrais, o lar de nossos irmãos não humanos, nossa farmácia, nossa biblioteca, a fonte de tudo o que nos conservava vivos. Nossas terras eram o lugar onde nossa responsabilidade para com o mundo fora decretada, o solo sagrado. A terra não pertencia a ninguém, só a si própria; era uma dádiva, não uma mercadoria, portanto, jamais poderia ser vendida ou comprada. Esses conceitos acompanharam nosso povo quando foi forçado a abandonar suas terras natais e a se mudar para novos locais. Quer fosse sua terra natal ou uma nova, impingida, a terra em comum dava força às pessoas, dava-lhes um motivo para lutar. E por isso, aos olhos do governo federal, essa crença era considerada uma ameaça.

Assim, depois de milhares de quilômetros de perdas e mudanças forçadas, depois de, afinal, nos estabelecerem no Kansas, o governo federal voltou a procurar meu povo e propor outra mudança, dessa vez para um lugar que nunca mais lhe seria tomado, um deslocamento para acabar com todos os deslocamentos. E mais ainda: ofereceram-lhes a chance de se tornarem cidadãos dos Estados Unidos, de fazerem parte desse grande país ao redor e de viverem sob sua proteção. Nossos líderes, dentre eles o avô de meu avô, organizaram um conselho para estudar a proposta e despacharam delegações a Washington para deliberações. A Constituição dos Estados Unidos, ao que tudo indicava, não tinha o poder de proteger as terras natais dos povos indígenas. A remoção deixara isso bastante claro. Mas a Constituição garantia, explicitamente, o direito à terra aos cidadãos que fossem proprietários individuais dela. Talvez esse fosse o caminho para assegurar um lar permanente para o nosso povo.

Aos líderes foi oferecido o Sonho Americano, o direito de serem donos de sua propriedade como indivíduos, algo que não poderia ser violado pelos caprichos daquelas políticas sempre cambiantes aplicadas aos povos indígenas. Nunca mais seriam obrigados a abandonar suas terras. Seria o fim de mais sepulturas ao longo de estradas empoeiradas. Para tanto, bastava renunciar à lealdade à terra em comum e aceitar a propriedade privada. Com o coração pesado, deliberaram durante todo o verão, empenhados em decidir, avaliando as opções — por sinal, bastante reduzidas. Houve desavenças entre as famílias. Permanecer no Kansas, em terra comunitária, e correr o risco de perder tudo, ou se mudar para um Território Indígena na posição de proprietários de terra individuais e com garantias legais? Esse histórico conselho se reuniu durante todo aquele quente verão, num lugar cercado de sombra, que passou a ser conhecido como Bosque de Pecãs.

Sempre soubemos que as plantas e os animais têm conselhos próprios e uma língua comum. Reconhecemos as árvores, em especial, como nossas professoras. Mas parece que, naquele verão, ninguém ouviu os conselhos das Nogueiras-Pecãs: mantenham-se unidos, ajam como se fossem um só. Nós, as Pecãs, aprendemos que a união faz a força, que é tão fácil eliminar um indivíduo sozinho quanto a árvore que deu frutos fora da estação. Mas não ouviram os ensinamentos das Nogueiras-Pecãs, ou não lhes deram ouvidos.

E então, mais uma vez, nossas famílias encheram suas carroças e se mudaram para o Território Indígena, a oeste, para se tornarem Cidadãos Potawatomi. Cansados e empoeirados, mas esperançosos quanto ao futuro, encontraram um velho amigo na primeira noite nas novas terras: um bosque de pecãs. Empurraram suas carroças para a sombra protetora de seus galhos e recomeçaram. Cada membro de nosso povo, até meu avô, ainda bebê de colo, recebeu do governo federal o título de um lote de terra, considerado suficiente para ganhar a vida. Ao aceitarem a cidadania, garantiram que seus lotes de terra não lhes poderiam ser tirados. A não ser, é claro, que o cidadão não conseguisse pagar os impostos. Ou que um rancheiro oferecesse um tonel de uísque e um monte de dinheiro, "de forma justa e honesta". Qualquer terreno não atribuído aos membros de nosso povo era abocanhado por colonos não indígenas, como esquilos famintos abocanham pecãs. Durante o período de loteamento, nosso povo perdeu mais de dois terços das terras da reserva. Mal se passara uma geração desde que a terra lhes fora "garantida", ao custo do sacrifício de converter a terra comum em propriedade privada, e quase toda essa terra já tinha sido perdida.

As árvores de pecã e outras similares mostram a capacidade da ação coordenada, da unidade de propósito que transcende as árvores individuais. De algum modo, garantem a união de todas e, em consequência, a própria sobrevivência. Ainda é um mistério como o conseguem. Há algumas evidências de que certos indícios do meio ambiente podem desencadear a frutificação, como, por exemplo, uma primavera especialmente úmida. Isso porque condições físicas favoráveis ajudam todas as árvores a obter um excedente de energia a ser gasto na produção de nozes. Mas, dadas as diferenças individuais de *habitat*, parece improvável que apenas o ambiente possa ser o segredo da sincronia.

Antigamente, contam nossos anciãos, as árvores conversavam entre si. Formavam os próprios conselhos e elaboravam planos. Contudo, já faz muito tempo que os cientistas decidiram que as plantas são surdas e mudas, fechadas em isolamento, sem qualquer meio de comunicação. A possibilidade de conversas foi sumariamente descartada. A ciência pretende ser puramente racional, absolutamente neutra, um sistema de formação de conhecimento no qual a observação independe do observador. E a conclusão dos cientistas é de que as plantas não podem se comunicar por lhes faltar os mecanismos utilizados pelos *animais* para falar. Os potenciais das plantas foram vistos, pura e simplesmente, pelas lentes da capacidade animal. Até bem recentemente, ninguém explorara, com seriedade, a possibilidade de as plantas serem capazes de "falar" umas com as outras. No entanto, por eras, o pólen vem sendo carregado de forma confiável pelo vento e transmitido dos machos para as fêmeas receptivas a fim de produzir suas nozes. Se confiam ao vento essa responsabilidade de fecundação, por que não as mensagens?

Há agora persuasivas evidências de que nossos anciãos tinham razão — as árvores *conversam* entre si. Comunicam-se por meio de feromônios, um conjunto de substâncias químicas semelhantes a componentes hormonais, sopradas na brisa e carregadas de significados. Cientistas identificaram elementos específicos liberados pelas árvores quando estressadas em função do ataque de insetos — mariposas-ciganas empanturrando-se de suas folhas ou besouros de casca dentro de seus troncos. A árvore solta um grito de desespero: "Ei, amigas, estão me ouvindo? Estou sendo atacada. Talvez queiram erguer a ponte levadiça e se armar para o que as espera." As árvores recebem o aviso pelo vento soprando a favor e sentem essas poucas moléculas de alarme, a lufada de perigo. Isso lhes permite produzir substâncias químicas de defesa. Uma árvore prevenida vale por duas. As árvores avisam umas às outras e os invasores são repelidos. O indivíduo é beneficiado, bem como todo o bosque. As árvores parecem estar conversando acerca da defesa mútua. Poderiam também se comunicar para sincronizar a produção de frutos? As conversas das árvores ainda estão muito além de nossa compreensão. Quanto ainda nos é impossível sentir, dada nossa limitada capacidade humana!

Alguns estudos sugeriram que o mecanismo responsável pela sincronia de produção não vem do ar, mas, sim, do subsolo. Em geral, as árvores das florestas são interconectadas por redes subterrâneas de micorrizas, filamentos de fungos existentes nas raízes das árvores. A simbiose das micorrizas permite ao fungo buscar nutrientes minerais no solo e fornecê-los às árvores, em troca de carboidratos. As micorrizas podem construir pontes de fungos entre árvores isoladas, de modo a conectar todas as árvores da floresta. Essas redes de fungos surgem para redistribuir o manancial de carboidratos de uma árvore para outra. Uma espécie de Robin Hood, que tira dos ricos para dar aos pobres e possibilita a todas as árvores dispor de igual excedente de carbono ao mesmo tempo. Os fungos tecem uma rede de reciprocidade, de dar e receber. Assim sendo, todas as árvores agem como se fossem uma só, pois estão interligadas pelos fungos. A união possibilita a sobrevivência. Todo florescimento é sempre mútuo. O solo, o fungo, a árvore, o esquilo, o menino — todos se beneficiam da reciprocidade.

Com quanta generosidade derramam alimentos sobre nós, dando-se, em termos literais, para que possamos viver. Mas, ao nos dar, a vida de cada uma delas também é salvaguardada; nosso receber as beneficia, contribui para o ciclo da vida, ajudando-as a gerar vida, formando a cadeia de reciprocidade. Viver segundo os preceitos da Honorável Colheita — pegar apenas o que nos é dado, fazer bom uso do que nos é dado, ser grato pela dádiva e retribuir — é tarefa fácil num bosque de pecãs. Retribuímos a dádiva cuidando do bosque, protegendo-o dos malefícios, plantando sementes para que novos bosques forneçam sombra nas pradarias e alimentem os esquilos.

Agora, duas gerações depois da remoção, depois do loteamento, depois dos internatos, depois da diáspora, minha família retorna a Oklahoma, ao que sobrou do lote de terra de meu avô. Do cume da colina ainda é possível ver os bosques de pecãs ao longo do rio. À noite, no *powwow*, encontro social sagrado, dançamos nos campos. As cerimônias milenares saúdam o nascer do sol. O cheiro de sopa de milho e o som de tambores inundam o ar quando os nove grupos do povo Potawatomi, espalhados pelo país em consequência da remoção, se reúnem de novo por alguns dias, todos os anos, em busca da sensação de pertencimento. O Encontro das Nações Potawatomi congrega o povo, é um antídoto à estratégia usada pelo governo de dividir para conquistar, separar os membros de nosso povo e afastá-los de sua terra natal. A sincronia de nosso encontro é determinada por nossos líderes, porém, o mais importante, uma espécie de rede de micorrizas nos une, uma conexão recôndita de história, família e responsabilidade, tanto em relação a nossos ancestrais quanto a nossos descendentes. Como nação, começamos a seguir a orientação das pecãs, ou seja, nos unirmos em benefício de todos. Estamos recordando o que disseram, isto é, que todo florescimento é sempre mútuo.

Esse é o ano de frutificação para minha família; estamos todos presentes no Encontro Potawatomi, firmes no chão, como sementes para o futuro. Como um embrião bem abastecido e protegido dentro de camadas de casca dura como pedra, sobrevivemos aos anos difíceis e florescemos juntos. Vou passear no bosque de pecãs, quem sabe no mesmo lugar onde meu avô abarrotou de nozes as pernas de sua calça. Ele se surpreenderia ao nos encontrar aqui, dançando em círculo, lembrando-nos das pecãs.

# O presente dos Morangos

Certa vez ouvi Evon Peter — pertencente ao povo indígena Gwich'in, pai, marido, ativista ambiental e líder do Povoado Ártico, um povoado no noroeste do Alasca — apresentar-se pura e simplesmente como "um menino criado pelo rio". Uma descrição tão suave e escorregadia quanto uma pedra de rio. Sua intenção era apenas dizer que crescera perto das margens do rio? Ou seria o rio responsável por sua educação, por lhe ensinar o necessário para viver? O rio alimentara seu corpo e sua alma? Criado pelo rio: suponho que os dois significados sejam verdadeiros — difícil pensar em um sem o outro.

Em certo sentido, fui criada pelos morangos, por grandes extensões de morangos. Sem deixar de mencionar os bordos, as tsugas, os pinheiros-brancos, as varas-de-ouro, os ásteres e os musgos do norte do estado de Nova York. No entanto, foram os morangos-silvestres, escondidos sob folhas molhadas de orvalho, numa manhã de final de primavera, que me proporcionaram minha concepção de mundo, mostraram meu lugar na Terra.

Atrás de nossa casa, havia quilômetros de antigos campos de feno divididos por muros de pedra. Embora não fossem usados para a lavoura fazia tempo, ainda não tinham crescido a ponto de se transformarem em floresta. Depois que o ônibus escolar subia nossa colina, tão logo eu chegava em casa tratava de largar minha bolsa de livros xadrez vermelha e de mudar de roupa, antes mesmo de passar pela cabeça de minha mãe a ideia de me confiar alguma tarefa, e pulava o riacho para perambular por entre as varas-de-ouro. Nossos mapas mentais tinham todos os pontos de referência necessários para as crianças: o forte coberto por sumagres, o monte de pedras, o rio e o pinheiro alto, cujos galhos, espaçados de modo tão regular, permitiam subir até o topo como quem sobe uma escada — e os terrenos cheios de morangos.

As pétalas brancas em volta do centro amarelo — como pequeninas rosas silvestres — pontilhavam os acres de relvado ondulado, em maio, por ocasião da Lua das Flores, *waabigwanigiizis*. Ficávamos de olho nas flores, espiando embaixo das folhas trifoliadas e verificando seu desenvolvimento enquanto corríamos caminho afora para pegar rãs. Depois de a flor afinal perder as pétalas, uma minúscula protuberância verde aparecia em seu lugar, e, à medida que os dias ficavam mais longos e o calor aumentava, ela ia inchando até se transformar numa pequena frutinha silvestre branca. Eram amargas, mas comíamos mesmo assim, impacientes demais para esperar pela fruta de verdade.

Era possível sentir o cheiro dos morangos maduros antes de vê-los; a fragrância mesclava-se ao cheiro do sol no solo úmido. Era o cheiro de junho, do último dia de aula, quando nos libertavam, dia da Lua de Morango, *ode'mini-giizis*. Deitava-me de bruços nas áreas preferidas do terreno e observava as frutas silvestres ficarem cada vez mais adocicadas e grandes embaixo das flores. Cada minúscula frutinha silvestre mal ultrapassava o tamanho de uma gota de chuva, e o chapéu de folhas encimava as covinhas de sementes. Desse ponto privilegiado, eu podia colher as mais vermelhas, deixando as cor-de-rosa para o dia seguinte.

Ainda hoje, passadas mais de cinquenta Luas de Morango, encontrar um campo de morangos-silvestres ainda desperta em mim a mesma sensação de surpresa e um sentimento de gratidão — chego a me achar indigna — pelo inesperado presente, todo embrulhado em vermelho e verde. "Sério? É para mim? Ah, não precisava." Passados cinquenta anos, eles ainda me fazem questionar como retribuir tamanha generosidade — e, às vezes, essa parece uma pergunta tola com uma resposta bem simples: coma os morangos.

Mas agora sei que outra pessoa andou se fazendo as mesmas perguntas. Em nossas histórias da Criação, a origem dos morangos ocupa um papel importante. A linda filha que Ataensic trazia no ventre ao deixar o Mundo do Céu cresceu na terra fértil e verde; amava todos os outros seres e por eles era amada. Mas a tragédia se abateu sobre a jovem: morreu ao dar à luz os gêmeos

Flint e Sapling. Com o coração destroçado, a mulher que caiu do céu sepultou a adorada filha na terra. Seus últimos presentes, as nossas mais veneradas plantas, cresceram do seu corpo. O morango nasceu do seu coração. Em Potawatomi, morango é *ode min*, a fruta do coração. Nós o reconhecemos como o líder das frutas silvestres, o primeiro a dar frutos.

Os morangos foram os primeiros a configurar minha visão de um mundo cheio de presentes espalhados a nossos pés, e que chegam a nós sem ser necessário qualquer esforço, de graça, que se aproximam sem que acenemos a eles. Não se trata de uma recompensa, é impossível ganhar, ou chamar, ou mesmo merecer presentes como esses. Ainda assim, eles aparecem, por livre e espontânea vontade. Nossa única função é permanecer atentos e presentes. Essas dádivas existem num reino em que a humildade e o mistério predominam. Assim como os gestos aleatórios de gentileza, desconhecemos sua fonte.

Os campos de minha infância nos agraciavam com morangos, framboesas, amoras, além de castanhas no outono, buquês de flores silvestres colhidas para presentear minha mãe e passeios em família nos domingos à tarde. Eram nosso parquinho de diversões, refúgio, santuário selvagem, aula de ecologia e o lugar onde aprendemos a acertar latas no muro de pedra. Tudo de graça. Ou assim acreditávamos.

Naquela época, vivi o mundo como uma economia de oferta, "bens e serviços" não comprados, mas recebidos como presente da terra. Por sorte, eu não tinha conhecimento de como devia ser difícil para meus pais pagarem as contas no fim do mês, e que, longe desses campos, grassava a economia salarial.

Em nossa família, os presentes trocados eram quase sempre artesanais. Eu acreditava ser essa a definição de presente: algo que você fazia para alguém. Confeccionávamos nossos presentes de Natal: cofrinhos de embalagens antigas de alvejante, pegadores de prato feitos com pregadores de roupa quebrados e fantoches feitos com meias aposentadas. Minha mãe explica que o motivo era a falta de dinheiro para comprar presentes em lojas. Para mim, não parecia adversidade — era algo muito especial.

Meu pai adorava morangos-silvestres. Então, para comemorar o Dia dos Pais, minha mãe sempre preparava torta de morango. Ela assava as tortas crocantes e batia o creme de leite, enquanto nós, as crianças, ficávamos responsáveis pelas frutas. Cada uma pegava um ou dois potes velhos e passávamos o sábado antes da comemoração nos campos, levando horas para enchê-los, pois a maioria das frutinhas vermelhas acabava indo parar em nossa boca. Por fim, retornávamos e virávamos os potes na mesa da cozinha para catar os bichos. Posso apostar que vira e mexe esquecíamos alguns, mas papai nunca mencionou a proteína extra.

Na verdade, ele achava a torta de morangos-silvestres o melhor presente do mundo, ou pelo menos nos havia convencido disso. Era um presente que nunca podia ser comprado. Como crianças criadas pelos morangos, provavelmente não tínhamos consciência de que o presente era oferecido pelos campos e não por nós. Nosso presente era o tempo e o cuidado e os dedos manchados de vermelho. A fruta do coração, com toda a certeza.

Presentes oferecidos pela terra ou por outra pessoa estabelecem vínculos especiais, uma espécie de obrigação de dar, receber e retribuir. O campo nos dava, nós dávamos a papai e tentávamos retribuir aos morangos. Uma vez encerrada a estação, as plantas lançavam seus estolhos, delgados caules avermelhados que permitiriam produzir novas plantinhas. Dado o meu fascínio pelo modo como rastejavam pelo chão, em busca dos lugares ideais para se enraizarem, eu arrancava pedacinhos do solo onde os estolhos pousavam. Pequeninas raízes emergiriam daqueles caulezinhos e, no fim da estação, haveria ainda mais plantas, prontas para florescer na próxima Lua de Morango. Ninguém nos ensinou nada disso — os morangos, sozinhos, nos mostraram. Por nos presentearem, uma relação perpétua se estabeleceu entre nós.

Muitos donos de terra nas redondezas plantavam morangos e costumavam contratar crianças para ajudar na colheita. Meus irmãos e eu percorríamos um longo caminho, em nossas bicicletas, até a fazenda Crandall, para colher frutas silvestres e ganhar uns trocados. Dez centavos de dólar por cada 250 gramas. Mas a senhora Crandall era um capataz exigente. Plantada na extremidade do campo, usando um avental de bolsos, nos instruía sobre como colher, deixando claro que não devíamos amassar nenhuma frutinha. E não era a única regra estabelecida: "Essas frutas silvestres me pertencem, não a vocês", dizia. "Não quero ver nenhuma criança comendo minhas frutinhas." Eu sabia muito bem a diferença: nos campos atrás de minha casa, as frutas silvestres não pertenciam a ninguém, a não ser a si mesmas. Na barraca dessa senhora, no acostamento da estrada, ela vendia 250 gramas por sessenta centavos de dólar.

Uma aula e tanto de economia. Teríamos de gastar quase toda nossa remuneração, se quiséssemos voltar para casa com frutas na cesta da bicicleta. As dela eram dez vezes maiores do que as nossas frutas silvestres, sim, mas, em termos de sabor, não chegavam nem perto. Não acredito jamais termos colocado essas frutas da fazenda na torta de papai. Não acharíamos correto.

Engraçado como a natureza de um objeto — digamos, de um morango ou de um par de meias — é tão modificada pela maneira como chega a nossas mãos, se como presente ou mercadoria. O par de meias de lã, de listras vermelhas e cinza, comprado na loja, é quente e confortável. Devo me sentir grata às ovelhas que forneceram a lã e ao funcionário encarregado da máquina de tricotar. Espero que sim. Contudo, não sinto nenhum compromisso inerente a essas meias enquanto mercadoria, como propriedade privada. Além do educado "obrigada" dito à vendedora, não há qualquer vínculo entre nós. Paguei por elas e nossa reciprocidade terminou no exato instante em que entreguei o dinheiro. A troca termina, uma vez estabelecida a paridade, a permuta igual. As meias se tornam minha propriedade. Não escreveria um bilhete de agradecimento aos donos das lojas JCPenney.

E se essas mesmas meias listradas de cinza e vermelho fossem tricotadas por minha avó e me fossem dadas de presente? Isso mudaria tudo. Um presente cria um relacionamento duradouro. Escreverei um bilhete de agradecimento. Cuidarei bem delas e, caso seja uma neta bastante amável, usarei as meias quando minha avó nos visitar, mesmo que não tenha gostado delas. Quando for seu aniversário, com certeza retribuirei fazendo um presente para ela. Como o acadêmico e escritor Lewis Hyde ressalta: "A diferença essencial entre presente e mercadoria é que o presente estabelece um vínculo sentimental entre duas pessoas."

Morangos-silvestres encaixam-se à perfeição na definição de presente, mas não as frutas vendidas. A relação entre produtor e consumidor estabelece a diferença. Como penso no presente a oferecer, ficaria profundamente ofendida se visse morangos-silvestres à venda em uma loja. Ia sentir vontade de raptar todos. Não nascem para ser vendidos, apenas para ser ofertados. Hyde nos relembra que, na economia do presente, tudo o que nos é oferecido gratuitamente não pode ser transformado em capital de outra pessoa. Já consigo ver a manchete: "Mulher presa por furtar produto em loja. A Frente de Liberação dos Morangos reivindica toda e qualquer responsabilidade."

Por esse mesmo motivo, tampouco vendemos a erva ancestral. Dado o fato de nos ter sido ofertada, também só deve ser presenteada. Meu querido amigo Wally "Bear" Meshigaud é um dos guardiões do fogo cerimonial de nosso povo e usa bastante a *wiingaashk* para nos beneficiar. Tem gente que colhe a erva para dar a ele, e, assim, possibilitar-lhe manter sempre um estoque razoável. Contudo, o estoque acaba nas épocas de grandes reuniões. Em *powwows* e feiras é possível encontrar gente do nosso povo vendendo cada trança de erva ancestral por dez dólares. Quando Wally precisa muito de *wiingaashk* para uma cerimônia, às vezes, visita uma dessas barracas, entre estandes que vendem pães fritos ou fios de miçangas. Ele se apresenta ao vendedor, explica do que precisa, assim como o faria numa pradaria, na qual pediria permissão à erva ancestral antes de colher. Ele *não pode* pagar por ela, não por não dispor de dinheiro, mas porque a *wiingaashk* não pode ser comprada ou vendida e, ainda assim, conservar sua essência para a cerimônia. Ele espera que os vendedores lhe deem de bom grado a erva de que necessita, mas nem sempre isso acontece. O sujeito na barraca acredita estar sendo ludibriado por um idoso: "Ei, onde já se viu levar sem pagar!", exclama. Mas esse é exatamente o cerne da questão. Um presente *é* algo recebido de graça, embora implique certas obrigações. Para a planta ser sagrada, não pode ser comercializada. Os negociantes relutantes recebem lições de Wally, mas nunca receberão seu dinheiro.

A erva ancestral pertence à Mãe Natureza. Quem a colhe deve agir de modo correto e respeitoso, seja para uso próprio, seja para atender às necessidades de sua comunidade. Retribuem o presente à terra, cuidando do bem-estar da *wiingaashk*. As tranças são oferecidas como presentes, para homenagear, para agradecer, para curar e fortalecer. A erva ancestral é mantida em constante circulação. Quando Wally a oferece ao fogo, é um presente que foi passado de mão em mão, tornando-se mais valioso por ter sido honrado a cada vez.

Esta é a natureza fundamental dos presentes: eles circulam, e seu valor aumenta ao passar de mão em mão. Os campos nos presentearam com frutas vermelhas e nós presenteamos nosso pai. Quanto mais compartilhamos algo, maior o valor. Isso é difícil de ser entendido em sociedades calcadas nas noções de propriedade privada, nas quais os outros, por definição, são excluídos do compartilhamento. Práticas como cercar a terra para evitar invasões, por exemplo, são aceitas e esperadas na economia de propriedade, mas são inaceitáveis em economias nas quais a terra é considerada uma dádiva para todos.

Lewis Hyde, de modo maravilhoso, ilustra essa dissonância em sua pesquisa a respeito do "presente de 'índio'". Essa expressão, hoje usada em tom negativo e pejorativo para definir alguém que dá algo e depois pede de volta, na verdade, deriva de um fascinante erro de interpretação intercultural que traz, de um lado, a cultura indígena, a qual opera com base na economia do presente, e, de outro, a cultura colonial, baseada no conceito de propriedade privada. Quando os habitantes originários presenteavam os colonos, os agraciados entendiam que presentes têm valor e, portanto, deviam ser guardados. Devolvê-los seria uma afronta. Mas, para o povo indígena, o valor do presente deve ser baseado na reciprocidade, e o indivíduo ficaria indignado caso não lhe retornassem os presentes. Muitos ensinamentos de nosso Conselho de Anciãos afirmam que tudo o que é recebido deve ser devolvido.

Do ponto de vista da economia da propriedade privada, o "presente" é considerado "gratuito", porque o obtemos de graça, sem qualquer custo. Mas, na economia do presente, presentes não são gratuitos. A essência do presente é criar uma cadeia de relações. A moeda da economia do presente é, em sua raiz, a reciprocidade. No pensamento ocidental, a terra privada é compreendida como sendo um "feixe de direitos", enquanto na economia do presente a propriedade engloba um "feixe de responsabilidades".

Certa ocasião, tive a imensa sorte de fazer uma pesquisa ecológica nos Andes. Para mim, o melhor dia era o das compras no povoado local, quando a praça se enchia de vendedores. Havia mesas lotadas de plátanos, carroças de mamão, barracas de cores brilhantes, nas quais eram exibidas pirâmides de tomates e baldes de raízes peludas de mandioca. Já outros vendedores esticavam mantas no chão, com tudo o que você pudesse precisar, de sandálias de dedo a chapéus de palha. De cócoras, atrás de sua manta vermelha, uma senhora de xale listrado e chapéu-coco azul-marinho espalhava raízes medicinais tão lindamente enrugadas quanto a vendedora. As cores e os cheiros penetrantes, tanto do milho tostando na fogueira quanto dos limões, e os sons de todas as vozes formam um deslumbrante amálgama em minha memória. Na minha barraca preferida, Edita, a dona, sempre me aguardava. Explicava-me com paciência a maneira correta de cozinhar produtos que eu não conhecia, e tirava, de baixo da mesa, o abacaxi mais doce, que guardara só para mim. Certa vez, tinha até morangos. Sei que paguei os preços para gringos, mas a experiência da abundância e da boa vontade valeu cada peso.

Não faz muito tempo, sonhei com esse mercado, em todas as suas vívidas texturas. Como sempre, eu caminhava pelas barracas com uma cesta no braço, e fui direto falar com Edita, a fim de comprar um maço de coentro fresco. Conversamos e rimos e, quando lhe entreguei as moedas, ela afastou minha mão, dando um tapinha no meu braço e se despedindo. Um presente, disse ela. *Muchas gracias, señora*, respondi. No sonho, encontrei também minha *panadera* favorita, que oferecia pães redondos cobertos por toalhas limpas. Escolhi uns pãezinhos, abri a carteira, e ela também afastou meu dinheiro, como se meu gesto fosse uma demonstração de indelicadeza. Desconcertada, olhei ao redor; embora conhecesse aquele mercado, tudo havia mudado. Não agiam assim só comigo; nenhum cliente estava pagando. Percorri o mercado tomada pela euforia. A gratidão era a única moeda corrente aceita. Tudo era presente. Era como colher morangos no campo de minha casa: os comerciantes não passavam de intermediários que ofereciam presentes da terra.

Olhei minha cesta: duas abobrinhas, uma cebola, tomates, pão e um maço de coentro. Ainda tinha metade do espaço vazio, mas parecia cheia. Eu tinha tudo de que precisava. Procurei pela barraca de queijos, pensando em pegar alguns, mas, por saber que seria dado, e não vendido, decidi que podia passar sem eles. Engraçado: se tivesse todas as coisas no mercado a um preço baixíssimo, provavelmente eu compraria o máximo possível. No entanto, quando tudo estava ali transformado em presente, eu me continha, não queria pegar muito. E comecei a pensar nos presentes, mesmo simples, que poderia levar no dia seguinte para os vendedores.

O sonho acabou, claro, mas o sentimento inicial de euforia e a subsequente sensação de comedimento permaneceram. Pensei repetidas vezes no mercado, e agora reconheço que, em sonho, eu havia testemunhado a conversão da economia de mercado em economia do presente, de bens privados em bem comum. E, na transformação operada, os relacionamentos se tornaram tão nutritivos quanto o alimento recebido. Por todas as barracas e todos os estandes, o calor humano e a compaixão trocavam de mãos. Havia uma compartilhada celebração à abundância por tudo o que havíamos recebido. E, uma vez que cada cesta de mercado continha uma refeição, havia justiça.

Sou cientista botânica e quero falar tudo de forma clara, mas sou também poeta, e o mundo conversa comigo por metáforas. Quando falo do presente das frutas vermelhas, não quero dizer que a *Fragaria virginiana* passou a noite inteira acordada preparando um presente só para mim, criando estratégias para descobrir exatamente o que eu gostaria numa manhã de verão. Pelo que sabemos, isso não ocorre, mas, como cientista, tenho também plena consciência de quão pouco sabemos. A planta passou, de fato, a noite inteira reunindo pacotinhos de açúcar e sementes, além de fragrância e cor, pois, ao fazer isso, sua aptidão evolutiva aumenta. Quando ela tem sucesso em atrair um animal como eu para dispersar seu fruto, os genes encarregados de preparar guloseimas são transmitidos para as gerações subsequentes com maior frequência do que os da planta cujas frutinhas silvestres são inferiores. As frutas silvestres produzidas pela planta determinam os comportamentos dos dispersores e têm consequências adaptativas.

O que quero dizer, claro, é que nosso relacionamento humano com morangos é transformado de acordo com nossa escolha de perspectiva. É a percepção humana que transforma o mundo em presente. Quando vemos o mundo assim, tanto morangos quanto seres humanos são transformados. A relação de gratidão e reciprocidade desenvolvida dessa forma pode aumentar a aptidão evolutiva da planta e também do animal. Com certeza, espécies e culturas que tratam o mundo natural com respeito e reciprocidade transmitirão genes para as gerações seguintes com maior frequência do que quem o destrói. As histórias escolhidas para definir nossos comportamentos trazem consequências adaptáveis.

Lewis Hyde fez amplos estudos sobre as economias de presente, e acredita que objetos ritualísticos permanecerão numerosos exatamente por serem tratados como presentes. Uma relação de presente com a natureza é um "dar e receber formal que reconhece tanto nossa participação quanto nossa dependência em relação ao processo de desenvolvimento natural. Nossa tendência é ver a natureza como parte de nós, não como uma desconhecida ou estranha disponível para exploração. A troca de presentes é o tipo de comércio escolhido, pois é o comércio que participa do processo de crescimento [da natureza] e com ele se harmoniza".

No passado, quando a vida era ligada de modo direto à terra, era fácil reconhecer o mundo como um presente. Ao chegar o outono, o céu escurecia com bandos de gansos grasnando "Chegamos!". Assim, o povo se lembra da história da Criação, quando os gansos voaram para salvar Ataensic. Os povos estão famintos, o inverno está chegando e os gansos enchem os pântanos de comida. É um presente, e todos o recebem com gratidão, amor e respeito.

Mas, quando a comida não vem de um bando de gansos em revoada no céu, quando você não sente as plumas quentes nas mãos, nem tem conhecimento de que uma vida lhe foi ofertada, quando não impera o sentimento de gratidão em retribuição — essa comida pode não satisfazer, pode deixar o espírito faminto, a despeito da barriga cheia. Algo se parte quando a comida — a carcaça de um ser cujo único destino na vida foi viver numa gaiola exígua — vem numa bandeja de isopor, embrulhada em plástico escorregadio. Isso não é um presente, mas, sim, uma apropriação.

Como, em nosso mundo moderno, poderemos descobrir um jeito de entender de novo a terra como presente, para que nossa relação com o mundo volte a ser sagrada? Sei que nem todos podemos nos tornar caçadores — o mundo dos seres vivos não o suportaria —, mas, mesmo na economia de mercado, podemos nos comportar "como se" o mundo dos seres vivos fosse um presente?

Podíamos começar prestando atenção às lições de Wally. Tem quem tente vender os presentes, mas, como Wally diz a respeito da *wiingaashk* à venda: "Não compre." A recusa em participar é uma escolha moral. A água é uma dádiva para todos, não foi feita para ser comprada ou vendida. Não compre. Quando o alimento for arrancado da terra, empobrecendo o solo e envenenando o restante das criaturas em nome de maior produtividade, não compre.

Na prática, os Morangos não pertencem a ninguém, só a si mesmos. As relações de troca que escolhemos determinam se os partilhamos como um presente comum ou os vendemos como um bem privado. Depende muito dessa escolha. Durante grande parte da história humana, e em lugares ainda existentes no mundo de hoje, os recursos comuns eram a regra. Mas alguém inventou uma história diferente, uma construção social na qual tudo é visto como mercadoria, tudo é passível de ser comprado e vendido. A história da economia de mercado alastrou-se feito incêndio florestal, trouxe resultados desiguais no que tange ao bem-estar humano e devastação no que diz respeito ao mundo natural. Mas tudo isso é apenas uma história que contamos para nós mesmos, e temos toda a liberdade para contar outra — ou para resgatar ainda outra, a antiga.

Uma dessas histórias sustenta os sistemas de vida dos quais dependemos. Uma dessas histórias apoia viver em permanente gratidão e deslumbramento com a riqueza e a generosidade do mundo. Uma dessas histórias nos pede que ofereçamos nossos presentes com gentileza, para celebrar nossa irmandade com o mundo. Cabe a nós escolher. Se o mundo todo é uma mercadoria, o ser humano acaba ficando pobre. Quando o mundo todo é um presente em contínuo movimento, o ser humano acaba ficando próspero.

Naqueles campos da minha infância, à espera do amadurecimento dos morangos, eu costumava comer os ainda brancos e azedos — às vezes por fome, mas quase sempre por impaciência. Embora soubesse os resultados a longo prazo de minha gulodice a curto prazo, eu os pegava assim mesmo. Felizmente, nossa capacidade de autocontrole cresce e se desenvolve, como as frutas silvestres embaixo das folhas. Aprendi a esperar. Um pouco. Lembro-me de ficar deitada de costas nos campos, observando o passar das nuvens e, a cada segundo, me virar para verificar as frutinhas silvestres. Quando eu era pequena, achava que a mudança podia ocorrer numa velocidade espantosa. Agora, adulta, sei que a transformação é lenta. A economia mercantilista passou quatrocentos anos, aqui na Ilha da Tartaruga, devorando os morangos brancos e todos os outros. As pessoas, porém, acabaram se cansando do gosto amargo na boca. Existe um imenso anseio dentro de cada um de nós, o anseio de viver de novo num mundo feito de presentes. Posso sentir o cheiro de sua chegada, assim como posso sentir a fragrância dos morangos maduros trazida pela brisa.

# Uma oferenda

*Nosso povo se locomovia de canoa. Até nos fazerem caminhar. Até nossas cabanas à beira do lago serem trocadas por barracos e poeira. Até ser disperso, nosso povo era um círculo. Nosso povo partilhava uma língua com a qual agradecia a chegada do dia, até nos obrigarem a esquecer essa língua. Mas não nos esquecemos. Não exatamente.*

Quase todas as manhãs de verão, eu acordava com o ruído da porta do banheiro — o rangido da dobradiça ao abrir, seguido do *paft* seco ao fechar. Eu recobrava a consciência graças às vagas canções de vireonídeos e tordos, do marulhar do lago, e, por fim, do som de meu pai bombeando combustível no nosso pequeno fogareiro. Quando meu irmão, minhas irmãs e eu saíamos de nossos sacos de dormir, o sol alcançava o topo da margem leste, arrastando a bruma do lago em compridas espirais brancas. O pequeno bule de alumínio amassado, para quatro xícaras de café, escuro pela fumaça de tantos fogos, já estaria borbulhando. Nossa família passava os verões acampada e passeando de canoa nas montanhas Adirondack, e todos os dias começavam assim.

Posso ver meu pai, em sua camisa quadriculada vermelha de lã, de pé em cima dos rochedos, contemplando o lago. Quando ele tira o bule de café do fogareiro, cessa toda a algazarra matinal; sabemos, sem que precisem nos avisar, que é chegado o momento de prestar atenção. Parado na extremidade do acampamento, com o bule na mão, ele coloca a tampa no lugar com um pegador de panela dobrado e despeja o café, um encorpado córrego marrom, no solo.

A luz do sol bate no líquido e desnuda as tonalidades âmbar, marrom e preta quando cai na terra e fumega no frio ar matinal. Com o rosto voltado para o sol, meu pai derrama o café e diz, em meio à quietude: "Este é para os deuses de Tahawus." O fluxo corre pela superfície lisa do granito para se fundir com a água do lago, tão clara quanto o café é escuro. Observo enquanto o café escoa, recolhendo pedaços de liquens pálidos e encharcando uma minúscula moita de musgo, seguindo uma rachadura até alcançar a água. O musgo avoluma-se com a passagem do líquido e abre suas folhas para o sol. Só então papai serve copos fumegantes de café para ele e para minha mãe, que prepara panquecas no fogareiro. E assim se inicia cada manhã nas montanhas do Norte: com essas palavras pronunciadas antes de qualquer outra.

Eu podia apostar que nenhuma outra família conhecida começava o dia assim, mas nunca questionei a fonte dessas palavras nem meu pai nunca as explicou. Elas faziam parte de nossa vida nos Grandes Lagos. E seu ritmo fazia eu me sentir em casa e a cerimônia formava um círculo em torno de nossa família. Com essas palavras, dizíamos "Aqui estamos", e eu supunha que a terra nos escutava e murmurava para si mesma: "Ah, *aqui* estão aqueles que sabem agradecer."

Tahawus é o nome dado pelo povo algonquino ao monte Marcy, o cume mais alto das montanhas Adirondack. "Marcy é uma homenagem a um governador que nunca pôs os pés nessas encostas selvagens. Tahawus, "O Divisor das Nuvens", é seu verdadeiro nome e invoca sua natureza essencial. Entre nosso povo, Potawatomi, existem nomes públicos e nomes verdadeiros. Os nomes verdadeiros são apenas usados pelas pessoas mais íntimas e em cerimônias. Meu pai já tinha subido ao topo do Tahawus muitas vezes e conhecia muito bem seu nome verdadeiro. Ele falava, com conhecimento de causa, o nome do lugar e do povo que lá chegou antes de nós. Quando chamamos um lugar pelo nome, este é transformado de região selvagem em terra natal. Imagino que este adorado lugar também soubesse meu nome verdadeiro, embora eu mesma não o soubesse na ocasião.

Vez ou outra, meu pai dizia os nomes dos deuses de Forked Lake ou de South Pond ou de Brandy Brook Flow, onde quer que montássemos nossas tendas para acampar à noite. Aprendi que cada lugar tinha seus espíritos, sendo o lar de outras criaturas antes de nossa chegada e bem depois de nossa partida. Enquanto meu pai dizia os nomes e oferecia o presente, o primeiro café, ele nos ensinava, sem alarde, o respeito devido a esses outros seres e como demonstrar nosso agradecimento pelas manhãs de verão.

Eu sabia que, em tempos remotos, nosso povo elevava seus agradecimentos em canções matinais, em orações e nas oferendas de tabaco sagrado. Mas nessa época específica na história de nossa família, não tínhamos tabaco sagrado nem conhecíamos as músicas — roubadas de meu avô nos portões do internato. Mas a história se move em círculos, e ali estávamos nós, a geração seguinte, de volta aos lagos repletos dos mergulhões de nossos ancestrais, de volta às canoas.

Minha mãe tinha um ritual de respeito mais pragmático e particular: a tradução da reverência e da intenção em ação. Antes de nos distanciarmos, de canoa, de qualquer lugar onde acampássemos, ela mandava as crianças limparem o lugar e se certificava de ter deixado tudo impecável. Nenhum palito de fósforo queimado, nenhum pedacinho de papel escapava a seu exame. "Deixem este lugar melhor do que o encontraram", advertia. E nós obedecíamos. Também precisávamos deixar lenha para a fogueira do próximo visitante, bem como iscas e gravetos cuidadosamente abrigados da chuva, cobertos por uma camada de cascas de bétula. Eu gostava de imaginar o prazer desses outros remadores ao chegarem, depois do escurecer, e encontrarem uma pilha de lenha preparada para aquecer a refeição noturna. A cerimônia de mamãe também nos conectava a essas pessoas.

As oferendas só eram realizadas ao ar livre; nunca na cidade onde morávamos. Aos domingos, enquanto as outras crianças iam à igreja, meus pais nos levavam para passear na beira do rio e procurar garças e ratos-almiscarados, para colher flores da primavera no bosque, ou para fazer piqueniques. Só então as palavras do ritual eram repetidas. Para nossos piqueniques no inverno, caminhávamos a manhã inteira com raquetes de neve e depois acendíamos uma fogueira no centro de um círculo desenhado por nossos pés. Nessas ocasiões, a panela continha sopa de tomate borbulhante, e a primeira porção era servida para a neve. "Este é para os deuses de Tahawus", e só então nossas mãos enluvadas seguravam as canecas fumegantes.

No entanto, quando entrei na adolescência, as oferendas começaram a me deixar ora zangada, ora triste. O círculo, que antes trazia a sensação de pertencimento, se inverteu. Escutava nas palavras a mensagem de que não fazíamos parte daquele mundo, pois falávamos a língua dos desterrados. Era uma cerimônia de segunda mão. Em algum lugar, havia gente que conhecia a cerimônia correta, sabia a língua perdida e falava os nomes verdadeiros, inclusive o meu.

Ainda assim, toda manhã eu observava o café desaparecer no húmus marrom granulado, como se retornasse à forma original. Assim como o fluxo de café descendo pela pedra abria as folhas do musgo, a cerimônia trazia a quietude de volta à vida, abria minha mente e meu coração para o que havia esquecido, embora no fundo o soubesse. As palavras e o café nos convidavam a lembrar que esses bosques e lagos eram uma dádiva. O visível se tornava invisível ao se misturar ao solo. As cerimônias, tanto as grandes quanto as pequenas, têm o poder de concentrar nossa atenção num modo mais consciente de viver no mundo. Podia até ser uma cerimônia de segunda mão, mas, apesar de minha confusão, reconheci que a terra bebia o líquido como se essa fosse a atitude certa a tomar. A terra reconhece você, mesmo quando se está perdido.

A história de uma pessoa se move como uma canoa na correnteza, arrastada cada vez para mais perto do lugar de onde partiu. Quando cresci, minha família tornou a encontrar as conexões culturais esgarçadas, mas nunca rompidas, com sua história. Encontramos quem sabia nossos nomes verdadeiros. Quando, pela primeira vez, escutei ao amanhecer, no acampamento em Oklahoma, o agradecimento às quatro direções — a oferenda na antiga língua do tabaco sagrado — foi como se ouvisse a voz do meu pai. A língua era diferente, mas o coração era o mesmo.

Nossa cerimônia familiar era solitária, embora alimentada pelo mesmo vínculo com a terra e baseada em respeito e gratidão. Agora, o círculo desenhado a nosso redor é maior, abrange muitos membros do povo ao qual voltamos a pertencer. Ainda assim, na oferenda, dizemos "Aqui estamos", e ainda ouço, no final, as palavras que a terra murmura para si mesma: "Ah, *aqui* estão aqueles que sabem agradecer." Hoje meu pai sabe dizer sua oração em nossa língua, mas antes veio o "Este é para os deuses de Tahawus", numa voz que sempre escutarei.

Ao participar das cerimônias ancestrais, compreendi que nossa oferenda do café não era de segunda mão, era nossa.

Muito do que sou e do que faço se baseia nas oferendas do meu pai perto do lago. Meus dias ainda começam com uma versão de "Este é para os deuses de Tahawus", um agradecimento pelo dia. Meu trabalho como ecologista, escritora, mãe e viajante entre modos científicos e tradicionais de conhecimento nasce do poder dessas palavras. Elas me recordam quem somos; elas me recordam nossos dons e nossa responsabilidade em relação a esses dons. A cerimônia é um veículo para o pertencimento — a uma família, a um povo e à terra.

Acreditei, com o tempo, ter compreendido a oferenda aos deuses de Tahawus. Era, para mim, a *única* coisa que não havia sido esquecida, a única que não podia ser roubada pela história: o conhecimento de que pertencíamos à terra, de que éramos um povo que sabia como agradecer. E a oferenda brotou da profunda lembrança do sangue que a terra, os lagos e o espírito haviam conservado para nós. Anos depois, contudo, já com uma resposta própria, perguntei a meu pai: "De onde veio essa cerimônia? Foi seu pai quem lhe ensinou, e o pai dele a ele? Ela vem desde o tempo das canoas?" Ele refletiu por um bom tempo. "Não, acho que não. Simplesmente fazíamos. Parecia o certo." Só isso.

Algumas semanas transcorreram, no entanto, e ao voltarmos a conversar, ele disse: "Andei pensando naquela história do café e em quando começamos a despejá-lo no solo. Sabe, era café fervido. Não tinha filtro, e se o café ferve muito a borra espuma e fica presa no bico do bule. Então, o primeiro copo vai receber esse tampão de borra e ficar ruim. Acho que a primeira vez que fizemos a oferenda foi para limpar o bico do bule." A sensação seria igual a se ele me tivesse dito que a água não se transformara em vinho. Então, a cadeia inteira de gratidão, toda aquela história de memória, era só para *descartar* a borra do café?

"Mas, sabe", completou, "nem sempre o café tinha borra. Começou desse jeito, mas com o tempo mudou. Virou um pensamento. Uma espécie de respeito, uma espécie de agradecimento. Numa linda manhã de verão, imagino que é possível chamar essa sensação de alegria".

Esse, acredito, é o poder da cerimônia: ela une o mundano ao sagrado. A água se transforma em vinho; o café, em oração. O material e o espiritual se misturam como a borra ao húmus e se transformam, como o vapor a se erguer da caneca, em névoa matinal.

O que mais se pode oferecer à terra, que já tem tudo? O que mais você pode dar, a não ser algo de si? Uma cerimônia artesanal, uma cerimônia que cria um lar.

# Ásteres e varas-de-ouro

A garota na foto segura uma lousa em que aparece escrito com giz "Turma de 1975" e seu nome. Uma garota com a pele da cor das corças, de cabelo escuro comprido e olhos negros indecifráveis que encaram os seus sem se desviarem. Eu me lembro desse dia. Usava minha camisa xadrez nova, presente de meus pais, uma roupa que eu considerava o símbolo dos silvicultores. Mais velha, ao olhar a foto, fui invadida pela surpresa. Nunca me esquecerei do estado de animação em que me encontrava por entrar na faculdade, mas o rosto da garota não guarda nenhum sinal dessa alegria.

Mesmo antes de chegar, tinha todas as respostas preparadas para a entrevista de admissão como caloura. Queria causar uma boa primeira impressão. Naquela época, quase não havia mulheres na escola florestal, e com certeza nenhuma parecida comigo. O orientador espiou por cima dos óculos e perguntou, com o lápis pousado em cima do formulário de matrícula: "E então, por que quer se especializar em botânica?"

Como poderia responder, como poderia lhe dizer que nasci botânica, que guardava caixas de sapatos cheinhas de sementes e pilhas de folhas prensadas debaixo da cama, que parava a bicicleta na pista para identificar uma nova espécie, que as plantas coloriam meus sonhos, que as plantas haviam me escolhido? Então, contei-lhe a verdade. Sentia orgulho de minha resposta bem planejada, de sua sofisticação, sem dúvida surpreendente para uma caloura, do modo como demonstrava meu conhecimento acerca de algumas plantas e seus *habitats*, e do fato de haver pensado profundamente acerca de sua natureza e de estar, lógico, bem preparada para o curso universitário. Respondi que havia escolhido botânica porque desejava aprender o motivo de ásteres e varas-de-ouro ficarem tão lindos juntos. Tenho certeza de que eu sorria, feliz na minha camisa xadrez vermelha.

Mas ele não sorria. Largou o lápis, como se não houvesse necessidade de registrar o que eu tinha dito. "Srta. Wall", disse então, fitando-me com um sorriso desapontado, "devo lhe dizer que *isso* não é ciência. Os botânicos não se preocupam com esse tipo de coisa." Mas ele prometeu me fazer entender isso. "Vou matriculá-la em Botânica Geral para aprender o que é botânica." E assim comecei meus estudos.

Gosto de imaginar que, no ombro de minha mãe, quando a manta cor-de-rosa escorregou de meu rosto, aquelas foram as primeiras flores que vi, e suas cores inundaram minha consciência. Ouvi dizer que as experiências iniciais podem sintonizar o cérebro com certos estímulos, de modo a serem processados com velocidade e clareza maiores, e usados repetidas vezes, a fim de jamais nos esquecermos. Amor à primeira vista. Através dos olhos enevoados, seu esplendor formou a primeira sinapse botânica em meu cérebro alerta de recém-nascida que, até então, só havia encontrado a ternura desfocada de rostos cor-de-rosa. Parto do pressuposto de que todos os olhos se voltavam para mim, um bebezinho rechonchudo embrulhado na manta, feito um pacotinho, mas os meus se voltavam para as varas-de-ouro e os ásteres. Nasci junto com essas flores, e, todos os anos, elas voltavam em meu aniversário, tecendo nossa mútua comemoração.

Muita gente se reúne em nossas colinas para a suíte flamejante de outubro, e perde, em geral, o sublime prelúdio dos campos em setembro. Como se a época da colheita não bastasse — pêssegos, uvas, milhos-doces, abóboras —, montes de amarelo-dourado e uma verdadeira mina do roxo mais profundo que existe também bordam os campos, uma obra de arte.

Se uma fonte pudesse jorrar buquês de amarelo cromado, em deslumbrantes arcos de fogos de artifício de crisântemos, essa flor seria a Vara-de-ouro Canadense. Cada haste, de quase um metro de comprimento, é um gêiser de minúsculas margaridas douradas, refinadas em miniatura e exuberantes em conjunto. Onde o solo é úmido o suficiente, as varas-de-ouro se postam lado a lado com seu perfeito contraponto, os Ásteres da Nova Inglaterra. Não as espécies pálidas e domesticadas que crescem às margens das florestas, ou as que têm a cor de lavanda ou azul-celeste aguadas, mas as do autêntico púrpura-real, que faria uma violeta empalidecer de vergonha. A borda de pétalas roxas, semelhante à das margaridas, circunda um disco tão brilhante quanto o sol do meio-dia, um manancial laranja-dourado, um irresistível tonzinho mais escuro que a da vizinha vara-de-ouro. Sozinhas já constituem num superlativo botânico. Juntas, então, o efeito visual é deslumbrante. Roxo e dourado, as cores heráldicas do rei e da rainha da campina, uma procissão majestosa de cores complementares. Eu só queria saber o motivo.

Por que ficam uma ao lado da outra, quando podiam crescer sozinhas? Por que essa dupla em particular? Há uma grande quantidade de brancos, cor-de-rosa e azuis pontilhando os campos — será apenas casualidade a magnificência do roxo e do dourado acabarem lado a lado? O próprio Einstein já dissera que "Deus não joga dados com o universo". Qual a fonte desse arquétipo? Por que o mundo é tão lindo? Seria tão fácil ser diferente: podíamos achar as flores feias; mesmo assim, atenderiam aos nossos objetivos. Mas não o são. Isso me pareceu uma boa pergunta.

Mas meu orientador disse: "Não é ciência." Isso não era um assunto estudado pela botânica. Eu queria saber por que alguns caules se curvavam com facilidade para produzir cestos e outros se quebravam, por que as frutas silvestres maiores cresciam na sombra e por que nos davam medicinas, quais plantas são comestíveis, por que aquelas orquídeas cor-de-rosa pequeninas só crescem embaixo de pinheiros. "Não é ciência", disse ele, e devia saber das coisas, ali, sentado em seu laboratório, um erudito professor de botânica. Ele me disse que a ciência não trata de beleza, não trata do abraço entre plantas e seres humanos. "Se quiser estudar beleza, melhor ir para a escola de arte." Ele me fez lembrar de minhas deliberações para escolher uma faculdade, quando eu tinha oscilado entre ser botânica ou poeta. Já que todos me disseram que eu não podia estudar as duas coisas, acabara escolhendo as plantas.

Eu não pude contestar; cometera um engano. Não questionei, só me senti constrangida por causa de meu erro. Não tive palavras para resistir. Ele me inscreveu no curso e fui dispensada para tirar a foto para a matrícula. Não pensei nisso na época, mas a situação se repetia como um eco do primeiro dia de meu avô no colégio, quando lhe ordenaram que deixasse tudo — língua, cultura, família — para trás. O professor me fez duvidar de onde eu vinha, do que sabia, e reivindicou que o modo *correto* de pensar era o dele. A única coisa que não fez foi cortar meu cabelo.

Ao sair da infância nos bosques e ingressar na universidade, sem saber, eu havia me deslocado entre duas visões de mundo, de uma história natural baseada na experiência, na qual eu conhecia as plantas como professoras e companheiras, às quais estava conectada por meio da responsabilidade mútua, para o reino da ciência. Os cientistas não perguntam "Quem é você?", mas "O que é isso?". Ninguém perguntava às plantas: "O que tem para nos contar?" A pergunta elementar era: "Como funciona?" A botânica que me ensinaram era reducionista, mecânica e estritamente objetiva. As plantas eram reduzidas a objetos, não eram sujeitos. O modo como a botânica era concebida e ensinada não parecia deixar muito espaço para alguém que pensava como eu. A única coisa que fazia sentido para mim era concluir que, afinal, quem sabe, tudo em que eu sempre acreditara a respeito das plantas não fosse verdadeiro.

Aquela primeira disciplina de botânica foi um desastre. Passei raspando com um 5. Não conseguia manifestar muito entusiasmo em decorar as concentrações dos nutrientes essenciais para as plantas. Cheguei algumas vezes a pensar em desistir, porém, quanto mais aprendia, mais fascinada ficava com as intrincadas estruturas que formam uma folha e a alquimia da fotossíntese. O companheirismo entre ásteres e varas-de-ouro nunca foi mencionado, mas decorei o latim botânico como se fosse poesia, deixando de lado, entusiasmada, o nome "vara-de-ouro" e usando em substituição *Solidago canadensis*. Fiquei hipnotizada com a ecologia, a evolução, a taxonomia, a fisiologia, os solos e os fungos das plantas. Vivia rodeada por minhas boas professoras: as plantas. Também encontrei bons mentores, acadêmicos acolhedores e gentis que faziam ciência impulsionados pela paixão, quer pudessem ou não admitir. Eles também foram meus professores. No entanto, havia sempre algo batendo no meu ombro, pedindo que eu me virasse. Quando o fazia, não sabia reconhecer o que estava atrás de mim.

Minha tendência natural era ver relações, buscar os fios que conectavam o mundo, adicionar em vez de dividir. Mas a ciência é rigorosa em separar o observador do observado e o observado do observador. O fato de duas flores serem lindas quando juntas seria um atentado contra a necessidade de estabelecer divisões e violaria a objetividade.

Poucas vezes pus em dúvida a primazia do pensamento científico. Seguir o caminho da ciência serviu como treinamento para separar, distinguir a percepção da realidade física, atomizar a complexidade em seus mais ínfimos componentes, honrar a cadeia da evidência e da lógica, discernir uma coisa da outra e saborear o prazer da precisão. E quanto mais o fazia, melhor me tornava, até ser aceita para fazer uma pós-graduação num dos mais importantes programas botânicos do mundo, sem dúvida em função da firmeza da carta de recomendação de meu orientador, na qual se lia: "Ela se saiu admiravelmente bem para uma jovem indígena."

O diploma de mestrado, o de doutorado e o cargo na faculdade se seguiram. Sou grata pelo conhecimento compartilhado comigo e me sinto privilegiada ao extremo por dispor dos poderosos instrumentos da ciência como forma de compreender o mundo. Graças a isso, fui levada a outras comunidades de plantas, bem distantes de ásteres e varas-de-ouro. Eu me lembro da sensação de quando passei a fazer parte do corpo docente, como se, afinal, compreendesse as plantas. Comecei a ensinar os mecanismos da botânica, emulando a abordagem que me tinha sido ensinada.

Isso me faz recordar a história contada por meu amigo Holly "Youngbear" Tibbetts. Um cientista botânico, armado de seus cadernos de anotações e equipamentos, contrata um guia indígena para acompanhá-lo na exploração às florestas tropicais, em busca de novas descobertas botânicas. Ciente dos interesses do cientista, o jovem guia se encarrega de mostrar as espécies interessantes. O botânico o olha de forma intrigada, surpreso com sua capacidade. "Bom, muito bom, meu jovem, você com certeza conhece o nome de muitas dessas plantas." O guia assente e responde com os olhos baixos: "Sim, aprendi os nomes de todos esses arbustos, mas ainda preciso aprender suas músicas."

Eu estava ensinando os nomes e ignorando as músicas.

Quando cursava o doutorado em Wisconsin, meu marido, à época, e eu tivemos a sorte de ser contratados como vigilantes do jardim botânico da universidade. Em troca de uma casinha à beira da pradaria, nossa única função era fazer a ronda noturna e verificar se as portas e os portões se encontravam fechados, antes de deixarmos a escuridão aos grilos. Apenas uma vez encontramos uma luz que fora deixada acesa e uma porta entreaberta na oficina de horticultura. Não haviam causado nenhum dano, mas, enquanto meu marido checava, eu fiquei parada e examinei, indiferente, o quadro de avisos. Um recorte mostrava a foto de um magnífico olmo-americano e anunciava que ele havia sido recém-eleito o campeão, o maior de sua espécie. Seu nome: Olmo Louis Vieux.

Meu coração disparou e tive plena consciência de que meu mundo estava prestes a mudar, pois passara a vida ouvindo o nome Louis Vieux. E ei-lo ali, seu rosto olhando para mim de um recorte de jornal. Ele era nosso avô Potawatomi, aquele que percorrera todo o caminho das florestas de Wisconsin até a campina do Kansas com minha avó Sha-note. Era um líder, um líder que cuidava do povo durante a adversidade. A porta da garagem foi deixada entreaberta, a luz ficou acesa e iluminou meu caminho de volta para casa. Foi o início de uma longa e lenta jornada ao encontro de meu povo, um chamado feito por intermédio da árvore que se erguia sobre os ossos de meus antepassados.

Ao percorrer o caminho da ciência, eu me desviara do caminho do conhecimento indígena. Mas o mundo tem meios próprios de guiar nossos passos. Um dia, do nada, recebi um convite para participar de uma pequena reunião de anciãos indígenas e falar do conhecimento tradicional das plantas. Jamais me esquecerei de um deles — uma mulher do povo Navajo, sem um único dia de treinamento botânico universitário na vida, que discursou por horas a fio, e eu me agarrei a cada palavra. Uma a uma, nome por nome, ela falou das plantas de seu vale. Onde morava cada uma, quando florescia, perto de quem gostava de viver e todas as suas relações, quem a comia, quem tecia os ninhos com suas fibras, o tipo de medicina que oferecia. Também compartilhou as histórias dessas plantas, seus mitos de origem, de onde vieram seus nomes e o que nos transmitiam. Falou de beleza.

Suas palavras eram como sais perfumados despertando-me para o que eu conhecia na época em que colhia morangos. Dei-me conta de quão superficial era meu entendimento. Seu conhecimento era muito mais profundo e abrangente, e envolvia todos os espectros do entendimento humano. Ela poderia ter explicado a questão dos ásteres e das varas-de-ouro. Para uma jovem Ph.D., aquilo foi uma lição de humildade. Bem como o início de minha reivindicação desse outro modo de conhecimento que eu tinha, indefesa, permitido à ciência suplantar. Senti-me uma refugiada desnutrida convidada para um banquete no qual os pratos exalavam o aroma das ervas do meu lar.

Retornei ao ponto de onde começara, à questão da beleza. Retornei às perguntas que a ciência não faz, não por não serem importantes, mas porque o modo de conhecimento da ciência é limitado demais para a tarefa. Caso meu orientador fosse um acadêmico mais preparado, ele teria celebrado minhas perguntas em vez de as desconsiderar. Ele me ofereceu apenas o clichê de que a beleza está nos olhos do observador. E como, por definição, a ciência separa o observador do observado, a beleza não podia ser uma questão científica válida. Deviam ter me dito que minhas questões eram maiores do que a ciência poderia abranger.

Ele *tinha* razão quanto ao fato de a beleza estar no olhar do observador, sobretudo quando se trata do roxo e do amarelo. Nos seres humanos, a percepção das cores depende de células receptoras especializadas, os bastonetes e cones da retina. A função das células do cone é absorver a luz de diferentes comprimentos de onda e transmiti-la ao córtex visual no cérebro, onde pode ser interpretada. O espectro visível da luz, o arco-íris de cores, é vasto, portanto, o mais eficiente meio de discernir que as cores não são as células "pau pra toda obra" do cone, e sim uma gama de células especialistas, todas perfeitamente sintonizadas para captar certos comprimentos de onda da luz. O olho humano possui três tipos. Um deles prima por determinar o vermelho e os comprimentos de ondas associados. Outro está sintonizado no azul. E o terceiro percebe de forma otimizada a luz de duas cores: a roxa e a amarela.

O olho humano é soberbamente equipado para detectar essas cores e enviar um sinal pulsante ao cérebro. Isso não explica a razão de eu achar as cores lindas, mas explica o motivo de essa combinação captar minha atenção incondicional. Perguntei a meus colegas artistas o poder do roxo e do dourado, e eles me remeteram direto à esfera de cores: as duas são cores complementares, tão diferentes em termos de natureza quanto possível. Ao compor uma paleta, colocá-las juntas torna cada uma delas ainda mais vívida; o simples toque de uma realça a outra. Num tratado de percepção de cores, de 1890, Goethe, tanto cientista quanto poeta, escreveu: "As cores diametralmente opostas umas às outras... são as que evocam *reciprocamente* cada uma delas no olho." Então é isso: o roxo e o amarelo formam um par recíproco.

Nossos olhos são tão sensíveis a esses comprimentos de onda que os cones conseguem a supersaturação e o estímulo flui para as outras células. Um artista gráfico conhecido me demonstrou que, se olharmos um bloco de amarelo por muito tempo e, em seguida, desviarmos o olhar para uma folha de papel em branco, será possível ver, por um instante, a folha em tom de violeta. Esse fenômeno, denominado imagem residual colorida, ocorre pela existência de reciprocidade energética entre os pigmentos roxos e amarelos, íntimos conhecidos das varas-de-ouro e dos ásteres, muito antes de nós sabermos.

Se meu orientador tinha razão, o efeito visual que deleita um ser humano como eu pode ser irrelevante para as flores. O verdadeiro observador, cujo olhar elas pretendem captar, é a abelha inclinada à polinização. As abelhas percebem muitas flores de maneira diferente da dos humanos, em função da percepção que elas têm de espectros adicionais, como a radiação ultravioleta. No entanto, ao que parece, as varas-de-ouro e os ásteres são percebidos de maneira bastante similar tanto aos olhos das abelhas quanto aos nossos. Ambos as achamos lindas. Seu impressionante contraste, quando crescem juntas, as transforma no alvo mais atraente de toda a pradaria, um chamariz para abelhas. Ao crescerem lado a lado, as duas espécies recebem mais visitas polinizadoras do que se crescessem sozinhas. É uma hipótese comprovada, é uma questão de ciência, uma questão de arte e uma questão de beleza.

Por que são tão lindas juntas? É um fenômeno, ao mesmo tempo, material e espiritual, para o qual precisamos de todos os comprimentos de onda, para o qual precisamos de uma profunda percepção. Quando contemplo o mundo por muito tempo com olhos científicos, vejo uma imagem residual do conhecimento tradicional. Caso o conhecimento científico e o tradicional possam ser roxos e amarelos um para o outro, poderão ser varas-de-ouro e ásteres? Vemos o mundo de modo mais completo quando usamos os dois.

Lógico, a questão das varas-de-ouro e dos ásteres foi apenas emblemática do que eu queria saber de fato. Eu ansiava por compreender a arquitetura das relações, das conexões. Queria ver os fios cintilantes que unem tudo. E queria saber o motivo de amarmos o mundo, o motivo de um trecho comum da pradaria ser capaz de nos fazer girar nos calcanhares, deslumbrados.

Quando botânicos percorrem florestas e campos em busca de plantas, chamamos isso de *incursão*. Quando escritores fazem a mesma coisa, devemos chamar de *metaforização*, e a terra é rica em ambos os sentidos. Precisamos de uma e de outra. O cientista e poeta Jeffrey Burton Russell assim escreveu: "Como sinal de uma verdade profunda, a metáfora se aproxima do sacramento. Pois a vastidão e a riqueza da realidade não podem ser expressas apenas pela exposição do sentido manifesto." E o acadêmico indígena Greg Cajete escreveu que, segundo o conhecimento científico dos povos originários, compreendemos uma coisa apenas quando a compreendemos com todos os quatro aspectos de nosso ser: mente, corpo, emoção e espírito.

Ao iniciar minha formação como cientista, passei a compreender com intensidade que a ciência privilegia apenas uma, quem sabe duas, dessas formas de conhecimento: mente e corpo. Quando eu não passava de uma jovem que queria saber tudo a respeito das plantas, não questionei isso. Contudo, só um ser humano completo descobre esse maravilhoso caminho.

Houve um tempo em que eu me equilibrava precariamente com um pé em cada um dos dois mundos — o científico e o indígena. Então, aprendi a voar. Ou, ao menos, a tentar voar. Foram as abelhas que me mostraram como me movimentar entre diferentes flores para beber o néctar e recolher o pólen de cada uma. E esse balé da polinização cruzada é capaz de produzir uma nova espécie de conhecimento, uma nova forma de estar no mundo. Afinal, não há dois mundos, apenas esta Terra, única, boa e verde.

Aquele setembro emparelhado de roxo e dourado é pura reciprocidade; sua sapiência é mostrar que a beleza de uma é iluminada pelo resplendor da outra. Ciência e arte, matéria e espírito, conhecimento indígena e ciência ocidental — será que podem ser vara-de-ouro e áster um para o outro? Quando na presença dessas flores, sua beleza me pede reciprocidade, pede que eu seja a cor complementar, que faça algo lindo em retribuição.

# Aprender a gramática da animação

*Para ser nativo de um lugar, é preciso aprender a falar sua língua.*

Vim aqui escutar, aninhar-me na curva das raízes, na macia cavidade de agulhas de pinheiros, recostar meus ossos contra a coluna do pinheiro-branco, silenciar a voz ressoando em minha cabeça até escutar apenas as vozes do mundo lá fora: o *shhh* do vento nas agulhas dos pinheiros, a água gotejando em cima da rocha, os pássaros batendo, as tâmias escavando, as nozes caindo das faias, os mosquitos zumbindo em meus ouvidos, e algo mais — algo que não sou eu, para o qual não há expressão, o mudo existir dos outros, que faz com que nunca estejamos sós. Depois do rufar do coração da minha mãe, *essa* foi minha primeira língua.

Eu poderia passar o dia inteiro escutando. E a noite inteira. E, pela manhã, sem que eu nem ouvisse, poderia ver um cogumelo de um branco cremoso que não se encontrava ali na noite anterior, empurrado para fora do ventre inflado da agulha do pinheiro, saindo da escuridão para encontrar a luz, ainda reluzente com o fluido de sua passagem. *Puhpowee.*

Na natureza, somos ouvintes de conversas em línguas muito diferentes da nossa. Agora, acredito ter sido a ânsia de compreender essa linguagem que escuto nos bosques que me levou à ciência, com o propósito de aprender, ao longo dos anos, a ser fluente em botânica — uma língua que não devia, a propósito, ser confundida com a linguagem das plantas. Aprendi, contudo, outra língua em ciência, a da cuidadosa observação, um vocabulário íntimo que nomeia cada diminuta parte. Para nomear e descrever, é preciso primeiro ver, e a ciência abrilhanta a dádiva da visão. Eu honro a força dessa que passou a ser minha segunda língua. Mas, apesar da riqueza de seu vocabulário e de seu poder descritivo, falta algo, a mesma coisa que se avoluma a seu redor quando você escuta o mundo. A ciência pode ser a língua da distância, da redução de um ser a seus elementos de funcionamento; é a linguagem dos objetos. Embora exata, a língua falada pelos cientistas tem como base um profundo erro gramatical, uma omissão, uma grande perda ao traduzir as línguas indígenas desses territórios.

Meu primeiro gostinho da língua perdida foi a palavra *Puhpowee*, pertencente a meu povo. Esbarrei nela num livro escrito por Keewaydinoquay, uma etnobotânica do povo Anishinaabe, num tratado a respeito dos usos tradicionais dos fungos por nosso povo. *Puhpowee*, explicou, significa "a força que move os cogumelos a empurrar a terra da noite para o dia". Como bióloga, fiquei abismada com a existência de tal palavra. Em todo o seu vocabulário técnico, a ciência ocidental não dispõe de termo semelhante, não há palavras para explicar esse mistério. Você pode imaginar que os biólogos, dentre todas as pessoas, teriam palavras para expressar a vida. Mas, na linguagem científica, nossa terminologia é empregada para definir as fronteiras de nosso conhecimento. O que está fora de nosso alcance permanece sem nome.

Nas três sílabas dessa palavra nova, eu conseguia enxergar todo um processo de acurada observação do orvalho nos bosques matinais, a formulação de uma teoria para a qual a língua inglesa não tem equivalente. Quem inventou essa palavra compreendeu o mundo dos seres, repleto de energias invisíveis a animar tudo o que existe. Guardei essa palavra por muitos anos como um talismã, e desejei conhecer as pessoas capazes de dar um nome à força vital dos cogumelos. Eu queria aprender a falar a língua que contém a palavra *Puhpowee*. Então, quando aprendi que a palavra para crescer, para o surgimento, pertencia à língua de meus ancestrais, ela se tornou uma placa de sinalização para mim.

Fosse a história diferente, na certa eu falaria Bodewadmimwin ou Potawatomi, uma língua Anishinaabe. Contudo, como muitas das trezentas e cinquenta línguas indígenas do continente norte-americano, o idioma Potawatomi está ameaçado, e eu falo a língua inglesa, língua na qual escrevi este livro que você lê agora. Os poderes da assimilação cumpriram seu papel quando minha chance de ouvir essa língua, e a sua também, foi lavada da boca das crianças indígenas em internatos do governo, onde se expressar nela era proibido. De crianças como meu avô, afastado da família quando era um menininho de nove anos de idade. Essa história, a da remoção, dispersou não apenas nossas palavras, mas também nosso povo. Hoje, moro longe de nossa reserva. Então, mesmo se tivesse o domínio dessa língua, não teria com quem conversar. Todavia, faz alguns verões, em nosso encontro anual, deram uma aula de introdução a nosso idioma indígena — sem pestanejar, me esgueirei para dentro da tenda.

A aula causou um bocado de animação. Afinal, pela primeira vez, os falantes fluentes de nosso povo compareceriam como professores. Quando os palestrantes foram convidados a se acomodar na frente, no círculo de cadeiras dobráveis, moveram-se devagar — usavam bengalas, andadores e cadeiras de rodas. Poucos eram capazes de caminhar sem ajuda. Contei-os enquanto ocupavam as cadeiras. Nove. Nove falantes fluentes. No mundo inteiro, nossa língua milenar cabe, agora, nessas nove cadeiras. As palavras que glorificavam a Criação, contavam histórias antigas e ninavam meus ancestrais hoje permanecem vivas graças a nove homens e mulheres, todos mortais, que se dirigem, um por um, ao grupo de futuros alunos.

Um homem de tranças grisalhas compridas conta como a mãe o escondeu quando os "agentes indígenas" apareceram para levar as crianças. Escapou do internato escondendo-se embaixo de uma ribanceira, onde o som do riacho encobria seu choro. Todos os outros foram levados e tiveram a boca lavada com sabão, ou até pior, por "falarem aquela língua indígena suja". Pelo fato de ter continuado em casa e ter sido criado chamando plantas e animais pelos nomes dados pelo Criador, está aqui hoje, um mensageiro da língua. Os mecanismos de assimilação funcionaram a contento. Os olhos do orador se incendeiam quando nos diz: "Estamos no fim da estrada. Somos tudo o que restou. Se vocês, jovens, não aprenderem, nosso idioma morrerá. Os missionários e o governo dos Estados Unidos acabarão saindo vitoriosos."

Uma bisavó, um dos membros do círculo de anciãos, aproxima o andador do microfone. "Não apenas as palavras serão perdidas", afirma. "A língua é o coração de nossa cultura; ela contém nossos pensamentos, nosso modo de ver o mundo. É lindo demais para poder ser explicado em inglês." *Puhpowee.*

Jim Thunder, de 75 anos, o mais moço dos oradores, um homem gorducho, de pele marrom e ar austero, só falou em Potawatomi. Começou solene, mas quando o assunto esquentou, sua voz se ergueu como a brisa nas bétulas e as mãos começaram a contar a história. Cada vez mais animado, levantou-se e, apesar de quase ninguém entender uma única palavra, nos manteve embevecidos e silenciosos. Ele fez uma pausa, como se chegasse ao clímax de sua história, e olhou para a plateia com uma centelha de expectativa. Uma das avós atrás dele riu e cobriu a boca. De repente, o rosto sério do orador se abriu num sorriso tão grande e doce quanto uma melancia rachada. Ele se dobrou de rir e as avós enxugaram lágrimas de alegria, rindo descontroladamente, enquanto o restante de nós olhava maravilhado. Quando os risos diminuíram, ele, por fim, falou em inglês: "O que será de uma piada quando ninguém mais a puder entender? Como essas palavras serão solitárias, quando perderem sua força... Para onde irão? Ao encontro das histórias que jamais poderão ser contadas de novo."

Então, agora minha casa está constelada de bilhetes em outra língua, como se eu estivesse estudando para uma viagem ao exterior. Mas não vou embora, estou voltando para casa.

*Ni pi je ezhyayen?* pergunta a pequenina anotação amarela, presa na porta dos fundos de minha casa. Minhas mãos estão cheias e o carro está ligado, mas eu mudo a bolsa para o outro lado e me detenho tempo suficiente para responder. *Odanek nde zhya,* vou à cidade. E saio para o trabalho, para a aula, para as reuniões, para o banco, para a mercearia. Falo o dia inteiro e, às vezes, passo a noite inteira escrevendo na minha linda língua materna, a mesma usada por 70% do povo do mundo, a língua considerada a mais útil, dona do vocabulário mais rico do mundo moderno. Inglês. Quando volto à noite, para minha casa sossegada, há um fiel bilhete na porta do *closet. Gisken I gbiskewagen!* Então tiro o casaco.

Preparo o jantar, tirando dos armários utensílios etiquetados, *emkwanen, nagen.* Virei uma mulher que fala Potawatomi com os objetos da casa. Quando o telefone toca, mal olho o adesivo preso ali ao atender. *Dopnen the giktogan.* E, seja um advogado ou um amigo, eles respondem em inglês. Mais ou menos uma vez por semana, minha irmã, que mora na Costa Oeste, me diz: *Bozho. Moktthewenkwe nda.* Como se precisasse se identificar — quem mais fala Potawatomi? Dizer que falamos é exagero. Na verdade, deixamos escapar frases truncadas numa paródia de conversa: Como está? Estou bem. Vou cidade. Ver pássaro. Vermelho. Pão frito bom. Nas raras ocasiões em que podemos formular um pensamento relativamente coerente, inserimos, sem pudor, palavras em espanhol aprendidas no ensino médio, e inventamos uma língua que apelidamos de Spanawatomi.

Às terças e quintas, às 12h15, hora local de Oklahoma, entro na aula de Potawatomi, numa transmissão on-line, direto da sede na reserva do nosso povo. Em geral, somos uns dez alunos, espalhados por todo o país. Juntos, aprendemos a contar e a dizer *passe o sal*. Alguém pergunta: "Como digo *por favor*, passe o sal?" Nosso professor, Justin Neely, um jovem dedicado à recuperação da língua, explica que, enquanto há várias palavras para *obrigado*, não há uma única palavra para *por favor*. A comida deve ser compartilhada; não faz sentido a gentileza adicional — segundo nossa cultura, basta pedir em tom respeitoso. Os missionários consideraram essa ausência como mais uma das evidências de nossas maneiras grosseiras.

Muitas noites, quando deveria estar corrigindo provas ou pagando contas, estou diante do computador fazendo exercícios de Potawatomi. Depois de meses de estudo, já domino o vocabulário do jardim de infância e posso, confiante, casar os desenhos de animais com seus nomes indígenas. Isso me lembra dos livros ilustrados que lia para minhas filhas: "Mostre o esquilo para mim. Cadê o coelhinho?" Durante todo esse tempo, repito para mim mesma que não tenho tempo para isso e, mais ainda, qual a necessidade, pensando bem, em saber as palavras para *perca-amarela* e *raposa*? Como a diáspora do nosso povo nos espalhou aos quatro ventos, com quem eu conversaria?

As frases simples que aprendo são perfeitas para minha cadelinha. Senta! Come! Aqui! Quieta! Mas como, raras vezes, ela responde a esses comandos em inglês, reluto em treiná-la para ser bilíngue. Certa vez, um aluno interessado perguntou se eu falava minha língua originária. Senti-me tentada a responder, "Ah, claro, falo Potawatomi em casa" — eu, a cadela e as anotações nos adesivos. Nosso professor nos incentiva a não desanimar e nos agradece toda vez que uma palavra é pronunciada — ele nos agradece por soprar vida à língua, mesmo que só possamos dizer uma única palavra. "Mas não tenho ninguém com quem conversar", reclamo. "Nenhum de nós tem", ele garante, "mas um dia teremos".

Então, estudo com afinco o vocabulário, embora encontre dificuldade em ver o "coração de nossa cultura" ao traduzir *cama* e *pia* para Potawatomi. Aprender nomes foi bem fácil: afinal, aprendi milhares de nomes botânicos e termos científicos em latim. Raciocinei que não seria muito diferente — apenas uma substituição de um por outro, pura memorização. Pelo menos no papel, no qual posso ver as letras, isso é real. Ouvir a língua é outra história, bem diferente. Há menos letras em nosso alfabeto, então, a distinção entre palavras para um iniciante é, com muita frequência, sutil. Com o lindo agrupamento das consoantes *zh* e *mb* e *shwe* e *kwe* e *mshk*, nossa língua tem o som do vento nos pinheiros e da água nas rochas, sons para os quais nossos ouvidos podem ter sido mais delicadamente sintonizados no passado, mas hoje deixaram de ser. Para aprender de novo, é preciso escutar de verdade.

*Falar* de fato, claro, exige verbos, e nisso minha proficiência nível jardim de infância em dar nome às coisas me deixa na mão. O inglês é uma língua baseada em substantivos, bastante apropriada para uma cultura tão obcecada por coisas. Apenas 30% das palavras inglesas são verbos, mas em Potawatomi, a proporção chega a 70%. O que significa que 70% das palavras devem ser conjugadas e 70% têm diferentes tempos verbais e modos de uso a serem aprendidos.

As línguas europeias, em geral, especificam o gênero dos substantivos; em Potawatomi, o mundo não é dividido em masculino e feminino. Tanto substantivos quanto verbos são animados e inanimados. Você ouve uma pessoa com uma palavra completamente diferente daquela com que ouve um avião. Pronomes, artigos, plurais, demonstrativos, verbos — todas essas divisões sintáticas que eu nunca consegui gravar em inglês, durante o ensino médio são alinhadas em Potawatomi, para propiciar diferentes modos de falar do mundo vivo e do inerte. Diferentes formas verbais, diferentes plurais, tudo será diferente se o que falamos está vivo.

Não causa espanto só restarem nove falantes no mundo! Eu tento, mas a complexidade me deixa com dor de cabeça e meu ouvido mal distingue a diferença entre palavras com significados totalmente diversos. Um professor nos assegura que isso virá com a prática, mas outro, mais velho, concorda que essas similaridades tão próximas são inerentes à língua. Como nos lembra Stewart King, um dos guardiões do conhecimento e excelente professor, o

Criador queria que ríssemos, então, o humor é deliberadamente incluído na sintaxe. Mesmo um pequeno descuido pode converter "Precisamos de mais lenha" em "Tire a roupa". Na verdade, aprendi que a mítica palavra *Puhpowee* não é usada apenas para cogumelos, mas também para certas outras hastes que crescem misteriosamente à noite.

Minha irmã me deu de presente de Natal um conjunto de plaquinhas magnéticas para a geladeira, com frases e palavras em Ojibwe, ou Anishinaabemowin, uma língua bastante parecida com a Potawatomi. Espalhei-as sobre a mesa da cozinha procurando palavras familiares, mas, quanto mais olhava, mais aumentava a preocupação. Dentre centenas ou mais de plaquinhas, reconheci apenas uma única palavra: *megwech*, obrigado. A sensação, embora ínfima, de dever cumprido, após meses de estudo, evaporou-se num átimo de segundo.

Lembro-me de folhear o dicionário Ojibwe que ela me enviou de presente, na tentativa de decifrar as placas, mas nem sempre a grafia combinava, além de as letras serem pequenas demais. Dadas as inúmeras variações para uma única palavra, achei a tarefa demasiado árdua. As conexões em meu cérebro deram um nó, e quanto mais eu tentava, mais elas se enroscavam. As páginas borravam e meus olhos fixaram-se em uma palavra — um verbo, claro: "Ser um sábado." *Puft!* Larguei o livro. Desde quando *sábado* é um verbo? Quem não sabe que sábado é substantivo? Peguei de volta o dicionário, folheei mais páginas e todo tipo de coisas pareciam ser verbos: "Ser uma colina", "Ser vermelho", "Ser uma comprida faixa de areia na praia", e então meu dedo se deteve em *wiikwegamaa*: "Ser uma enseada." "Ridículo!", vociferei em pensamento. "Não tem por que complicar tanto. Não é à toa que ninguém fala essa língua. Uma língua trabalhosa, impossível de aprender, e ainda está tudo errado. Uma enseada é definitivamente uma pessoa, um lugar, uma coisa — um substantivo e não um verbo." Estava decidida a desistir. Aprendera umas poucas palavras e cumprira meu dever em relação à língua tirada de meu avô. Os fantasmas dos missionários nos internatos deviam estar esfregando as mãos de contentamento com minha frustração. "Ela vai desistir", murmuraram.

Então, juro ter ouvido o *zás* de minhas sinapses dispararem. Uma corrente elétrica percorreu meu braço e chegou até meu dedo, praticamente chamuscando a página na qual se lia a palavra. Naquele momento, eu podia sentir o cheiro da água da enseada, observá-la bater na orla e ouvir seu som quando varria a areia. Uma enseada só é um substantivo se a água estiver *morta*.

A *enseada* é um substantivo quando definida por humanos, presa entre suas margens e contida pela palavra. Mas o verbo *wiikwegamaa* — *ser* uma enseada — liberta a água das amarras, permite que ganhe vida. "Ser uma enseada" guarda o milagre de que, nesse momento, a água viva decidiu se abrigar entre essas orlas, conversando com as raízes do cedro e com um bando de filhotes de mergansos. Porque a água podia ser outra coisa — tornar-se um córrego, ou um oceano, ou uma cachoeira, e existem verbos para isso também. Ser uma colina, ser uma praia, ser um sábado, são todos verbos possíveis num mundo em que tudo tem vida. A água, a terra e até mesmo o dia. A língua é um espelho no qual vemos a animação do mundo, a vida pulsante em todas as coisas, nos pinheiros, nas trepadeiras-azuis e nos cogumelos. *Essa* é a língua que escuto nos bosques, essa é a língua que nos permite falar do que brota a nosso redor. E os vestígios de internatos, dos espectros derrotados de missionários empunhando sabão, baixam a cabeça.

Essa é a gramática da animação. Imagine ver sua avó de avental parada perto do fogão e comentar: "Olhe, isso está fazendo sopa. Isso tem cabelo grisalho." Podemos rir de tal erro, mas também aprendemos com isso. Em inglês, nunca nos referimos a um membro de nossa família, ou na verdade a qualquer pessoa, com o pronome "isso". Seria um profundo desrespeito. "Isso" priva a pessoa de individualidade e familiaridade, reduzindo-a a um mero objeto. Em Potawatomi, bem como na maioria das demais línguas indígenas, usamos as mesmas palavras para nos referir ao mundo vivo e a nossa família. Porque eles são nossa família.

A quem nossa língua estende a gramática da animação? Sem sombra de dúvida, as plantas e os animais são seres animados, mas, enquanto aprendo, descubro que o entendimento dos Potawatomi do que significa ser animado diverge da lista de atributos dos seres vivos que todos nós aprendemos em biologia básica. Em Potawatomi básico, as rochas são animadas, bem como as montanhas e a água, o fogo e os lugares. Seres imbuídos de espírito — nossas medicinas sagradas, nossas canções, nossos tambores e mesmo histórias — são todos seres animados.

A lista de seres inanimados parece menor, e é repleto de objetos feitos por pessoas. De um ser inanimado, como mesas, dizemos "*O que* é isso?". E respondemos *Dopwen yewe*. Isso é uma mesa. Mas quando nos referimos à maçã, devemos dizer "*Quem* é esse ser?". E respondemos *Mshimin yawe*. Ela é uma maçã.

*Yawe* — o verbo animado "ser". Eu sou, você é, ele/ela é. Para falar dos seres dotados de vida e espírito, devemos dizer *yawe*. Por qual confluência linguística o Yahweh [Javé] do Velho Testamento e o *yawe* do Novo Mundo, ambos, saem da boca do reverente? Por acaso *ser* não significa isso, ter o sopro da vida dentro de si, ser fruto da Criação? A língua nos lembra, em cada frase, nosso parentesco com todo o mundo animado.

O inglês não nos fornece muitas ferramentas para incorporar o respeito pelos seres animados. Em inglês, ou você é humano ou então é coisa. Nossa gramática nos cerceia ao escolher reduzir um ser não humano a um "isso", ou então o ser deve ser rotulado, de modo inapropriado, por gênero, *ele* ou *ela*. Onde estão nossas palavras para a simples existência de outro ser vivo? Onde está nosso *yawe*? Meu amigo Michael Nelson, especialista em ética e grande pensador da inclusão moral, me falou de uma conhecida, bióloga de campo, cujo trabalho é dedicado a criaturas não humanas. A maioria de suas companhias não humanas não tem duas pernas, então sua linguagem foi alterada para acomodar seus relacionamentos. Ela se ajoelha perto de uma trilha para inspecionar rastros de alces e diz: "Alguém passou por este caminho hoje de manhã." "Tem alguém no meu chapéu", diz ela, afastando uma mosca-do--veado. Alguém, não algo.

Quando estou nos bosques com meus alunos, ensinando-lhes as propriedades das plantas e como chamá-las pelo nome, tento me manter atenta à linguagem, ser bilíngue entre o léxico da ciência e a gramática da animação. Embora ainda tenham de aprender termos científicos e substantivos latinos, espero, também, estar ensinando-lhes a conhecer o mundo como um lugar onde estão cercados por uma vizinhança de habitantes não humanos, e saber que, como escreveu o ecoteólogo Thomas Berry, "devemos dizer que o universo é uma comunhão de sujeitos, não uma coleção de objetos".

Certa tarde, sentei-me com meus alunos de ecologia perto de uma *wiikwegamaa* e compartilhei essa noção da língua animada. Um jovem, Andy, chapinhando os pés na água clara, fez a grande pergunta. "Espere um segundo", disse, voltando a mente para essa distinção linguística, "isso não significa que falar inglês e pensar em inglês, de alguma forma, nos autoriza a desrespeitar a natureza? A negar a todas as outras criaturas o direito de serem pessoas? As coisas não seriam diferentes se nada fosse *isso*?".

Arrebatado pela ideia, ele comentou que aquilo foi uma iluminação. A meu ver, trata-se mais de uma recordação. Já conhecemos a animação do mundo, mas a linguagem da animação tende para a extinção — não só dos povos originários, mas também de todos os outros. Nossos bebês falam de plantas e animais como se fossem gente, conferindo-lhes identidade, propósito e compaixão — até nós lhes ensinarmos a não fazer isso. Tratamos, sem demora, de reeducá-los, fazendo com que se esqueçam. Quando lhes dizemos que uma árvore não é um *quem*, mas um *que*, transformamos aquele bordo em objeto, construímos uma barreira entre nós, absolvendo-nos da responsabilidade moral e abrindo a porta para a exploração. Dizer *isso* transforma a terra viva em "recurso natural". Se um bordo é um *isso*, tudo bem pegar a motosserra. Se uma árvore de bordo for *ela*, for *alguém*, pensaremos duas vezes antes de derrubá-la.

Uma aluna rebateu o argumento de Andy. "Mas não podemos dizer *ele* ou *ela*. Isso seria antropomorfismo." São biólogos bem treinados que receberam instruções definitivas de nunca atribuir características humanas a um objeto de estudo, a outra espécie. Esse pecado capital conduz à perda de objetividade. Carla alegou que "isso seria também desrespeitoso com os animais. Não deveríamos projetar nossas percepções neles. Eles têm sentidos próprios — não são apenas gente usando roupas peludas". Andy contra-atacou: "O fato de não pensarmos neles como seres humanos não significa que não sejam seres. Não é ainda mais desrespeitoso presumir que somos a única espécie que conta como 'pessoa'?" A arrogância da língua inglesa é que a única maneira de ser animado, merecedor de respeito e preocupação moral, é ser humano.

Um professor de línguas conhecido explicou que a gramática é apenas o modo como mapeamos as relações. Talvez isso também reflita nossos relacionamentos uns com os outros. Talvez uma gramática da animação pudesse nos levar a formas completamente novas de existir no mundo, a outras espécies como povo soberano, a um mundo no qual reina a democracia das espécies e não a tirania de uma única espécie — com responsabilidade moral em relação à água e aos animais e com um sistema legal que reconheça a condição de outras espécies. Tudo reside nos pronomes.

Andy tem razão. Aprender a gramática da animação poderia representar a contenção de nossa irracional exploração da terra. Mas não é só isso. Ouvi nossos anciãos darem conselhos como "Vocês deviam ficar entre as pessoas de pé [as árvores]" ou "Vá passar um tempo com aquele povo Castor". Eles nos relembram da capacidade de outros na condição de nossos professores, como detentores de conhecimento, como guias. Imagine caminhar num mundo generosamente habitado pelo povo Bétula, povo Castor, povo Pedra, seres em quem pensamos e, portanto, de quem falamos como merecedores de nosso respeito, dignos de inclusão num mundo povoado por pessoas. Se nós, norte-americanos, relutamos em aprender uma língua estrangeira de nossa própria espécie, imagine a de outras espécies. Mas pense só nas possibilidades. Imagine o acesso que teríamos a diferentes perspectivas, tudo que nos seria possível ver através de outros olhos, toda a sabedoria que nos rodeia. Não temos de decifrar tudo sozinhos: há outras inteligências além da nossa, há professores a nosso redor. Imagine como o mundo seria menos solitário.

Toda palavra aprendida chega com um sopro de gratidão por nossos anciãos, que conservaram viva essa língua e a transmitiram junto com sua poesia. Ainda luto com os verbos com unhas e dentes, mal consigo falar, e ainda sou especialista apenas no vocabulário do jardim de infância. Mas gosto de sair de manhã para minha caminhada na campina cumprimentando os vizinhos pelos nomes. Quando o Corvo grasna para mim da cerca viva, posso responder *Mno gizhget andushukwe!*. Posso passar a mão pela grama macia e murmurar *Bozho mishkos*. É um detalhe, mas me enche de felicidade.

Não estou defendendo a tese de que todos devam aprender Potawatomi ou Hopi ou Seminole, mesmo que fosse possível. Os imigrantes chegaram a estas costas trazendo um legado de línguas, e todas devem ser valorizadas. Contudo, para se tornar nativo desse lugar, se devemos sobreviver aqui, assim como nossos vizinhos, é nossa tarefa aprender a usar a gramática da animação, para que possamos nos sentir verdadeiramente em casa.

Lembro-me das palavras de Bill Tall Bull, ancião do povo Cheyenne. Eu, jovem, falava com ele com o coração pesado, lamentando não saber a língua originária para falar com as plantas e os lugares amados. "Eles adoram ouvir a língua antiga", disse ele, "é verdade". "Mas você não precisa falar daqui", pousou os dedos sobre os lábios. "Se falar daqui", ele deu um tapinha no peito, "eles vão escutar você".

# Cuidar da erva ancestral

A *wiingaashk* das planícies selvagens cresce comprida e cheirosa quando cuidada por seres humanos. Capinar, cuidar do *habitat* e das plantas vizinhas são ações que fortalecem seu crescimento.

# Lua de Açúcar de Bordo

*Quando Nanabozho, o primeiro homem Anishinaabe, nosso mestre, parte homem, parte manido, chegou ao mundo, anotou quem estava florescendo e quem não estava, quem se preocupava e quem não se preocupava com as Instruções Originais. Ficou consternado quando chegou a povoados onde os pomares não eram cuidados, onde as redes de pesca não eram consertadas e às crianças não era ensinada a maneira adequada de viver. Em vez de ver pilhas de lenha e pencas de milho, encontrou o povo deitado embaixo das árvores de bordo, com a boca escancarada, saboreando o grosso e doce xarope das árvores generosas. Tinham se tornado preguiçosos e subestimavam as dádivas do Criador. Não realizavam cerimônias nem cuidavam uns dos outros. Consciente de sua responsabilidade, Nanabozho foi até o rio e encheu vários baldes de água. Despejou a água nas árvores de bordo para diluir o xarope. Hoje, a seiva do bordo flui como um córrego de água no qual há apenas um leve traço de doçura, para lembrar as pessoas tanto da possibilidade, quanto da responsabilidade. Por esse motivo, são necessários quarenta galões da seiva para produzir um galão de xarope.* \*

---

\* Adaptado da tradição oral e de Ritzenthaler e Ritzenthaler, 1983.

*Plim*. Num fim de tarde, no mês de março, quando o sol de fim de inverno começa a ficar mais forte e se move na direção norte, mais ou menos um grau a cada dia, a seiva corre com força. *Plim*. O quintal de nossa velha granja, em Fabius, Nova York, é agraciado com sete grandes árvores de bordo, plantadas há quase duzentos anos para fornecer sombra à casa. A largura do tronco da árvore maior é igual ao comprimento da nossa mesa de piquenique.

Quando nos mudamos para cá, minhas filhas se divertiam vasculhando o sótão, localizado no antigo estábulo, um espaço cheio de lixo acumulado por quase dois séculos de famílias antes de nós. Um dia, encontrei as meninas brincando com um volume absurdo de pequenas tendas de alumínio, arrumadas embaixo das árvores. "Eles vão acampar", disseram a respeito das várias bonecas e bichos de pelúcia espreitando de seu refúgio. O sótão estava apinhado de "tendas" assim, que se encaixam sobre baldes antiquados, para recolher seiva e evitar a chuva e a neve durante a extração. Quando as meninas descobriram para que serviam essas pequeninas tendas, não preciso dizer que logo se mostraram animadas para fazer xarope de bordo. Eliminamos as fezes de ratos dos baldes e preparamos tudo para a chegada da primavera.

Ao longo daquele primeiro inverno, estudei o processo completo. Tínhamos baldes e tampas, mas nenhum pino — os bocais necessários para serem enfiados na árvore, possibilitando a extração da seiva. Mas uma das vantagens de morar na Nação Bordo é ter uma loja de ferramentas pertinho com tudo o que se possa imaginar para a extração do açúcar do bordo. *Tudo*: fôrmas para imitar folhas de bordo, evaporadores de todos os tamanhos, quilômetros de tubos de borracha, hidrômetros, chaleiras, filtros e jarras — mas eu não tinha condições de comprar nada. Contudo, escondidos nos fundos, encontrei pinos antiquados, que quase ninguém mais quer. Consegui encher uma caixa deles, por setenta e cinco centavos de dólar cada.

A extração passou por grandes modificações com o correr dos anos. Foi-se o tempo em que se esvaziavam baldes e barris de seiva eram levados em trenós, nos bosques cobertos de neve. Em muitas operações de extração da seiva, tubos de plástico conectados às árvores levam a seiva diretamente para o depósito. Mas ainda existem puristas por aqui, que valorizam o *plim* da seiva em baldes de metal, o que exige um pino. Uma das extremidades é constituída por um tubo semelhante a um canudo, que você coloca num buraco perfurado na árvore. Então, o tubo se abre em uma calha de cerca de dez centímetros de comprimento. E na base há um gancho para pendurar o balde. Comprei uma lixeira grande e limpa para guardar a seiva e pronto, estávamos preparadas. Não acreditava que precisaríamos de todo aquele espaço de armazenagem, mas era melhor prevenir do que remediar.

Numa região na qual o inverno dura seis meses, sempre buscamos assiduamente sinais da primavera, porém, nunca com tanta ansiedade como depois de decidirmos produzir o xarope. As meninas perguntavam todo dia: "Já podemos começar?" Mas nosso começo é determinado única e exclusivamente pela estação. Para a seiva escorrer, é necessária a combinação de dias quentes e noites geladas. *Quente* é um termo relativo, claro, entre 1,5°C e 5,5°C, de modo que o sol descongele o tronco e o fluxo de seiva dentro da árvore se inicie. Observamos o calendário e o termômetro, e Larkin pergunta: "Como as árvores sabem que chegou a hora se não conseguem olhar o termômetro?" De fato, como um ser sem olhos, nariz ou nervos de qualquer tipo sabe o que fazer e quando fazer? Não têm sequer folhas para detectar o sol; cada pedacinho da árvore, à exceção dos brotos, está envolto numa casca grossa e morta de cortiça. Ainda assim, as árvores não se deixam enganar por um descongelamento no solstício de inverno.

O fato é que os bordos são dotados de um sistema capaz de detectar a primavera muito mais sofisticado do que o nosso. Há fotossensores às centenas em cada um dos brotos, repletos de pigmentos chamados fitocromos, que absorvem a luminosidade e cuja função é medir a luz todos os dias. Enroscados hermeticamente, cobertos de escamas marrom-avermelhadas, cada broto contém uma cópia embrionária de um galho do bordo, e cada broto deseja, com todas as forças, transformar-se, um dia, num galho plenamente desenvolvido, com folhas farfalhando ao vento e absorvendo o calor do sol. No entanto, se os brotos saem cedo demais, correm o risco de morrer congelados. Caso saiam tarde demais, perdem a primavera. Então, obedecem ao calendário. Contudo, esses filhotes de brotos precisam de energia para crescer e se transformar em galhos — e, como todos os recém-nascidos, têm fome.

Nós, por não dispormos de sensores tão sofisticados, procuramos outros indícios. Quando depressões aparecem na neve, em torno das bases das árvores, começo a pensar que está chegando a hora da extração. A casca escura absorve o crescente calor do sol e o irradia de volta para desmanchar, pouco a pouco, a neve ali depositada durante todo o inverno. Quando esses círculos de terra nua aparecem, de um galho quebrado na copa, as primeiras gotas de seiva começam a pingar em nossa cabeça.

E então, com a broca na mão, rodeamos nossas árvores, procurando o ponto exato, a um metro de altura e numa superfície lisa. Surpresa das surpresas, há cicatrizes de antigas perfurações, há tempos regeneradas, feitas por quem deixou aqueles baldes de seiva em nosso sótão. Não conhecemos seus nomes ou rostos, mas nossos dedos repousam no mesmo lugar em que os deles tocaram um dia, e sabemos o que eles faziam numa manhã de abril tempos atrás. E sabemos o que havia em suas panquecas. Nossas histórias estão conectadas nessa extração da seiva; nossas árvores os conheciam como hoje nos conhecem.

Os bocais começam a gotejar quase de imediato quando os prendemos no lugar. As primeiras gotas pingam no fundo do balde. As meninas deslizam as tampas, o que aumenta ainda mais o eco. Árvores desse diâmetro poderiam aceitar seis perfurações sem sofrer danos, mas não queremos ser gananciosas, e só fazemos três. Ao terminarmos, o primeiro balde já está cantando numa sintonia diferente, o *ploc* de outro pingo caindo em quase um centímetro e meio de seiva. Durante o dia, elas alteram o compasso, à medida que os baldes vão se enchendo, como copos de água de diferentes tons. *Plim, ploc, plonk* — os baldes de alumínio e suas tampas reverberam a cada gota e o quintal entoa uma melodia. Assim como o insistente assobio do cardeal, tenho certeza de que isso também é música da primavera.

Minhas meninas observam fascinadas. Embora mais espessa, cada gota é tão clara quanto a água, atrai a luz e pende por um segundo na ponta do bocal, crescendo, convidativa, até se transformar numa gota cada vez maior. As meninas põem a língua para fora e as sorvem com expressão de alegria plena, e, sem qualquer explicação, vou às lágrimas. Lembro-me de quando eu as alimentava. Agora, em suas perninhas robustas, são alimentadas por um bordo — o mais perto possível de serem amamentadas pela Mãe Natureza.

Os baldes vão se enchendo ao longo do dia e, à noitinha, estão transbordando. As meninas e eu arrastamos todos os vinte e um baldes para uma grande lixeira, na qual vertemos a seiva até quase entornar. Eu não fazia ideia de que haveria tanta. As meninas voltam a pendurar os baldes, enquanto acendo a fogueira. Nosso evaporador não passa de minha velha chaleira de lata, descansando numa grelha no fogo, constituída por um monte de porcarias aproveitadas do celeiro. O processo de esquentar uma chaleira de seiva demora um tempo, e as meninas logo perdem o interesse. Entro e saio de casa, mantendo o fogo aceso dentro e fora. Quando as ponho na cama, estão cheias de expectativa quanto ao xarope pela manhã.

Levo uma cadeira de jardim e a ajeito na neve espessa perto do fogo, alimentando-o constantemente para manter uma boa fervura na noite, agora congelante. O vapor ondula da panela, escondendo e desvendando a lua no céu frio e firme.

Provo a seiva enquanto ferve; a cada hora, seu gosto fica perceptivelmente mais doce, mas a produtividade dessa chaleira de quatro galões não passará de uma película de xarope no fundo da panela — mal será suficiente para uma panqueca. Então, enquanto ferve, vou acrescentando mais seiva fresca da lixeira, torcendo para ter ao menos um copo de xarope pela manhã. Acrescento lenha, depois me enrosco nas cobertas, cochilando até o momento de adicionar mais lenha ou seiva.

Não sei a que horas acordei, mas fazia frio; eu estava enregelada na minha espreguiçadeira e a fogueira se transformara em brasas, deixando a seiva morna. Vencida, entrei em casa e fui para a cama.

Quando voltei pela manhã, encontrei a seiva que ficara guardada na lixeira completamente dura, gelada. Ao acender de novo o fogo, lembrei-me de algo que ouvira a respeito da preparação de açúcar de bordo por nossos ancestrais. O gelo na superfície era água pura, então quebrei o gelo e o atirei no chão como uma janela quebrada.

O povo da Nação Bordo preparava açúcar antes de ter chaleiras comerciais para ferver a seiva. Recolhida em recipientes de cascas de bétula, era despejada dentro de gamelas de tília. A larga área da superfície e a profundidade oca das gamelas era ideal para a formação do gelo. Toda manhã, o gelo era removido, deixando uma solução de açúcar mais concentrada. A solução concentrada podia então ser fervida e transformada em açúcar, sem exigir tanta energia. As noites geladas fizeram o trabalho de muitos cordões de lenha, um lembrete de conexões sofisticadas: a seiva do bordo só escorre durante o único período do ano no qual esse método é possível.

Pratos de madeira para evaporação eram colocados em pedras lisas sobre o carvão do fogo que ardia noite e dia. Nos velhos tempos, as famílias se mudavam juntas para o "acampamento de açúcar", onde a lenha e o equipamento tinham sido estocados no ano anterior. Avós e bebês eram puxados em tobogãs pela neve macia, para que todos pudessem participar do processo, que exigia todo o conhecimento e todos os braços disponíveis para a produção do açúcar. Grande parte do tempo era consumida mexendo-se a seiva e com boas contações de histórias, numa época em que o pessoal dos acampamentos dispersos se reunia. Havia também ondas de intensa atividade: quando atingia a consistência correta, o xarope era amassado, com o objetivo de solidificá-lo do modo desejado, bolos macios, doces duros e açúcar granulado. As mulheres armazenavam tudo em caixas de casca de bétulas chamadas *makaks*, costuradas firmes com raízes de abeto. Dadas as propriedades naturais de conservação da bétula contra os fungos, os açúcares durariam anos.

Dizem que o nosso povo aprendeu a preparar açúcar com os esquilos. No fim do inverno, na época da escassez de alimentos, quando os depósitos de nozes se esgotam, os esquilos sobem ao topo das árvores e roem os galhos dos bordos-açucareiros. Ao raspar a casca, a seiva escorre do galho e os esquilos podem bebê-la. Mas os verdadeiros gêneros alimentícios chegam na manhã seguinte, e os esquilos seguem o mesmo circuito do dia anterior, lambendo os cristais de açúcar formados na casca durante a noite. As temperaturas congelantes provocam a sublimação da água na seiva e deixam uma doce crosta cristalina, semelhante a balas de açúcar, suficiente para ajudá-los a sobreviver na época de maior escassez no ano.

Nosso povo chama essa época de Lua de Açúcar de Bordo, *Zizibaskwet Giizis*. E o mês anterior é conhecido como Lua da Crosta Dura na Neve. Os povos que vivem com base na economia de subsistência também a conhecem como Lua da Fome, época em que a comida armazenada já diminuiu e a caça escasseou. Mas os bordos proviam o sustento das pessoas e lhes forneciam comida quando mais precisavam. Era preciso confiar que a Mãe Natureza encontraria um jeito de alimentá-los mesmo nos invernos mais rigorosos. Pois é assim que se comportam as mães. Como forma de retribuição, cerimônias de agradecimento são realizadas no início da extração da seiva.

Todo ano, os bordos cumprem sua parte nas Instruções Originais — em resumo, cuidar do povo. Ao mesmo tempo, cuidam da própria sobrevivência. Os brotos capazes de notar a imperceptível mudança de estação sentem fome. No início, medem apenas um milímetro de comprimento, mas se tornam folhas plenamente desenvolvidas, e precisam de alimento. Então, quando os brotos sentem a chegada da primavera, enviam um sinal hormonal do tronco até as raízes, uma convocação para o despertar, telegrafada do mundo da luz para o mundo subterrâneo. O hormônio desencadeia a formação da amilase, a enzima responsável por fragmentar as grandes moléculas de amido, guardadas nas raízes, nas pequenas moléculas do açúcar. Quando a concentração de açúcar nas raízes começa a aumentar, cria um gradiente que extrai água do solo. Dissolvida nessa água de terra molhada da primavera, o açúcar flui em direção ascendente como seiva para alimentar os brotos. É preciso muito açúcar para alimentar gente e brotos, então, a árvore usa seu alburno, o xilema, como condutor. O transporte de açúcar é, em geral, restrito à fina camada de floema, tecido localizado embaixo da casca. Mas, na primavera, antes de existirem folhas para produzir o próprio açúcar, a necessidade é tão imensa que esse xilema é também convocado a executar sua missão. Em nenhuma outra época do ano o açúcar se move dessa maneira, exceto quando de fato necessário. O açúcar flui de modo ascendente durante poucas semanas na primavera. Entretanto, quando os brotos se abrem e as folhas emergem, elas próprias começam a produzir açúcar e o alburno retorna a sua função de condutor de água.

Quando as folhas maduras produzem mais açúcar do que podem consumir, o fluxo de açúcar começa a fluir na direção oposta, das folhas de volta às raízes, através do xilema. E então as raízes que alimentam os brotos são, por sua vez, alimentadas pelas folhas durante todo o verão. O açúcar é convertido de novo em amido, armazenado no "celeiro da raiz" original. O xarope despejado nas panquecas numa manhã invernal é o sol do verão fluindo em córregos dourados para banhar nossos pratos.

Noite após noite, fiquei acordada cuidando do fogo, ocupada em ferver nossa pequenina chaleira de seiva. Durante o dia inteiro, o *plim* da seiva enchia os baldes. Depois das aulas, eu e minhas filhas nos reuníamos para despejar a seiva na lata de coleta. As árvores proviam seiva muito mais rápido do que eu podia fervê-la, então comprei outro recipiente para guardar o excedente. E depois outro. Acabamos retirando os pinos das árvores para interromper o fluxo e evitar o desperdício. O resultado foi uma bronquite horrorosa, de tanto dormir numa cadeira de jardim na entrada da casa, em pleno mês de março, e três litros de xarope meio acinzentado por causa das cinzas da madeira.

Hoje em dia, minhas filhas reviram os olhos e suspiram ao recordar nossa aventura de extração de açúcar: "Deu *tanto* trabalho." Elas se lembram de ter de carregar galhos para alimentar o fogo e de derramar seiva nas jaquetas ao carregarem os baldes pesados. Debocham e me acusam de ser uma mãe desprezível por ter tecido a conexão delas com a terra por meio do trabalho forçado — eram muitíssimo pequenas para desempenhar a tarefa de uma equipe de preparação de xarope. Mas também se recordam do encantamento de beber a seiva direto da árvore. Seiva, mas não xarope. Nanabozho se assegurou de que o trabalho nunca seria fácil demais. Seus ensinamentos nos lembram que metade da história é que a terra nos concede importantes presentes; já a outra, que esses presentes nunca são suficientes. A responsabilidade não recai apenas nos bordos. A outra metade recai sobre nós, encarregados de participar de sua transformação. Nosso trabalho e nossa gratidão destilam a doçura da árvore.

Noite após noite, sentei-me ao lado do fogo, enquanto as meninas dormiam em segurança na cama, o sussurrar do fogo e o borbulhar da seiva eram uma cantiga de ninar. Hipnotizada perto do fogo, quase não notei o céu prateado quando a Lua de Açúcar do Bordo surgiu no leste. Ela brilhava tanto na noite clara de frio intenso... Lançou uma sombra na casa — um bordado preto arrojado em volta das janelas onde as meninas dormiam, as sombras das árvores gêmeas. Essas duas, do mesmo exato tamanho, em perímetro e formato, ficam no meio do jardim da casa, à margem da estrada, e suas sombras emolduram a porta dianteira como colunas escuras de um pórtico de bordo. Erguem-se em harmonia, sem um único galho, até chegarem à altura do teto, quando então se abrem como um guarda-chuva. Cresceram com a casa, moldadas por sua proteção.

Em meados dos anos 1800, era costume plantar árvores gêmeas para celebrar o casamento e o início de uma família. A posição dessas duas, a apenas três metros de distância uma da outra, lembra um casal de mãos dadas nos degraus do pórtico. Sua sombra une a entrada da casa ao celeiro, do outro lado da estrada, e cria um caminho de idas e vindas protegido para aquela jovem família.

Então me dou conta de que os primeiros moradores da casa não se beneficiaram dessa sombra, pelo menos não enquanto ainda eram um jovem casal. Os bordos devem ter sido plantados pensando na permanência da família na casa. Com certeza, os dois já deviam estar dormindo no cemitério muito antes de a sombra se arquear do outro lado da estrada. Hoje moro à sombra, no futuro que projetaram, bebendo seiva das árvores plantadas junto com seus votos nupciais. Não poderiam sequer me imaginar aqui, várias gerações mais tarde; no entanto, moro aqui e sou beneficiada pela dádiva do cuidado dessa família. Como poderiam imaginar que, quando minha filha Linden se casasse, escolheria folhas de bordo-açucareiro para oferecer como lembrancinha?

Sinto grande responsabilidade em relação a essas pessoas e a essas árvores deixadas para mim, uma desconhecida que veio morar sob a guarda dessas gêmeas, ligadas por um vínculo físico, emocional e espiritual. Não tenho como lhes recompensar. O presente que me deram é muito maior do que sou capaz de retribuir. As árvores são altas a ponto de quase não as conseguir alcançar; no entanto, espalho grânulos de fertilizantes a seus pés e aponto a mangueira na direção de ambas no verão árido. Talvez tudo que esteja a meu alcance seja amá-las. Tudo que posso fazer é lhes deixar outro presente, para elas e para o futuro, para esses próximos desconhecidos que um dia virão morar aqui. Certa vez, ouvi que o povo Maori talha lindas esculturas de madeira que carregam por longas distâncias para dentro da floresta, onde as deixam como oferendas para as árvores. Então eu planto narcisos, centenas de Narcisos, em ensolarados buquês perto dos Bordos, para prestar homenagem a sua beleza e em retribuição pelo presente.

Enquanto a seiva sobe, os Narcisos também crescem sob meus pés.

# Witch Hazel, ou Hamamélis

*Pela perspectiva de minha filha.*

Novembro não é época de flores, pois os dias são curtos e frios. Nuvens escuras pairam em minha alma; pesadas como uma blasfêmia proferida, me impelem para dentro de casa — reluto em me aventurar ao ar livre de novo. Então, quando o sol surge num raro dia claro, quem sabe o último antes de a neve cair, preciso sair. Como os bosques estão quietos nessa temporada do ano, sem folhas ou pássaros, o zumbido de uma abelha parece excessivamente alto. Intrigada, acompanho seu voo. O que a teria trazido aqui em novembro? Ela voa direto para os galhos desnudos que, ao observar mais de perto, constato estarem cobertos de flores amarelas — hamamélis —, que conhecemos, em inglês, como Witch Hazel [bruxa Hazel]. As flores são todas irregulares: cinco pétalas longas, cada uma parecendo um trapo de tecido amarelo desbotado preso ao galho, as tiras rasgadas ondulando ao vento. Mas, *ah*, como são bem-vindas, como é linda essa pitada de cor quando os meses pela frente serão envoltos em tons acinzentados. Uma última exclamação de alegria antes do inverno, o que, de súbito, me faz recordar um outro novembro, muito distante.

A casa tinha ficado vazia desde que ela partira. Os Papais Noéis de cartolina colados nas janelas altas haviam desbotado sob os raios de sol no verão e as poinsétias de plástico na mesa estavam cobertas de teias de aranha. Era possível sentir o cheiro indicativo do saque dos camundongos à despensa, enquanto o presunto de Natal se transformava em montículos de mofo na geladeira, depois de a energia ter sido desligada. Do lado de fora, no pórtico, uma cambaxirra construíra, mais uma vez, seu ninho na lancheira, à espera do seu retorno. Ásteres floresciam em profusão debaixo do varal vergado, no qual um cardigã cinza continuava pendurado.

Conheci Hazel Barnett quando percorria os campos no Kentucky, procurando amoras-silvestres com minha mãe. Inclinadas, colhendo as frutas, ouvi uma voz alta vinda das sebes perguntar: "Tudobão? Tudobão?" Ali, parada na cerca, a mulher mais velha que eu já tinha visto na vida. Com um tantinho de medo, segurei a mão da minha mãe quando nos aproximamos para cumprimentá-la. Ela se apoiava na cerca em meio a malvas cor-de-rosa e vinho. Seu cabelo grisalho estava preso num coque na nuca com uma coroa de fios brancos espetados como raios de sol em volta do rosto desdentado.

"Gosto de ver a luz de vocês acesa de noite", disse ela. "Parece que tenho vizinhos de verdade. Já vi vocês indo e vindo pra cá e pra lá e vim dar um olá." Minha mãe se apresentou, explicou que tínhamos nos mudado fazia poucos meses. "E quem é esta coisinha linda?", perguntou a outra, inclinando-se sobre a cerca de arame farpado para beliscar minha bochecha. A cerca enganchou o vestido simples que ela usava, no qual as flores cor-de-rosa e roxas desbotavam após ter sido lavado muitas vezes, assim como as malvas murchavam. Ela usava chinelos de andar em casa do lado de fora, no jardim, coisa que mamãe jamais permitiria. Por cima da cerca, ela esticou a mão velha, enrugada, retorcida e cheia de veias com uma aliança de ouro tão fina quanto um arame. Nunca tinha conhecido ninguém chamada Hazel, mas tinha ouvido falar da bruxa Hazel e podia apostar que ela devia ser a tal bruxa. Apertei com mais força a mão da minha mãe.

Suponho, dado o jeito que ela demonstrava ter com plantas, que houve um tempo em que deve ter sido chamada de "bruxa" por alguém. E *tem* algo de sinistro numa árvore que floresce tão fora de estação e depois cospe suas sementes — pérolas reluzentes tão pretas quanto a meia-noite — a uns seis metros, nos bosques sossegados da primavera, com um som parecido com o passo dos elfos.

Ela e minha mãe se tornaram amigas improváveis, trocando receitas e dicas de jardinagem. Durante o dia, minha mãe trabalhava como professora na faculdade da cidade, escrevia artigos científicos diante do microscópio. Mas o crepúsculo da primavera a encontrava descalça no jardim, plantando feijão e me ajudando a encher meu baldinho com minhocas decepadas por sua pá. Eu achava que podia cuidar delas e deixá-las saudáveis de novo, no hospital de minhocas que construí atrás dos lírios. Ela me encorajava, repetindo sempre: "Não existe ferida que não possa ser curada pelo amor."

Antes de escurecer, em muitos finaizinhos de tarde, atravessávamos o prado até a cerca para visitar Hazel. "Gosto mesmo de ver a luz na janela de vocês", dizia ela. "Num tem nada melhor que uma boa vizinha." Eu escutava as duas falarem de colocar cinzas na base dos pés de tomate para manter as lagartas afastadas, e mamãe se gabava de como eu aprendia a ler rápido. "Deus meu, ela aprende rápido, num é, minha abelhinha?", dizia Hazel. Às vezes, no bolso do vestido, trazia para mim balas de hortelã enroladas num celofane velho e macio.

As visitas progrediram da linha da cerca até o pórtico da entrada. Quando assávamos biscoitos, levávamos um prato de presente para ela e tomávamos limonada em sua varanda meio caída. Nunca gostei de entrar na casa, uma tremenda bagunça, cheia de troços velhos, sacos de lixo, fumaça de cigarro e do que hoje reconheço como cheiro de pobreza. Hazel morava na casinha apertada com o filho, Sam, e a filha, Janie, que era, como a mãe explicou, "simples", porque tinha chegado tarde, era filha temporã. Era gentil e afetuosa e vira e mexe quase sufocava a mim e a minha irmã em seus braços macios e robustos.

Sam estava mal de saúde, não podia trabalhar, mas recebia benefícios por ser veterano de guerra e a pensão da empresa de carvão, e era com esse dinheiro que todos ali viviam. Mal e parcamente. Quando se sentia melhor e saía para pescar, Sam nos trazia bagres grandes do rio. Ele tossia feito louco, mas tinha olhos azuis radiantes e sabia um mundo de histórias, pois viajara para o exterior durante a guerra. Uma vez, nos trouxe uma cesta cheinha de amoras-silvestres, colhidas ao longo da ferrovia. Minha mãe tentou recusar aquele balde enorme, um presente demasiado generoso. "Que nada, num diga besteira", disse Hazel. "Essas amoras num são minhas. O Senhor fez todas essas coisas pra gente compartilhar."

Minha mãe adorava trabalhar. Divertia-se construindo muros de pedras e capinando. De vez em quando, Hazel ia nos visitar e sentava-se na espreguiçadeira sob os carvalhos, enquanto mamãe empilhava pedras ou partia gravetos.

Elas jogavam conversa fora. Hazel contava como gostava de uma boa pilha de lenha, ainda mais quando pegava roupa para lavar para ganhar um dinheirinho extra. Precisava de uma pilha e tanto de lenha para abastecer seus tanques. Também já tinha sido cozinheira num lugar, rio abaixo, e balançava a cabeça ao mencionar o número de pratos que era capaz de carregar de uma só vez. Mamãe falava dos alunos ou de uma viagem e Hazel ficava maravilhada só com a ideia de voar de avião.

E Hazel contava, então, da vez em que foi chamada para auxiliar no parto de um bebê em meio a uma nevasca, ou de como as pessoas batiam na sua porta em busca de ervas medicinais. Ela contava como outra senhora, uma professora, aparecera com um gravador para conversar com ela e prometeu falar dela num livro, por conta de todos os velhos costumes que conhecia. Mas a professora nunca mais voltou e Hazel nunca tinha visto o livro. Eu não prestava muita atenção àqueles papos de colher nozes embaixo de árvores enormes ou de quando levava marmita para o pai dela, que trabalhava fazendo barris na destilaria rio abaixo, mas minha mãe ouvia encantada todas as histórias de Hazel.

Sei que minha mãe adorava ser cientista, mas sempre dizia que devia ter nascido antes. Seu verdadeiro dom, não tinha dúvida, era ser camponesa no século XIX. Mamãe cantava enquanto preparava tomates em conserva, cozinhava pêssegos, socava a massa para fazer pão, e insistia para que eu aprendesse tudo isso. Quando penso em sua amizade com Hazel, suponho que o profundo respeito entre as duas tinha como raiz o fato de serem ambas mulheres com os pés fincados no chão e orgulhosas de terem ombros fortes o suficiente para carregar o fardo dos outros.

Em geral, ouvia a conversa das duas como um zumbido de papo de adulto, mas, certa vez, quando minha mãe atravessava o quintal com uma braçada pesada de madeira, vi Hazel esconder o rosto entre as mãos e chorar. "Quando morava na minha casa", disse, "eu podia carregar um peso desses. Que nada, eu podia carregar uma arroba de pêssegos num quadril e um bebê no outro, quase sem fazer esforço. Mas esse tempo se foi, o vento levou".

Hazel nasceu e foi criada no condado de Jessamine, no Kentucky, logo adiante, no fim da estrada. Ouvindo suas histórias, porém, parecia que a cidadezinha ficava a centenas de quilômetros. Nem ela, nem Janie ou Sam sabiam dirigir, então a casa da sua infância estava perdida para ela, como se ali tivesse acontecido um Grande Cisma.

Ela havia se mudado para perto da minha casa quando Sam sofreu um ataque cardíaco na véspera de Natal. Ela adorava o Natal — todo mundo aparecia em sua casa e ela preparava um jantar farto —, mas naquele Natal largou tudo, trancou a porta e foi morar com o filho para cuidar dele. Nunca mais tinha voltado para casa, mas dava para ver que, no fundo do coração, sentia saudades do lugar — exibia um olhar perdido quando falava dele.

Minha mãe entendia essa saudade de casa. Era uma menina do Norte, nascida à sombra das montanhas Adirondack. Já tinha morado em um monte de lugares para completar seus estudos no doutorado e fazer pesquisas, mas sempre acreditou que um dia voltaria para casa. Eu me lembro do outono em que chorou de saudade do bordo-vermelho. A árvore foi transplantada para o Kentucky graças a um excelente trabalho e à carreira do meu pai, mas sei que ela sentia falta da sua gente e dos bosques de casa. O gosto do exílio amargava tanto sua boca quanto a de Hazel.

À medida que a idade foi chegando, Hazel foi ficando mais triste, e cada vez falava mais dos velhos tempos, das coisas que nunca mais voltaria a ver: de como seu marido, Rowley, era bonito e alto, de como seus jardins eram lindos. Minha mãe, certa vez, se ofereceu para levá-la até lá para ver sua antiga casa, mas ela fez que não com a cabeça. "Muita bondade sua, mas eu não poderia pagar essa dívida. De qualquer maneira, o vento levou", disse, "levou tudo". Um dia, porém, numa tarde de outono, quando a luz dourada se estendia, ela telefonou.

"Escute, querida, sei que suas mãos e seu coração estão ocupados, mas se pudesse dar um jeito de me levar até minha casa antiga, eu ficaria muito agradecida. Preciso ver aquele teto antes que comece a nevar." Minha mãe e eu fomos buscá-la e seguimos a Nicholasville Road na direção do rio. Hoje em dia, a estrada tem quatro pistas e uma grande ponte em arco cruza o rio Kentucky. A ponte é tão alta que mal dá para perceber o fluxo turvo abaixo de nós. Na antiga destilaria, agora fechada com tábuas, abandonada, deixamos a autoestrada e pegamos uma estradinha de terra na direção oposta ao rio. Hazel começou a chorar no assento traseiro tão logo fizemos a curva.

"Ai, minha velha e querida estrada", gemeu, e acariciei sua mão. Eu sabia o que fazer, porque já tinha visto minha mãe chorar daquele jeito, quando me levou à casa na qual tinha crescido. Hazel foi indicando o caminho para mamãe. Passamos por casinhas decrépitas, trailers e ruínas de celeiros. Paramos na frente de uma vala coberta de grama embaixo de um arvoredo de acácias-

-bastardas. "Chegamos", disse ela, "meu lar, doce lar". Ela falava assim, como se estivesse lendo um livro. Diante de nós, uma antiga escola com janelas altas em todas as fachadas, e duas portas na frente, uma para meninos e outra para meninas. O cinza-prateado ainda tinha umas tênues pinceladas de cal nas ripas.

Hazel se mostrava ansiosa para saltar do carro e precisei me apressar para pegar seu andador antes que ela tropeçasse na grama alta. Apontando todo o tempo para o barracão que servia de depósito, acima do riacho, e para o velho galinheiro, conduziu a mim e a mamãe para a porta lateral, e chegamos à entrada. Procurava as chaves no grande porta-moedas, mas as mãos tremiam tanto que não lhe restou alternativa senão me pedir que destrancasse a porta. Abri a velha porta de tela rasgada e a chave entrou fácil na fechadura. Segurei a porta para ela. Hazel atravessou a soleira com passos pesados e, em seguida, se deteve. Ficou parada olhando. Dentro, reinava um silêncio igual ao das igrejas, e dali saiu um ar frio que passou por mim e foi às pressas ao encontro da tarde quente de novembro. Eu já ia entrar, mas minha mãe pousou a mão em meu braço para me impedir. "Deixe Hazel entrar sozinha", disse com o olhar.

O cômodo diante de nós era como um livro ilustrado dos velhos tempos. Um grande e velho fogão a lenha encostado na parede dos fundos, panelas de ferro fundido penduradas. Panos de prato suspensos em ganchos acima da pia e as cortinas, que um dia deviam ter sido brancas, emolduravam a vista do pomar lá fora. Guirlandas azuis e prateadas de ouropel enfeitavam os pés-direitos altos, como convém a uma antiga escola, e oscilavam ao vento que penetrava pela porta aberta. Os cartões de Natal estavam alinhados e presos com fita adesiva amarelada nos caixilhos das portas. A cozinha inteira estava decorada para o Natal: uma toalha de plástico com estampas natalinas cobria a mesa; vidros de geleia com poinsétias de plástico, cobertas de teias de aranha, serviam de centro de mesa. Ainda restava comida nos pratos da mesa posta para seis pessoas; as cadeiras continuavam afastadas da mesa, como no instante em que o jantar tinha sido interrompido pelo telefonema do hospital.

"Que bagunça horrorosa!", exclamou Hazel. "Vamos dar um jeito nisso tudo." De repente, foi tomada por um impulso de atividade, como se tivesse acabado de entrar em casa depois da ceia e encontrasse tudo abaixo de seus exigentes padrões de dona de casa. Deixou o andador de lado e começou a recolher os pratos da comprida mesa da cozinha e levá-los para a pia. Minha mãe tentou desacelerá-la. Pediu para ver a casa e disse que poderíamos deixar a limpeza para outro dia. Hazel nos levou à sala de estar, onde encontramos o esqueleto de uma árvore de Natal rodeado por uma pilha de agulhas de pinheiro no chão. Os enfeites pendiam como órfãos dos galhos desnudos: um pequenino tambor vermelho e pássaros de plástico prateados, com a pintura descascada e tocos onde deveriam ser as caudas. Tinha sido uma sala aconchegante: cadeiras de balanço, um sofá, uma mesinha com pés torneados e candeeiros a gás. Sobre um velho aparador de carvalho, um jarro e uma bacia de porcelana com rosas pintadas. Um pano bordado a mão em ponto cruz, cor-de-rosa e azul, enfeitava o aparador. "Minha Nossa Senhora", disse Hazel, passando a ponta de seu vestido simples na grossa camada de poeira. "Preciso tratar de tirar o pó daqui."

Enquanto ela e mamãe admiravam os bonitos pratos no guarda-louças, resolvi dar uma volta e explorar a casa. Abri uma porta que deu para uma cama grande, por fazer, com colchas reviradas. Ao lado, um troço que parecia um troninho, só que para adultos. Não cheirava muito bem ali dentro e tratei logo de ir embora, sem querer ser pega xeretando. Outra porta dava para um quarto com uma maravilhosa colcha de retalhos e mais guirlandas de ouropel penduradas no espelho acima da cômoda, na qual havia um lampião carcomido pela ferrugem.

Hazel se apoiou no braço da minha mãe enquanto circulamos pela clareira do lado de fora. Ela apontava as árvores que plantara e os canteiros invadidos pelo matagal havia tempos. Nos fundos da casa, embaixo dos carvalhos, havia um aglomerado de galhos desnudos cinzentos, dos quais irrompia uma fileira de botões de flores amarelas. "Vejam só vocês, minha velha medicina veio me cumprimentar", disse e estendeu a mão para segurar o galho como se em um aperto de mãos. "Fazia um montão de fornadas dessa hamamélis, e vinha um bocado de gente me procurar atrás disso. Eu cozinhava essa casca no outono, e no inverno tinha para esfregar nos machucados e nas dores, nas queimaduras e nas assaduras — todo mundo queria. Acho que num existe ferida nesse mundo que os bosques num tenham medicina pra curar."

"Essa hamamélis", disse, "não é boa só pro lado de fora das pessoas, mas pro de dentro também. Vixe Maria, flores em novembro. O bom Deus nos deu hamamélis pra lembrar a gente que tem sempre alguma coisa boa, mesmo quando parece que num tem. Ah, isso faz um bem danado pro coração, ora se faz".

Depois dessa primeira visita, Hazel passou a ligar outras vezes, nas tardes de domingo, para perguntar: "Num querem dar uma volta?" Minha mãe achava importante que nós, as filhas, fôssemos junto. Graças a sua insistência, aprendemos a fazer pão e a plantar favas — coisas que, na época, não pareciam importantes, mas agora penso diferente. Colhíamos nozes atrás da casa velha, franzindo o nariz para a latrina inclinada e revirando o celeiro em busca de tesouros, enquanto mamãe e Hazel conversavam sentadas no pórtico. Pendurada num prego, bem ao lado da porta, encontrava-se uma lancheira velha de metal preto, aberta e forrada com o que parecia ser papel adesivo. Havia restos de ninho de passarinho dentro da lancheira. Hazel tinha trazido uma bolsinha de plástico cheinha de migalhas de cream cracker, que espalhou na beirada do pórtico.

"Essa Jenny Wren* pequenininha fazia sua casa aqui todo ano, desde que Rowley se foi. Essa era a lancheira dele. Agora ela conta comigo para ter casa e comida e num posso deixar ela na mão." Muita gente devia ter contado com Hazel quando ela era jovem e forte. Passeamos de carro pela estrada, seguindo suas instruções. Paramos em todas as casas, à exceção de uma. "Num são gente direita", disse e desviou o olhar. Os outros vizinhos pareceram felicíssimos ao ver Hazel de novo. Eu e minha irmã andávamos atrás das galinhas ou acariciávamos os cães de caça, enquanto mamãe e Hazel conversavam com a vizinhança.

Aquela gente era muito diferente da que conheci na escola ou nas festas na faculdade. Uma senhora estendeu a mão e bateu de leve nos meus dentes. "Você tem uns dentes danados de grandes e bonitos", disse. Eu nunca tinha imaginado que dentes merecessem elogio, mas, até então, eu não tinha conhecido ninguém que tivesse tão poucos dentes. Lembro-me, no entanto, acima de tudo, da gentileza. Eram senhoras com quem Hazel tinha cantado no coro da igrejinha branca, sob os pinheiros. Senhoras que ela conhecia desde a juventude, e caíam na gargalhada ao se lembrarem das danças perto do rio, e balançavam a cabeça, tristes, com o destino das crianças que cresceram e se mudaram. Voltávamos para casa ao anoitecer, com uma cesta de ovos frescos ou uma fatia de bolo para cada uma. Hazel sorria radiante.

Quando chegou o inverno, nossas visitas rarearam e o brilho pareceu desaparecer dos olhos de Hazel. Um dia, sentada à mesa da nossa cozinha, ela disse: "Sabe, eu num devia pedir a nosso bom Senhor mais nada do que já tenho,

---

* Apelido em inglês da carriça, ou cambaxirra, um pássaro muito pequeno e de canto melodioso. [N. da T.]

mas como gostaria de passar pelo menos mais um Natal na minha querida casa velha. Mas esses dias já se foram. O vento levou." Essa era uma dor para a qual os bosques não tinham medicina.

Naquele ano, não íamos viajar para o Norte e passar o Natal com meus avós, e minha mãe estava sofrendo com isso. Ainda faltavam semanas para o Natal, mas ela já estava preparando várias comidas feito louca, enquanto nós, as filhas, fazíamos cordões de pipoca e amoras para enfeitar a árvore de Natal. Mamãe disse que sentiria muita falta da neve, do cheiro de bálsamo e da família. E então teve uma ideia.

Faria uma surpresa. Pegou a chave com Sam e foi até a velha casa verificar o que poderia ser feito. Ligou para a companhia de energia e combinou a reinstalação da luz na casa de Hazel, só durante aquele curto período. Assim que as luzes se acenderam, ficou nítido o estado de sujeira no qual a casa se encontrava. Não tinha água corrente, então precisamos levar garrafões de água de casa para limpar tudo. Era muito trabalho para nós, então mamãe recrutou alguns alunos de suas turmas, pertencentes às fraternidades da faculdade, que precisavam realizar projetos de serviço comunitário. Com certeza, conseguiram um: limpar aquela geladeira rivalizava com qualquer experimento microbiológico.

Íamos e voltávamos pela estrada de Hazel, e eu entrava nas casas levando convites feitos a mão para todos os seus velhos amigos. Como não sobravam muitos, mamãe convidou também os amigos dela e os meninos da faculdade. Embora a casa ainda tivesse os enfeites de Natal, confeccionamos outros: guirlandas e velas com tubos de papel toalha. Papai cortou uma árvore e a colocou na sala de estar, usando as luzes arrancadas do esqueleto da árvore velha. Trouxemos braçadas de ramos espinhosos de cedros-vermelhos para decorar as mesas e penduramos bengalinhas doces na árvore. O cheiro de cedro e de hortelã tomou conta do lugar, no qual poucos dias antes imperava o de mofo e ratos. Minha mãe e as amigas assaram fornadas e mais fornadas de biscoitos.

Na manhã da festa, o aquecimento estava ligado; as luzes da árvore, acesas. Um a um, os convidados começaram a chegar e a subir com dificuldade os degraus do pórtico dianteiro. Minha irmã e eu bancamos as anfitriãs, enquanto mamãe pegou o carro para buscar nossa convidada de honra. "Ei, alguém está a fim de dar uma volta?", perguntou mamãe, e embrulhou Hazel em seu casaco de inverno. "Ué, pra onde a gente vai?", perguntou Hazel. Seu rosto se iluminou como uma vela quando entrou em seu "lar doce lar", cheio de luzes e amigos. Minha mãe prendeu um broche de Natal — um sino de plástico com purpurina dourada que encontrara na cômoda — no vestido de Hazel.

Naquele dia, Hazel percorreu sua casa como uma rainha. Na sala de estar, papai e minha irmã tocaram "Noite feliz" e "Joy to the World" ao violino, enquanto eu servia ponche vermelho. Não me recordo de muita coisa mais a respeito da festa, a não ser de Hazel pegar no sono no carro na volta para casa.

Poucos anos depois, deixamos o Kentucky e nos mudamos de novo para o Norte. Minha mãe estava contente de ir para casa, de ter seus bordos, em vez dos carvalhos, mas foi penoso despedir-se de Hazel. Ela deixou o adeus para o final. Hazel lhe deu de presente de despedida uma cadeira de balanço e uma caixinha contendo alguns de seus enfeites de Natal antigos. Um tambor de celuloide e um passarinho de plástico prateado, sem as penas da cauda. Minha mãe ainda os pendura todo ano na árvore, e conta a história daquela festa como se tivesse sido o melhor Natal de sua vida. Soube que Hazel faleceu poucos anos depois da nossa mudança.

"Se foi, o vento levou", teria dito.

Ainda há dores que a hamamélis não pode amenizar — para essas, precisamos uns dos outros. Minha mãe e Hazel Barnett, irmãs improváveis, aprenderam muito com as plantas que ambas amavam — prepararam juntas um bálsamo para a solidão, um chá fortificante para a dor da saudade.

Agora, quando as folhas vermelhas já caíram e os gansos partiram, eu saio à procura de hamamélis. Elas nunca me decepcionam e sempre trazem a lembrança daquele Natal e de como nossa amizade serviu de medicina uma para a outra. Eu prezo a bruxa Hazel daqueles dias, um pedacinho de cor, uma luz na janela quando o inverno se aproxima.

# Deveres maternais

Eu queria ser uma boa mãe, só isso — quem sabe como Ataensic, a mulher que caiu do céu. De algum modo, isso me levou a botas de cano alto cheias de água marrom. As botas de borracha feitas para manter o lago sob controle agora o contêm. Além de um girino. E a mim. Sinto uma vibração na parte de trás de meu joelho. Não, dentro da bota há dois girinos.

Quando deixei o Kentucky para buscar casas no norte do estado de Nova York, minhas duas filhas pequenas me entregaram uma lista explícita de requisitos: três árvores grandes o suficiente para três fortes, um em cada; uma entrada de pedra ladeada por amores-perfeitos, igual à do livro favorito de Larkin; um celeiro vermelho; um lago para nadar; e um quarto roxo. A última solicitação me deu certo conforto. O pai tinha acabado de levantar acampamento, deixando tanto o país quanto a nós, a família. Comunicou que não queria mais levar uma vida com tantas responsabilidades, ou seja, todas as responsabilidades ficaram para mim. Fiquei grata, pois ao menos pintar um quarto de roxo eu conseguiria.

Passei o inverno inteirinho visitando uma casa atrás da outra, mas nenhuma se encaixava — ora estava fora do meu orçamento, ora de minhas expectativas. Os anúncios de imóveis — "três quartos, dois banheiros, dois andares, vista" — são muito acanhados quanto a informações vitais, como a existência de árvores propícias à construção de três casas. Confesso que eu estava mais preocupada com hipotecas, escolas públicas e se íamos acabar num estacionamento de trailers no fim da estrada. Mas a lista de desejos das meninas me veio à mente assim que o corretor me levou a uma antiga granja cercada por imensos bordos, dois deles com galhos baixos e largos, perfeitos para três casas. Era uma possibilidade. Contudo, havia a questão das venezianas despencando e de um pórtico que não sabia o que era nivelamento fazia no mínimo meio século. Uma das vantagens era ter quase três hectares, incluindo o que foi descrito como um lago de trutas, e que, na época, não passava de uma vasta superfície plana, coberta de gelo e cercada por árvores. A casa estava vazia, fria e desprezada, mas quando abri as portas para os quartos mofados, milagre dos milagres: o quarto do canto tinha a cor das violetas primaveris. Era um sinal. Era ali que devíamos aterrar.

Naquela primavera, nos mudamos. Em pouco tempo, as meninas e eu construímos, juntas, três fortes nos bordos, um para cada uma. Imagine nossa surpresa quando a neve desmanchou e revelou uma entrada de laje coberta de ervas daninhas, conduzindo à porta dianteira. Conhecemos os vizinhos, munidas de lanche para piquenique, exploramos os picos das colinas, plantamos amores-perfeitos e começamos a fincar as raízes da felicidade. Pareceu estar a meu alcance ser uma boa mãe, boa o suficiente para valer por pai e mãe. Tudo que faltava para completar a lista de desejos era um lago onde pudessem nadar.

No contrato, constava um lago fundo de água natural. Talvez até existisse, uns cem anos atrás. Um de nossos vizinhos, cuja família morava ali havia gerações, me disse que era o lago preferido de todo o vale. No verão, depois do trabalho, os rapazes estacionavam as caminhonetes e subiam para nadar no lago. "Tirávamos as roupas e pulávamos", contou. "No ponto onde estávamos, nenhuma menina podia nos ver pelados. E que frio! A água da nascente era gelada. Bom demais depois de um dia colhendo feno. Depois do banho, nos deitávamos na grama, só para aquecer." Nosso lago fica na colina, atrás da casa. É cercado pelas encostas, a não ser em um trecho, onde um pequeno bosque de macieiras o esconde por completo dos olhares curiosos. Na parte de trás, há uma falésia de calcário, de onde foi extraída a rocha para a construção da minha casa, há mais de duzentos anos. Difícil acreditar que alguém enfiaria um dedo naquele lago hoje. Minhas filhas, com certeza, não. De tão sufocado pelo mato, era impossível dizer onde terminavam as ervas daninhas e onde começava a água.

Os patos não ajudaram em nada. Na verdade, eram o que se pode educadamente chamar de uma importante fonte de insumo de nutrientes. Eram tão bonitinhos na loja de rações — pura penugem amarela, fofinha, conectando bicos e patas alaranjados enormes, bamboleando em um caixote de serragem. Era primavera, quase Páscoa, e todas as boas razões para não os levar para casa se evaporaram diante da alegria das meninas. Uma boa mãe não adotaria patinhos? Não é para isso que serve um lago?

Mantivemos os patinhos numa caixa de papelão na garagem, com uma lâmpada de aquecimento, vigiada de perto para evitar que alguma caixa ou algum patinho pegasse fogo. As meninas aceitaram assumir total responsabilidade e, obedientes, alimentavam e limpavam tudo. Certa tarde, cheguei em casa do trabalho e os encontrei boiando na pia da cozinha, grasnando e mergulhando, sacudindo a água do dorso, enquanto as meninas riam, se divertindo. As condições da pia deviam ter me dado um indício do que me esperava. Nas semanas seguintes, eles comeram e defecaram com igual entusiasmo. Em um mês, levamos a caixa com os seis patos brancos radiantes para o lago e os soltamos.

Eles mergulharam e ajeitaram as penas com os bicos. Tudo correu bem nos primeiros dias, mas, aparentemente, na ausência de uma atenciosa mamãe que os protegesse e ensinasse, eles não tinham as habilidades essenciais de sobrevivência para a vida fora da caixa. Todo dia faltava um pato; primeiro sobraram cinco, depois quatro e, por fim, três, os mais bem preparados para se defender das raposas, das tartarugas-mordedoras e do tartaranhão-azulado, que passara a visitar o espaço. Esses três patinhos sobreviveram. Pareciam tão plácidos, tão bucólicos nadando no lago... Mas o lago começou a ficar ainda mais verde do que antes.

Até a chegada do inverno, quando suas tendências delinquentes vieram à tona, foram os animaizinhos de estimação perfeitos. Apesar da cabana que construímos para eles — um chalé flutuante com varanda —, e do milho que jogávamos como confete, estavam descontentes. Desenvolveram o gosto pela comida do cachorro e pelo calor do meu pórtico dos fundos. Eu saía nas manhãs de janeiro e me deparava com a tigela do cachorro vazia e o pobrezinho encolhido do lado de fora, enquanto os três patos, brancos como a neve, estavam em fileira no banco, sacudindo as caudas de alegria.

Onde moro faz frio. Muito frio. Os excrementos de pato congelavam e viravam montinhos em espirais, parecidos com potes de barro inacabados, solidamente presos no chão da varanda. Precisei de um picador de gelo para remover a sujeira. Eu os afugentava da porta da varanda, deixava trilhas de grãos de milho até o lago, e eles partiam em fila, tagarelando. Contudo, na manhã seguinte, lá estavam eles de volta.

O inverno e a dose diária de cocô de pato devem ter congelado a área do meu cérebro que abrange a compaixão por animais, pois comecei a torcer para que desaparecessem de uma vez por todas. Infelizmente, não tive coragem de despachá-los, afinal, quem, entre nossos amigos da área rural, apreciaria o duvidoso presente de patos no auge do inverno? Nem com molho de ameixa. Em segredo, contemplei a ideia de borrifá-los com um chamariz para raposas. Ou amarrar fatias de rosbife em suas pernas, na esperança de despertarem o interesse dos coiotes que uivavam no alto do penhasco. Mas, apesar disso, cumpri meu papel de excelente mãe: alimentei-os, raspei as crostas do piso da varanda com a pá e aguardei a chegada da primavera. Num dia quente, eles seguiram bamboleando de volta para o lago e, em um mês, sumiram, deixando na margem pilhas de penas, como um rastro de neve tardia.

Os patos se foram, mas seu legado perdurou. Em maio, o lago havia se convertido numa sopa grossa de algas verdes. Um casal de gansos-do-canadá se instalara, ocupara o lugar dos patos e criava uma ninhada à sombra dos salgueiros. Uma tarde, fui até lá ver se já tinham nascido penas nos filhotes, e acabei ouvindo um angustiado grasnar. Um pequenino ganso marrom felpudo saíra para nadar e ficara preso no aglomerado de algas. Grasnava e batia as asas, tentava a todo custo se libertar. Enquanto eu pensava num meio de resgatá-lo, ele esperneou com toda a força e apareceu na superfície, onde começou a andar no colchão de algas.

Nesse exato instante, tomei uma decisão. Não se pode andar num lago. Deveria ser um convite à fauna, não uma armadilha. A probabilidade de poder nadar no lago, na melhor das hipóteses, parecia remota, mesmo para gansos. Mas sou ecologista, então confiei na capacidade de, ao menos, amenizar a situação. A palavra *ecologia* deriva do grego *oikos*, que significa "casa". Podia usar a ecologia para prover um lar agradável para filhotes de gansos e para as minhas meninas.

Como muitos lagos de fazendas antigas, o meu era vítima da eutroficação, um processo de bioenriquecimento em consequência da idade. Gerações de algas e nenúfares, folhas e maçãs do outono caídas no lago criaram sedimentos e formaram uma camada de lodo no antigo cascalho limpo do fundo. Todos esses nutrientes propiciavam o crescimento de novas plantas que, por sua vez, propiciavam o crescimento de mais plantas novas, num ciclo acelerado. Isso acontece em muitos lagos — o fundo, pouco a pouco, vai se enchendo até o lago se tornar um charco e, quem sabe, um dia, uma planície e depois uma floresta. Os lagos envelhecem, assim como eu, mas gosto da ideia ecológica de envelhecimento como um progressivo aprimoramento e não uma perda progressiva.

Por vezes, o processo de eutrofização é acelerado por atividades humanas: escoamentos ricos em nutrientes de plantações fertilizadas ou fossas sépticas acabam dentro da água e intensificam o exponencial crescimento de algas. Meu lago estava entupido em função de tais influências — sua fonte era uma nascente de água fria que descia do alto da colina, e uma faixa de árvores, no lado ascendente, formava um filtro de captação de nitrogênio para escoamento das pastagens no entorno. Minha batalha não era contra a poluição, mas contra o tempo. Tornar meu lago limpo para nado seria um exercício de retroceder no tempo. Era exatamente o que eu queria, reverter o tempo. Minhas filhas cresciam rápido demais, meu tempo como mãe escorria por entre meus dedos e minha promessa de um lago onde pudessem nadar ainda não tinha sido cumprida.

Ser boa mãe significava dar um jeito no lago para minhas filhas. Uma alta cadeia produtiva de comida podia ser excelente para sapos e garças, mas não para nadar. Os melhores lagos propícios ao nado não são eutróficos, mas frios, limpos, oligotróficos, ou seja, pobres em nutrientes.

Carreguei minha pequena canoa individual até o lago para que servisse de plataforma flutuante para a remoção de algas. Planejei recolher as algas com um ancinho de cabo comprido e encher a canoa como se fosse uma barcaça de lixo. Depois a esvaziaria na margem e daria uma bela nadada. Mas só o plano de entrar na água se concretizou — e, confesso, não foi nada agradável. Enquanto tentava tirar as algas, descobri que pendiam como enormes cortinas verdes através da água, ou seja, se uma pessoa se debruçasse de uma canoa leve e tentasse enchê-la com um pesado colchão de algas na ponta do ancinho, a física ditava que ela acabaria tomando um banho.

Minhas tentativas foram infrutíferas. Eu estava lidando apenas com os sintomas do problema e não com a causa em si. Li o máximo possível acerca da reabilitação de lagos e refleti sobre minhas opções. Para desfazer o que o tempo e os patos tinham concretizado, precisava remover os nutrientes do lago, e não apenas as algas. Quando entrei na parte mais rasa, o musgo se esgueirou entre meus dedos dos pés, mas eu podia sentir o cascalho limpo, a base original do lago. Talvez eu pudesse remover o lodo e carregá-lo em baldes. Mas quando levei a pá de neve mais larga que encontrei para removê-lo, e este chegou à superfície, me vi envolta em nuvens marrons — e só havia um punhado do material do solo na pá. Caí na gargalhada. Tirar o lodo era igual a tentar capturar o vento numa rede para caçar borboletas.

Na tentativa seguinte, usei telas velhas de janelas para confeccionar uma peneira que pudesse sustentar os sedimentos. Mas o lodo era fino demais e minha rede improvisada subiu vazia. Aquele não era um lodo comum. A matéria orgânica nos sedimentos se constitui de partículas minúsculas, nutrientes dissolvidos que floculam em grãos pequenos o bastante para servirem de lanchinho ao zooplâncton. Evidente, eu era impotente para retirar os nutrientes de dentro da água. Com sorte, poderia retirar as plantas.

Um tapete de algas não passa de fósforo e nitrogênio dissolvidos que se solidificam por meio da alquimia da fotossíntese. Eu não seria capaz de remover os nutrientes com a pá, mas, uma vez fixados no corpo das plantas, poderiam ser arrancados da água com um pouco de esforço e força dos bíceps e jogados fora com a ajuda de um carrinho de mão.

O ciclo médio das moléculas de fosfato de um lago, em granjas, é de menos de duas semanas. A partir do momento em que a molécula é absorvida fora da água e transformada em tecido vivo, ou é comida ou morre, se decompõe e é reciclada para alimentar outros filamentos de alga. Meu plano era interromper esse interminável ciclo, capturando e eliminando os nutrientes das plantas antes que pudessem, mais uma vez, se transformar em algas. Se mantivesse a frequência e a calma, eu poderia exaurir os depósitos de nutrientes em circulação no lago.

Sou botânica de profissão, portanto, é claro, precisava saber quem eram essas algas. Provavelmente, existem tantos tipos de alga quanto espécies de árvore, e eu faria um desserviço a esses seres aquáticos e a minha tarefa, caso não soubesse de quem se tratava. Não é possível tentar restaurar uma floresta sem saber com qual tipo de árvore se está trabalhando, então, enchi um pote de limo verde e o examinei em meu microscópio, com a tampa bem fechada para impedir que o fedor se espalhasse.

Parti os chumaços verdes escorregadios em tufos miúdos, para caberem no microscópio. Num único tufo, havia compridos fios de *Cladophora*, reluzentes como laços de cetim. Entrelaçados nos fios, translúcidos filamentos de *Spirogyra*, nos quais a espiral de cloroplastos parece uma escadaria verde. Toda a esfera verde estava em movimento, com ervas daninhas iridescentes de *Volvox* e euglenoides pulsantes estendendo-se entre os fios. Quanta vida numa única gota de água! Água que, antes, no pote, parecia lixo. Ali estavam meus parceiros para cuidar da restauração.

O progresso da restauração do lago foi arrastado, horas espremidas entre anos de reuniões do grupo de escoteiras, vendas de bolos, viagens de acampamento e um emprego que excedia, em muito, o horário integral. Todas as mães têm seus jeitos valiosos de dedicar algumas poucas e preciosas horas a si mesmas, encolhidas com um livro ou costurando, mas eu quase sempre precisava desfrutar desse tempo com a água, os pássaros, o vento e o silêncio. Aquele era o único lugar onde eu me sentia capaz de fazer tudo dar certo. Na escola, ensinava ecologia, mas aos sábados à tarde, quando as crianças iam à casa das amigas, eu *exercia* a ecologia.

Depois do fracasso com a canoa, decidi que era mais sensato ficar na margem com um ancinho e espichá-lo o mais longe que pudesse alcançar. O ancinho trouxe montes envoltos em *Cladophora*, tal um pente com compridos fios de cabelo verde emaranhados. Cada passagem das garras do ancinho na camada do fundo trazia outra camada, logo adicionada a um rápido monte crescente, que eu tinha de retirar da bacia, carregando-a colina abaixo para afastá-la do lago. Se eu deixasse a alga apodrecer na margem, os nutrientes em decomposição liberados retornariam ao lago em um curto espaço de tempo. Eu arremessava os chumaços de algas em um trenó — o trenozinho vermelho de plástico de minhas filhas — e o arrastava pelo despenhadeiro para esvaziá-lo no carrinho de mão à espera.

Eu definitivamente não queria pisar no lodo gosmento, então trabalhei nas margens com toda a cautela, usando tênis velhos. Eu podia estender o braço e dragar um montão de algas, porém nem tudo estava a meu alcance. Os tênis evoluíram para galochas, estendendo minha esfera de influência o suficiente para tomar consciência de sua ineficiência. Então, das galochas passei para trajes completos de pesca, que nos dão uma falsa sensação de segurança, e não demorou para eu chegar um tanto longe demais e sentir o gelo do lago entrando na parte de cima. Essas roupas pesam um bocado quando cheias de água, e me peguei ancorada no lodo. Mas boas mães não afundam. Assim, na próxima investida, usei um short.

Entreguei-me de corpo e alma à missão. Lembro-me de como foi libertador entrar no lago pela primeira vez com água até a cintura, da leveza da camiseta boiando a meu redor, do ondular da água na pele nua. Finalmente, eu me senti em casa. As cócegas nas pernas eram apenas tufos de *Spirogyra*; as cutucadas, apenas percas curiosas. Agora eu podia ver as cortinas de algas diante de mim, muito mais bonitas do que quando penduradas na ponta do meu ancinho. Podia observar como a *Cladophora* brotava de velhos gravetos e admirar os besouros aquáticos nadarem entre elas.

Desenvolvi uma nova relação com o lodo. Em vez de tentar me proteger, simplesmente o ignorei. Notava sua presença apenas ao voltar para casa e encontrar fios de algas presos no cabelo ou quando a água do chuveiro saía marrom. Passei a conhecer a sensação do fundo de cascalho sob o lodo, da lama sugada pelas tabuas-largas e da serenidade fria onde o fundo descia da parte rasa. A transformação não vem de tentativas precárias da beira.

Certo dia, na primavera, meu ancinho subiu coberto de uma massa de algas tão pesada que curvou o cabo de bambu. Deixei que pingasse para reduzir o peso e arremessei as algas na borda. Já ia recolher outra carga de algas quando ouvi um estalar molhado na pilha, a palmada de um rabo aquoso. Uma protuberância se balançava em frenesi embaixo da superfície do monte de algas. Afastei os fios, abrindo a trama para descobrir quem se debatia lá dentro. Um corpo gorducho marrom — um girino de rã-touro do tamanho do meu polegar havia ficado preso. Os girinos podem nadar sem dificuldade e atravessar uma rede suspensa na água, porém, quando a rede é trazida pelo ancinho, desmorona ao redor deles como na pesca de arrasto. Eu o peguei, mole e frio, entre o polegar e o indicador, e o devolvi ao lago, onde ele ficou por um momento suspenso na água até começar a nadar. O próximo ancinho veio à tona com uma camada plana respingando e cravejada de tantos girinos que mais pareciam amendoins numa bandeja de pé de moleque. Debrucei-me e os soltei, um a um.

Que problemão! Tanta coisa para revolver! Eu podia dragar as algas, amontoá-las e acabar de vez com elas. Podia trabalhar muito mais rápido, caso não precisasse interromper o trabalho e recolher os girinos do emaranhado, em meio ao dilema moral. Disse a mim mesma que não tinha a menor intenção de machucá-los; só queria tentar melhorar o *habitat*, e eles eram danos colaterais. Mas minhas boas intenções nada significariam para os girinos se eles lutassem e morressem numa pilha de compostagem. Suspirei, apesar de ter consciência da atitude certa a tomar. Tinha sido levada a essa tarefa movida pelo impulso maternal de proporcionar a minhas filhas um lago onde pudessem nadar. Não podia, no processo, sacrificar os filhos de outra mãe, que, afinal de contas, já tinham um lago para nadar.

Agora eu não era apenas a limpadora do lago, mas também a salvadora de girinos. Foi incrível o que encontrei na rede de algas: besouros aquáticos, predadores com mandíbulas pretas afiadas, peixes pequenos, larvas de libélulas. Enfiei os dedos para soltar algo se movendo e senti uma dor aguda, como uma picada de abelha. Ao recolher a mão, deparei-me com um grande caranguejo agarrado à ponta do meu dedo. Uma rede alimentar inteira pendia do meu ancinho, e essas eram apenas as criaturas que eu conseguia ver, a ponta do iceberg, o topo da cadeia alimentar. Com meu microscópio, eu tinha observado a rede de algas fervilhando de invertebrados — copépodes, dáfnias, rotíferas rodopiantes e criaturas ainda menores: minhocas filiformes, globos de algas verdes, protozoários com cílios se movendo em sincronia. Sabia que estavam ali, mas não poderia pegá-los. Então, barganhei comigo mesma minha responsabilidade e tentei me convencer de que a extinção deles servia a um propósito maior.

A limpeza de lagos propicia bastante tempo mental ocioso para filosofar. Enquanto eu passava o ancinho e arrancava algas, minha convicção de que todas as vidas, protozoárias ou não, são valiosas foi desafiada. Em termos teóricos, acredito nisso, mas em termos práticos, a convicção embaça e o espiritual e o pragmático batem cabeça. A cada movimento de ancinho, revi minhas prioridades. Vidas curtas, de uma única célula, foram extintas porque eu queria um lago translúcido. Sou maior, tenho um ancinho, então saio vencedora. Essa não é uma visão de mundo que, a princípio, eu endosse. Mas nada disso me fez perder o sono à noite nem impediu meus esforços; simplesmente tomei consciência das escolhas feitas. Não havia outra opção a não ser respeitar e não permitir que pequenas vidas se perdessem. Arranquei todos os montinhos que pude, mas o resto foi parar na pilha de compostagem, para reiniciar o ciclo como húmus.

A princípio, carreguei carrinhos de algas recém-recolhidas, mas logo me dei conta de que revolver centenas de quilos de algas era uma tarefa árdua. Aprendi a amontoar as algas na beira do lago e a observar a umidade delas escorregar de volta para o lago. Nos dias seguintes, as algas se oxigenavam à luz do sol, transformando-se em leves folhas semelhantes a papel, facilmente levadas para o carrinho de mão. O conteúdo nutritivo de algas filamentosas como a *Spirogyra* e a *Cladophora* equivale a gramíneas forrageiras de alta qualidade. Eu estava jogando fora fardos de feno de boa qualidade. Fardos e mais fardos de algas acumularam-se na pilha de compostagem, prestes a se tornarem um excelente húmus escuro. A lagoa, literalmente, alimentava o jardim. A *Cladophora* renasceu como cenouras. Comecei a notar a diferença no lago. Passaram-se alguns dias e a superfície ficou clara, porém, mais dia, menos dia, os verdes tapetes peludos voltavam.

Além das algas, comecei a notar outras esponjas, em consequência do excesso de nutrientes. Por toda a beira do lago, as raízes vermelhas emplumadas dos salgueiros seguiam para dentro da superfície da água, com o intuito de absorver nitrogênio e fósforo, que ajudariam na formação de folhas e galhos. Munida de tesouras, fui para a beira do lago e cortei os salgueiros, haste oscilante por haste oscilante. Ao retirar as pilhas de galhos, eu removia os depósitos de nutrientes que eles tinham sugado do fundo do lago. A pilha de mato no campo cresceu, e logo passou a ser visitada por coelhos-cauda-de-algodão e redistribuídas por todos os cantos, assim como suas fezes. O salgueiro reage vigorosamente à poda e expele compridos brotos retos que ultrapassam minha altura, numa única estação de cultivo. Deixei as moitas longe da água para os coelhos e os pássaros cantores, mas cortei as localizadas perto da margem e as empacotei com o objetivo de aproveitá-las para a confecção de cestos. Quanto maiores as hastes, melhor seu uso como base para treliças de jardim para feijões-de-vagem e ipomeias. Também colhi hortelã e outras ervas nas margens. Assim como os salgueiros, quanto mais colhia, mais pareciam brotar. Tudo o que retirei deixou o lago a um passo de se tornar limpo. Cada xícara de chá de hortelã era um golpe na remoção de nutrientes.

Limpar o lago cortando salgueiros pareceu de grande ajuda. Continuei com a poda com entusiasmo renovado, movendo-me num ritmo insensato com minhas tesouras — *clique, clique, clique*. Limpei trechos inteiros das margens. As hastes de salgueiros caíam a meus pés. Então, algo, talvez um movimento avistado de esguelha, talvez um apelo silencioso, obrigou-me a parar. Na última haste de pé havia um lindo e pequenino ninho, um cálice carinhosamente tecido de junco e raízes filiformes em torno de uma forquilha na árvore. Uma maravilha de construção.

Espiei e vi três ovos do tamanho de feijões-de-lima situados num círculo de agulhas de pinheiro. Quase destruíra aquele tesouro no afã de "aperfeiçoar" o *habitat*. Perto, a mãe, um rouxinol amarelo, esvoaçou nos arbustos, gritando alarmada. De tão rápida e obcecada com o que fazia, esqueci de olhar a meu redor. Esqueci que criar o lar que desejava para minhas filhas punha em risco a construção das casas de outras mães, cujas intenções em nada diferiam das minhas.

De novo, refleti que restaurar um *habitat*, independentemente das boas intenções, provoca vítimas. Nós nos julgamos árbitros do que é bom, quando nossos padrões de bondade, muitas vezes, são baseados em interesses específicos, simplesmente no que desejamos num momento. Recoloquei a vegetação cortada perto do ninho, de forma mais semelhante possível ao esconderijo protetor que eu destruíra. Sentei-me numa pedra, escondida do outro lado do lago, para verificar se o rouxinol voltaria. O que deve ter pensado ao ver que eu me aproximava e jogava lixo na casa que escolhera com tanto cuidado, ameaçando sua família? Há poderosas forças de destruição espalhadas pelo mundo, avançando inexoravelmente na direção das suas crianças e das minhas. A investida do progresso, apesar de bem-intencionada e de ter como objetivo o aperfeiçoamento do *habitat* da espécie humana, ameaça o ninho que escolhi para minhas filhas tanto quanto ameacei o ninho dos filhotes de rouxinol. Como se comporta uma boa mãe?

Continuei a retirar as algas e deixei o lodo assentar, e o resultado pareceu positivo. Contudo, uma semana depois, deparei-me com uma espuma verde. Fiz a associação com a limpeza da cozinha: a gente arruma tudo, enxuga as bancadas e, antes que perceba, há respingos de manteiga de amendoim e geleia por todo lado, e a gente tem de limpar tudo de novo. A vida se soma. É eutrófica. Mas eu podia imaginar um futuro no qual minha cozinha ficaria impecável. Eu teria uma cozinha oligotrófica. Sem as meninas para bagunçar, sentiria saudade das tigelas com restos de cereais, da cozinha eutrófica. Dos sinais de vida.

Arrastei meu trenó vermelho para o outro lado do lago e comecei a trabalhar na parte rasa. Imediatamente, meu ancinho travou e arrastei devagar a pesada carga de ervas daninhas para a superfície. Esse tapete tem peso e textura diferentes das escorregadias camadas de *Cladophora* que eu vinha dragando. Coloco-o na grama para dar uma olhada mais minuciosa e espalho a película com os dedos até ela se esticar e mostrar algo parecido com uma fina malha de pesca, com uma rede de arrasto verde suspensa na água — *Hydrodictyon*.

Estico-a entre os dedos e ela reluz, quase sem peso, uma vez drenada a água. Tão organizada quanto uma colmeia, a *Hydrodictyon* é uma surpresa geométrica no viveiro aparentemente aleatório de um lago turvo. Paira sobre a água uma colônia de minúsculas redes fundidas entre si.

No microscópio, o tecido da *Hydrodictyon* é feito de seis hexágonos, uma malha de células verdes unidas que circundam os buracos da rede. A rápida multiplicação se deve ao recurso da reprodução clonal. Dentro de cada uma das células da rede, células-filhas nascem e se organizam em hexágonos, réplicas perfeitas da rede-mãe. De modo a dispersar suas filhas, a célula-mãe deve se desintegrar, liberando as células-filhas na água. Os hexágonos recém-nascidos flutuam e se fundem com outros, formando novas conexões e tecendo uma nova rede.

Procuro a extensão de *Hydrodictyon* visível logo abaixo da superfície. Imagino a liberação de novas células, as filhas saindo sozinhas. O que faz uma boa mãe, uma vez encerrado o ciclo da maternidade? De pé dentro da água, meus olhos marejados derramam lágrimas salgadas na água doce aos meus pés. Por sorte, minhas filhas não são clones da mãe nem preciso me desintegrar para deixá-las livres, mas me pergunto como o tecido se recupera quando a liberação das filhas abre um buraco. Será que cicatriza rápido, ou o espaço vazio permanece? E como as células-filhas fazem novas conexões? Como o tecido é reconstruído?

O *Hydrodictyon* é um lugar seguro, um viveiro para peixes e insetos, um abrigo contra predadores, uma rede de segurança para os pequenos seres do lago. *Hydrodictyon* — palavra em latim para "rede de água". Que coisa curiosa! Uma rede de pesca pega peixes e uma rede de insetos pega insetos, mas uma rede de água não pega nada, exceto o que não pode ser mantido. Ser mãe é isso, uma rede de fios vivos que, com todo o afeto, cerca o que não pode ser mantido, o que um dia acabará seguindo seu próprio caminho. Naquele momento, entretanto, minha função é reverter a sucessão, retroceder no tempo para tornar essas águas limpas para minhas filhas nadarem. Então, enxugo os olhos e, com todo o respeito pelas lições da *Hydrodictyon*, puxo-a com o ancinho para a margem.

Quando minha irmã veio me visitar, seus filhos, criados nas colinas secas da Califórnia, se apaixonaram pela água. Mergulhavam em busca de rãs e espirravam água com toda a naturalidade, enquanto eu me empenhava em livrar o lago das algas. Meu cunhado gritou da sombra: "Ei, quem é a maior criança aí?" Não posso negar — nunca abandonei minha vontade de brincar na lama. Mas brincar não é a maneira de nos prepararmos para o trabalho no mundo? Minha irmã defendeu minha tarefa de limpar o lago, lembrando ser uma brincadeira sagrada.

Para o povo Potawatomi, as mulheres são as Guardiãs da Água. Cabe a nós a tarefa de levar a água sagrada para as cerimônias e agir em seu nome. "As mulheres têm uma ligação natural com a água, por serem mensageiras da vida", disse minha irmã. "Carregamos nossos bebês em lagos internos e eles entram no mundo numa onda de água. É nossa responsabilidade salvaguardar a água em todas as nossas relações." Ser boa mãe inclui o cuidado com a água.


Nas manhãs de sábado e nas tardes de domingo, ano após ano, eu mergulhei na solidão do lago e trabalhei. Tentei a carpa-capim e a palha de cevada, porém cada nova mudança provocava nova reação. O trabalho nunca era concluído, apenas mudava de uma tarefa para outra. O que estou procurando, suponho, é o equilíbrio, que é um alvo sempre em movimento. O equilíbrio não é um lugar de repouso passivo — requer trabalho, o equilíbrio entre o dar e o receber, entre a remoção com ancinho e a incorporação.

Patinar no inverno, bisbilhotar na primavera, tomar banho de sol no verão e acender fogueiras no outono. O lago se tornou outro cômodo da casa, limpo ou não. Plantei *wiingaashk* na orla. As meninas e as amigas acendiam fogueiras na superfície plana do prado à beira do lago, organizavam festas do pijama ali fora e, durante o verão, faziam refeições na mesa de piquenique e passavam tardes demoradas pegando sol, se apoiando no cotovelo quando as revoadas das asas das garças agitavam o ar.

Impossível calcular quantas horas passei ali. Quase sem perceber, as horas se estenderam e viraram anos. O cachorro costumava me fazer companhia, subia a colina atrás de mim e, enquanto eu trabalhava, corria para lá e para cá. À medida que o lago foi ficando mais limpo, ele foi ficando mais fraco, mas ainda me acompanhava, dormia ao sol e bebia na borda. Nós o enterramos ali perto. O lago fortaleceu meus músculos, teceu minhas cestas, adubou meu jardim, fez meu chá e proveu treliças para minhas ipomeias. Nossa vida foi se entrelaçando, tanto em termos materiais quanto espirituais. Era uma troca equilibrada: eu trabalhava no lago e o lago trabalhava em mim, e juntos construímos um lar agradável.

Num sábado de primavera, enquanto retirava as algas munida do ancinho, acontecia uma manifestação na cidade em apoio à limpeza do lago Onondaga, em cujas margens fica nossa cidade. O lago é considerado sagrado pela Nação Onondaga, o povo que pescava e se reunia em suas margens havia milênios. Aqui foi fundada a importante Confederação Haudenosaunee, ou Iroquesa.

Hoje, o lago Onondaga tem a dúbia reputação de ser um dos lagos mais poluídos do país. O problema desse lago não é ter muita vida, mas muito pouca vida. Enquanto eu suspendo outro ancinho pesado, cheio de lodo, também sinto o peso da responsabilidade. Em uma vida curta, onde reside a responsabilidade? Passei incontáveis horas melhorando a qualidade da água do meu lago de menos de meio hectare. Fico aqui retirando algas para que minhas filhas possam nadar na água clara, enquanto permaneço em silêncio quanto à limpeza do Onondaga, onde ninguém pode nadar.

Ser boa mãe significa ensinar os filhos a cuidar do mundo, então, mostrei às meninas como plantar hortas, como podar macieiras. A macieira se debruça sobre a água e forma um caramanchão que propicia sombra. Na primavera, botões cor-de-rosa e brancos flutuam à deriva, espalham plumas de fragrância que pairam sobre a colina e derramam chuvas de pétalas na água. Faz anos observo as estações do ano, desde os brotos cor-de-rosa, espumosos, aos ovários gentilmente tumefatos, quando as pétalas caem, das bolinhas verdes azedas de frutos adolescentes à maturação de maçãs deliciosas em setembro. Aquela árvore tem sido boa mãe. Praticamente todos os anos, nos nutre com uma abundante produção de maçãs, congrega a energia do mundo em si e, em seguida, a passa adiante. Ela despacha seus frutos para o mundo, bem providos para a jornada, embrulhados em doçura para compartilhar com o mundo.

Também minhas filhas cresceram fortes e lindas aqui, enraizadas como os salgueiros-chorões e capazes de alçar voos como suas sementes carregadas pelo vento. E agora, doze anos depois, o lago está quase limpo, caso não se importem com as ervas daninhas fazendo cócegas nas pernas. Minha filha mais velha foi para a universidade bem antes de o lago ficar limpo. Recrutei a caçula para me ajudar a carregar cestos de cascalho-ervilha a fim de arquitetar uma praia. Tendo me tornado íntima do lodo e dos girinos, não me importo com o ocasional fio verde que se enrosca em meu braço, mas a praia forma uma pequena rampa que me possibilita entrar e mergulhar na piscina funda e clara no meio sem levantar uma nuvem de sujeira. Nos dias de calor, é uma delícia mergulhar na água gelada da primavera e observar os girinos fugirem. Ao emergir arrepiada, preciso desgrudar pedaços de alga da pele molhada. As meninas dão um mergulho rápido para me agradar, mas, para dizer a verdade, não tive tanto êxito em reverter o tempo.

Estamos no Dia do Trabalhador, o último dia das férias de verão. Um dia inteiro para desfrutar do sol suave. Este é meu último verão com uma filha em casa. As maçãs douradas, de uma árvore cujos galhos pendem acima do lago, estatelam-se na água. Na superfície escura do lago, são globos de luz dançando e girando, que me hipnotizam. A brisa a soprar na colina põe a água em movimento. Numa corrente circular de oeste para leste e vice-versa, o vento agita o lago tão delicadamente que seria impossível perceber se não fossem as frutas. As maçãs passeiam pela corrente, uma procissão de jangadas amarelas em fila, ao longo da margem. Movem-se depressa, afastando-se da macieira e seguindo a curva abaixo dos olmos. À medida que o vento as transporta para longe, outras caem da árvore, de modo que toda a superfície do lago imprime arcos dourados em movimento, tal uma procissão de velas amarelas numa noite escura. Elas rodopiam sem cessar, num giro cada vez mais ampliado.

Paula Gunn Allen, em seu livro *Grandmothers of the Light*, escreve a respeito da alteração dos papéis das mulheres à medida que transpõem as fases da vida em forma de espiral, como as faces variáveis da lua. Começamos nossa vida, segundo ela, trilhando o Caminho da Filha. É época de aprender, de reunir experiências amparadas por nossos pais. Em seguida, nos movemos para a autonomia, quando a tarefa exigida é aprender quem somos no mundo. E assim nos aproximamos do Caminho da Mãe. Essa, explica Paula Gunn, é uma fase em que "o conhecimento espiritual e os valores são convocados a servir aos filhos". A vida se desdobra numa crescente espiral, quando as crianças iniciam seus próprios caminhos e às mães, plenas de conhecimento e experiência, cabem novas tarefas. Paula nos conta que, nessa fase, nossas forças abrangem um círculo mais amplo do que o de nossos filhos — abrangem o bem-estar da comunidade. A rede vai se estendendo mais e mais. O círculo dá outra volta e as avós percorrem o Caminho da Mestra, transformando-se em modelos a serem seguidos pelas mulheres mais jovens. Na plenitude da idade, nos lembra Allen, nosso trabalho ainda não chegou ao fim. A espiral se amplia mais e mais, de modo que a esfera das mulheres sábias se situe além de si mesmas, além da família, além da comunidade humana, abraçando o planeta, sendo mães da Terra.

Então, meus netos nadarão nesse lago e em outros que os anos trarão. O círculo de zelo aumenta e o cuidado com meu laguinho transborda para cuidar de outras águas. O escoadouro de meu lago desce colina abaixo para o lago do meu simpático vizinho. Tudo o que faço aqui tem importância. Todo mundo participa da cadeia. Meu lago deságua no riacho, na enseada, num lago maior e indispensável. A rede de água conecta todos nós. Derramei lágrimas nesse fluxo quando pensei no fim da maternidade. Mas o lago me mostrou que a tarefa de ser uma boa mãe não se conclui com a construção de uma casa na qual apenas minhas filhas possam florescer. A boa mãe cresce e se torna uma generosa senhora eutrófica, ciente de que seu trabalho não termina até edificar uma casa em que todos os seres vivos possam florescer. Há netos a nutrir, bem como filhotes de rãs, de passarinhos, de gansos, de plantas e esporos, e ainda continuo querendo ser uma boa mãe.

# O consolo dos nenúfares

Sem que eu me desse conta, e muito antes de o lago ficar em condições salubres para o nado, minhas filhas saíram de casa. Linden escolheu deixar o laguinho e colocar o pé no oceano, na College of the Redwoods, longe de casa. Fui visitá-la naquele primeiro semestre e passamos uma tarde de domingo à toa, admirando as pedras de ágata na praia no Patrick's Point.

Caminhando à beira-mar, avistei um seixo verde e liso, entremeado com cornalina, igualzinho a outro avistado uns passos antes. Voltei em busca do objeto. Reuni as duas pedras e deixei-as lado a lado para que secassem ao sol, até a maré retornar e as afastar, deixando as extremidades cada vez mais lisas e seu corpo cada vez menor. Visualizei a praia inteira como uma galeria de lindas pedras separadas umas das outras e da beira do mar. Para Linden, a concepção de praia era diferente. Ela também combinava as pedras, mas seu método consistia em colocar o basalto cinza com o preto, o cor-de-rosa ao lado de um elegante verde oval. Seu olhar encontrava novos pares, o meu reunia os antigos.

Sabia que isso aconteceria desde a primeira vez que a peguei no colo — a partir daquele instante, todo o seu crescimento seria distante de mim. É a injustiça fundamental imputada tanto à maternidade quanto à paternidade: caso realizemos bem nossa incumbência, o vínculo mais profundo que nos é ofertado sairá porta afora com um aceno. Somos bem-treinados ao longo do caminho. Aprendemos a dizer "Divirta-se, querida", quando nossa vontade é trazê-la de volta à segurança. E, contra todos esses imperativos evolutivos de proteger nossa reserva genética, lhe entregamos a chave do carro. E lhe damos liberdade. Essa é nossa função. E eu queria ser uma boa mãe.

Estava feliz por ela ter alcançado uma nova aventura, claro, mas triste por mim, pois teria de aguentar a agonia de morrer de saudade dela. As amigas que já haviam enfrentado esse rito de passagem me aconselharam a lembrar de como era ter a casa cheia de crianças; assim, eu não sentiria um pingo de falta delas. Ficaria feliz por me ver livre das noites de preocupação, em consequência das estradas cobertas de neve, à espera do som dos pneus na entrada, exatamente um minuto antes do horário estipulado para chegarem em casa; por me ver livre dos afazeres feitos pela metade e da geladeira misteriosamente vazia.

Certos dias, eu acordava de manhã e os animais já me esperavam na cozinha. O gato malhado miava no pórtico: *Me dá comida!* O peludo parava perto da tigela, em silêncio, com olhar acusatório. A cadela se atirava em minhas pernas, demonstrando felicidade e ansiedade. *Me dá comida!* E eu dava. Despejava punhados de cereais e mirtilos numa tigela, enquanto preparava chocolate quente em outra. As meninas desciam com olhos sonolentos, precisando daquele dever de casa da noite anterior. *Me dá comida!*, pediam. E eu dava. Eu despejava as sobras dentro da composteira para quando, no verão seguinte, as mudas de tomate pedissem *Me dá comida!* eu tivesse o que lhes oferecer. E quando, na soleira da porta, dava um beijo de despedida nas meninas ao tomarem o caminho da escola, os cavalos relinchavam junto à cerca pedindo o balde de grãos e os chapins chamavam de suas bandejas sem alpiste: *Me dá comida! Me dá comida!* A samambaia no parapeito da janela inclina as folhas numa solicitação silenciosa. Quando coloco a chave na ignição do carro, ele começa a apitar: *me enche*. E é o que faço. Ouço a estação de rádio pública durante todo o percurso até a escola e agradeço a Deus por não ser a semana de campanha de arrecadação.

Lembro-me de minhas bebês no peito, da *primeira* mamada, da demorada e profunda sucção que extraiu o alimento de meu poço mais recôndito, sempre se enchendo, do olhar entre nós, da reciprocidade entre mãe e filha. Suponho que eu deveria ser grata por me ver livre de toda essa obrigação de alimentar, da preocupação, mas sentirei falta. Não da roupa suja, talvez, mas é difícil se despedir do imediatismo desses olhares, da presença de nosso amor recíproco.

Compreendi que parte da minha tristeza, depois da partida de Linden, se originava do fato de eu não saber quem seria quando deixasse de ser "a mãe da Linden". Mas essa crise, em parte, foi adiada, pois também sou igualmente famosa por ser "a mãe da Larkin". Isso também, contudo, um dia acabaria.

Antes da saída de minha caçula, Larkin, nós duas acendemos uma última fogueira no lago e contemplamos o surgimento das estrelas. "Obrigada", sussurrou, "por tudo isso". Na manhã seguinte, o carro já estava apinhado de material escolar e acessórios para o dormitório. A colcha que eu fizera para ela, antes de seu nascimento, despontava em um dos grandes sacos de plástico com itens essenciais. Quando tudo de que precisava estava dentro do porta-malas, ela me ajudou, então, a prender minhas coisas no teto.

Depois de termos descarregado tudo, decorado o quarto do dormitório e saído para almoçar, como se nada de mais estivesse acontecendo, soube que já se aproximava a hora de minha partida. Meu trabalho tinha sido concluído e o dela apenas começava.

Vi meninas dispensarem os pais com um estalar de dedos, mas Larkin foi comigo até o estacionamento, onde rebanhos de minivans ainda expeliam as cargas. Sob o olhar deliberadamente risonho de pais e mães de aparência tensa, nos abraçamos de novo, e nós duas sorrimos por entre as lágrimas que ambas julgamos já serem suficientes. Ao abrir a porta do carro, ela começou a se afastar e gritou: "Mãe, se não conseguir conter os soluços descontrolados na estrada, por favor, pare no acostamento!" O estacionamento inteirinho caiu na gargalhada e fomos todos invadidos pelo alívio.

Não precisei de lencinhos de papel nem do acostamento. Afinal, não estava indo para casa. Podia deixar minha filha na universidade, mas não queria voltar para o ninho vazio. Os cavalos também tinham ido embora e o velho cachorro da família falecera naquela primavera. Não haveria comitê de boas-vindas.

Eu tinha planejado o momento, munida do meu sistema especial de contenção de sofrimento preso no teto do carro. Por passar todo fim de semana em reuniões de atletismo ou como anfitriã de festas do pijama, raras vezes me sobrava tempo para remar sozinha. Agora, em vez de lamentar minha perda, celebraria minha liberdade. Já ouviram falar daqueles carros esportivos vermelhos reluzentes, típicos de quem está passando pela crise de meia-idade?

Pois bem, o meu estava preso no capô do carro. Dirigi até o lago Labrador e coloquei meu caiaque vermelho novinho em folha na água.

Só de me lembrar do som da primeira onda já revivo aquele dia. A tarde de finalzinho do verão, o sol dourado e o céu lápis-lazúli entre as colinas, ao redor do lago. Pássaros-pretos-das-asas-vermelhas gorjeavam nas tabuas-largas. O vento não soprava, não perturbava o lago cristalino.

As águas claras cintilavam à minha frente, mas, primeiro eu precisava atravessar as margens pantanosas, os leitos espessos de aguapés e nenúfares-brancos. Os compridos pecíolos das boleiras-amarelas se erguiam a quase dois metros do fundo lodoso até a superfície. Enroscaram-se no remo como se tentassem me impedir de seguir adiante. Afastando as ervas daninhas presas no casco, podia enxergar o interior de suas hastes partidas. Estavam repletas de células brancas esponjosas, cheias de ar, como uma medula de celulose, que nós, botânicos, chamamos de aerênquimas. Essas células de ar só existem nas plantas aquáticas e fornecem sustentação às folhas, como um bote salva-vidas. Embora essa característica dificulte a travessia de um lago, ela serve a um propósito maior.

As folhas das ninfeias obtêm luz e ar na superfície, mas estão presas ao fundo do lago por um rizoma vivo, da grossura de um punho e do comprimento de um braço. O rizoma vive nas profundezas anaeróbicas do lago, porém, morreria sem oxigênio. Então, o aerênquima forma uma cadeia de células complexas repletas de ar, um duto entre a superfície e as profundezas, para que o oxigênio possa, aos poucos, se propagar até o rizoma enterrado. Se eu afastasse as folhas, poderia vê-lo repousando no fundo.

Atolada nas ervas, permaneci um tempo cercada por brasênias, lírios--d'água perfumados, juncos, callas selvagens e das excêntricas flores conhecidas por diversos nomes, tais como gólfão-amarelo, nenúfar-amarelo, *Nuphar lutea*, boleira-amarela e, ainda, *bottlebrandy* [garrafa de conhaque]. O último, raras vezes mencionado, talvez seja o mais apropriado, pois as flores amarelas, despontando da água escura, exalam um doce perfume de álcool. Ao sentir o aroma, me arrependo de não ter trazido uma garrafa de vinho.

Tão logo os vistosos gólfãos-amarelos atingem o objetivo de atrair os polinizadores, curvam-se abaixo da superfície, onde permanecem várias semanas, de repente, reclusos, enquanto os ovários se dilatam. Quando as sementes amadurecem, os caules retomam a posição ereta e erguem a flor acima da superfície — um curioso botão em formato de frasco com a tampa de cor viva, parecido com seu apelido, uma garrafa de conhaque em miniatura, do tamanho aproximado de um copo para uma dose. Nunca tive o prazer de testemunhar, mas me disseram que as sementes esguicham de maneira extraordinária do lago para a superfície, daí um de seus outros nomes, *spatterdock* [borrifo no cais]. A minha volta, havia nenúfares em todos os estágios de crescimento, a ascender e mergulhar e reemergir, uma paisagem aquática em constante mudança, difícil de atravessar. Dediquei-me à tarefa, movendo meu barco vermelho em meio ao verde.

Remei com força e diligência rumo à parte mais funda, afastando-me do peso da vegetação que me impedia, e, por fim, atingi meu objetivo. Depois de exaurir meus ombros para que ficassem tão vazios quanto meu coração, permaneci na água, fechei os olhos e, à deriva, permiti que a tristeza me invadisse.

Talvez uma suave brisa tenha soprado, quem sabe uma corrente escondida, ou a Terra, girando em seu eixo e agitando o lago? Por advento de qualquer que tenha sido a mão invisível, meu barquinho começou a se mover devagar, como um berço na água. Abraçada pelas colinas e ninada pela água, com o toque da brisa acariciando meu rosto, entreguei-me espontaneamente ao consolo ofertado.

Não sei por quanto tempo flutuei, mas meu barquinho vermelho deslizou por toda a extensão do lago. Os suspiros despertados em torno do casco me tiraram do devaneio, e a primeira coisa que vi ao abrir os olhos foram as folhas verdes lustrosas dos nenúfares-brancos e os nenúfares-amarelos sorrindo de novo para mim, com as raízes fincadas nas trevas e flutuando na luz. Descobri-me cercada por corações na água. Aqueles lírios pareciam pulsar com a luz, corações verdes luminosos batendo no mesmo ritmo do meu. Havia folhas novas em formato de coração embaixo d'água, ascendendo, e folhas antigas na superfície, algumas com as bordas despedaçadas pelo vento do verão, pelas ondulações da água e, sem dúvida, por remos de caiaques.

Os cientistas costumavam acreditar que o movimento de oxigênio das folhas da superfície dos nenúfares ao rizoma não passava de um lento processo de difusão, um insuficiente deslocamento de moléculas de uma área de alta concentração no ar até a baixa concentração sob a água. Mas novas pesquisas revelaram um fluxo que podíamos conhecer por intuição, caso nos lembrássemos dos ensinamentos das plantas.

As folhas novas levam o oxigênio aos espaços de ar hermeticamente fechados de seus brotos e desenvolvem tecidos, cuja densidade cria o gradiente de pressão. As folhas mais antigas, com espaços de ar mais frouxos, originados pelos rasgões e lacerações que abrem a folha, criam uma área de baixa pressão pela qual o oxigênio pode ser liberado na atmosfera. Esse gradiente de pressão exerce uma tração no ar absorvido pela folha nova. Por serem conectadas por redes capilares cheias de ar, o oxigênio se move por um fluxo de massa das folhas novas para as velhas, atravessando e, no processo, oxigenando o rizoma. As folhas jovens e as velhas estão conectadas por uma longa respiração, uma inalação que exorta as plantas à exalação recíproca, nutrindo a raiz comum da qual ambas crescem. Da folha nova para a velha, da velha para a nova, da mãe para a filha — a mutualidade perdura. Sinto-me consolada pela lição dos nenúfares.

Remei com mais facilidade de volta à margem. Ao guardar o caiaque ao entardecer, fiquei ensopada com a água do lago escorrendo pela minha cabeça. Ri da tola ilusão de possuir um sistema de contenção de sofrimento: isso não existe. Nós nos derramamos sobre o mundo e o mundo se derrama sobre nós.

A Terra, a melhor de todas as mães, nos oferece as dádivas que não somos capazes de prover. Não tinha me dado conta de ter ido ao lago e pedido *Me dá comida!*, mas meu coração vazio tinha sido alimentado. Eu tinha uma boa mãe. Ela dá o que precisamos sem nem sequer pedirmos. Fico pensando se ela se cansa, nossa velha Mãe Natureza. Ou se ela também é alimentada ao dar. "Obrigada", sussurrei, "por tudo isso".

Já era quase noite quando cheguei em casa, mas meu plano incluíra deixar a lâmpada do pórtico ligada. Afinal, uma casa no escuro teria sido muito deprimente. Levei meu colete salva-vidas para o pórtico e peguei as chaves da casa. Só então avistei uma pilha de presentes, todos lindamente envoltos em papel de seda colorido, como se tivessem brincado de pinhata minha entrada. Na soleira, uma garrafa de vinho com uma taça. Haviam organizado uma festa de despedida no pórtico, à qual Larkin não comparecera. "Ela é uma garota de sorte", pensei, "coberta por todo esse amor".

Tentei achar etiquetas ou um cartão nos presentes, mas nada denunciava quem fizera a entrega. Como o embrulho era feito unicamente de papel de seda, busquei uma pista. Estiquei o papel roxo de um dos presentes para ler a etiqueta embaixo. Era um vidro de Vick VapoRub! Um bilhetinho escorregou do papel de seda amassado: "Reconforte-se." Reconheci de imediato a letra de minha prima, que de tão querida a considero minha irmã, cuja casa fica a horas de distância. Minha fada madrinha tinha deixado dezoito bilhetes e presentes, um para cada ano de vida de Larkin. Uma bússola: "Para encontrar seu novo caminho." Um pacote de salmão defumado: "Porque eles sempre voltam para casa." Canetas: "Comemore o fato de ter tempo para escrever."

Todos os dias somos cobertos de presentes, mas não devemos guardá-los. Sua vida reside em seu movimento, no inspirar e expirar de nossa respiração compartilhada. Nossa missão e nossa alegria consistem em repassar os presentes e confiar que tudo que oferecemos ao universo sempre retornará.

# Discurso de Gratidão

Não faz muito tempo, meu ritual matinal consistia em me levantar antes do amanhecer e começar a preparar o café e os cereais antes de acordar as meninas. Então, pedia que fossem alimentar os cavalos antes de saírem para a escola. Só aí eu arrumava os lanches, encontrava os deveres de casa perdidos e beijava as bochechas rosadas quando ouvia o ônibus escolar sacolejando colina acima. Tudo isso antes de encher as cumbucas dos gatos e do cachorro, encontrar uma roupa apresentável para vestir e revisar a aula daquela manhã enquanto dirigia. *Reflexão* não era uma palavra que constava no meu dicionário mental naqueles dias.

Às quintas-feiras, contudo, eu não tinha aula de manhã e podia relaxar um pouquinho. Então, ia até o pasto no topo da colina para começar o dia de um jeito decente, ou seja, ouvindo o canto dos pássaros com os sapatos encharcados de orvalho e as nuvens ainda rosadas do alvorecer pairando sobre o celeiro, um adiantamento para quitar meu débito de gratidão. Certa quinta-feira, fui distraída dos tordos e das folhas novas por uma ligação que eu havia recebido na noite anterior, da professora da minha filha, que estava na sexta série. Ao que tudo indicava, ela começara a se recusar a ficar de pé na sala de aula para o juramento à bandeira. A professora me garantiu que ela não era uma aluna bagunceira nem se comportava mal, que apenas ficava quieta, sentada, e não participava do juramento. Uns dois dias depois, os demais alunos começaram a fazer o mesmo, motivo pelo qual a professora estava telefonando, "porque achava que você iria querer saber".

Lembro-me de como meu dia também começava com esse ritual, desde o jardim de infância até o ensino médio. Como se fosse o bater da batuta do maestro, desviava nossa atenção da algazarra no ônibus escolar e dos empurrões no pátio da entrada. Puxávamos nossas carteiras e guardávamos nossas lancheiras, quando o alto-falante nos agarrava pela gola. Ficávamos de pé ao lado das carteiras, de frente para a bandeira pendurada ao lado do quadro, tão onipresente quanto o cheiro de cola e da cera do piso.

Com a mão pousada no coração, recitávamos o juramento à bandeira. O juramento me deixava perplexa — e posso apostar que à maioria dos alunos também. Não fazia ideia do que era uma república, nem tinha muita certeza do que era Deus. E não era preciso ser uma indígena de oito anos de idade para saber que "liberdade e justiça para todos" era uma premissa questionável.

Mas durante as reuniões na escola, quando trezentas vozes se uniam, todas em ritmo compassado, da enfermeira grisalha às crianças da creche, eu tinha a sensação de fazer parte de um grupo. Era como se, por uns instantes, a mente de todas as pessoas fosse uma. Eu podia imaginar, então, que se todos nós falássemos dessa ilusória justiça, talvez ela ficasse a nosso alcance.

No entanto, olhando para essas coisas hoje em dia, a ideia de pedir aos alunos que jurem lealdade a um sistema político parece-me curioso ao extremo. Sobretudo quando sabemos muito bem que essa prática de declamação será abandonada por quase todos na idade adulta, quando tivermos alcançado, em teoria, a idade da razão. Ao que tudo indicava, minha filha atingira essa idade, e eu não estava disposta a interferir. "Mãe, não vou ficar de pé e mentir", explicou. "E não podemos falar de liberdade se a gente é forçada a repetir o juramento, certo?"

Ela conhecia rituais matinais diferentes: o avô servindo café ao solo e o meu ritual de ir até o topo da colina, e isso era o bastante para mim. A cerimônia ao alvorecer é nossa maneira Potawatomi de demonstrar nossa gratidão ao mundo, de reconhecer tudo que nos é dado e oferecer nosso mais sincero agradecimento em retribuição. Muitos povos originários, em todas as partes do mundo, apesar da miríade de diferenças culturais, têm isso em comum — nossas raízes estão fincadas em culturas de gratidão.

Nossa velha granja se situa dentro das terras natais ancestrais da Nação Onondaga, cuja reserva está localizada a poucos cumes, a oeste do topo de minha colina. Ali, assim como no meu lado do cume, os ônibus escolares deixam um bando de crianças que saem correndo, não importa quantas vezes ouçam os monitores do ônibus berrarem "Sem correr!". Mas, em Onondaga, a bandeira que tremula na parte externa da entrada é roxa e branca e representa o cinto de conchas de moluscos de Hiawatha, símbolo da Confederação Haudenosaunee. Com mochilas coloridas grandes demais para seus ombrinhos, as crianças adentram pelas portas pintadas com o tradicional roxo Haudenosaunee, ao som das palavras *Nya wenhah Ska: nonh*, uma saudação de saúde e paz. Crianças de cabelo escuro formam círculos ao redor do átrio, banhadas pelos raios de sol que iluminam os símbolos dos clãs, desenhados no piso de ardósia.

Aqui, a semana escolar começa e termina não com o juramento à bandeira, mas com o Discurso de Gratidão, um rio de palavras tão antigo quanto os povos, conhecido na língua Onondaga, de forma mais exata, como "As Palavras Ditas Antes de Tudo o Mais". Esse protocolo antigo de ordem estabelece a gratidão como prioridade. A gratidão é endereçada àqueles que compartilham suas dádivas com o mundo.

Todas as turmas se reúnem no átrio, e cada semana uma das séries é responsável pelo discurso. Juntas, numa língua mais antiga que o inglês, começam a declamação. Sabemos que o povo foi instruído a se erguer e oferecer essas palavras sempre que se reúne, não importa se são muitos ou poucos, antes de qualquer outra atividade. Nesse ritual, seus professores lembram todos os dias: "Começando onde nossos pés tocaram pela primeira vez a terra, enviamos nossas saudações e nossos agradecimentos a todos os membros do mundo natural."

Hoje é a vez dos alunos da terceira série. São apenas onze alunos. Esforçam-se para começar juntos, dão risinhos nervosos e cutucam os que só ficam olhando para o chão. Com o rostinho concentrado, olham a professora em busca de dicas quando tropeçam nos vocábulos. Na própria língua, dizem as palavras ouvidas quase todos os dias da vida deles.

*Hoje nos reunimos, e quando olhamos os rostos ao redor, vemos a continuação dos ciclos da vida. Foi nos dado o dever de viver com equilíbrio e harmonia entre cada um de nós e entre todos os seres vivos. Então, vamos unir nossa mente enquanto saudamos e agradecemos uns aos outros como povo. Agora nossa mente é uma só.*★

---

★ As palavras do "Discurso de Gratidão" variam conforme o orador. Este texto é a versão consagrada de John Stokes e Kanawahientun, 1993.

Faz-se uma pausa e as crianças murmuram sua aprovação.

*Agradecemos a nossa Mãe, a Natureza, pois ela nos oferece tudo de que precisamos para viver. Ela dá apoio a nossos pés quando andamos sobre ela. Ela nos alegra por ainda continuar a cuidar de nós, como cuida desde o início dos tempos. A nossa Mãe, apresentamos nosso agradecimento, amor e respeito. Agora nossa mente é uma só.*

As crianças ouvem quietinhas, o que é surpreendente. Fica evidente terem sido criadas na comunidade indígena.

Aqui o juramento à bandeira não faz sentido. Onondaga é um território soberano, cercado pela *República que nos representa*, fora da jurisdição dos Estados Unidos da América. Iniciar todos os dias com o Discurso de Gratidão é uma afirmação de identidade e um exercício de soberania, tanto político quanto cultural. E muitas outras coisas mais.

Às vezes, o Discurso é considerado, erroneamente, uma oração, mas as crianças não estão com a cabeça curvada. Os anciãos em Onondaga ensinam que, pelo contrário, o Discurso é muito mais que um juramento, uma oração ou um poema.

Duas menininhas dão um passo à frente de braços dados e reiniciam:

*Agradecemos a todas as Águas do mundo por saciarem nossa sede, por prover força e nutrir a vida de todos os seres. Reconhecemos seu poder sob muitas formas — cachoeiras e chuva, névoas e córregos, rios e oceanos, neve e gelo. Somos gratas pelas Águas continuarem aqui e cumprirem sua responsabilidade para com o restante da Criação. Podemos concordar que a água é importante em nossa vida e unir nossa mente para apresentar nossas saudações e nossos agradecimentos às Águas. Agora nossa mente é uma só.*

Contaram-me que o Discurso de Gratidão não é apenas uma invocação de gratidão, mas um inventário material e científico do mundo natural. Outro nome do discurso é Saudações e Agradecimentos ao Mundo Natural. À medida que segue, cada elemento do ecossistema é mencionado junto com sua função. É uma aula de ciência originária.

*Voltamos nossos pensamentos a todos os Peixes. Eles foram instruídos a limpar e purificar a água. Também se oferecem a nós como alimento. Somos gratos por continuarem a cumprir seus deveres e apresentamos aos Peixes nossas saudações e nossos agradecimentos. Agora nossa mente é uma só.*

*Agora voltamos nossos pensamentos para os vastos campos da Flora. Até onde nossos olhos alcançam, as plantas crescem e produzem muitas maravilhas. Elas sustentam muitas formas de vida. Com nossa mente unida, agradecemos e esperamos ver a vida da Flora por muitas gerações no futuro. Agora nossa mente é uma só.*

*Quando olhamos a nosso redor, vemos que as Frutas Silvestres ainda estão aqui, nos fornecendo alimentos deliciosos. O líder das Frutas Silvestres é o Morango, o primeiro a amadurecer na primavera. Podemos concordar que somos gratos pelas Frutas Silvestres ainda continuarem conosco neste mundo e apresentamos nossos agradecimentos, amor e respeito às Frutas Silvestres. Agora nossa mente é uma só.*

Neste ponto, fico imaginando se há crianças que, como minha filha, se rebelam e se recusam a ficar de pé e agradecer à terra. Parece difícil discordar do sentimento de gratidão pelas frutas silvestres.

*Com uma só mente, honramos e agradecemos a todas as Plantas Alimentícias que colhemos no pomar, sobretudo às Três Irmãs, que alimentam o povo com tamanha abundância. Desde o início dos tempos, os grãos, os legumes, as favas e as frutas ajudaram o povo a sobreviver. Muitos outros seres vivos também delas retiram sua força. Reunimos em nossa mente todas as Plantas Alimentícias e apresentamos nossas saudações e nossos agradecimentos. Agora nossa mente é uma só.*

As crianças tomam nota de cada acréscimo e assentem, concordando. Sobretudo quando mencionam os alimentos. Um menininho usando camiseta da equipe Red Hawks de lacrosse dá um passo à frente para falar:

*Agora nós nos voltamos para as Ervas Medicinais do mundo. Desde o início foram instruídas a acabar com as doenças. Estão sempre à disposição e prontas para nos curar. Estamos muito felizes por elas ainda continuarem entre nós, e por essas poucas pessoas especiais que se lembram de usar as plantas para a cura. Com uma só mente, apresentamos nossos agradecimentos, amor e respeito às Medicinas e aos Guardiões das Medicinas. Agora nossa mente é uma só.*

*Ao nosso redor vemos as Árvores. A Terra tem muitas famílias de Árvores, cada uma com suas instruções e indicações. Algumas fornecem abrigo e sombra; outras, frutos e beleza, e muitas dádivas úteis. O Bordo é o líder das Árvores, porque reconhecemos sua dádiva de açúcar quando o povo mais precisava. Muitos povos do mundo reconhecem as Árvores como símbolo de paz e força. Com uma só mente, saudamos e agradecemos à Árvore da Vida. Agora nossa mente é uma só.*

O Discurso, por sua natureza de agradecimento a todos que nos sustentam, é *demorado*. Mas pode ser feito de forma abreviada ou em longos e amorosos detalhes. Na escola, é adaptada às habilidades de linguagem das crianças que recitam as saudações.

Parte de sua força, com certeza, repousa no tempo que leva para enviar saudações e agradecimentos a tantos. Os ouvintes retribuem a dádiva das palavras do orador com sua atenção e concentram a mente onde todas as mentes unidas se reúnem. Pode ser que fiquem passivos e apenas deixem as palavras e o tempo fluírem, mas cada chamado exige a resposta: "Agora nossa mente é uma só." É preciso se concentrar, se entregar à escuta. Exige esforço, sobretudo numa época em que nos acostumamos a clichês e à imediata gratificação.

Quando a versão mais extensa é enunciada em encontros de negócios com povos não indígenas ou com autoridades governamentais, a impaciência é evidente — sobretudo por parte dos advogados. Querem acabar logo com aquilo, os olhos disparam pela sala, tentando *desesperadamente* não olhar o relógio. Até meus alunos dizem gostar da oportunidade de compartilhar a experiência do Discurso de Gratidão. Contudo, sempre um, ou mais de um, comenta ter sido longo demais. Solidarizo-me com eles: "Pobrezinhos, que lástima termos tantos a quem agradecer."

*Unimos nossa mente para enviar nossas saudações e nossos agradecimentos a toda a maravilhosa Fauna do mundo, animais que caminham conosco. Eles têm muito a nos ensinar como pessoas. Somos gratos por continuarem a compartilhar a vida conosco e esperamos que sempre seja assim. Unamos nossa mente e apresentemos nossos agradecimentos aos Animais. Agora nossa mente é uma só.*

Imagine criar crianças numa cultura na qual a gratidão seja a prioridade. Freida Jacques trabalha na Escola da Nação Onondaga. É uma das Mães de

Clãs, que conecta a escola e a comunidade, e uma generosa professora. Ela me explica que o Discurso de Gratidão encarna a relação do povo Onondaga com o mundo. Cada elemento da Criação recebe um agradecimento próprio por atender às instruções dadas pelo Criador. "O discurso nos lembra todos os dias que temos o suficiente", diz. "Mais do que o suficiente. Tudo de que necessitamos para a vida já está aqui. Quando fazemos isso todos os dias, somos guiados para a perspectiva de contentamento e respeito por toda a Criação."

Impossível ouvir o Discurso de Gratidão sem se sentir afortunado. Embora expressar gratidão possa parecer ingenuidade, é uma ideia revolucionária. Numa sociedade de consumo, o contentamento é uma proposta radical. Reconhecer a abundância em vez da escassez abala uma economia pautada na criação de desejos insatisfeitos. A gratidão cultiva a ética da plenitude, enquanto a economia precisa do vazio. O Discurso de Gratidão nos lembra que já temos tudo de que necessitamos. A gratidão não nos manda fazer compras para obter satisfação — chega como presente e não como mercadoria, subvertendo as bases de toda a economia. Uma ótima medicina, tanto para a Terra quanto para as pessoas.

> *Unimos nossa mente e agradecemos a todos os Pássaros que se movem e voam acima de nossa cabeça. O Criador lhes deu o dom das maravilhosas canções. Todas as manhãs, os pássaros saúdam o dia e, com seu canto, nos lembram de aproveitar e valorizar a vida. A Águia foi escolhida como a líder e instruída a zelar pelo mundo. A todos os Pássaros, do menor ao maior, apresentamos nossas alegres saudações e nossos agradecimentos. Agora nossa mente é uma só.*

A oratória supera o modelo econômico; é uma aula cívica também. Freida enfatiza que ouvir diariamente o Discurso de Gratidão apresenta modelos de liderança para os jovens: o morango é o líder das frutas vermelhas; a águia, a líder dos pássaros. "O Discurso nos lembra que, em algum momento, muito será esperado deles. Ensina o que significa ser um bom líder: ter visão, ser generoso, sacrificar-se pelo povo. Como o bordo, líderes são os primeiros a oferecer suas dádivas." Isso lembra a toda a comunidade que a liderança está enraizada não no poder e na autoridade, mas no serviço e na sabedoria.

> *Somos todos gratos pelas forças que conhecemos como os Quatro Ventos. Ouvimos suas vozes em movimento quando refrescam e purificam o ar que respi-*

*ramos. Eles ajudam a trazer a mudança de estações. Vêm das quatro direções, nos transmitem mensagens e nos dão forças. Com uma única mente, enviamos nossas saudações e nossos agradecimentos aos Quatro Ventos. Agora nossa mente é uma só.*

Como Freida afirma: "O Discurso de Gratidão é um lembrete ao qual nunca prestamos atenção suficiente: os seres humanos não controlam o mundo, são submetidos às mesmas forças, como todos os outros seres vivos."

Para mim, o impacto cumulativo do juramento à bandeira, desde meus tempos de menina até a idade adulta, foi um cinismo e uma sensação de hipocrisia da nação — e não o orgulho que deveria inspirar. Quando compreendi as dádivas da Terra, passei a não entender como o "amor pelo país" podia suplantar o reconhecimento do país em si. O único juramento exigido é a uma bandeira. E onde ficam os juramentos um ao outro, à terra?

Como seria crescer em gratidão, conversar com o mundo natural como um membro da democracia das espécies, entoar o juramento à *inter*dependência? Nenhuma declaração de lealdade política é exigida, apenas a resposta para uma pergunta repetida: "Concordamos em agradecer por tudo que nos é dado?" No Discurso de Gratidão, fica evidente o respeito aos nossos irmãos mais-que-humanos, a todos os seres vivos, mas não a uma entidade política. O que acontece com o nacionalismo, com as fronteiras políticas, quando a lealdade repousa nos ventos e nas águas que desconhecem fronteiras, que não podem ser comprados ou vendidos?

*Agora nós nos voltamos para oeste, onde nossos avós, os Seres dos Trovões, vivem. Com vozes trovejantes e retumbantes, trazem consigo a água que renova a vida. Unimos nossa mente para apresentar saudações e agradecimentos a nossos avós, os Trovões.*

*Agora apresentamos nossas saudações e nossos agradecimentos a nosso irmão mais velho, o Sol. Todos os dias, sem jamais falhar, ele viaja pelo céu de leste a oeste, trazendo a luz de um novo dia. Ele é a fonte de todos os fogos da vida. Com uma única mente, apresentamos nossas saudações e nossos agradecimentos a nosso irmão, o Sol. Agora nossa mente é uma só.*

O povo Haudenosaunee era conhecido, ao longo de séculos, pela arte da negociação e pela habilidade política, graças às quais sobreviveram, mesmo com todas as adversidades. O Discurso de Gratidão serve de inúmeras maneiras às pessoas, inclusive à diplomacia. Quase todos conhecem a tensão que contrai nosso maxilar antes de uma conversa ou um encontro difícil que promete ser polêmico. Arrumamos a pilha de documentos mais de uma vez, enquanto os argumentos que preparamos ficam de prontidão na garganta, tais como soldados, prontos a serem mobilizados. Então, As Palavras Ditas Antes de Tudo o Mais começam a jorrar, e começamos a responder. Sim, claro, podemos concordar que somos gratos à Mãe Natureza. Sim, o mesmo sol brilha sobre todos. Sim, compartilhamos o respeito pelas árvores. Quando chega a hora de saudarmos a Avó Lua, os rostos tensos se suavizaram um pouco, banhados pela luz suave da memória. Pouco a pouco, a cadência começa a girar em turbilhão, pondo fim à discordância e corroendo as arestas das barreiras entre nós. Sim, podemos concordar que as águas ainda continuam aqui. Sim, podemos unir nossa mente em gratidão pelos ventos. Não surpreende que as decisões do povo Haudenosaunee sejam feitas em consenso, não pelo voto da maioria. Uma decisão só é tomada quando "nossa mente é uma só". Essas palavras são um brilhante preâmbulo político para qualquer negociação, uma solução eficaz para aplacar o fervor partidário. Imagine se as reuniões de nosso governo começassem com o Discurso de Gratidão. E se nossos líderes, antes de brigarem por suas diferenças, encontrassem primeiro um consenso?

> *Unimos nossa mente e agradecemos a nossa Avó mais idosa, a Lua, que ilumina o céu noturno. Ela é a líder das mulheres de todo o mundo, e governa o movimento das marés dos oceanos. Graças a sua mudança de face, calculamos o tempo, e é a Lua quem zela pela chegada das crianças aqui na Terra. Vamos unir nossos agradecimentos por nossa Avó Lua juntos numa pilha, camada sobre camada de gratidão, e então, alegres, arremessar essa pilha de agradecimentos bem alto no céu noturno, e sabemos que ela entenderá. Com uma só mente, apresentamos nossas saudações e nossos agradecimentos a nossa Avó, a Lua.*
> 
> *Agradecemos às Estrelas espalhadas pelo céu tais quais joias. Podemos vê-las à noite, ajudando a Lua a iluminar a escuridão e trazendo o orvalho aos jardins e a tudo que cresce. Quando viajamos à noite, elas nos guiam, mostrando o caminho de casa. Com nossa mente unida, apresentamos nossas saudações e nossos agradecimentos a todas as Estrelas. Agora nossa mente é uma só.*

A gratidão também nos faz imaginar como o mundo devia ser em sua origem. Podemos comparar a listagem de dádivas que nos foram concedidas com seu status atual. Todas as unidades do ecossistema ainda estão aqui e cumprem suas obrigações? A água ainda prové a vida? Todos os pássaros ainda são saudáveis? Quando não podemos mais ver as estrelas por causa da poluição da luz, o Discurso deveria nos despertar para nossa perda e nos estimular a promover ações restauradoras. Como as estrelas em si, as palavras podem nos guiar de volta para casa.

*Unimos nossa mente para saudar e agradecer aos iluminados Mestres que vieram em nosso auxílio ao longo de todas as eras. Quando nos esquecemos de como viver em harmonia, eles nos recordam as instruções recebidas para viver como pessoas. Com uma só mente, apresentamos nossas saudações e nossos agradecimentos a esses bondosos Mestres. Agora nossa mente é uma só.*

Embora haja uma nítida estrutura e progressão na oratória, o Discurso de Gratidão não costuma ser recitado literalmente ou do mesmo modo por diferentes oradores. Algumas versões são murmúrios baixos, mal discerníveis. Algumas chegam quase a parecer cantigas. Adoro ouvir o ancião Tom Porter prender o círculo de ouvintes na palma da mão. Ele ilumina cada rosto e, independentemente do tamanho do discurso, sempre queremos mais. Tommy diz: "Vamos empilhar nossos agradecimentos como um amontoado de flores numa manta. Cada um ficará numa ponta e vamos atirar as flores para o alto, na direção do céu. E assim nossos agradecimentos deverão ser tão férteis quanto as dádivas que o mundo derrama sobre nós." E então ficamos em pé, juntos, gratos sob a chuva de bênçãos.

*Agora voltamos nossos pensamentos para o Criador, ou o Grande Espírito, e apresentamos nossas saudações e nossos agradecimentos por todas as dádivas da Criação. Tudo de que precisamos para ter uma vida boa está aqui, na Mãe Natureza. Por todo o amor que ainda existe a nosso redor, unimos nossa mente e enviamos nossas mais preciosas palavras de saudação e agradecimento ao Criador. Agora nossa mente é uma só.*

As palavras são simples, mas graças à arte da concatenação tornam-se uma declaração de soberania, uma estrutura política, uma Declaração Universal dos Direitos Humanos, um modelo educacional, uma árvore genealógica e um inventário científico dos serviços ecossistêmicos. É um documento político, um contrato social, um jeito de ser — tudo em um único texto. E, acima de tudo, é o credo de uma cultura baseada na gratidão.

Culturas baseadas na gratidão também devem ser culturas de reciprocidade. Cada pessoa, humana ou não, está ligada a outra numa relação recíproca. Assim como todos os seres têm um dever para comigo, eu tenho um dever para com eles. Se um animal dá a vida para me alimentar, por minha vez eu me sinto obrigada a defender sua vida. Se recebo uma dádiva da água pura de um córrego, então sou responsável por retribuir a dádiva na mesma moeda. Parte integrante da educação da humanidade é conhecer esses deveres e aprender a desempenhá-los.

O Discurso de Gratidão nos lembra que deveres e dádivas são dois lados da mesma moeda. Às águias foi concedida a dádiva da visão aguçada, então é seu dever zelar por nós. À chuva cumpre o dever de cair, por lhe ter sido concedida a dádiva de manter a vida. Qual o dever da humanidade? Se dádivas e responsabilidades são uma coisa única, perguntar "Qual a nossa responsabilidade?" corresponde a perguntar "Qual a nossa dádiva?". Dizem que apenas os seres humanos são capazes de gratidão. Essa é uma de nossas dádivas.

É algo tão simples, mas todos conhecemos o poder da gratidão para estimular o ciclo de reciprocidade. Se minhas filhas saem correndo porta afora, com o lanche na mão, sem um "Obrigada, mamãe!", confesso que começo a sentir, mesmo um tiquinho que seja, ter desperdiçado meu tempo e energia. Mas quando recebo um abraço como demonstração de que sou valorizada, quero ficar acordada até tarde e assar biscoitos para a lancheira do dia seguinte. Sabemos que a valorização gera abundância. Por que não seria assim para a Mãe Natureza, que nos prepara lanches todos os dias?

Sendo vizinha dos Haudenosaunee, ouvi o Discurso de Gratidão em muitas versões, dito por muitas vozes diferentes, e elevo o coração para o discurso, como se erguesse meu rosto para a chuva. Contudo, não sou uma cidadã Iroquesa nem especialista dessa cultura, mas apenas vizinha e ouvinte respeitosa. Por temer ultrapassar as barreiras ao compartilhar o que me contaram, pedi permissão para escrever a respeito do Discurso e contar quanto isso influenciou meu pensamento. Não uma, mas diversas vezes, me foi dito que essas palavras são um dom dos Haudenosaunee para o mundo. Quando pedi autorização a Oren Lyons, Guardião da Fé Onondaga, ele abriu seu sorriso característico, levemente perplexo, e disse: "Claro que você deveria escrever a respeito. Esse conhecimento deve ser compartilhado, caso contrário como pode funcionar? Esperamos quinhentos anos para as pessoas ouvirem. Se compreendessem a gratidão naquela época, não estaríamos metidos nessa trapalhada."

Os Haudenosaunee publicaram o Discurso mundialmente. Traduzido em mais de quarenta idiomas, é ouvido em todas as partes do mundo. Por que não aqui nesta terra? Estou tentando imaginar como seria se as escolas mudassem seus hábitos e incluíssem algo parecido com o Discurso de Gratidão em sua rotina. Não é minha intenção desrespeitar os veteranos de cabelo branco da minha cidade, que se levantam e põem a mão sobre o coração, diante da visão da bandeira, e cujos olhos se enchem de lágrimas ao recitarem o juramento com a voz rouca. Também amo meu país e seus anseios de liberdade e justiça. Mas os limites do que honro ultrapassam os da República. Vamos jurar reciprocidade para com o mundo vivo. O Discurso de Gratidão descreve nossa mútua fidelidade, como delegados humanos, à democracia das espécies. Se o que desejamos para nosso povo é patriotismo, então deixem que inspiremos o amor verdadeiro pelo país invocando a terra em si. Se desejamos educar grandes líderes, permitam que lembremos a nossos filhos o papel da águia e do bordo. Se desejamos criar cidadãos decentes, então nos deixem ensinar a reciprocidade. Se o que aspiramos é à justiça para todos, então permitam que haja justiça para toda a Criação.

*Agora chegamos ao lugar onde nossas palavras terminam. De todas as coisas que citamos, não é nossa intenção deixar nada de fora. Se algo foi esquecido, deixamos a cada indivíduo, cada um à própria maneira, apresentar as saudações e os agradecimentos. E agora nossa mente é uma só.*

Todo dia, as pessoas agradecem à Terra com essas palavras. No silêncio que se instala ao final dessas palavras, eu escuto, ansiando pelo dia em que possamos ouvir a terra retribuir os agradecimentos.

# Colher a erva ancestral

A *wiingaashk* é colhida no solstício do verão, quando as folhas estão compridas e reluzentes. As lâminas são retiradas uma a uma e colocadas para secar à sombra a fim de preservar a cor. Sempre que a recebemos, retribuímos com outro presente.

# Epifania das favas

*Enquanto eu colhia favas, descobri o segredo da felicidade.*

Eu procurava entre as trepadeiras que cercam minhas tendas de feijão-
-de-vagem, erguendo as folhas verde-escuras em busca de punhados
de cápsulas compridas e verdes, firmes e cobertas com uma delicada
e fina penugem. Afastei-as de onde pendiam em duplas esguias, mordi uma e
só senti o sabor do mês de agosto, destilado em um sabor puro e crocante. A
abundância desse verão está destinada ao *freezer*, de onde emergirá de novo no
meio do inverno, quando na atmosfera reinar apenas o gosto de neve. Quando
terminei a colheita, em apenas uma treliça, minha cesta estava cheia.

Para esvaziá-la na cozinha, caminhei entre abundantes plantações de abobrinha e rodeei os tomateiros vergados sob o peso dos frutos. Esparramam-se
aos pés dos girassóis, cujas flores se curvam por conta do peso das sementes
que amadurecem. Levantando a cesta por cima da fileira de batatas, notei um
sulco que revelava um nicho de batata asterix, que as meninas haviam esquecido de colher pela manhã. Cobri-as com um pouco de terra para evitar que
o sol as estragasse.

Minhas filhas reclamam das tarefas da horta e do pomar, uma atitude nor-
mal das crianças. No entanto, quando começam, ficam empolgadas com a

maciez da terra e o perfume do dia, e só horas depois voltam para casa. As sementes para essa cesta de favas foram espetadas no solo por seus dedos, no último mês de maio. Ver minhas filhas plantarem e colherem faz eu me sentir uma boa mãe, por lhes ensinar a prover o próprio sustento.

Contudo, as sementes não foram disponibilizadas por nós. Quando Ataensic enterrou sua amada filha, as plantas — dádivas especiais para os seres humanos — brotaram do seu corpo. O tabaco cresceu da sua cabeça. De seu cabelo, a erva ancestral. Seu coração nos ofereceu o morango. De seus seios cresceu o milho; da sua barriga, a abóbora; e, de suas mãos, os compridos aglomerados de favas.

Como mostrar a minhas filhas, numa manhã de junho, quanto eu as amo? Colhendo morangos-silvestres. Numa tarde de fevereiro, fazemos bonecos de neve e depois nos sentamos perto da fogueira. Em março, preparamos xarope de bordo. Colhemos violetas em maio e nadamos em julho. Em noites de agosto, estendemos nossas mantas e observamos as chuvas de meteoros. Em novembro, aquele grande professor, o monte de lenha, entra em nossa vida. E é só o começo. Como demonstramos nosso amor aos filhos? Cada um a sua maneira, com um banho de presentes e uma pesada chuva de lições.

Talvez tenha sido o cheiro dos tomates maduros, ou o canto do papa-figo, ou aquele certo prisma de luz numa tarde pálida, com tantas favas a meu redor. Pouco importa; o fato é que fui inundada por tamanha felicidade que gargalhei, assustando os chapins que bicavam os girassóis e derrubavam casquinhas pretas e brancas no solo. Tive a certeza, tão quente e clara quanto o sol de setembro, de que a terra retribui nosso amor. Ela retribui nosso amor com favas e tomates, espigas de milho e amoras-silvestres, e com o canto dos pássaros. Com um banho de presentes e uma pesada chuva de lições. Ela nos sustenta e nos ensina a nos sustentarmos. Assim se comportam as boas mães.

Dei uma olhada no pomar e pude sentir sua satisfação em nos oferecer essas lindas framboesas, abóboras, manjericões, batatas, aspargos, alfaces, repolhos e beterrabas, brócolis, pimentas, couves-de-bruxelas, cenouras, endros, cebolas, alhos-porós, espinafres. Lembrei-me de quando perguntava a minhas filhas pequenas "Qual o tamanho do meu amor por vocês?" e elas respondiam, abrindo os braços: "Deeesse tamanhão." Por isso, lhes ensinei jardinagem — para sempre terem à disposição o amor maternal, muito depois de eu partir.

A epifania das favas. Passo um tempão pensando em nossa relação com a terra, em quanto ela nos proporciona e em como devemos retribuir. Tento calcular as equações de reciprocidade e responsabilidade, causas e efeitos de construir relações sustentáveis com ecossistemas. São todos cálculos mentais. Contudo, de repente, não havia intelectualização ou racionalização, apenas a pura sensação de ver os cestos repletos de amor maternal. A reciprocidade máxima, amar e ser amado.

A cientista botânica sentada à minha escrivaninha, vestida com as minhas roupas, e que de vez em quando pega o meu carro emprestado pode se revoltar ao me ouvir afirmar que um pomar é uma forma de a terra dizer "Eu te amo". Não se trata apenas de aumentar a produtividade líquida primária dos genótipos domesticados e artificialmente selecionados por meio da manipulação das condições ambientais, graças ao trabalho de seres humanos e a substâncias que visem a potencializar a produção? Não são meros comportamentos adaptativos culturais selecionados que produzem dieta nutritiva e incrementam a condição física de indivíduos? O que o amor tem a ver com isso? Se um jardim viceja, isso quer dizer que ama vocês? Se as plantas e as flores murcham, atribuem o fracasso à abstinência de afeição? Pimentas verdes indicam o término do relacionamento?

Às vezes, não me resta outra opção senão explicar as coisas a essa cientista. Os pomares são, ao mesmo tempo, comprometimento físico e espiritual. Difícil para a compreensão dos cientistas, vítimas de lavagem cerebral por conta do dualismo cartesiano. "Ora, como você vai saber que é amor e não apenas solo fértil?", pergunta ela. "Cadê a evidência? Quais os elementos-chave para detectar o comportamento amoroso?"

Perguntas fáceis de serem respondidas. Ninguém pode ter dúvida de que amo minhas filhas, e mesmo um psicólogo social quantitativo não encontraria falhas em minha lista de comportamentos amorosos:

- cuidar da saúde e do bem-estar;
- proteger do perigo;
- encorajar o crescimento e o desenvolvimento individual;
- desejar estar junto;
- compartilhar recursos com generosidade;
- trabalhar em conjunto visando a um objetivo comum;
- celebrar os valores partilhados;

- interdependência;
- sacrificar-se pelo outro;
- criação da beleza.

Caso observássemos esses comportamentos entre humanos, diríamos: "Ela ama essa pessoa." É possível também observar essas atitudes por parte de uma pessoa em relação a um pedaço de terra tratado com carinho e dizer: "Ela ama esse pomar." Então, qual o espanto? Por que, ao examinar essa lista, não se faz a adaptação e não se pode afirmar que o pomar retribui o amor dessa pessoa?

A troca entre as espécies vegetais e os seres humanos moldou a história evolutiva de ambos. As fazendas, os pomares e os vinhedos estão repletos de espécies domesticadas. Nosso apetite por seus frutos leva-nos a cultivar, podar, irrigar, fertilizar e capinar em seu benefício. Mas talvez essas espécies tenham nos domesticado também. As plantas silvestres mudaram seu comportamento e passaram a crescer em fileiras bem-comportadas, e os humanos indômitos se mudaram para os campos com o objetivo de cuidar das plantas — uma espécie de mútua domesticação.

Estamos ligados por um círculo coevolucionário. Quanto mais doces os pêssegos, com mais frequência espalhamos suas sementes, cuidamos de seus brotos e os protegemos do perigo. As plantas alimentícias e os seres humanos agem como forças seletivas na evolução uns dos outros — o desenvolvimento de uma visa ao melhor interesse do outro, e vice-versa. Isso, em minha opinião, corresponde ao amor.

Certa vez, participei de um *workshop* de escrita com uma turma de doutorado, e na ocasião discutimos as relações com a terra. Todos os estudantes demonstraram profundo respeito e afeição pela natureza. Afirmaram que era em contato com a natureza que experimentavam a maior sensação de pertencimento e bem-estar. Chegaram a professar, sem reservas, seu amor pela terra. E então lhes perguntei: "Acham que a terra retribui esse amor?" Ninguém respondeu. Foi como se eu tivesse levado um porco-espinho de duas cabeças para a sala de aula. Algo inesperado. Um tema espinhoso. Aos poucos, eles se fecharam. A sala estava cheia de escritores que lastimavam seu amor não correspondido pela natureza.

Então, desviei o tema para o campo hipotético e perguntei: "O que imaginam que aconteceria *se* acreditássemos nessa noção doida de que a terra retribui nosso amor?" As comportas se abriram. Todos queriam falar ao mesmo tempo. De repente, tínhamos escapado do beco sem saída e nos dirigíamos à paz e à perfeita harmonia no mundo.

Um dos alunos resumiu: "Ninguém iria prejudicar quem lhe dá amor."

Reconhecer nosso amor pela terra nos transforma, ativa nossa vontade de lutarmos em sua defesa, de protegê-la e celebrá-la. Mas, quando sentimos que a terra retribui nosso amor, esse sentimento transforma a relação de mão única em vínculo sagrado.

Minha filha Linden tem uma de minhas hortas favoritas no mundo. Ela traz para mim todo tipo de delícias comestíveis de seu fino solo montanhoso, maravilhas com as quais só posso sonhar, como pimentas e *tomatillos*. Linden faz compostagem e planta flores, mas a melhor parte não são as plantas. É que ela me telefona para conversar enquanto tira as ervas daninhas. Apesar dos quase cinco mil quilômetros que nos separam, regamos e capinamos e colhemos juntas e com alegria, como fazíamos quando ela ainda era menina.

Linden é ocupadíssima, então lhe pergunto o motivo de ter uma horta, considerando a quantidade de tempo que demanda. Ela responde que faz isso pela comida e pela satisfação do trabalho árduo render algo tão fecundo. Além do mais, as mãos na terra a fazem sentir-se em casa. Embora já saiba a resposta, pergunto: "Você ama sua horta?" E então acrescento, hesitante: "Você sente que seu pomar retribui seu amor?" Ela fica em silêncio um minuto. Jamais daria uma resposta simplista sobre um assunto tão sério. "Posso garantir que sim", responde. "Meu pomar cuida de mim que nem minha mãe." Posso morrer feliz.

Conheci e amei um homem que passara quase toda a vida na cidade, mas quando arrastado para o oceano e os bosques parecia se divertir — desde que houvesse conexão com a internet. Já havia morado em muitos lugares, por isso lhe perguntei onde se sentia mais em casa. Ele não entendeu a pergunta. Expliquei que queria saber onde se sentia mais cuidado e amparado. Qual lugar ele entendia melhor. Qual conhecia melhor e sabia que também o conhecia melhor.

Não precisou pensar muito para responder. "Meu carro. Dentro do meu carro. Ele me dá tudo de que preciso, do jeito que eu gosto. Minha música favorita. A posição do banco totalmente ajustável. Os espelhos automáticos. Os dois porta-copos. Ali me sinto seguro. E ele sempre me leva aonde quero ir." Anos depois, ele tentou se suicidar. No carro.

Esse homem nunca desenvolveu uma relação com a terra. Sempre preferiu o esplêndido isolamento da tecnologia. Era como uma daquelas sementinhas murchas que encontramos no fundo do pacote, aquela que nunca tocou na terra.

Eu me pergunto se muito do que aflige nossa sociedade deriva do fato de termos permitido que fôssemos excluídos desse amor pela terra e do amor que recebemos dela. Ele é uma medicina sagrada para a terra devastada e os corações vazios.

Larkin costumava reclamar um bocado de capinar. Mas agora, quando vem para casa, pergunta se pode colher batatas. Eu a vejo ajoelhada, desenterrando batatas asterix e yucon e cantarolando sozinha. Larkin está fazendo pós-graduação. Estuda os sistemas alimentares e trabalha com jardineiros urbanos, plantando vegetais comestíveis em solos recuperados de terrenos baldios. Jovens em situação de risco cuidam do plantio, da capinagem e da colheita. As crianças ficam surpresas ao saberem que os alimentos colhidos são gratuitos. Até então, sempre tiveram de pagar por tudo o que consumiam. Elas recebem as cenouras frescas, retiradas direto do solo, a princípio com suspeita, até comerem uma. Ela está lhes oferecendo um presente, e a transformação é profunda.

Claro, muito do que levamos à boca é retirado à força da terra. Essa forma de colher não honra os agricultores, as plantas ou o solo, que está desaparecendo. Difícil reconhecer como presente o alimento comprado e vendido, mumificado dentro de um plástico. É indiscutível que amor não se compra.

Num pomar, o alimento é fruto de uma parceria. Se eu não retirar as pedras e remover as ervas daninhas, não estou cumprindo minha parte. Posso fazer isso graças a meu polegar opositor e à capacidade de usar ferramentas, de trabalhar no adubo. Mas não posso gerar um tomate ou adornar uma treliça de favas, assim como não posso transformar chumbo em ouro. Essa parte da responsabilidade cabe às plantas, é seu dom: animar o inanimado. *Isso, sim*, é um presente.

Costumam me perguntar o que eu recomendaria para o restauro da relação entre a terra e os seres humanos. Minha resposta quase sempre é "Plantar uma horta". É bom para a saúde da terra e é bom para a saúde da gente. Uma horta é um local perfeito para nutrir vínculos, o solo ideal para o cultivo da reverência prática. E seu poder vai muito além daquela única plantação — depois que você desenvolve uma relação com um pedacinho de terra, ela se torna, por si só, uma semente.

Algo essencial acontece numa horta. É um lugar onde, mesmo que você não consiga dizer "Eu te amo" em voz alta, pode dizer na forma de sementes. E a terra sempre retribui, em favas.

# As Três Irmãs

Deviam ser elas a contar esta história. O farfalhar da folhagem do milho tem um som próprio, uma conversa periódica entre ela e a brisa. Num dia de calor de julho — quando o milho pode crescer quinze centímetros num único dia —, o chiado de entrenós ao se expandir e esticar os caules em busca da luz se faz ouvir. As folhas escapam das bainhas com um rangido arrastado; por vezes, quando reina a calmaria, é possível ouvir o repentino estalo da seiva espocando, quando as células, repletas de água, se tornam grandes e túrgidas demais para ficarem confinadas à haste. São os sons que traduzem o ser, mas não são sua voz.

As favas devem produzir um som acariciante, um silvo baixinho quando o líder, de cabelo macio, se enrosca no caule enrugado do milho. As superfícies vibram com delicadeza, uma colada à outra, as mechas pulsam ao se ajustarem em torno do caule, algo que apenas um besouro-saltador ali pertinho poderia ouvir. Mas essa não é a música delas.

Já fiquei entre abóboras maduras e ouvi estalos quando as folhas de sombrinhas se deslocaram para a frente e para trás, presas por suas gavinhas, o vento levantando suas bordas e voltando a soltá-las. Um microfone no oco de uma abóbora inchada revelaria o pipocar das sementes se expandindo e a precipitação da água enchendo a suculenta carne laranja. São seus sons, mas não sua história. As plantas contam suas histórias não pelo que dizem, mas pelo que fazem.

E se você fosse professor e não tivesse voz para verbalizar seu conhecimento? E se não soubesse nenhuma língua e ainda assim houvesse algo que precisasse dizer? Não dançaria? Não faria mímica? Cada um de seus movimentos não contaria a história pretendida? Acabaria por se tornar tão eloquente que bastaria olhar para você e tudo seria revelado. E assim é com essas vidas vegetais e silenciosas. Uma escultura não passa de um pedaço de pedra torneado e cinzelado, mas esse pedaço de pedra pode abrir seu coração de modo a transformá-lo a partir do que vê. Transmitirá sua mensagem sem pronunciar uma única palavra. Contudo, nem todo mundo entenderá; a linguagem da pedra é complicada. A pedra murmura. Mas as plantas falam uma língua que qualquer ser que respire é capaz de compreender. As plantas nos ensinam numa linguagem universal: o alimento.

Anos atrás, Awiakta, uma escritora Cherokee, pôs um pacotinho em minha mão. Uma folha de milho seca e dobrada dentro de um saquinho amarrado por uma espécie de fio. Sorrindo, ela me alertou: "Abra só na primavera." Em maio, desfiz o embrulho e ali estava o presente: três sementes. Uma, um triângulo dourado, um grão de milho com um largo topo ondulado que se estreitava até formar uma ponta branca e dura. Outra, um grão lustroso, sarapintado de marrom, curvo e elegante, no qual a concavidade macia é marcada por um olho branco, o hilo. O grão escorrega como se fosse pedra encerada entre meu polegar e meu indicador. Dentro do saco, encontro também uma semente de abóbora, parecida com um pires oval de porcelana, a beirada frisada fechada igual a massa de torta recheada, quase explodindo. Trago em minha mão a genialidade da agricultura indígena, as Três Irmãs. Juntas, essas plantas — o milho, o feijão e a abóbora — alimentam os povos, nutrem a terra, estimulam nossa imaginação e nos dizem como podemos viver.

Por milênios, do México a Montana, as mulheres semearam a terra e depositaram essas três sementes no solo, todas no mesmo metro quadrado de solo. Quando os colonizadores chegaram às costas de Massachusetts e viram, pela primeira vez, as plantações indígenas, inferiram que aqueles povos não sabiam cultivar a terra. Na mente deles, uma plantação significava fileiras retas de uma única espécie, não um crescimento desordenado de abundância tridimensional. Contudo, eles comeram a cota que lhes cabia, mas não se satisfizeram: pediram mais e mais.

Uma vez plantada na terra úmida de maio, a semente de milho absorve água com rapidez, graças ao fino envoltório do grão e do seu conteúdo rico em amido, o endosperma. Essa umidade produz enzimas sob a pele, que dividem o amido em açúcares e impulsionam o crescimento do embrião de milho aninhado na ponta da semente. Portanto, o milho é o primeiro a emergir do solo, um fino talo branco. Em questão de horas, logo após encontrar a luz, sua cor passa do branco ao verde. Uma única folha se abre, e mais outra. A princípio, o milho reina sozinho, enquanto as outras plantas se preparam.

Bebendo a água do solo, a semente de feijão incha, abre seu revestimento salpicado e se enraíza bem no fundo do solo. Só depois de bem presa à raiz, o caule se curva em formato de gancho e se acotovela para fora da terra. Os feijões podem demorar a encontrar a luz por serem bem abastecidos: suas primeiras folhas já são acondicionadas nas duas metades da semente. Esse par de folhas carnudas rompe, então, a superfície do solo para se unir ao milho, que a essa altura já atingiu quinze centímetros.

As abóboras e as abobrinhas crescem sem pressa — são as irmãs preguiçosas. Semanas podem transcorrer até os primeiros caules surgirem, ainda presos no envoltório da semente, até as folhas se abrirem e se libertarem. Soube que, uma semana antes do plantio, nossos ancestrais guardavam as sementes de abóbora numa bolsa de pele de cervo, com um pouco de água ou de urina, na tentativa de apressar seu desenvolvimento. Cada planta, contudo, tem seu ritmo e sequência de germinação; sua ordem de nascimento é importante para a relação entre elas e o sucesso da safra.

O milho é o primogênito e cresce reto e altivo; é um caule dotado de um objetivo ambicioso. As folhas compridas e estriadas se sobrepõem, elevando-se, pois o milho precisa crescer rápido. Sua prioridade é formar um caule forte, que precisa estar pronto para a chegada do feijão. Este exibe folhas em formato de coração, em apenas um caule, depois surge outro par, e mais outro, todos baixinhos, perto do chão. O feijão se concentra no crescimento da folha, enquanto o foco do milho reside na altura. Mais ou menos na época em que o milho atinge a altura do nosso joelho, o broto de feijão muda de ideia, comportamento comum nos filhos do meio. Em vez de produzir folhas, ele se estica e forma um comprido cipó, um fio verde e delgado movido por uma firme determinação. É sua fase adolescente; os hormônios preparam o disparo da ponta que forma espirais, desenhando círculos no ar, processo conhecido como circunutação. A extremidade pode percorrer um metro num só dia; faz piruetas numa dança em espirais até encontrar o que busca — um caule de milho ou outro suporte vertical. Os receptores táteis, ao longo da trepadeira, o guiam para se enroscar no milho numa graciosa espiral ascendente. Por enquanto, ele continua produzindo folhas, entregando-se ao abraço do milho, acompanhando seu crescimento. Caso o milho não tivesse brotado cedo, a trepadeira o estrangularia, mas se o sincronismo é correto, o milho pode carregar o feijão sem dificuldade.

Enquanto isso, a abóbora, a temporã da família, vai se estendendo progressivamente acima do solo, afastando-se do milho e dos feijões, criando folhas largas e lobulosas, como vários guarda-chuvas que acenam na ponta de pecíolos ocos. As folhas e lianas são perceptivelmente hirsutas, o que obriga as lagartas a pensar duas vezes antes de se aventurarem a mordê-las. À medida que as folhas se alargam, protegem o solo nas bases do milho e do feijão, mantendo a umidade e afastando as outras plantas.

Esse estilo de cultivo é chamado pelos povos indígenas de As Três Irmãs. Há muitas histórias de como surgiram, mas todas partilham a compreensão dessas plantas como mulheres, irmãs. Algumas das histórias falam de um longo inverno, no qual as pessoas morriam de fome. Numa noite de nevasca, três lindas mulheres chegaram. A primeira, toda vestida de amarelo, era alta e tinha cabelo comprido esvoaçante. A segunda usava verde e a terceira, laranja. As três entraram e se abrigaram junto ao fogo. Apesar da comida escassa, as estranhas foram alimentadas com generosidade e compartilharam o pouco que os anfitriões tinham. Agradecidas diante de tamanha generosidade, as Três Irmãs revelaram suas verdadeiras identidades — milho, feijão e abóbora — e se ofertaram ao povo num embrulho de sementes para que nunca mais passassem fome.

No auge do verão, quando os dias são mais longos e mais iluminados e as chuvas chegam para encharcar o chão, as lições de reciprocidade são escritas de modo legível no cultivo das Três Irmãs. Juntos, seus caules descrevem o que me parece um diagrama para o mundo, um mapa de equilíbrio e harmonia. O milho chega a vinte centímetros de altura, ondulantes fitas verdes de folhas afastam-se do caule e se enroscam em todas as direções para usufruir do sol. Nenhuma folha cobre por inteiro a outra, a fim de que todas recebam luz sem sombrear as demais. Enquanto isso, o feijão se enrosca no talo do milho, ziguezagueando entre suas folhas, sem jamais interferir em seu trabalho. Nos espaços nos quais não há folhas de milho, brotos de feijão aparecem na vinha e se expandem em folhas abertas e em cachos de flores perfumadas. As folhas do feijão se inclinam e se apoiam próximas ao caule do milho. Espalhando-se em torno dos pés de milho e de feijão, um tapete de grandes e largas folhas de abóbora intercepta a luz que se derrama entre os esteios de milho. Seu espaçamento em camadas usa a luz, uma dádiva do sol, de modo eficaz, sem desperdício. A simetria orgânica de formas combina a posição de cada folha e a harmonia de formatos expressa suas mensagens. Respeitem-se uns aos outros, apoiem-se uns nos outros, tragam seus dons para o mundo e recebam presentes dos outros. Assim, sempre haverá o suficiente para todos.

No fim do verão, os feijões pendem em pesados cachos verdes lisos, as espigas de milho se afastam do caule e engordam ao sol e abóboras incham a seus pés. Hectare por hectare, a horta das Três Irmãs produz mais alimentos do que se as irmãs fossem plantadas longe umas das outras.

É fácil dizer que são irmãs: uma se enrosca com intimidade na outra, num abraço descontraído, enquanto a doce caçulinha refestela-se a seus pés, perto, mas não muito — afinal, ela não compete, mas coopera. Acredito ter visto essa mesma interação entre irmãs em famílias de seres humanos. Afinal, são três em minha família. A primogênita, sem dúvida, sabe estar no comando; alta e altiva, aprumada e eficiente, ela define o padrão para que as demais a sigam. É a irmã milho. Não há espaço para mais de uma mulher-milho na mesma casa, então, é provável que a irmã do meio se encaixe da melhor maneira possível. Essa menina-feijão aprende a ser flexível, adaptável, encontra um jeito de obter a luz de que necessita em torno da estrutura dominante. A doce caçulinha tem liberdade para escolher um caminho diferente, pois as expectativas já foram atingidas. Firme, não precisa provar nada a ninguém e encontra o próprio caminho, assim como um jeito diferente de contribuir para o bem-estar do conjunto.

Sem o suporte do milho, os feijões não passariam de um emaranhado desgovernado no chão, vulneráveis a predadores famintos. Embora possa parecer estar pegando carona nessa horta e se aproveitando da altura do milho e da sombra da abóbora, segundo as regras da reciprocidade, ninguém pode levar mais do que dá. O milho trata de disponibilizar a luz; a abóbora reduz as ervas daninhas. E os feijões? Para enxergarmos suas dádivas, é preciso procurar debaixo da terra.

Acima da superfície, as irmãs prestam sua cooperação evitando amontoar suas folhas e respeitando o espaço uma da outra. O mesmo acontece embaixo da superfície. O milho é classificado como monocotiledônea, basicamente uma erva imensa, então suas raízes são finas e fibrosas, fasciculadas. Ao afastarmos a terra, elas se assemelham a um esfregão viscoso na ponta de um cabo de um pé de milho. Não são muito profundas, mas formam uma rede superficial e reclamam a preferência das primeiras gotas de chuva. Depois de saciada a sede, a água desce e fica fora do alcance das raízes de milho. À medida que a água penetra no solo, as compridas raízes principais de feijão estão ali, prontas para absorvê-la. A abóbora recebe a parte que lhe cabe ao se afastar das outras. Sempre que o talo de uma abóbora toca no solo, pode criar grande número de hastes providas de gavinhas auxiliares, e suas raízes coletam a água longe das raízes do milho e do feijão. Compartilham o solo usando as mesmas técnicas do compartilhamento de luz, ou seja, tratam de deixar o suficiente para todas.

Mas todas necessitam de algo, algo sempre em escassez: nitrogênio. O fato de esse nitrogênio ser o fator limitador do crescimento é um paradoxo ecológico: 78% do ar atmosférico é formado pelo gás. O problema é que a maioria das plantas simplesmente não pode usar o nitrogênio atmosférico. Elas precisam de nitrogênio mineral, nitrato e amônia. Podemos imaginar o nitrogênio da atmosfera como o alimento trancado à vista de alguém faminto. Há, contudo, meios de transformar esse nitrogênio, e um dos melhores atende pelo nome de "feijão".

Os feijões são membros da família das leguminosas, dotadas da impressionante capacidade de extrair nitrogênio da atmosfera e transformá-lo em nutrientes utilizáveis. No entanto, não fazem isso sozinhas. Meus alunos, muitas vezes, chegam correndo para me mostrar um punhado de raízes de feijão que desenterraram, com pequeninas bolas brancas penduradas em filamentos de raiz. "É uma doença?", perguntam. "Tem alguma coisa errada com essas raízes?" Na verdade, respondo, tem algo certíssimo.

Esses nódulos reluzentes abrigam a bactéria *Rhizobium*, fixadora do nitrogênio. O *Rhizobium* só consegue converter o nitrogênio sob uma série de circunstâncias específicas. A catálise enzimática não funciona na presença do oxigênio. Como o volume do solo é constituído, em média, por mais de 50% de espaço aéreo, o *Rhizobium* precisa de um refúgio para desempenhar sua função. O feijão, satisfeitíssimo, se encarrega de tomar as providências. Quando uma raiz de feijão encontra um microscópico bastão de *Rhizobium* sob a superfície do solo, trocam comunicações químicas e um acordo é negociado. O feijão crescerá num nódulo sem oxigênio para abrigar a bactéria e, em troca, a bactéria partilhará seu nitrogênio com a planta. Juntos, criam o fertilizador de nitrogênio que penetra no solo e propicia o crescimento do milho e da abóbora. Nessa plantação, sobrepõem-se camadas de reciprocidade: entre o feijão e a bactéria, entre o feijão e o milho, entre o milho e a abóbora e, por fim, entre eles e as pessoas.

É tentador supor que essas Três Irmãs trabalhem juntas de modo deliberado, e talvez o façam. Mas a beleza da parceria é que cada planta age assim com o intuito de impulsionar o próprio crescimento. E quando isso acontece, quando indivíduos florescem, o conjunto também floresce.

O comportamento das Três Irmãs me lembra um dos ensinamentos básicos do nosso povo. O mais importante é cada um de nós reconhecer nosso dom único e aprender a usá-lo no mundo. A individualidade é valorizada e cultivada, pois, para o desenvolvimento do conjunto, cada um de nós precisa ser forte e seguro e ter plena convicção de seus dons para poder compartilhá-los com os demais. Viver entre irmãs possibilita a visível manifestação de uma comunidade ideal, na qual seus membros compreendem e compartilham seus dons. Na reciprocidade, satisfazemos nossos espíritos, bem como nossa barriga.

Por anos, ensinei Botânica Geral num auditório usando *slides*, diagramas e contando histórias de plantas que inflamavam o entusiasmo de alunos de dezoito anos diante das maravilhas da fotossíntese. Como não ficariam fascinados ao aprender como as raízes encontravam seu caminho através do solo, sentados na beirada das cadeiras, à espera de mais informações a respeito do pólen? O mar de olhares vazios sugeria que a maioria achava isso tão interessante quanto, literalmente, ver a grama crescer. Quando eu, grandiloquente, mencionava a graciosidade com que uma semente de feijão rompe o solo na primavera, os alunos da primeira fileira meneavam a cabeça entusiasmados e levantavam as mãos, enquanto o restante da turma cochilava.

Num ataque de frustração, pedi que levantassem a mão em resposta a minha pergunta: "Quantos de vocês já plantaram alguma coisa?" Todas as mãos na primeira fileira se ergueram, e vi um único aceno desanimado nas fileiras de trás: um aluno cuja mãe tivera uma violeta-africana que murchara até morrer. De repente, compreendi o tédio dos alunos. Eu sabia tudo aquilo de cor e salteado, trazia imagens da vida das plantas por mim testemunhada ao longo dos anos. As imagens verdes que eu pensava compartilharmos como seres humanos não correspondiam à realidade dos meus alunos — consequência de os supermercados terem suplantado as hortas. Os alunos da primeira fileira também tinham presenciado isso e mostravam curiosidade em saber como esses milagres cotidianos eram possíveis. Mas a maioria não tinha a menor experiência com sementes e solo, nunca tinha visto uma flor se transformar em maçã. Precisavam de uma nova professora.

Desde então, começo o semestre de outono com uma aula numa horta, onde terão à disposição as melhores professoras que conheço, três irmãs maravilhosas. Durante uma tarde inteira de setembro, meus alunos sentam-se com as Três Irmãs. Calculam a produtividade e o crescimento e aprendem a anatomia das plantas que os alimentam. Primeiro, peço que apenas olhem. Eles observam e desenham o modo como as três estabelecem o relacionamento. Uma de minhas alunas é artista, e quanto mais olha, mais empolgada fica. "Olhe a composição", diz ela. "Foi exatamente como nosso professor de arte descreveu os elementos do desenho no ateliê hoje. Há unidade, equilíbrio, cor. É perfeito." Olho o esboço em seu caderno. Ela vê tudo como uma pintura. Folhas compridas, redondas, lobuladas e lisas em amarelo, laranja, um manancial de tonalidades verdes. "Está vendo como funciona? O milho é o elemento vertical; a abóbora, o horizontal; e se unem por essas vinhas curvilíneas, os feijões. Deslumbrante", afirma, com um floreio.

Uma das meninas está vestida com um modelinho perfeito para uma noite de festa, mas não para uma pesquisa de campo. Por enquanto, evitou todo e qualquer contato com a terra. Para entrosá-la no grupo, sugiro-lhe a relativamente asseada tarefa de apenas seguir uma trepadeira de abóbora de uma extremidade à outra e diagramar as flores. Bem afastada, na ponta da trepadeira estão as flores de abóbora, alaranjadas, tão onduladas e chamativas quanto a saia dela. Aponto o ovário inchado da flor depois de polinizada. Esse é o resultado da sedução bem-sucedida. Cuidadosa, andando pé ante pé nos saltos altos, ela acompanha a trepadeira até sua raiz; as flores mais velhas já murcharam e uma abóbora minúscula apareceu no lugar do pistilo. Ao se aproximarem mais das plantas, as abóboras ficam maiores, passando de uma protuberância do tamanho de uma moeda de um centavo, ainda com a flor presa, até a maturação completa, que chega a uns vinte e cinco centímetros. É como assistir às várias fases da gravidez. Juntas, pegamos uma abóbora madura e a abrimos para que ela possa ver as sementes dentro da cavidade.

"Quer dizer que a abóbora nasce de uma flor?", pergunta a jovem, incrédula, observando a progressão ao longo da plantação. "Adoro esse tipo de abóbora no Dia de Ação de Graças."

"Isso mesmo", respondo, "esse é o ovário maduro dessa primeira flor".

Chocada, ela arregala os olhos. "Quer dizer que todos esses anos eu venho comendo ovários? Eca! Nunca mais na vida como abóbora."

Há uma sexualidade telúrica nas plantações, e a maioria dos alunos se sente atraída pela revelação do fruto. Faço com que abram com extremo cuidado uma espiga de milho, sem encostar nos fios de seda na extremidade. A princípio, as palhas externas são afastadas; depois, as camadas e camadas de folhas internas, cada uma mais fina que a outra, até a última camada ficar exposta, tão fina e colada na espiga que é possível discernir o formato dos grãos. Quando afastamos a última camada, o aroma doce e leitoso se espalha das fileiras e mais fileiras de grãos amarelos redondos. Examinamos de perto e seguimos um fio do cabelo do milho. Do lado de fora da casca, os fios são marrons e enrolados, mas dentro são translúcidos e parecem suculentos e crocantes, como se estivessem recheados de água. Cada pequenino fio de seda conecta um diferente grão no interior da casca ao mundo exterior.

A espiga é uma espécie engenhosa de flor, na qual a seda é um alongado pistilo da flor. Uma extremidade da seda oscila na brisa para coletar o pólen, enquanto a outra está ligada ao ovário. A seda é o canal de água que recebe o esperma liberado dos grãos de pólen ali coletados. O esperma do milho desce pelo tubo sedoso até o grão branco leitoso, o ovário. Os grãos de milho só crescem gorduchos e amarelos se forem fertilizados dessa maneira. Uma espiga é mãe de centenas: o mesmo número de filhos quanto de grãos, cada um de um pai diferente. Causa alguma surpresa ela ser chamada de Mãe Milho?

Feijões também crescem como bebês no útero materno. Satisfeitos, os alunos mastigam as vagens fresquinhas. Peço-lhes que primeiro abram a delgada cápsula, para ver o que estão comendo. Com a unha do polegar, Jed faz uma ranhura. Lá estão eles, os filhotes de feijão, dez em uma fileira. Cada pequenina camada presa à cápsula por uma frágil corda verde, o funículo. De apenas poucos milímetros de comprimento, é análogo ao cordão umbilical humano. Através dessa corda, a mamãe planta alimenta seus rebentos em fase de crescimento. Os alunos se aglomeram a meu redor. Jed pergunta: "Isso quer dizer que o feijão tem umbigo?" Todo mundo ri, mas a resposta está bem ali. Todos têm uma pequena cicatriz no funículo, um ponto colorido no envoltório do embrião, o hilo. Todo feijão tem umbigo. Essas mamães plantas nos alimentam e trazem os filhos ao mundo, na forma de sementes, para nos nutrir sem cessar.

Em agosto, gosto de fazer uma festa com as Três Irmãs. Espalho toalhas nas mesas, embaixo das árvores de bordo, e encho os potes de vidros com buquês de flores campestres em cada mesa. Meus amigos vão chegando; cada um traz um prato ou uma cesta. As mesas ficam lotadas de bandejas de broas douradas de milho, salada com três tipos de feijão, bolinhos redondos de feijão-carioca, chilli de feijão-preto e caçarola de abóbora de verão. Minha amiga Lee traz uma travessa de abóboras pequenas, recheadas com polenta cremosa. Numa panela fumegante, a sopa das Três Irmãs, amarela e verde, com fatias de abóbora de verão.

Como se já não tivéssemos uma mesa farta a essa altura, nosso ritual inclui irmos juntos à horta depois de todos os convidados chegarem, para colher mais. As espigas de milho enchem uma cesta. As crianças ficam encarregadas de debulhar o milho, enquanto os pais enchem vasilhas com as vagens de feijão frescas e os menorzinhos espiam debaixo das folhas ásperas, à procura de flores de abobrinha. Com todo o cuidado, colocamos uma colher de queijo e fubá na garganta laranja de cada flor, as fechamos e fritamos até ficarem crocantes. Elas desaparecem do prato com mais velocidade do que as conseguimos preparar.

A genialidade das Três Irmãs reside não apenas em seu processo de crescimento, mas também na complementaridade das três espécies na mesa da cozinha. Juntas, têm um sabor delicioso e formam um trio nutricional capaz de alimentar um povo. O milho, em todas as suas formas, é uma soberba fonte de amido. Durante todo o verão, o milho transforma a luz do sol em carboidrato, a fim de que tenhamos energia no inverno. Mas um ser humano não consegue subsistir apenas à base de milho, pois não é um alimento completo em termos de nutrição. Assim como o feijão complementa o milho na horta, também colabora na dieta. Graças a sua capacidade de fixar nitrogênio, é rico em proteína e complementa as lacunas nutricionais deixadas pelo milho. É possível viver bem à base de uma dieta de feijão e milho, enquanto, sozinhos, não seriam suficientes. Mas nem um nem outro têm as vitaminas que a abóbora fornece, com sua polpa rica em betacaroteno. Unidos são, mais uma vez, melhores do que separados.

Depois da refeição, estamos saciados e dispensamos a sobremesa, embora tenhamos mingau de fubá e bolo de milho com xarope de bordo. Ficamos sentados contemplando o vale, enquanto as crianças correm. A terra a nossos pés é constituída basicamente pela plantação de milho, compridos campos retangulares que se estendem e quase encontram o bosque. À luz vespertina, o milharal lança sombras e ressalta os contornos da colina. A distância, parecem linhas de texto numa página, longas linhas de escrita verde percorrendo a encosta. Nossa verdadeira relação com o solo está escrita com mais clareza na terra do que em qualquer livro. Leio, nessa colina, a história de gente que valoriza a uniformidade e a eficiência gerada pela terra, uma história na qual a terra é configurada para atender à conveniência das máquinas e às exigências do mercado.

Na agricultura indígena, a prática é modificar as plantas para que se adaptem à terra. Em consequência, há uma grande variedade de milhos domesticados por nossos ancestrais, todos adaptados para crescer em muitos lugares diferentes. A agricultura moderna, com suas máquinas enormes e combustíveis fósseis, promoveu a abordagem oposta: modificar a terra para que se adapte às plantas, clones assustadoramente similares.

Quando você reconhece o milho como irmã, é difícil deixar isso de lado, mas, nas longas fileiras, o milho nos campos convencionais parece um ente completamente diferente. A relação desaparece e os pés de milho se perdem no anonimato. É quase impossível reconhecer um rosto amado perdido numa multidão uniforme. Esses hectares têm beleza própria, mas, depois da camaradagem na horta das Três Irmãs, pergunto-me se não se sentem solitários.

Deve haver milhões de milhos ali, lado a lado, sem feijões, sem abóboras, sem nem sequer uma erva daninha à vista. São os campos do meu vizinho, e vi o trator passar várias vezes para conseguir produzir um campo tão "limpo". Os pulverizadores no trator aplicaram fertilizantes; é possível sentir o cheiro pairando nos campos durante a primavera. A dose de nitrato de amônia substitui a parceria com o feijão. E os tratores voltam com herbicidas para suprimir as ervas daninhas e substituir as folhas de abóbora.

Decerto havia insetos e ervas daninhas quando esses vales eram plantações das Três Irmãs, o que não as impedia de florescer sem inseticidas. As policulturas — campos com diversas espécies de plantas — são menos suscetíveis a surtos de peste do que as monoculturas. A diversidade de plantas propicia *habitats* para uma ampla gama de insetos. Alguns, como as larvas das espigas de milho, os carunchos do feijão e as brocas da abóbora, estão ali com o propósito de alimentar-se da lavoura. Mas a diversidade de plantas também cria *habitat* para os insetos que devoram os comedores da safra. Os besouros predadores e as vespas parasitoides coexistem na horta e mantêm os devoradores da plantação sob controle. Não só as pessoas são alimentadas por essa plantação; há alimento suficiente para todos.

As Três Irmãs nos oferecem uma nova metáfora para a relação derivada do conhecimento indígena e da ciência ocidental, ambas enraizadas na terra. Penso no milho como conhecimento ecológico tradicional, o arcabouço físico e espiritual capaz de guiar o curioso feijão da ciência, que se enrosca tal uma hélice dupla. A abóbora cria o *habitat* ético para a coexistência e o florescimento mútuo. Vislumbro uma época em que a intelectual monocultura da ciência será substituída pela policultura de conhecimentos complementares. E, a partir daí, todos poderão ser alimentados.

Fran traz uma tigela de creme de leite para o mingau de fubá. Com a colher, nos servimos do mingau, uma abundância de melado e fubá, e contemplamos a luz se dissipar nos campos. Não podia faltar a torta de abóbora. Minha intenção, com esse banquete, é mostrar às Três Irmãs que escutamos e entendemos sua história. Usem seus dons para cuidar uns dos outros, trabalhem juntos, e todos serão alimentados, ensinam.

Todos trouxeram seus presentes para a mesa, mas não fizeram isso sozinhos. Eles nos lembram da existência de outra parceira na simbiose. Ela está sentada aqui à mesa e do outro lado do vale, na granja. Foi ela quem percebeu os costumes de cada uma das espécies e imaginou como poderiam viver juntas. Talvez devamos considerar essa horta como sendo a das Quatro Irmãs, pois quem planta também é uma parceira fundamental. É ela quem aduba o solo, é ela quem afasta os corvos, é ela quem empurra as sementes para dentro do solo. Somos as plantadoras, as que limpam a terra, retiram as ervas daninhas e catam os insetos, salvamos as sementes durante o inverno e as plantamos de novo, na primavera seguinte. Somos parteiras de suas dádivas. Não podemos viver sem elas, mas elas tampouco podem viver sem nós. O milho, o feijão e a abóbora estão totalmente domesticados; depende de nós criarmos as condições que possibilitem seu crescimento. Nós também somos parte da reciprocidade. Elas não podem cumprir suas responsabilidades se não cumprirmos as nossas.

De todas as sábias professoras que passaram pela minha vida, nenhuma é mais eloquente do que essas, cujas folhas e trepadeiras encarnam as bases da relação. Sozinho, o feijão não passa de uma trepadeira e a abóbora, de uma folha de grandes dimensões. Apenas quando em conjunto com o milho o todo emerge e transcende o indivíduo. As dádivas de cada uma são plenamente expressas quando cultivadas juntas, e não separadas. Em espigas e frutos volumosos, elas nos mostram que os relacionamentos multiplicam todos os dons. E assim o mundo segue adiante.

# *Wisgaak gokpenagen*:
# o cesto de freixo-negro

*Tum, tum, tum.* Silêncio. *Tum, tum, tum.*
A lâmina do machado encontra o tronco e juntos produzem uma sonoridade oca. Desce três vezes num mesmo ponto. Em seguida, os olhos de John se desviam uma mínima fração para baixo e ele repete os golpes. *Tum, tum, tum.* Ao erguer o machado acima da cabeça, as mãos deslizam e se afastam, no movimento ascendente, e se aproximam, no descendente; os ombros se retesam sob a camisa jeans, a trança fina sacode a cada impacto. Em toda a extensão inferior do tronco, John golpeia três vezes.

Sentado no chão, o tronco da árvore entre as pernas, move os dedos embaixo da fenda no corte inferior e puxa. Com vagar e constância, descasca uma tira de madeira da largura da cabeça do machado, uma faixa grossa. Retira o machado e golpeia poucos centímetros acima. *Tum, tum, tum.* Torna a segurar a base da tira, que se separa aos poucos do tronco, acompanhando a linha demarcada pelo machado. Depois de golpear os últimos centímetros, John retira uma tala de cerca de dois metros e meio de madeira branca reluzente. Leva a tala ao nariz para inspirar o agradável perfume da madeira recém-cortada e a passa, para também sentirmos o cheiro. Em seguida, a enrola num arco perfeito, a amarra depressa e a pendura num galho de árvore próximo. "Agora é sua vez", diz, entregando o machado.

Nesse dia quente de verão, meu professor é John Pigeon, um dos membros da grande e renomada família Pigeon, famosos produtores de cestos Potawatomi. Desde essa primeira iniciação na arte de dar machadadas no tronco, fico grata por ter assistido às aulas de produção de cestos de freixo-negro, com várias gerações da extensa família Pigeon: Steve, Kitt, Ed, Stephanie, Pearl, Angie, além dos filhos e netos. Todos capazes de arrancar as talas com as mãos. Todos talentosos produtores de cestos, mensageiros da cultura e professores generosos. O tronco, por sua vez, também é um ótimo professor.

É mais difícil do que parece fazer o machado repetir seu padrão uniforme na parte inferior do tronco. O impacto excessivo em determinado ponto arrebentará as fibras; caso o impacto seja reduzido, a tira não se soltará por completo, ficando estreita em determinados locais. Todos nós, iniciantes, trabalhamos de modo distinto — alguns aplicam golpes fortes a partir do alto da cabeça, outros dão batidas desanimadas, como se martelassem pregos. O som se altera, dependendo de quem segura o martelo: uma nota alta, como o canto de gansos selvagens, um latido semelhante ao de um coiote assustado, ou uma percussão surda de um tetraz-de-colar.

Quando John era criança, o som do martelo era ouvido em toda a comunidade. Ao voltar para casa depois da escola, conseguia saber quem estava trabalhando só de ouvir o som dos golpes. O do tio Chester era forte e rápido: *craque, craque, craque*. Da cerca viva, podia ouvir as lentas batidas da vovó Bell, entremeadas por longas pausas para recuperar o fôlego. Mas agora o povoado anda cada vez mais silencioso, à medida que os mais idosos se vão e as crianças parecem mais interessadas em videogames do que em perambular no meio do pântano. Assim sendo, John Pigeon ensina a quem aparece por lá, com o intuito de transmitir o que aprendeu com os mais idosos e as árvores.

John é mestre na produção de cestos e mensageiro da tradição. Os cestos da família Pigeon podem ser encontrados no Smithsonian e em outros museus e galerias espalhados pelo mundo. Mas também estão disponíveis aqui, no estande da família no Encontro Anual das Nações Potawatomi. A mesa está repleta de cestos coloridos, um diferente do outro. Há cestos chiques, do tamanho de um ninho de pássaro, cestos para colher, cestos de batata, cestos de lavar milho. Todos os membros da família tecem, e todos que comparecem ao Encontro querem voltar para casa com um cesto da família Pigeon. Todo ano eu economizo para comprar um.

Como o restante da família, John é também um grande professor, comprometido em compartilhar o que foi transmitido pelas gerações precedentes. Acredita que deve dar às pessoas tudo o que lhe foi dado. Algumas das minhas aulas de cestaria começaram com uma pilha ordenada de material reunido sobre uma mesa limpa. Mas John não se limita a ensinar a tecer cestos já com as tiras prontas — ele ensina a *fabricar* o cesto a partir de uma árvore viva.

O freixo-negro (*Fraxinus nigra*) gosta de manter os pés molhados. Em florestas de várzeas e nas imediações de pântanos, o freixo-negro se mistura aos bordos-vermelhos, olmos e salgueiros. Nunca é a árvore mais comum — só é possível encontrá-la em trechos dispersos —, então, você é capaz de passar o dia inteiro com as botas atoladas no lodo até encontrar a árvore certa. Ao rastrear as florestas úmidas, é possível identificar o freixo-negro por sua casca. Você passa por bordos com cascas formadas por placas rígidas cinza, pelos troncos de tranças gretadas e pelas reentrâncias ásperas do olmo, pelos salgueiros de sulcos profundos, mas, em vez disso, busca o elegante padrão entrelaçado e as saliências verrucosas do freixo-negro. Ao apertarmos as saliências com a ponta dos dedos, percebemos que são esponjosas. Há outras espécies de freixo no pântano, por isso é bom verificar as folhas da árvore também. Em todos os freixos — verdes, brancos, azuis, abóbora e pretos —, as folhas compostas nascem opostas umas às outras, em galhos robustos e com textura semelhante a cortiça.

Apesar disso tudo, não basta encontrar o freixo-negro; ele tem que ser o correto — uma árvore preparada para se converter em cesto. O freixo ideal para a fabricação de cestos tem o tronco reto, nu, sem galhos na parte inferior. Os galhos produzem nós que atrapalham o veio reto da tala. A árvore ideal tem cerca de um palmo de largura, a coroa frondosa e vigorosa, ou seja, é uma árvore saudável. As árvores que crescem na direção do sol serão retas e com linhas finas, enquanto aquelas que se retorceram para encontrar a luz apresentam torções e curvas nos veios. Certos produtores de cestos escolhem apenas árvores localizadas em elevações no pântano, enquanto outros evitam freixos-negros perto de cedros.

As árvores são afetadas por seu tempo de broto, assim como os seres humanos pela infância. A história de uma árvore é contada por seus anéis de crescimento, claro. Anos felizes geram anéis espessos; anos tristes, anéis finos, e o padrão dos anéis é fundamental para o processo de confecção de cestos.

Os anéis de crescimento são formados pelo ciclo das estações, pelo despertar e repouso da frágil camada de células encontradas entre a casca e a camada mais nova da madeira, o câmbio. Retire um pedaço da casca do tronco e sentirá a umidade escorregadia do câmbio. As células do câmbio são sempre embrionárias, capazes de se dividir para aumentar a circunferência da árvore. Na primavera, quando os brotos detectam o prolongamento dos dias e a seiva começa a subir, o câmbio desenvolve células feitas para dias de festa, tubos grandes e de boca larga para conduzir a abundante água por todo o tronco, até chegar às folhas. Essas linhas de grandes vasos é o que você conta para determinar a idade da árvore. Elas crescem rápido, portanto suas paredes tendem a ser finas. Cientistas denominam essa parte do anel anual de lenho primaveril ou lenho inicial. Quando a primavera dá lugar ao verão, os nutrientes e a água se tornam escassos e o câmbio produz células menores, mais grossas, para tempos de vacas magras. Essas células densamente carregadas são denominadas lenho estival ou lenho tardio. Quando os dias encurtam e as folhas caem, o câmbio se prepara para o repouso invernal e interrompe por completo a divisão celular. Contudo, assim que a primavera se anuncia, mais uma vez o câmbio entra em ação, produzindo grandes células primaveris. A abrupta transição entre as pequenas células do lenho tardio do ano anterior e o lenho inicial da primavera ganha a aparência de uma linha, um anel de crescimento.

John desenvolveu um olhar de profissional para essas coisas. Às vezes, porém, só para se certificar, ele desembainha a faca e tira uma lasca para dar uma espiada nos anéis. John prefere as árvores com, em média, trinta a quarenta anéis de crescimento. Quando encontra a árvore certa, o processo de retirada da madeira se inicia. Mas não com um serrote, e sim com uma conversa.

Os lenhadores tradicionais reconhecem a individualidade de cada árvore como pessoa, uma pessoa não humana da floresta. As árvores não são simplesmente arrancadas, antes é preciso lhes pedir permissão. Imbuído de profundo respeito, o lenhador explica seu propósito e pede permissão à árvore para levá-la. Por vezes, a resposta é não. A resposta pode estar nas cercanias — um ninho de vireonídeos nos galhos, ou a resistência obstinada da casca ao questionamento da faca —, algo que sugere que a árvore não está a fim, ou talvez seja o inefável conhecimento que o faz desistir. Caso o consentimento seja dado, ele reza e deixa tabaco para retribuir o presente. A árvore é derrubada com extremo cuidado para não causar danos a si ou às outras na queda. Às vezes, o lenhador prepara uma cama de ramos de abetos para amortecer o pouso da árvore. Ao terminarem, John e seu filho içam o tronco aos ombros e iniciam a longa caminhada para casa.

John e sua numerosa família fabricam muitos cestos. Apesar de sua mãe preferir se encarregar do próprio tronco, quando é atacada pela artrite, deixa que ele e os meninos cuidem da tarefa. A família trança cestos o ano todo, mas, em certas estações, há mais árvores. É uma ótima ideia cortar o tronco logo em seguida, ainda úmido, embora John explique que é possível enterrar o tronco numa vala, cobrindo-o com terra úmida para mantê-lo fresco. Suas épocas favoritas para o corte são a primavera — quando "a seiva está subindo e a energia da terra flui para dentro da árvore" — e o outono, "quando a energia flui de volta para o solo".

Hoje, John raspa a casca esponjosa, que desviaria a força do machado, e começa a trabalhar. Quando puxa a ponta da primeira faixa, é possível ver o que está acontecendo: o golpe rompe as células das finas paredes do lenho inicial, separando-as do lenho tardio. O tronco fende na linha divisória entre a madeira primaveril e a estival, ou seja, a tira retirada é a madeira localizada entre os anéis de crescimento anuais.

Dependendo da história individual da árvore e do seu padrão de anéis, uma tira pode trazer a madeira de cinco anos ou, às vezes, de apenas um — cada árvore é diferente. Sempre que os cesteiros golpeiam e descascam, estão fazendo uma viagem de volta ao passado. A vida da árvore sai em suas mãos, camada por camada. À medida que as faixas em arco se tornam mais numerosas, o tronco em si diminui e, em horas, se reduz a um bastão fino. "Olhem", mostra John, "descascamos a árvore toda até a época em que era só um broto". Ele aponta a grande pilha de faixas acumuladas. "Nunca se esqueçam disso. Vocês têm aí, empilhada, toda a vida dessa árvore."

As compridas tiras de madeira apresentam diferentes espessuras, e o próximo passo é retirar a faixa das camadas componentes para, então, separar os anéis anuais. As tiras grossas são necessárias para a confecção dos grandes cestos de roupa suja ou para os que serão levados às costas durante a colheita. Nos cestos mais elegantes e sofisticados, são usadas só tiras de menos de um ano de idade. Do porta-malas da nova caminhonete branca, John retira sua ferramenta, o separador: dois pedaços de madeira unidos por um gancho que se assemelham a um prendedor de roupas gigante. Ele se acomoda na beirada da cadeira e, com as pernas abertas, prende a ferramenta entre os joelhos, e a extremidade pontiaguda se ergue do seu colo. Ele prende a tira de dois metros e meio de comprimento no gancho, deixando cerca de dois centímetros e meio para fora. Abre a faca e passa a lâmina na extremidade da tira, fazendo movimentos circulares no anel de crescimento, para abrir uma incisão. Ele agarra cada lado da tira cortada e os separa em movimentos suaves, retirando tiras tão lisas e harmoniosas quanto duas compridas lâminas de grama.

"É só isso", diz, mas seus olhos riem ao encontrarem os meus. Pego a tira de madeira, tento equilibrar o separador entre as coxas e em seguida faço o corte para iniciar o entalhe. Não demoro a descobrir a necessidade de prender com força o separador entre as pernas — tarefa nada fácil. "Opa." John ri. "Essa é uma antiga invenção indígena — a faixa elástica para fortalecer as pernas!" Quando enfim concluo a tarefa, a ponta da tira parece roída por um esquilo. Apesar de ser um professor paciente, John não vai se encarregar da minha função. Apenas sorri, corta minha ponta desfiada e recomenda: "Tente de novo." Acabo conseguindo dois lados que posso retirar, mas são irregulares, e, ao puxar, obtenho apenas uma tira de uns trinta centímetros, fina de um lado e grossa do outro. John circula entre os aprendizes, nos encoraja. Decorou o nome de todos e captou as necessidades de cada um. Zomba dos bíceps fracos de uns, dá tapinhas amistosos nos ombros de outros. Senta-se ao lado dos frustrados e aconselha em tom gentil: "Não se cobre tanto. Pegue leve." Às vezes, apenas puxa a tira e lhes entrega. É excelente avaliador de pessoas, tanto quanto de árvores.

"Esta árvore é uma ótima professora", afirma. "Foi o que sempre nos ensinaram. O trabalho do ser humano é encontrar o equilíbrio, e o entalhe das tiras vai permitir que não se esqueçam dessa lição."

Quando se pega o jeito, a tira se separa uniformemente, e nos surpreendemos com o deslumbre das partes internas: lustrosas e tépidas, absorvem a luz como uma fita de cetim creme. Já a parte externa é irregular e áspera, com pontas lascadas e "cabelo" comprido.

"Agora, vocês vão precisar de uma faca bem afiada", avisa John. "Precisa usar a pedra de amolar todo dia. E, infelizmente, é fácil se cortar." John entrega a cada um de nós uma "perna" cortada de jeans e nos ensina como apoiar o denim duplo e grosso na coxa esquerda. "O ideal é usar camurça", ensina, "se tiverem algum pedaço à disposição. Mas jeans funcionam bem. Só tratem de tomar cuidado". Ele se senta com cada um de nós para demonstrar, pois a diferença entre o êxito e o banho de sangue é uma pequena inclinação no ângulo da faca e na pressão da mão. Ele coloca a tira na coxa, com o lado áspero voltado para cima, no qual encosta a lâmina. Com a outra mão, vai puxando a tira em movimentos contínuos, como a lâmina de patins sobre o gelo. As rebarbas se acumulam na faca à medida que a faixa se move. O resultado é uma superfície lustrosa. Ele faz com que essa tarefa também pareça fácil. Já vi Kitt Pigeon retirar tiras acetinadas como se puxasse a linha de um carretel; minha faca, no entanto, emperra, e acabo criando entalhes em vez de alisar a madeira. O fio de corte da minha faca é superafiado, e acabo talhando fundo demais, o que transforma uma comprida e bonita tira em lascas.

"Daqui a pouco vai ter direito a um pedaço de pão", diz John, balançando a cabeça, quando estrago outro pedaço. "É o que minha mãe dizia quando arruinávamos as talas." A fabricação de cestos era e continua sendo o ganha-pão da família Pigeon. Nos tempos do seu avô, o lago, os bosques e os pomares lhes forneciam grande parte da alimentação e outros mantimentos, porém, às vezes, também precisavam armazenar produtos, e os cestos eram a fonte de renda para comprar pão, compotas de pêssego e sapatos para as crianças irem à escola. As tiras estragadas eram alimentos jogados fora. Dependendo do tamanho e do desenho, o cesto de freixo-negro pode render um bom dinheiro. "O pessoal fica meio zangado ao ver o preço", comenta John. "Acham que é 'só' trançar o cesto, mas 80% do trabalho começa bem antes. É preciso encontrar a árvore, derrubá-la, carregar o tronco e tudo o mais, e mal dá para tirar um salário mínimo."

Uma vez preparadas as tiras, estamos prontos para trançar o cesto. Acreditávamos que seria o trabalho mais importante — ledo engano! Mas John interrompe a aula; a voz gentil ganha um tom severo. "Vocês perderam a coisa mais importante", avisa. "Olhem ao redor." Olhamos — para a floresta, para o acampamento, um para o outro. "Para o *chão*!", exclama. Ao redor de cada aprendiz, havia um monte de lascas. "Parem e pensem no que estão segurando. Esse freixo passou trinta anos crescendo naquele pântano, enchendo-se de folhas, deixando-as cair e voltando a se encher delas. Foi comido por cervos, atingido pelas geadas, mas continuou trabalhando, ano após ano, para produzir esses anéis de madeira. Cada tira no chão é um ano inteiro da vida dessa árvore, e vocês vão pisar nelas, dobrá-las, jogá-las no lixo? Essa árvore respeitou vocês como respeitou a própria vida. Não devem ter vergonha de estragar uma tira, ainda estão aprendendo. Mas não importa o que façam, devem respeito a essa árvore e não a deveriam desperdiçar." Então ele nos guia enquanto separamos os fragmentos. As tiras curtas vão para uma pilha a fim de serem usadas em cestos pequenos e enfeites. As lascas e pedaços variados são guardados numa cesta para secar e serem usados como combustível. John segue a tradição da Honorável Colheita: peguem apenas aquilo de que precisam e usem tudo o que pegarem.

Suas palavras ecoam o que tantas vezes ouvi de meus pais. Eles cresceram durante a Depressão, quando não desperdiçar era um imperativo e, com certeza, não havia restos no chão. Mas "use até gastar" e "faça com que seja útil e, se não for, melhor nem tocar" são conceitos éticos tanto quanto econômicos e ecológicos. O desperdício das lascas não só desonra a árvore, como também reduz o orçamento da família.

Quase tudo o que usamos é resultante da vida de outrem, mas essa simples realidade raras vezes é reconhecida em nossa sociedade. Os rolos de freixo são quase tão finos quanto os de papel. Dizem que o "fluxo de desperdício", nos Estados Unidos, é dominado pelo papel. Quase na mesma proporção de uma lasca de freixo, uma folha de papel é a vida de uma árvore, bem como água, energia e derivados tóxicos usados para sua produção. Entretanto, o papel é usado como se não valesse nada. O curto caminho da caixa de correspondência para a cesta de lixo diz bem sobre isso. Mas o que aconteceria, reflito, com a pilha de folhetos recebidos se nela pudéssemos enxergar as árvores que foram um dia? Se John estivesse presente para nos lembrar da dignidade da vida delas?

Os fabricantes de cestos começaram a observar, em certas áreas, o declínio no número de freixos-negros. Preocuparam-se, achando que a culpa era da exploração dos recursos — a escassez devia ser consequência do excesso de demanda por cestos no mercado e da pouquíssima atenção às árvores nas matas. Eu e um aluno da pós-graduação, Tom Touchet, decidimos investigar. Começamos a analisar a estrutura da população de freixos-negros no estado de Nova York, com o objetivo de compreender em qual ponto no ciclo da vida das árvores residia o problema. Em cada pântano visitado, contamos todos os freixos-negros encontrados e, com fitas métricas, obtivemos suas circunferências. Em cada local, Tom averiguou a idade deles. Em cada um, Tom descobriu a existência de árvores velhas e de brotos, mas quase nada na faixa intermediária. Havia um enorme vazio nesse recenseamento demográfico. Encontrou grande número de sementes, de mudas, mas grande parte da faixa etária seguinte — o futuro da floresta — morrera ou simplesmente não existia.

Só em dois lugares encontrou árvores adolescentes em profusão. No primeiro, em clareiras em meio ao dossel verde da floresta, onde doenças ou vendavais haviam derrubado algumas árvores velhas e, assim, possibilitaram a passagem da luz. Curioso, Tom descobriu que, nas áreas nas quais uma doença por fungos matara os olmos, os freixos-negros os substituíram, num equilíbrio entre perda de uma espécie e ganho de outra. Para a transição de muda em árvore, o freixo-negro jovem precisava de espaço aberto e ensolarado. Caso permanecesse na sombra, não sobreviveria.

No segundo local, os brotos floresciam próximos às comunidades dos fabricantes de cestos. Nos locais onde a tradição permanecia viva, as árvores também vicejavam. Levantamos a hipótese de que o aparente declínio de freixos poderia ser resultado não do excesso, mas da escassez. O ecoar do *tum, tum, tum* nas comunidades significava a existência de inúmeros cesteiros nos bosques e da abertura de espaços, possibilitando que a luz alcançasse as mudas e as árvores jovens pudessem crescer e chegar à idade adulta. Em lugares onde os fabricantes de cestos ou desapareceram ou existiam em número reduzido, a floresta não tinha espaço suficiente para o freixo-negro prosperar.

Os freixos-negros e os cesteiros são parceiros na simbiose que há entre quem colhe e quem é colhido: os freixos dependem dos seres humanos como estes dependem dos freixos. Seus destinos estão interligados.

O ensinamento da família Pigeon quanto a esse vínculo faz parte de um crescente movimento que visa à recuperação do artesanato tradicional de cestos, ligada à revitalização das terras, da cultura, da língua e das filosofias indígenas. Em toda a Ilha da Tartaruga, os povos indígenas lideram a mobilização pelo renascimento do conhecimento e dos modos de vida tradicionais — que por pouco não desapareceram sob a pressão dos recém-chegados. Contudo, justo quando o ressurgimento do artesanato de cestos ganha força, o freixo é ameaçado por outras espécies invasoras.

John propõe um intervalo, uma bebida gelada e esticar os dedos cansados. "Vocês precisam estar de cabeça fria para a próxima etapa", anuncia.

Enquanto circulamos, tentando aliviar as câimbras no pescoço e nas mãos, John nos entrega folhetos do Departamento de Agricultura dos Estados Unidos, com a foto de um besouro-verde cintilante na capa. "Caso se preocupem com os freixos", avisa, "melhor prestarem atenção. Eles estão sofrendo ataques".

O besouro-verde (*Agrilus planipennis*), nativo de países do Leste Asiático, põe seus ovos em fendas nos troncos das árvores. Depois de chocadas, as larvas comem os câmbios até atingirem o estágio de pupas, quando então o besouro abandona a árvore, cerca de um ano depois, e voa para acasalar e buscar outro viveiro. Mas, onde quer que pouse, ele é inevitavelmente fatal para as árvores infestadas. Infelizmente, para o povo da região dos Grandes Lagos e da Nova Inglaterra, o hospedeiro favorito do besouro é o freixo. Para conter a proliferação do inseto, troncos e lenhas são deixados em quarentena, mas o inseto prolifera com mais rapidez do que os cientistas previram.

"Então, fiquem de olho", adverte John. "Precisamos proteger nossas árvores. Essa é nossa função." Quando ele e a família pegam madeira no outono, tomam especial cuidado em recolher as sementes derrubadas e espalhá-las ao atravessarem os pântanos. "Faz parte da vida", relembra. "Não se deve pegar nada sem retribuir. Essa árvore cuida da gente, então também temos de cuidar dela."

Vastas áreas de freixo no Michigan já foram dizimadas; os amados terrenos de cestos são agora cemitérios de árvores para cestos. Houve uma ruptura na cadeia de relação existente desde tempos imemoriais. O pântano no qual, por gerações, a família Pigeon coletou o freixo-negro e dele cuidou, está infestado. Angie Pigeon escreve: "Todas as nossas árvores se foram. Não sei se um dia voltaremos a ter cestos." Para a grande maioria, as espécies invasivas representam danos à paisagem, e os espaços vazios devem ser ocupados por outra coisa qualquer. Para os responsáveis por uma relação antiga, o nicho vazio significa mãos vazias e um buraco no coração coletivo.

Enquanto tantas árvores desapareceram, e a tradição repassada de geração em geração corre perigo, os Pigeon trabalham para preservar tanto as árvores quanto a tradição. Em associação com cientistas florestais, tentam resistir ao inseto e adaptar-se às consequências. Há, entre nós, incansáveis tecelões.

John e a família não estão sozinhos no esforço de proteger o freixo-negro. Em Akwesasne, uma reserva Mohawk na fronteira entre o estado de Nova

York e o Canadá, o freixo-negro tem ainda mais guardiões. Ao longo das últimas três décadas, Les Benedict, Richard David e Mike Bridgen uniram esforços para introduzir o conhecimento ecológico tradicional, bem como ferramentas científicas, na luta pela preservação do freixo-negro. Plantaram milhares de mudas de freixo-negro visando a sua distribuição para as comunidades indígenas de toda a região. Les Benedict chegou a convencer o Viveiro de Árvores do Estado de Nova York a produzir mudas, até que se tornem aptas para o replante em locais como pátios de escolas e áreas auxiliadas pelo Superfund,★ da Agência de Proteção Ambiental. Milhares de mudas já haviam sido plantadas num projeto de reflorestamento em comunidades ressurgentes, quando o besouro apareceu em nossas terras.

À medida que a ameaça se aproxima cada vez mais de suas terras natais, a cada outono, Les e os colegas se encarregam de obter as melhores sementes que são capazes de encontrar para armazená-las, sem perder a fé de que, no futuro, possam replantar a floresta, após o término da onda de invasão. Toda espécie precisa de Les Benedicts, de famílias Pigeon, de aliados e protetores. Muitos de nossos ensinamentos tradicionais reconhecem que certas espécies são nossas colaboradoras e guias. As Instruções Originais nos recordam que devemos retribuir os favores recebidos. É uma honra ser o guardião de outra espécie — uma honra ao alcance de todos, apesar de, muitas vezes, ser esquecida. Um cesto de freixo-negro é um presente que nos faz relembrar dos presentes de outros seres, presentes que podemos retribuir atuando como seus defensores e cuidadores.

John nos chama de volta ao círculo para a próxima etapa: montar o fundo do cesto. Confeccionamos o fundo redondo tradicional, então, as duas primeiras tiras são colocadas em ângulos retos, numa cruz simétrica. Moleza. "Deem uma olhada no que fizeram", pede John. "Vocês começaram com as quatro direções. É o coração do cesto. Todo o restante é construído em torno disso." Nosso povo honra as quatro direções sagradas e as forças que ali residem. No ponto em que as duas tiras do cesto se encontram, na interseção dessas quatro direções, estamos nós, os seres humanos, tentando encontrar o equilíbrio

---

★ Lei federal criada em 1980 com o objetivo de garantir recursos e ações destinadas a investigar e limpar locais contaminados por substâncias perigosas e poluentes.

entre elas. "Olhem só", diz John. "Tudo o que fazemos na vida é sagrado. Construímos as quatro direções. Por isso, começamos assim."

Uma que vez os oito fios da armação estejam entrelaçados, com tiras finíssimas, cada cesto começa a crescer. Olhamos para John à espera das próximas instruções. Nada. Ele diz: "Agora é por conta de cada um. O desenho do cesto só depende de vocês. Ninguém pode dizer o que devem criar." Temos tiras grossas e finas com as quais trabalhar, e John sacode uma cesta e espalha tiras tingidas de uma grande variedade de cores bem vivas. O emaranhado parece conter as fitas usadas nas camisas masculinas nos *powwows* noturnos. "Basta pensarem na árdua tarefa da árvore antes de começarem", alerta. "Ela deu a vida por esse cesto, então vocês têm consciência da responsabilidade. Retribuam com um cesto lindo."

A responsabilidade em relação à árvore deixa todos paralisados antes de iniciarmos o trabalho. Às vezes, tenho a mesma sensação ao olhar uma folha de papel em branco. Para mim, escrever é um ato de reciprocidade para com o mundo — é o que posso dar em agradecimento por tudo o que me foi dado. E agora surge outra camada de responsabilidade: escrever numa fina folha de árvore, na esperança de que as palavras mereçam seu sacrifício. Um pensamento desses podia levar qualquer um a largar a caneta e desistir.

As primeiras duas fileiras do cesto são as mais difíceis. Na primeira volta, a tira parece ter vontade própria e querer zanzar num ritmo descontrolado ao redor do círculo. Ela se recusa a seguir o padrão e parece frouxa e bamba. Nesse momento, John aparece para ajudar, nos encorajando e se oferecendo para prender as tiras que tentam escapar. A segunda fileira é quase tão frustrante quanto a anterior — o espaçamento está errado e você precisa prender a tira para que ela fique bem fixa. Mesmo assim, ela afrouxa e a ponta molhada atinge seu rosto. John só ri. Uma bagunça, um monte de tiras indisciplinadas, nada parece dar certo. Mas então vem a terceira fileira, minha preferida. A essa altura, a tensão da parte inferior compensa a da superior; as forças opostas começam a entrar em equilíbrio. O dar e o receber — a reciprocidade começa a fazer sentido e as partes a se transformarem num conjunto. O tecer fica mais fácil à medida que as tiras se instalam, confortáveis, em seus devidos lugares. A ordem e a estabilidade emergem do caos.

Ao tecer o bem-estar de uma terra e de uma pessoa, precisamos prestar atenção às lições das três fileiras. O bem-estar ecológico e as leis da natureza são sempre a primeira fileira. Sem elas, não há cesto. Só depois desse primeiro círculo, podemos tecer o segundo. O segundo representa a prosperidade material, a subsistência das necessidades humanas. A economia calcada na ecologia. Mas com apenas duas fileiras, o cesto corre o risco de se desfazer. Somente ao terminarmos a terceira fileira é que a primeira e a segunda estarão fixas. Só então a ecologia, a economia e o espírito estarão entrelaçados. Ao usar materiais como se fossem uma dádiva, e retribuir essa dádiva com uso digno, encontramos o equilíbrio. Acho que essa terceira fileira atende por vários nomes. Respeito. Reciprocidade. Todas as Nossas Relações. Penso nela como a linha do espírito. Pouco importam os nomes; as três linhas representam o reconhecimento de que nossa vida depende uma da outra, as necessidades humanas são apenas uma fileira no cesto que deve unir todas as criaturas. Numa relação, as tiras separadas se transformam num cesto pronto, sólido e resiliente o bastante para nos conduzir ao futuro.

Enquanto trabalhamos, um grupo de criancinhas entra na sala de aula. Embora muito requisitado pelos alunos, John cessa a ajuda e dedica sua inteira atenção aos meninos. São muito pequenos, mas querem ficar ali, então ele pega um punhado de tiras curtas de nossas sobras. Em gestos determinados e lentos, suas mãos curvam e torcem as tiras até, poucos minutos depois, aparecer um cavalinho de brinquedo na palma de uma delas. Ele entrega aos meninos umas tiras e o modelo e diz algumas palavras em Potawatomi, mas não lhes sugere a confecção de um cavalo. Os meninos, acostumados com esse tipo de ensinamento, não fazem perguntas. Olham uma, duas, três vezes e depois tentam adivinhar como copiar o modelo. Em pouco tempo, uma manada de cavalos galopa em cima da mesa e os menininhos observam os cestos crescerem.

No finzinho da tarde, nas sombras alongadas, a mesa de trabalho começa a se encher de cestos prontos. John nos ajuda a acrescentar as ondulações decorativas tradicionais em cestos pequenos. De tão flexíveis, as fitas de freixo-negro permitem bordar a superfície do cesto com alças e torções que exibem o brilho reluzente da árvore. Fizemos bandejas redondas baixas, vasos altos e finos, cestos de frutas em texturas e cores de todos os tipos e formatos. "Chegamos à última etapa", avisa, entregando canetas hidrográficas. "Precisam assinar os cestos. Orgulhem-se do que fizeram. Esse cesto não foi feito sozinho. Reivindiquem o que é de vocês, com os erros e tudo o mais." Ele pede que nos enfileiremos para uma foto, segurando nossos cestos. "Essa é uma ocasião especial", diz sorrindo, tal um pai orgulhoso. "Vejam o que aprenderam hoje.

Quero que entendam o que os cestos têm para mostrar. Todos eles são lindos. Todos são diferentes e, no entanto, todos começaram a partir da mesma árvore. São todos feitos do mesmo material, mas cada um é único. Assim como nosso povo, todos feitos do mesmo material e cada um lindo do seu jeito."

Naquela noite, vejo o círculo do *powwow* com novos olhos. Percebo que o eixo de cedro protegendo os tambores é apoiado por varas dispostas nas quatro direções. O tambor, a batida do coração, nos convida a dançar. Uma nova batida; cada um de nós dança no seu próprio passo: dançarinos da grama, dançarinos do búfalo agachado, o rodopio das dançarinas com seus xales elegantes, os estupendos vestidos com cones de metal da dança jingle, o solene movimento das dançarinas tradicionais. Cada homem, cada mulher, cada criança, todos usando grande variedade de cores. As fitas esvoaçam, as franjas balançam, tudo é lindo, todos dançam ao ritmo dos tambores. Passamos a noite inteira ao redor do círculo, tecendo juntos um cesto.

Hoje, minha casa está cheia de cestos, e os meus preferidos são os da família Pigeon. Neles posso ouvir a voz de John, posso escutar o *tum, tum, tum* do machado e sentir o cheiro do pântano. Eles me fazem lembrar dos anos da vida da árvore que tenho em minhas mãos. Como seria, reflito, viver com essa sensibilidade aguçada quanto às vidas dadas para as nossas? Como seria considerar a árvore no lenço de papel, a alga na pasta de dentes, os carvalhos no piso, as uvas no vinho; retroceder na linha do tempo em relação a tudo e recompensar tudo com nosso respeito? Quando se começa, é difícil parar, e passamos a nos sentir repletos de dádivas.

Abro o armário da cozinha, um lugar provável para guardar presentes. Penso: "Eu o saúdo, vaso de geleia. Saúdo o copo que um dia foi areia na praia, lavada um monte de vezes, banhada pela espuma e pelos gritos das gaivotas, mas que foi transformada em copo até um dia poder retornar ao mar. Eu as saúdo, frutas silvestres, carnudas em junho e hoje em minha despensa em fevereiro. Eu o saúdo, açúcar, tão distante do seu lar no Caribe — obrigada pela viagem."

Tomada por essa consciência, admiro os objetos em minha escrivaninha — o cesto, a vela, o papel — e fico encantada em acompanhar suas origens até o solo. Reviro um lápis — uma varinha mágica torneada com o cedro-de--incenso — entre os dedos. A casca de salgueiro na aspirina. Mesmo o metal da minha luminária pede que eu considere suas raízes nos estratos da terra. Mas percebo que meus olhos e meus pensamentos passam de relance pelos objetos de plástico na minha escrivaninha. Mal se detêm no computador. Não posso dedicar um segundo de reflexão ao plástico, tão afastado do mundo natural. Fico pensando se aí começa a desconexão e a perda de respeito, no instante em que deixamos de enxergar vida no objeto.

Entretanto, de forma alguma desrespeito as diatomáceas e os invertebrados marinhos que, lá se vão duzentos milhões de anos, viviam e viraram diatomitos, depósitos sedimentares nas bacias do mar, onde, sob grande pressão da terra em transformação, se converteram em petróleo e acabaram extraídos por refinarias, triturados e polimerizados para a fabricação da tampa do meu laptop e a do frasco de aspirinas. Contudo, prestar atenção na vasta rede de produtos hiperindustrializados me provoca dor de cabeça. Não fomos feitos para essa constante conscientização. Temos mais o que fazer.

Mas, de vez em quando, ao segurar um cesto, um pêssego ou um lápis, tanto a mente quanto o espírito se abrem para todas as conexões, para todas as vidas e para nossa responsabilidade em jamais os desperdiçar. E, neste exato momento, posso escutar John Pigeon dizendo: "Diminuam o ritmo — vocês têm trinta anos da vida de uma árvore nas mãos. Não acham que devem dedicar alguns minutos para pensar no que farão com ela?"

# *Mishkos kenomagwen*: os ensinamentos da erva

I. INTRODUÇÃO

Num dia de verão, é possível sentir o cheiro da planície de *wiingaashk* antes de vê-la. O perfume é trazido pela brisa e você o fareja como um cachorro, depois ele desaparece, substituído pelo odor penetrante do lodo. E aí, a doce fragrância de baunilha está de volta, acenando.

II. REVISÃO BIBLIOGRÁFICA

No entanto, Lena não se deixa enganar fácil. Ela vagueia pela planície com a segurança dos anos de experiência, afastando o mato com sua figura esbelta. A senhora idosa, miúda e grisalha caminha com a vegetação até a cintura. Repousa o olhar em todas as outras espécies e, só então, segue em linha reta até um terreno que, aos olhos dos não iniciados, não se diferencia do resto. Segura uma erva entre o polegar e o indicador da mão escura e enrugada. "Está vendo como cintila? Ela pode se esconder de você no meio das outras, mas quer ser encontrada. Por isso brilha desse jeito." No entanto, prossegue, deixando a erva escorregar entre os dedos. Ela obedece aos ensinamentos de seus ancestrais: nunca pegar a primeira planta que encontra.

Eu a sigo enquanto suas mãos afagam de leve as sálvias-indianas, e as varas-de-ouro. Ao avistar um brilho no campo, ela acelera o passo. "Ah,

*Bozho*", diz. Olá. Do bolso da velha jaqueta de nylon, retira uma bolsinha de camurça, de contas vermelhas na ponta, e derrama um pouco de tabaco na palma da mão. Com os olhos fechados, murmura enquanto ergue a mão nas quatro direções e espalha um pouco de tabaco no chão. "Sabia que você sempre deve deixar um presente para as plantas e perguntar se pode pegá-las?" Suas sobrancelhas desenham um ponto de interrogação. "Seria grosseria não perguntar primeiro." Só então ela se curva e retira uma haste pela base, tomando cuidado para não incomodar as raízes. Separa as moitas próximas, à procura de outras, até colher um espesso feixe de talos reluzentes. No local em que a planície foi aberta por sua passagem, uma trilha sinuosa marca seu progresso.

Sem se deter, Lena passa por muitos terrenos repletos de plantas que tremulam com a brisa. "É nosso costume", diz, "pegar apenas o que precisamos. Sempre me ensinaram a nunca pegar mais da metade". Às vezes, ela não pega nada, mas vem aqui só para verificar a planície, examinar como estão as plantas. "Nossos ensinamentos", continua, "são muito fortes. Não seriam transmitidos, caso não fossem úteis. O mais importante a ser lembrado é o que minha avó sempre repetia: 'Se usarmos uma planta com respeito, ela ficará conosco e florescerá. Se a ignorarmos, ela irá embora. Se não a respeitarmos, ela nos abandonará'". As plantas em si nos demonstraram isso — *mishkos kenomagwen*. Quando deixamos a planície e pegamos o caminho de volta pelos bosques, ela retorce um punhado de capim rabo-de-gato num nó frouxo, ao lado da trilha. "Isso é para mostrar aos outros colhedores que estive aqui", diz, "para que saibam que não devem pegar mais. Esse lugar sempre dá uma boa erva ancestral, desde que a gente cuide direito dela. Tem sido difícil encontrá-la em outros lugares. Fico achando que não a devem colher direito. Algumas pessoas vivem apressadas e arrancam a planta inteira. Até as raízes saem. Não foi assim que me ensinaram".

Já estive com colhedores que agiam assim, retirando um punhado de plantas e deixando um pontinho vazio e uma penugem de raízes partidas nas hastes arrancadas. Eles também faziam oferendas de tabaco e colhiam apenas a metade, e me garantiram ser correto o seu método de colheita. Mostravam-se na defensiva quando acusados de exaurir a plantação da *wiingaashk* com sua colheita. Perguntei a Lena, e ela simplesmente deu de ombros.

III. HIPÓTESE

A *wiingaashk* está desaparecendo em muitos lugares históricos, então os fabricantes de cestos apresentaram uma solicitação aos botânicos: estudar se diferentes métodos de colheita podiam ser a causa do sumiço da erva.

Quero ajudar, embora esteja um tanto cautelosa. A erva ancestral não é uma unidade experimental para mim; é uma dádiva. Há uma barreira de linguagem e significado entre a ciência e o conhecimento tradicional, diferentes formas de conhecimento, diferentes formas de comunicação. Não tenho certeza se quero forçar os ensinamentos da erva no apertado uniforme do pensamento científico e da escrita técnica exigida pelo mundo acadêmico: Introdução, Revisão bibliográfica, Hipótese, Métodos, Resultados, Discussão, Conclusões, Agradecimentos, Referências citadas. Mas me fizeram essa solicitação, em nome da erva ancestral, e reconheço minha responsabilidade.

Para ser ouvida, é preciso falar a língua de quem você deseja que ouça. Então, na faculdade, propus um projeto de tese a Laurie, minha aluna na pós-graduação. Não satisfeita com as questões puramente acadêmicas, ela buscava um projeto de pesquisa que, como a mesma disse, "tivesse significado para alguém", em vez de ficar apenas na estante.

IV. MÉTODOS

Laurie estava ansiosa para começar, mas nunca tinha encontrado a *wiingaashk*. "A erva será sua professora", avisei, "então, precisa conhecê-la". Levei-a até nossa planície restaurada de *wiingaashk* e foi amor ao primeiro cheiro. Não demorou muito para que passasse a reconhecê-la. Foi como se a planta desejasse que ela a encontrasse.

Juntas, planejamos experimentos com o intuito de comparar os efeitos dos dois métodos de colheita explicados pelos fabricantes de cestos. Até então, a educação de Laurie basicamente se resumia ao método científico, mas eu quis que ela experimentasse um estilo de pesquisa um pouquinho diferente. Para mim, um experimento é uma espécie de conversa com as plantas: tenho perguntas para elas, mas, como não falamos a mesma língua, não posso lhes perguntar de modo direto nem elas me responderão por meio da expressão verbal. Contudo, as plantas podem ser eloquentes, graças a respostas físicas e comportamentos. As plantas respondem às perguntas pelo modo como vivem e por suas respostas às mudanças, basta aprender a perguntar. Sorrio ao ouvir meus colegas dizerem "Descobri x". A sensação é mais ou menos a de ouvir a alegação de que Colombo descobriu a América. Ela sempre esteve aqui, só que ele não sabia. Os experimentos não devem ser vistos como descobertas. Devemos, sim, escutar e traduzir o conhecimento de outros seres.

Meus colegas podem zombar da ideia de cesteiros serem cientistas, mas, quando Lena e as filhas colhem 50% da *wiingaashk*, observam e avaliam os resultados, e, por fim, elaboram guias de gestão a partir das conclusões, tudo isso soa, a mim, como ciência experimental. Gerações de coleta de dados e validação ao longo do tempo denotam teorias bem testadas.

Em nossa universidade, bem como em várias outras, os alunos de pós-graduação devem apresentar seus projetos de teses a uma banca da faculdade. Laurie realizou um trabalho maravilhoso de delineamento do experimento proposto, descrevendo, com extrema habilidade, múltiplos estudos de campo, as muitas respostas e aprofundadas técnicas de amostragem. Contudo, durante a apresentação do trabalho, reinava um silêncio desconfortável na sala de reunião. Um dos professores folheou as páginas do projeto e as empurrou com desdém. "Esse trabalho não apresenta nada novo para a ciência", afirmou. "Não há nem sequer uma estrutura teórica."

Para os cientistas, uma teoria significa algo bem distinto do seu uso popular, que sugere algo especulativo ou não testado. Uma teoria científica é um corpo coeso de conhecimento, uma explicação consistente dentre um leque de casos, capaz de possibilitar a previsão do que pode vir a acontecer em situações desconhecidas. Como essa. Nossa pesquisa foi, sem sombra de dúvida, pautada na teoria — basicamente na de Lena — do conhecimento ecológico tradicional dos povos indígenas: se usarmos uma planta com respeito, ela florescerá. Se a ignorarmos, ela irá embora. Essa é uma teoria fundamentada em milênios de observações das respostas da planta à colheita, sujeita a revisão por gerações de praticantes, de cesteiros a herbalistas. Apesar do peso dessa verdade, a banca teve de se conter para não revirar os olhos.

O reitor olhou por cima dos óculos que escorregavam do seu nariz, encarou Laurie com olhar penetrante e me dirigiu olhares enviesados. "*Todo mundo* sabe que colher uma planta prejudica sua população. Está perdendo seu tempo. E lamento, mas não considero essa história de conhecimento tradicional muito convincente." Graças à experiência de ex-professora, Laurie não perdeu a calma e a graciosidade durante a apresentação, mas seu olhar ficou duro.

Mais tarde, porém, seus olhos encheram-se de lágrimas. Os meus também. Nos primeiros anos, por mais bem preparadas que fôssemos, esse era quase um rito de passagem para as cientistas — a condescendência, a prepotência verbal por parte das autoridades acadêmicas, sobretudo se você tivesse a audácia de basear seu trabalho nas observações de mulheres idosas que, provavelmente, não tinham sequer concluído o ensino médio e discutiam como arrancar plantas.

Conseguir a validação dos cientistas no que diz respeito ao conhecimento indígena é como nadar contra a correnteza na água fria, gelada. De tão condicionados ao ceticismo, mesmo diante de dados concretos, eles são incapazes de aceitar teorias verificadas sem os esperados gráficos ou equações. Se somarmos a isso o indiscutível pressuposto de que a ciência conquistou o monopólio da verdade, não sobra muito espaço para qualquer discussão.

Embora desencorajadas, não desistimos. Os fabricantes de cestos nos forneceram os pré-requisitos do método científico: observação, padrão e hipótese testada. Para mim, isso soa como ciência. Então, começamos a preparar lotes de experimentação nas planícies, a fim de fazer a seguinte pergunta às plantas: "Esses dois diferentes métodos de colheita contribuem para seu declínio?" E tentamos identificar a resposta. Escolhemos espaços com grande densidade de *wiingaashk*, nos quais a população havia sido restaurada, e não os espaços nativos, onde a colheita era ativa.

Com incrível paciência, Laurie fez o recenseamento da população de *wiingaashk* em cada lote, de modo a obter cálculos precisos da densidade populacional antes da colheita. Chegou, inclusive, a marcar hastes individuais de erva com braçadeiras de plástico coloridas, para o devido acompanhamento. Depois de tudo organizado, teve início a colheita.

Os lotes eram submetidos a um dos dois métodos de colheita descritos pelos fabricantes de cestos. Laurie recolheu metade das hastes de cada lote, tirando-as uma por uma, com extremo cuidado, da base em alguns, e arrancando tufos e deixando um espacinho irregular de relva em outros. Experimentos devem ser controlados, claro, então ela manteve um número igual de lotes intocado. Enfeitou as planícies com bandeirolas cor-de-rosa para delimitar suas áreas de estudo.

Certo dia, nos sentamos ao sol, no campo, e discutimos se, de fato, o método reproduzia a colheita tradicional. "Sei que não", disse ela, "pois não estou reproduzindo a relação. Não falo com as plantas ou lhes faço oferendas". Embora tivesse pensado nisso, Laurie decidira excluir esse procedimento: "Por mais que respeite a relação tradicional, jamais poderia usá-la como parte de um experimento. Em nenhuma hipótese seria correto acrescentar uma variável que não entendo e que a ciência nem sequer pode tentar mensurar. Ademais, não tenho qualificações para falar com a erva ancestral." Tempos depois, ela admitiu ser difícil manter a neutralidade em sua pesquisa e evitar o afeto pelas plantas; depois de tantos dias cercada pela erva, aprendendo e escutando suas respostas, a neutralidade se provou insustentável. Por fim, optou por lhes demonstrar todo o seu atento respeito, tornando o seu cuidado uma constante também, para nenhum dos lados sofrer interferência. A *wiingaashk* colhida foi contada, pesada e entregue aos fabricantes de cestos.

De poucos em poucos meses, Laurie contava e registrava todas as plantas em seus lotes: os brotos mortos, os brotos vivos e os novíssimos brotos que emergiam do solo. Ela catalogou o nascimento, a morte e a reprodução de todas as hastes. No mês de julho seguinte, ela voltou a colher como faziam as mulheres nas áreas indígenas. Por dois anos, colheu e avaliou a resposta da erva ancestral junto a uma equipe de estagiários. A princípio, não foi moleza recrutar alunos para o trabalho, tendo em vista que a tarefa seria observar o crescimento da erva.

V. RESULTADOS

Laurie observou atentamente e preencheu seu caderno com aferições, mapeando o vigor de cada lote. Ficou um pouco preocupada quando os lotes não coletados pareceram meio adoentados. Confiava no controle dos lotes intocados como ponto de referência para a comparação dos efeitos da colheita nos outros lotes. Então, torcemos para que eles se recuperassem com o chegar da primavera.

No segundo ano, Laurie engravidou do primeiro filho. A erva foi crescendo, assim como sua barriga. O ato de se curvar e inclinar passou a ser um pouco mais difícil, sem falar em deitar-se na grama para ler as etiquetas nas hastes. Contudo, fiel às plantas, sentava-se na terra entre elas, contando e marcando. Ela disse que a calma proporcionada por ficar sentada numa planície povoada de flores, sentindo o cheiro de *wiingaashk* ao redor, era um bom começo para um bebê. Aposto que tinha razão.

À medida que o verão avançava, terminar a pesquisa antes de o bebê nascer virou uma corrida contra o tempo. A poucas semanas do parto, foi preciso um esforço de equipe. Quando Laurie terminava um lote, convocava sua equipe para ajudá-la a se levantar. Esse também era um rito de passagem para as biólogas de campo.

Conforme o bebê crescia, Laurie passou a acreditar, também com crescente convicção, no conhecimento de seus mentores cesteiros. Reconheceu, o que é incomum na ciência ocidental, a propriedade das observações de mulheres que mantiveram longas e íntimas relações com as plantas e seus *habitats*. Elas compartilharam muito de seus ensinamentos com ela e tricotaram muitos gorrinhos de neném.

A bebê Celia nasceu com a chegada do outono, e uma trança de erva ancestral foi pendurada em seu berço. Enquanto Celia dormia, Laurie registrava os resultados no computador, dando início à comparação dos métodos de colheita. A partir das etiquetas em cada haste, Laurie podia registrar os nascimentos e as mortes nos lotes de amostragem. Alguns apresentavam inúmeros brotos jovens, o que assinalava a prosperidade da população; já outros, não.

Não obstante, com suas análises estatísticas consistentes e fundamentadas, ela nem precisaria de gráficos para contar a história. Ao contemplar o campo, era possível constatar a diferença: em alguns lotes, reluziam ervas verdes; já em outros, as ervas eram opacas e marrons. A crítica da banca ressoava em sua mente: "*Todo mundo* sabe que colher uma planta prejudica sua população."

A surpresa foi que, ao contrário das previsões, os lotes prejudicados não eram aqueles nos quais se havia colhido, mas os deixados intactos. A *wiingaashk* que não fora colhida ou perturbada de maneira alguma sufocava com as hastes mortas, ao passo que nos lotes em que houvera colheita, as plantas floresciam. Mesmo que metade tivesse sido colhida todos os anos, as ervas cresciam de novo, e rápido, e substituíam por completo todas as que haviam sido cortadas. Na verdade, produziam mais brotos do que antes da colheita. A colheita parecia estimular o crescimento. Na do primeiro ano, as que mais cresceram foram as arrancadas aos punhados. Contudo, quer apanhadas separadamente, quer em tufos, o resultado foi quase idêntico: não parecia fazer diferença como a erva havia sido colhida, bastava ter sido colhida.

A banca examinadora diante da qual Laurie se apresentara tinha desconsiderado de antemão tal possibilidade. Os acadêmicos haviam aprendido que toda colheita resulta em declínio. No entanto, as ervas contestaram essa afirmação, indiscutivelmente. Após o interrogatório a que Laurie foi submetida acerca de sua proposta de pesquisa, é fácil imaginar quanto temia a defesa da tese. Mas tinha o que os cientistas céticos mais valorizam: dados. Enquanto Celia dormia nos braços do papai orgulhoso, Laurie apresentou seus gráficos e tabelas para demonstrar que a *wiingaashk* floresce quando colhida e declina quando isso não ocorre. O reitor, incrédulo, ficou em silêncio. Os fabricantes de cestos sorriram.

## VI. DISCUSSÃO

Somos todos produtos de nossos pontos de vista — até mesmo os cientistas, que reivindicam a objetividade pura. Seus prognósticos relativos à *wiingaashk* eram consistentes com suas visões de mundo, calcadas na ciência ocidental, que situa o ser humano fora da "natureza" e considera suas interações com outras espécies como negativas ao extremo. Foram educados a pensar que não existe melhor maneira de proteger uma espécie em declínio do que deixá-la em paz e nos mantermos a distância. Mas as planícies verdejantes nos dizem que, em se tratando da erva ancestral, a espécie humana faz parte do sistema; na verdade, é parte vital. As descobertas de Laurie podem ter sido surpreendentes para os ecologistas acadêmicos, contudo eram consistentes com a teoria expressa por nossos ancestrais. "Se usarmos uma planta com respeito, ela ficará conosco e florescerá. Se a ignorarmos, ela irá embora."

"Seus estudos parecem demonstrar um efeito significativo", disse o reitor. "Mas como o explica? Está sugerindo que a erva que não foi colhida ficou magoada por ter sido ignorada? Qual o mecanismo responsável por isso?"

Laurie admitiu que a literatura científica não apresentava explicações para a relação entre os fabricantes de cestos e a *wiingaashk*, dado que, em geral, muitas perguntas não eram merecedoras da atenção científica. Concentrou-se em estudos para analisar as respostas das ervas a outros fatores, tais como o fogo ou o roçado. Descobriu que o crescimento estimulado que observara era familiar a vários cientistas agrícolas. Afinal de contas, as ervas se adaptam sem problemas à interferência — por isso plantamos gramados. Quando os aparamos, multiplicam-se. As ervas carregam seus pontos de crescimento logo abaixo da superfície do solo; assim, quando suas folhas são aparadas, comidas por animais ou queimadas pelo fogo, recuperam-se com rapidez.

Laurie explicou como a colheita desbastava a população, permitindo aos brotos restantes reagirem ao espaço extra e à luz, o que possibilitava uma ágil reprodução. Mesmo o método de arrancar era benéfico. A haste subterrânea que conecta os brotos é dotada de gemas. Quando retirada com delicadeza, a haste se quebra e todos esses brotos produzem rebentos frugais o suficiente para ocupar o espaço aberto rapidamente.

Muitas ervas são sujeitas a uma alteração psicológica conhecida como crescimento compensatório, possibilitando à planta compensar a perda de folhagem produzindo outras com rapidez. Parece um contrassenso, mas, quando uma manada de búfalos consome a grama fresca, a reação da planta, na realidade, é crescer mais rápido. Isso ajuda a recuperação da planta, mas também convida o búfalo a voltar para jantar no fim da estação. Estudos descobriram na saliva do búfalo uma enzima estimulante do crescimento da grama. Sem falar no fertilizante produzido pelas manadas em sua passagem. A grama alimenta o búfalo e este, por sua vez, retribui a gentileza.

O sistema é bem equilibrado, mas só se a manada usar a erva com respeito. Os búfalos em liberdade pastam e se locomovem, sem retornar ao mesmo lugar durante muitos meses. Portanto, obedecem à regra de não pegar mais do que a metade, de não pastar em excesso. Por que isso também não pode ser verdadeiro quanto às pessoas e a erva ancestral? Não somos melhores ou piores que os búfalos, somos governados pelas mesmas leis naturais.

Com uma longa, muito longa história de uso cultural, a *wiingaashk*, ao que tudo indica, passou a depender dos seres humanos para criar a "interferência" responsável por estimular seu crescimento compensatório. As pessoas participam da simbiose pela qual a erva ancestral nos proporciona suas lâminas perfumadas, e, ao colher, criamos condições para que ela floresça.

É intrigante imaginar que o declínio regional da *wiingaashk* talvez seja consequência não do excesso, mas, sim, da ausência de colheita. Laurie e eu nos debruçamos sobre o mapa de locações históricas da erva ancestral, preparado por uma ex-aluna, Daniela Shebitz. Havia pontos azuis nos locais em que a erva costumava ser encontrada, mas desaparecera. Os pontos vermelhos marcavam os poucos locais onde ela ainda brotava. Esses pontos vermelhos não são espalhados aleatoriamente. Concentram-se nos arredores de comunidades indígenas, sobretudo as conhecidas pelo artesanato de cestos de *wiingaashk*. A erva ancestral floresce onde é usada e desaparece nos demais locais.

A ciência e o conhecimento tradicional podem apresentar diferentes perguntas e falar linguagens diferentes, mas podem também convergir quando ambas de fato escutam as plantas. Contudo, para relatar aos acadêmicos da banca examinadora a história contada por nossos ancestrais, faz-se necessário apresentar argumentações científicas expressas na linguagem do mecanismo e da objetificação: "Se removermos 50% da biomassa da planta, as hastes serão liberadas da competição por recursos. O estímulo do crescimento compensatório ocasiona o aumento na densidade da população e o maior vigor da planta. Na ausência de interferência, o depauperamento de recursos e a consequente competição resultam na perda de vigor e na crescente mortalidade."

Os cientistas aplaudiram calorosamente. Laurie falara a língua deles e apresentara um caso convincente quanto ao efeito do estímulo gerado pelas colheitas. Na verdade, quanto ao efeito da reciprocidade entre colhedores e erva. Um dos participantes chegou a se retratar pela crítica inicial de que a pesquisa não apresentaria "nada novo para a ciência". Os cesteiros sentados à mesa apenas menearam a cabeça em concordância. Não teriam os anciãos dito exatamente a mesma coisa?

A questão era: como demonstramos respeito? A erva ancestral nos contou a resposta enquanto realizávamos o experimento: a colheita sustentável pode ser o modo de tratarmos uma planta com respeito, recebendo respeitosamente sua oferenda.

Talvez não seja coincidência o fato de ser justamente a erva ancestral quem revela essa história. A *wiingaashk* foi a primeira a ser plantada por Ataensic, há muito tempo, na Ilha da Tartaruga. A erva nos oferece seu eu perfumado e a recebemos com gratidão. Em retribuição, pelo simples ato de aceitarem a oferenda, os colhedores abrem algum espaço, deixam a luz chegar e, com uma gentil cutucada, despertam os brotos adormecidos, que produzem erva nova. A reciprocidade é uma questão de manter o presente em circulação, graças a ciclos de autoperpetuação do ato de dar e receber.

Nossos anciãos ensinaram que a relação entre as plantas e os seres humanos deve ser de equilíbrio. Os homens podem pegar demais e esgotar a capacidade das plantas de compartilharem uma vez mais. A voz dura da experiência ressoa nos ensinamentos de "nunca pegar mais da metade". Ainda assim, nos ensinam que não podemos pegar muito pouco. Se deixarmos as tradições morrerem e as relações esmorecerem, a terra sofrerá. Essas leis resultam de duras experiências, de erros passados. E nem todas as plantas são iguais: cada uma tem seu jeito próprio de regenerar. Algumas, ao contrário da *wiingaashk*, podem sofrer sérios danos em função da colheita. Lena diria que a chave do sucesso é conhecê-las o bastante para respeitar as diferenças.

## VII. CONCLUSÕES

Com o tabaco e os agradecimentos, nosso povo diz à erva ancestral: "Precisamos de você." Graças a sua renovação depois da colheita, a erva nos responde: "Também preciso de vocês."

*Mishkos kenomagwen.* Não é esta a lição das ervas? Graças à reciprocidade, as oferendas são reconstituídas. Todo o nosso florescimento é mútuo.

## VIII. AGRADECIMENTOS

Num campo repleto de relva alta, no qual apenas o vento nos faz companhia, a linguagem transcende as diferenças entre os conhecimentos científicos e os tradicionais, as estatísticas ou a reza. O vento se move e traz a canção das ervas. Ouço o som *mishhhhkos* repetidas vezes, em ondas de vegetação em movimento. Depois de tudo o que nos ensinou, quero agradecer.

## IX. REFERÊNCIAS CITADAS

*Wiingaashk*, Búfalos, Lena e os Ancestrais.

# Nação Bordo: guia de cidadania

Só há um posto de gasolina em minha comunidade. Fica perto do semáforo, também o único da cidade. Já dá para fazer uma ideia do tipo de lugar. Deve ter um nome oficial, mas chamamos de Pompey Mall. Na loja, encontramos quase todos os itens essenciais à vida: café, leite, gelo e ração de cachorro. Além de fita adesiva para prender, e WD-40 para separar. Bem como xarope de bordo do ano passado, que ignoro, pois estou a caminho do local onde uma nova leva me aguarda. Quase toda a clientela dirige picapes e, às vezes, surge um Toyota Prius. Como quase toda a neve se foi, não há nenhuma moto de neve acelerando no posto hoje.

Por ser o único posto de gasolina, as filas em geral são enormes. Hoje, à espera do atendimento, tem gente do lado de fora encostada nos veículos e aproveitando o sol da primavera. As conversas, bem como as prateleiras lá dentro, tendem para o básico — o preço da gasolina, como vai a seiva, quem já terminou a declaração do imposto de renda. A temporada de produção de açúcar e o período de declaração do imposto de renda se sobrepõem por aqui.

"Entre o preço da gasolina e os impostos, estou à beira da miséria", queixa-se Kerm, enquanto recoloca o bocal e limpa as mãos no macacão sujo. "E agora inventaram um aumento para instalar um moinho de vento na escola. Tudo culpa do aquecimento global. Não vão ver um centavo meu." Uma das autoridades da cidade está a minha frente, na fila. É uma mulher grandalhona, ex-professora de Estudos Sociais da escola, e não hesita em responder à provocação. Na certa, já teve Kerm em sua sala de aula. "Não gostou? Em vez de reclamar, apareça na droga da reunião."

Ainda há neve embaixo das árvores, um lençol claro junto aos troncos cinzentos e ao rubor dos brotos de bordo avermelhados. Na noite passada, uma nesguinha de lua surgiu no céu azul-escuro do início da primavera. Aquela lua cheia anuncia nosso ano novo Anishinaabe — *Zizibaskwet Giizis*, a Lua de Açúcar de Bordo. É quando a terra começa a despertar do seu merecido repouso e renova suas oferendas para o povo. Para comemorar, vou preparar xarope de bordo.

Recebi hoje o formulário do recenseamento; está no banco do carona, enquanto passo pelas colinas rumo à mata. Se você realizasse um recenseamento biológico na cidade, as árvores de bordo superariam o número de humanos na proporção de cem para um. Na cultura Anishinaabe, contamos árvores como pessoas, "as pessoas de pé". Apesar de o governo só contabilizar os seres humanos em nosso município, é impossível negar que vivemos na nação dos bordos.

Há um lindo mapa de biorregiões desenhado por uma organização dedicada a restaurar a culinária tradicional. As fronteiras entre estados desaparecem e são substituídas por regiões ecológicas, definidas pelos principais habitantes da região, os icônicos seres que moldam a paisagem, influenciam nosso dia a dia e nos alimentam — tanto em termos materiais quanto espirituais. O mapa mostra a Nação Salmão no Noroeste do Pacífico e a Nação do Pinheiro Pinyon no Sudoeste, entre outras. Nós, no Nordeste, pertencemos à Nação Bordo.

Fico imaginando o que significaria me declarar cidadã da Nação Bordo. Kerm provavelmente responderia com duas sucintas palavras ressentidas: pagar impostos. E tem razão, ser cidadão significa compartilhar o que possui em favor da comunidade.

Aqui, quase às vésperas do prazo para a entrega da declaração de imposto de renda, meus colegas humanos se preparam para prestar sua contribuição para o bem-estar da comunidade, mas os bordos vêm dando sua contribuição o ano todo. Sua contribuição, em galhos de madeira, manteve aquecida a casa do sr. Keller, meu vizinho idoso, o inverno inteirinho, porque ele não teve condições de pagar a conta de eletricidade. Os voluntários do corpo de bombeiros e o esquadrão de ambulâncias também contam com as contribuições do bordo para seu café da manhã mensal, regado a panquecas com xarope de bordo, cujo objetivo é arrecadar fundos para a compra de motores novos. Graças às grandes copas das árvores, não conheço ninguém que precise pagar a mais para usar ar--condicionado — inclusive, com sua sombra refrescante, as árvores proporcionam grande redução na conta de luz da escola. Todo ano, elas oferecem sombra no desfile do Dia dos Veteranos, sem que precisemos pedir. Se não fosse pela capacidade dos bordos de reduzir os ventos, o Departamento de Trânsito teria de remover o dobro de montes de neve da estrada.

Meus pais participaram ativamente da administração de sua cidade anos a fio, então, conheço desde criança como se opera a gestão de uma comunidade. "As boas comunidades não se fazem sozinhas", dizia meu pai. "Temos muito a agradecer, e todos precisamos fazer a parte que nos cabe." Ele acaba de se aposentar como supervisor municipal, cargo eletivo que corresponde ao de prefeito em algumas cidades dos Estados Unidos. Minha mãe faz parte do conselho de zoneamento. Com eles, aprendi que os serviços do governo são invisíveis para a maioria dos cidadãos, como talvez devam ser; os serviços essenciais são realizados com tamanha eficiência que a população nem nota. A neve é retirada das estradas, a água é mantida limpa, os parques são cuidados e o novo centro para os cidadãos da terceira idade enfim foi construído, tudo sem muito estardalhaço. A maioria da população se mostra indiferente, a não ser que algo afete seus interesses. Isso sem falar nos descontentes crônicos, sempre ao telefone para reclamar da tributação fiscal ou contestar os cortes, quando a mesma tributação não é suficiente para cobrir os gastos.

Felizmente, em toda organização, poucos, mas imprescindíveis cidadãos, têm consciência de suas responsabilidades e se mostram satisfeitos em cumpri-las. Encarregam-se do bom andamento das tarefas. São aqueles com quem podemos contar, os seres que cuidam de nós, os líderes discretos.

Meus vizinhos da Nação Onondaga chamam o bordo de líder das árvores. As árvores constituem uma espécie de comitê de controle da qualidade ambiental, executando os serviços de purificação do ar e da água, 24 horas por dia, sem folga. Estão presentes em todas as forças-tarefas, do piquenique da Sociedade Histórica do estado ao Departamento de Trânsito, do conselho da escola à biblioteca. Em se tratando de embelezamento cívico, são as árvores as únicas responsáveis pela queda das folhas vermelhas, sem nunca buscar reconhecimento.

E nem sequer mencionamos o fato de as árvores serem responsáveis pelos *habitats* para os passarinhos, pela proteção da fauna, pelas folhas douradas que farfalham ao passarmos, pelas casas nas árvores e os balanços nos galhos. Séculos de folhas caídas construíram esse solo, agora cultivado para plantar morangos, maçãs, milho-doce e feno. Quanto do oxigênio em nosso vale vem dos bordos? Quanto carvão é retirado da atmosfera e armazenado? Esses processos são o que os ecologistas denominam de serviços ecossistêmicos, as estruturas e funções do mundo natural possibilitadoras da vida. Podemos conferir valor econômico à madeira da árvore ou a galões de xarope, mas os serviços prestados ao ecossistema são incomparavelmente mais preciosos. Entretanto, esses serviços não são contabilizados na economia humana. Como ocorre aos serviços da administração municipal, só pensamos neles quando nos faltam. Não há um sistema oficial de impostos que pague por esses serviços, como pagamos pela remoção da neve e pelos livros escolares. Recebemos os serviços de graça, doados continuamente pelos bordos. Eles cumprem sua parte em relação a nós. A pergunta é: e o que fazemos por eles?

Quando cheguei ao local de produção do açúcar, o pessoal já fervia a seiva nas panelas, a pleno vapor. Uma forte nuvem de vapor sai das aberturas de ventilação, sinalizando para o pessoal, na estrada e no vale, que hoje é dia de ferver a seiva. Enquanto estou ali, um fluxo constante de gente se detém para conversar e buscar um galão de xarope recém-saído do forno. Ao chegarem ao galpão, os copos embaçam e todos param à porta por um instante, inebriados pelo doce aroma da seiva em ebulição. Gosto de entrar e sair várias vezes, só para sentir o prazer da fragrância.

O local é um prédio rústico de madeira, com uma cúpula característica que permite o escape do vapor. Ele sobe assobiando para se unir às nuvens macias no suave céu primaveril.

A seiva fresca entra em uma extremidade aberta do evaporador e se move ao longo de canaletas, obedecendo à própria e crescente densidade, à medida que a água evapora. A princípio, a fervura é intensa e espumosa, e forma grandes bolhas aleatórias, abrandando no final, quando o líquido engrossa, e sua cor, no início clara, passa a um caramelo intenso. É preciso tirar o xarope na hora e na densidade exatas. Caso demore muito, ele pode cristalizar e se transformar num delicioso tijolo açucarado.

É uma tarefa árdua, e os dois responsáveis pelo processo estão ali, desde cedinho, observando e provando. Levei uma torta para que possam dar umas garfadas de vez em quando, entre uma tarefa e outra. Enquanto observamos a fervura, pergunto: "O que significa ser um bom cidadão da Nação Bordo?"

Larry cuida do fogo. A cada dez minutos, calça as luvas que vão até os cotovelos e põe a máscara protetora, antes de abrir a porta da fornalha. O calor é intenso quando ele acrescenta outra braçada de lenha de quase um metro de comprimento, uma a uma. "Precisamos manter a temperatura elevada", diz ele. "Usamos o método antigo. Tem gente que passou a usar óleo combustível ou queimadores a gás, mas espero que continuemos usando madeira. Parece o certo."

Com certeza, a pilha de lenha é quase tão grande quanto o local em si. Acumulam-se em pilhas de três metros de altura, freixos e bétulas ressecados e cortados, presos por cordas e, claro, a boa e velha e dura madeira do bordo. Os alunos de silvicultura cortam e juntam um bocado de madeira das árvores mortas ao longo de nossas trilhas. "Olha, funciona bem. Para manter os bosques produtivos, reduzimos a competição para que nossas árvores de seiva possam criar uma copa farta e cheia. Em geral, as árvores que cortamos acabam aqui, como lenha. Não desperdiçamos nada. Essa é uma das maneiras de ser um bom cidadão, não acha? Se você cuidar das árvores, elas cuidam de você." Não imagino muitas faculdades que tenham plantações florestais de bordo, e sou grata à nossa, por se encarregar disso.

Bart senta-se perto do tanque de engarrafamento e sentencia: "Devíamos economizar o petróleo para usar onde fosse necessário. A madeira faz esse trabalho bem melhor. Além disso, é neutra em emissão de carbono. Para começo de conversa, o carbono liberado pela queima de madeira para o xarope veio das árvores que o extraíram e voltará para elas, ou seja, a quantidade não vai aumentar." Ele prossegue explicando que essas florestas fazem parte do projeto da universidade de total neutralidade de emissão de carbono: "Na verdade, nós recebemos crédito fiscal ao mantermos nossas florestas intactas, para que possam absorver dióxido de carbono."

Suponho que uma das características dos membros de uma nação é ter uma moeda comum. Na Nação Bordo, a moeda corrente é o carbono. É comercializado, trocado e negociado entre os membros da comunidade, da atmosfera para as árvores, para os besouros, para os pica-paus, para os fungos, para a madeira, para a lenha, para a atmosfera, e acaba voltando para a árvore. Nada de desperdício. Trata-se de riqueza partilhada, de equilíbrio e reciprocidade. Por acaso precisamos de outro modelo melhor para a economia sustentável?

O que significa ser um cidadão da Nação Bordo? Faço a pergunta a Mark, encarregado do final do processo, recorrendo a uma grande pá e um hidrômetro para calcular a concentração de açúcar. "Boa pergunta", diz, despejando algumas gotas de creme no xarope borbulhante, para suprimir a espuma. Ele não responde, mas abre a torneira no fundo do recipiente e enche um balde de xarope fresco. Espera que esfrie um pouco, serve dois copinhos do líquido dourado e quente para nós e ergue o seu num brinde. "Acho que é isso", diz. "Fazer e saborear o xarope. Aceitar o que lhe dão e tratá-lo direito."

Tomar xarope de bordo proporciona uma boa dose de açúcar. Ter bordo em nossa corrente sanguínea, em nossos ossos, também significa ser um cidadão da Nação Bordo. Somos o que comemos, e a cada colherada de bordo dourado, o carbono se transforma em carbono humano. Nosso conceito tradicional estava certo: os bordos são pessoas e as pessoas são bordos.

A palavra Anishinaabe para bordo é *anenemik*, homem-árvore. "Minha mulher faz bolo de bordo", diz Mark, "e sempre damos doces de folhas de bordo de presente no Natal". Já Larry gosta mesmo é de colocar xarope de bordo no sorvete de baunilha. Minha avó tem 96 anos e gosta de tomar uma colher de bordo puro às vezes, quando está se sentindo desanimada. Ela diz que é vitamina B, de Bordo. No mês que vem, a faculdade vai preparar um tradicional café da manhã com panquecas aqui, no qual funcionários, professores e famílias se reunirão para celebrar com dedos pegajosos a adesão à Nação Bordo, nosso vínculo um com os outros e com essa terra. Cidadãos também comemoram juntos.

O recipiente está quase vazio, então desço a estrada com Larry até a mata de árvores de bordo, onde um tanque se enche de seiva fresca, gota por gota. Andamos pelos boques um tempo, curvando-nos para passar por baixo da rede de tubos gorgolejantes, como um córrego que leva a seiva para o tanque coletor. Não é o mesmo *plim-plim-plim* melodioso da seiva pingando nos baldes dos velhos tempos, mas possibilita a duas pessoas desempenhar o trabalho de vinte.

Os bosques são os mesmos de incontáveis primaveras; os cidadãos da Nação Bordo começam a despertar. As pulgas-da-neve salpicam as poças das pegadas de cervos. Musgos escorrem junto com a neve derretida ao pé das árvores e gansos passam voando em uma formação em "V", meio desalinhada, tamanha a ânsia de voltar logo para casa.

Quando chegamos com o tanque transbordando, Larry diz: "Claro que todo ano a quantidade de açúcar é uma especulação. Não dá para controlar o fluxo de seiva. Alguns anos são bons e outros não. A gente aceita o que recebe e agradece. Tudo depende da temperatura, e ela não depende de nós." Hoje em dia, porém, isso deixou de ser 100% verdadeiro. Nossa dependência do combustível fóssil e as atuais políticas energéticas aceleram as quantidades de dióxido de carbono a cada ano, causando, inequivocamente, o aumento da temperatura global. Hoje, a primavera chega em média uma semana antes do que há vinte anos.

Detesto ir embora, mas preciso voltar para minha escrivaninha. A caminho de casa, continuo a pensar na cidadania. Quando minhas filhas ainda frequentavam a escola, tinham de decorar a Declaração Universal dos Direitos Humanos, mas eu apostaria que as mudas de bordo eram educadas por uma Declaração de Deveres.

Quando chego, verifico os juramentos de cidadania de várias nações. Há muitos elementos em comum. Alguns exigem fidelidade a um líder. A maioria é uma declaração de fidelidade, a expressão de crenças compartilhadas e o juramento de obediência às leis do país. Em raros casos, os Estados Unidos permitem a dupla cidadania — você é obrigado a escolher. Quais fundamentos selecionamos para decidir a quem dedicar nossa fidelidade? Se eu fosse forçada a optar, escolheria a Nação Bordo. Se a cidadania é uma questão de crenças compartilhadas, então acredito na democracia das espécies. Se cidadania significa o juramento de lealdade a um líder, então, escolho o líder das árvores. Se bons cidadãos concordam em salvaguardar as leis da nação, então escolho a lei natural, a lei da reciprocidade, da regeneração, do mútuo florescimento.

Nos Estados Unidos, o juramento de cidadania estipula que os cidadãos defenderão a nação contra quaisquer inimigos e pegarão em armas, caso convocados. Se esse mesmo juramento vigorasse na Nação Bordo, a trombeta já estaria ecoando nessas colinas arborizadas. Os bordos dos Estados Unidos enfrentam um perigoso inimigo. Os estudos mais conceituados preveem que, dentro de cinquenta anos, o clima na Nova Inglaterra se tornará hostil aos bordos-açucareiros. A elevação das temperaturas reduzirá o sucesso do plantio de mudas e, portanto, a regeneração começará a entrar em falência. Na verdade, já entrou. As próximas vítimas serão os insetos, e os carvalhos passarão a dominar a paisagem. Imagine a Nova Inglaterra sem bordos. Impensável. Um outono marrom em vez de colinas flamejantes. Os locais de produção de xarope de bordo fechados. O fim das nuvens perfumadas do vapor. Seremos capazes de reconhecer nossos lares? Seremos capazes de suportar esse desgosto?

Há alertas de ameaça a torto e a direito: "Se a situação não mudar, eu me mudo para o Canadá." Parece que aos bordos não restará outra opção. Como os agricultores desabrigados de Bangladesh tentando escapar das enchentes causadas pela elevação do nível do mar, os bordos se tornarão refugiados, em consequência do clima. Para sobreviver, terão de migrar rumo ao Norte e procurar abrigo nas florestas boreais. Nossa política energética os obriga a partir. Serão exilados de seus lares para atender a nossa demanda por abastecimento barato.

Nas bombas de gasolina, não pagamos pelo custo da mudança climática, pela perda dos serviços ecossistêmicos fornecidos por bordos e outras árvores. Gasolina barata agora ou bordos para a próxima geração? Podem me chamar de louca, mas eu aplaudiria um imposto que solucionasse esse problema.

Segundo declarações de pessoas bem mais inteligentes do que eu, cada um tem o governo que merece. Talvez seja verdade. Mas os bordos, nossos mais generosos benfeitores e mais respeitáveis cidadãos, não merecem nosso governo. Merecem que os defendamos. Citando a funcionária de nossa Câmara Municipal: "Apareça na droga da reunião." A ação política e o engajamento cívico são poderosos atos de reciprocidade para com a terra. A Declaração de Direitos Universais da Nação Bordo exige que nos levantemos para defender nosso Povo de Pé, e que lideremos com a sabedoria dos Bordos.

# A Honorável Colheita

Os corvos me veem atravessando a campina. Uma mulher carregando uma cesta. Perguntam, aos berros, o que faço ali. O solo sob meus pés está maciço e nu, à exceção de umas pedras espalhadas e de poucas espigas de milho do ano anterior. Desses resquícios, brotam raízes acocoradas como pernas de aranhas esbranquiçadas. Anos de herbicidas e plantações contínuas de milho deixaram o terreno estéril. Mesmo no encharcado abril, nem uma lâmina verde dá o ar de sua graça. Em agosto, o terreno voltará a ser uma monocultura de milhos, em filas retas de servilismo escravo, mas, por enquanto, é o caminho que uso para atravessar o campo em direção aos bosques.

Meu séquito de corvos me abandona no muro de pedra, uma gleba de seixos glaciais recolhidos do campo para demarcar os limites. Do outro lado, na floresta, o solo é macio e acolchoado por séculos de folhas mofadas, pontilhado por tufos de violetas amarelas e minúsculas *Claytonia virginica* cor-de-rosa, também conhecidas como primavera da Virgínia ou belezas da primavera. O húmus se agita com lírios-de-truta e lírios-do-bosque prestes a se erguerem através do colchão invernal de folhas marrons. Um tordo-dos-bosques está empoleirado no galho de bordo ainda desnudo. Avisto trechos com alho--poró, uma das primeiras plantas a brotar na primavera, de um verde tão vívido que parece assinalar, como um néon: me pegue!

Resisto ao apelo de atender a seu pedido de imediato. Em vez disso, dirijo-me às plantas como fui ensinada: apresento-me, caso tenham se esquecido de mim, embora nos conheçamos há anos. Explico-lhes o motivo de minha vinda e peço permissão para colher, perguntando com toda a educação se estariam dispostas a compartilhar comigo seus dons.

Na primavera, comer alho-poró é um tônico que embaça a linha tênue entre alimento e medicina. Ele desperta o corpo da letargia invernal e acelera a circulação sanguínea. Mas outro motivo me traz aqui, e só as verduras desse bosque em particular podem satisfazer minha necessidade. Minhas duas filhas virão dos lugares distantes onde moram para passar o fim de semana comigo. Peço a esses alhos-porós que renovem os vínculos entre essa terra e minhas filhas, para que elas nunca deixem de carregar a essência do lar no mineral de seus ossos.

Algumas folhas já estão se expandindo e se esticando na direção do sol, enquanto outras ainda estão enroscadas em formato de lança, apontando através do solo em decomposição orgânica. Enfio a pá em torno da orla da moita, mas as plantas, fortemente enraizadas e apinhadas, resistem aos meus esforços. A paleta é pequena, e acabo machucando as mãos, amaciadas pelo inverno. Por fim, consigo retirar um tufo e sacudir a terra escura.

Esperava um cacho de bulbos brancos gordos; no entanto, encontro um invólucro desfiado, semelhante a papel, no lugar dos bulbos. Murchos e flácidos, como se todo o suco já houvesse sido sugado. O que de fato ocorreu. Se você pede permissão, deve prestar atenção à resposta. Volto a enterrá-los no solo e regresso para casa. Em toda a extensão do muro de pedra, as bagas do sabugueiro deram bulbos, e suas folhas embrionárias se estendem como mãos calçadas com luvas roxas.

Em dias assim, quando os brotos de samambaia estão se desenrolando e o ar está suave como uma pétala, sou invadida pela ansiedade. Sei que "não cobiçarás os cloroplastos do próximo" é um excelente mandamento, mas devo confessar minha incontrolável inveja da clorofila. Às vezes, eu gostaria de ser capaz de fazer fotossíntese, de modo que, só de existir, só de tremeluzir às margens da planície ou de flutuar preguiçosamente em um lago, eu pudesse realizar o trabalho do mundo. Bastaria ficar ali de pé e em silêncio sob o sol. As sombrias tsugas e as ervas ondulantes estão produzindo moléculas de açúcar e entregando-as a bocas e mandíbulas famintas, enquanto escutam a melodia dos rouxinóis e contemplam a dança da luz na água.

Seria tão gratificante proporcionar o bem-estar de outros... Ser mãe de novo, ser necessária. Proporcionar sombra, medicinas, frutas silvestres, raízes; não haveria fim. Como planta, eu poderia preparar a fogueira, amparar o ninho, curar a ferida, encher o caldeirão.

Essa generosidade, entretanto, está além de meu domínio, pois não passo de um mero organismo heterotrófico que se alimenta do carbono transmutado por outrem. Para viver, preciso consumir. Assim funciona o mundo, uma vida é trocada por outra, no incessante ciclo entre meu corpo e o corpo do mundo. Forçada a escolher, devo admitir que, na verdade, gosto do meu papel heterotrófico. Ademais, se eu pudesse realizar a fotossíntese, não poderia comer alho-poró.

Então, por tabela, vivo graças à fotossíntese dos outros. Não sou as folhas vibrantes no solo da floresta — sou a mulher com a cesta, e o que interessa é como a encho. Quando dotados de consciência plena, enquanto extinguimos as outras vidas a nosso redor, em benefício da nossa, somos confrontados com uma questão moral. Quer estejamos colhendo alho-poró, quer fazendo compras no mercado, como devemos consumir de modo a fazer justiça às vidas que tomamos?

Em nossas histórias mais antigas, somos lembrados de que essa era uma questão de profunda relevância para nossos ancestrais. Quando dependemos tanto de outras vidas, temos a urgência de protegê-las. Nossos ancestrais, donos de tão poucos bens materiais, devotavam grande atenção a essa questão, enquanto nós, possuidores de tantos bens, raras vezes pensamos nisso. O cenário cultural pode ter mudado, mas o dilema não. A necessidade de resolver essa inevitável tensão entre honrar a vida ao redor e a tirarmos para que possamos viver é inerente ao ser humano.

Poucas semanas depois, pego minha cesta e, mais uma vez, atravesso o terreno, ainda descampado, enquanto, na terra do outro lado do muro, acumulam-se botões de trílios, os lírios-do-bosque, tão brancos que parece ter havido uma nevasca fora de estação. Devo parecer uma bailarina, ao andar na ponta dos pés e girar entre moitas de delicadas calças de holandês, misteriosos brotos de erva-de-são-cristóvão, gramados de sanguinárias, brotos verdes de macacos-no-púlpito e mandrágoras americanas surgindo entre as folhas. Eu as saúdo, uma a uma, e tenho a sensação de que também ficam contentes ao me ver.

Aprendi a só pegar o que nos é dado, e, quando estive aqui da última vez, os alhos-porós nada tinham a oferecer. Os bulbos poupam energia para a próxima geração como quem poupa dinheiro no banco. No último outono, os bulbos estavam esbeltos e grandes, porém, nos primeiros dias de primavera, essa conta de poupança se esgota, pois as raízes despacham a energia acumulada para as folhas emergentes, a fim de abastecer sua jornada do solo ao brilho do sol. Em seus primeiros dias, as folhas são consumidoras: tiram da raiz e a deixam murcha, sem nada oferecer em troca. Mas, à medida que brotam, transformam-se em poderoso painel solar que recarrega a energia das raízes, exercitando em poucas semanas a reciprocidade entre o consumir e o produzir. Hoje, os alhos-porós estão duas vezes maiores do que em minha última visita. Das folhas pisadas pelos cervos, desprende-se um forte cheiro de cebola. Passo pela primeira moita e me ajoelho perto da segunda. Mais uma vez, em silêncio, peço permissão.

Pedir permissão não só demonstra respeito pela personalidade da planta, mas também é uma análise do bem-estar da população. Portanto, devo usar os dois lados de meu cérebro para escutar a resposta. A esquerda, analítica, lê os sinais empíricos para avaliar se a população é grande e saudável o suficiente para suportar a colheita, se dispõe do suficiente para compartilhar. O hemisfério direito, intuitivo, lê algo diferente, a sensação de generosidade, uma generosidade radiante que murmura *me pegue* ou, outras vezes, uma recalcitrância obstinada que me obriga a afastar a pazinha. Não posso explicar, mas, para mim, é uma espécie de advertência tão significativa quanto uma placa de "entrada proibida". Dessa vez, quando enfio a pá, retiro um pesado ramo de bulbos brancos reluzentes, gorduchos, escorregadios e aromáticos. Ouço um *sim* como resposta. Então, tiro do bolso o saquinho velho e macio de tabaco, ofereço-lhes o presente e começo a cavar.

O alho-poró é uma planta clonal, ou seja, multiplica-se pela divisão e se espalha pelo gramado ocupando áreas cada vez maiores. Em consequência, as plantas tendem a se aglomerar no centro de um terreno, e é ali que vou colher. Assim, ao abrir espaço, estou contribuindo para o crescimento das plantas remanescentes. Da camassia à *wiingaashk*, dos mirtilos aos vimeiros, nossos ancestrais descobriam meios de colheita capazes de trazer benefícios a longo prazo, tanto para as plantas quanto para as pessoas.

Embora uma pá potente tornasse o ato de colher mais eficaz, a verdade é que isso agitaria o trabalho em demasia. Se eu pudesse obter todo o alho-poró de que preciso em cinco minutos, perderia esse tempo que passo ajoelhada e não veria o gengibre perfurar a terra nem ouviria o corrupião que acabou de voltar para casa. Isso é de fato uma opção pelo "*slow food*". Além disso, essa simples alteração, em termos tecnológicos, também acabaria por facilitar que eu invadisse as plantas vizinhas e colhesse mais do que o necessário. Os bosques em todo o país estão perdendo seus alhos-porós para as máquinas ceifadoras, porque há gente que os aprecia tanto que acabará os levando à extinção. A dificuldade de cavar é uma importante coação. Nem tudo deve ser conveniente.

O conhecimento ecológico tradicional dos colhedores indígenas é rico em prescrições com vistas à sustentabilidade. Encontrados na ciência e na filosofia, nos estilos de vida e nas práticas, os ensinamentos são transmitidos, sobretudo, por meio de histórias. Histórias contadas para ajudar na restauração do equilíbrio, para nos posicionar mais uma vez no círculo.

Basil Johnston, ancião Anishinaabe, conta que, certa vez, nosso mestre Nanabozho pescava o jantar no lago, como de costume, com vara e linha. Uma garça, cujo bico parecia um arpão, chegou caminhando pelos canaviais, em suas pernas compridas, e se curvou. Além de ótimas pescadoras, as garças são boas companheiras; então, ensinou a Nanabozho um novo método de pescar que em muito facilitaria sua vida. A garça o alertou para ter cautela e não pegar peixes demais, mas Nanabozho já sonhava com um banquete. Saiu cedo no dia seguinte e logo encheu o cesto de peixes; de tão pesado, mal conseguia carregá-lo. Na verdade, continha mais do que poderia comer. Ao chegar, limpou todos os peixes e os colocou para secar em suportes do lado de fora da tenda. No dia seguinte, com a pança ainda cheia, voltou ao lago e repetiu a técnica aprendida com a garça. "Hum", pensou ao levar o peixe para casa, "terei bastante comida no inverno".

Dia após dia, ele se empanturrou, e, à medida que o lago esvaziava, seus suportes de secar peixes se enchiam e espalhavam um delicioso aroma pela floresta, onde a raposa lambia os beiços. Mais uma vez, foi para o lago, todo orgulhoso. Naquele dia, porém, as redes subiram vazias, e a garça, ao voar acima do lago, o fitou com ar de reprovação. Quando Nanabozho retornou a sua tenda, aprendeu uma regra de ouro — nunca pegue mais do que necessita. Nos suportes, todos lançados à terra, não sobrara um pedacinho de peixe.

Histórias admonitórias das consequências de pegar mais do que se precisa são onipresentes nas culturas indígenas, mas é difícil se lembrar de uma sequer em inglês. Talvez isso ajude a explicar o motivo de cairmos na armadilha do excesso de consumo, tão destrutivo para nós quanto para o que consumimos.

Em termos coletivos, o cânone indígena de princípios e práticas que governa a troca de vida por vida é conhecido como Honorável Colheita. São regras que governam quanto tomamos, moldam nossa relação com o mundo natural e refreiam nossa tendência ao consumo — o mundo deve ser tão rico para a sétima geração quanto o é para a nossa. Os detalhes são bastante específicos e variam segundo as diferentes culturas e ecossistemas, mas os princípios fundamentais são quase universais entre os povos que vivem nos campos.

Ainda sou aprendiz dessa maneira de pensar, não especialista. Como ser humano incapaz de fazer fotossíntese, devo batalhar para participar da Honorável Colheita. Então, me curvo, a fim de ver e ouvir aqueles mais sábios do que eu. O que compartilho aqui, do mesmo modo como compartilharam comigo, são as sementes catadas dos campos da sabedoria coletiva, a superfície mais básica, o musgo na montanha do conhecimento. Sinto imensa gratidão por esses ensinamentos e sou responsável por transmiti-los da melhor forma possível.

Uma de minhas amigas é secretária municipal numa pequena cidade nas montanhas Adirondack. No verão e no outono, fazem fila na sua porta para obter licenças de pesca e caça. Junto com cada cartão plastificado, ela entrega os regulamentos, livrinhos de bolso em papel-jornal fino, impressos em preto e branco, à exceção dos encartes lustrosos com fotos das presas permitidas, caso alguém não saiba no que está atirando. E, embora pareça inacreditável, isto acontece: todo ano, surgem histórias de triunfantes caçadores de cervos parados na autoestrada, com um espécime de gado da raça Jersey amarrado no para-choque traseiro.

Outra amiga trabalhou, certa vez, num posto de checagem durante a temporada de caça de perdizes. Um homem, ao volante de um grande Oldsmobile branco, abriu todo orgulhoso o porta-malas para ser submetido à inspeção. Os pássaros deitados, arrumados em cima da lona, alinhados com o bico para as costas do outro e a plumagem quase nada eriçada, eram da espécie pica-pau-do-campo.

Os membros dos povos tradicionais, cujas famílias são alimentadas com os produtos da terra, também obedecem às diretrizes: os protocolos detalhados destinam-se a manter a saúde e o vigor das espécies silvestres. Como as regras estaduais, essas também são fundamentadas em conhecimento ecológico sofisticado e monitoramento das populações no longo prazo. Todos compartilham o objetivo de proteger o que os administradores de caça denominam "recurso", tanto para se beneficiar quanto para salvaguardar o abastecimento sustentável para futuras gerações.

Os primeiros colonizadores da Ilha da Tartaruga ficaram assombrados com a plenitude encontrada, atribuindo a fartura à generosidade da natureza. Os que se estabeleceram nos Grandes Lagos anotaram em seus diários a extraordinária abundância de arroz selvagem colhida pelos povos indígenas; em poucos dias, puderam encher suas canoas com arroz suficiente para durar o ano todo. Mas, como uma de minhas amigas escreveu, os colonos se surpreenderam com o fato de "os selvagens interromperem a tarefa muito antes de colherem todo o arroz". Ela observou que "a colheita do arroz se inicia com uma cerimônia de agradecimento e rezas pedindo tempo firme, e dura quatro dias. Eles colhem do alvorecer ao anoitecer, durante os quatro dias prescritos, e depois param, costumando deixar muito arroz por colher. Esse arroz, dizem, não é para eles, mas para os Trovões. Não há quem os convença a prosseguir, ou seja, muito se perde". Os colonos interpretaram tal comportamento como prova indiscutível de preguiça e falta de diligência por parte dos pagãos. Não compreenderam que as práticas indígenas de cuidado com a terra, desde sempre, haviam contribuído para a prosperidade encontrada.

Conheci um estudante de engenharia europeu que, animado, me contou ter colhido arroz em Minnesota, com a família do amigo Ojibwe. Estava empolgado com a experiência de conhecer a cultura originária americana. Chegaram ao lago ao alvorecer e passaram o dia remando pelas plantações de arroz, guardando os grãos maduros na canoa. "Em pouco tempo, colhemos um bocado", relatou, "mas o método não é muito eficiente. Quase metade do arroz cai na água, e eles nem pareciam se importar. Foi todo perdido". Num gesto de agradecimento à família de agricultores de arroz no estilo tradicional, o jovem se ofereceu para criar um sistema de captura de grãos a ser anexado às amuradas das canoas. Desenhou o esboço e mostrou como sua técnica permitiria aumentar a colheita em 85%. Seus anfitriões escutaram com respeito e disseram: "Verdade, poderíamos conseguir mais assim. Mas o arroz precisa de sementes para o ano que vem. E o que deixamos para trás não foi desperdiçado. Sabe, não somos os únicos a gostar de arroz. Acha que os patos viriam aqui se levássemos tudo?" Nossos ensinamentos nos instruem a nunca levar mais da metade.

Quando minha cesta tem alho-poró suficiente para o jantar, volto para casa. Ao caminhar entre as flores, vejo um canteiro inteiro de gengibre selvagem alastrando suas folhas reluzentes, o que me lembra a história contada por uma herbalista. Ela me ensinou as regras cardinais para a colheita de plantas: "Nunca pegue a primeira planta que encontra, pois pode ser a última — e você quer que essa primeira fale bem de você para as outras da espécie." Seguir essa regra é fácil quando você se depara com uma colônia inteira de tussilagem, em que uma terceira e até uma quarta se encontram logo atrás da primeira, mas é mais difícil quando as plantas são poucas e a vontade é grande.

"Uma vez sonhei com um gengibre selvagem; eu deveria trazê-lo comigo para um passeio no dia seguinte. Experimentava uma necessidade que não conseguia identificar. Mas ainda era cedo demais para a colheita. As folhas só estariam levantadas dentro de uma ou mais semanas. No entanto, sempre existia a chance de terem brotado antes em algum lugar — quem sabe um local ensolarado. Então, fui até o local onde, em geral, colho essas medicinas", contou a herbalista. As sanguinárias e as belezas da primavera tinham brotado. Ela as cumprimentou ao passar, mas não encontrou nenhuma das plantas que procurava. Caminhou com mais vagar, expandindo a consciência, transformando seu ser num halo de visão periférica. Aninhado na base de um bordo, numa área a sudoeste, o gengibre selvagem se tornou visível, uma lustrosa concentração de folhas verde-escuras. Ela se ajoelhou, sorridente, e falou em tom baixinho. Pensou no trajeto de volta, no saquinho vazio em seu bolso, e, devagar, se pôs de pé. Apesar dos joelhos rígidos em função da idade, afastou-se, refreando o desejo de pegar a primeira.

Perambulou pelos bosques, admirando os trílios colocando as cabeças de fora. E os alhos-porós. Mas não encontrou outro gengibre selvagem. "Imaginei que teria de ficar sem. Já a meio caminho de casa, descobri ter perdido a pazinha que sempre uso para cavar medicinas. Não tive escolha, voltei. Bem, encontrei a pá sem dificuldade — o cabo é vermelho. Sabe, tinha caído do meu bolso bem num canteiro das desejadas raízes. Então, conversei com aquela planta, dirigi-me a ela como se falasse com alguém que poderia me ajudar, e ela me deu um pedacinho dela. Quando cheguei a meu destino, acredite, tinha uma mulher que precisava de uma medicina feita com o gengibre selvagem, e eu pude passar adiante o presente. Ela me lembrou que, se colhermos com respeito, as plantas nos ajudarão."

As diretrizes para a Honorável Colheita não estão escritas nem sequer ditas como um todo, de modo consistente, mas são reforçadas por pequenos atos da vida cotidiana. Contudo, se as listássemos, podiam ser mais ou menos assim:

*Conheça os costumes de quem cuida de você, para que você possa cuidar deles.*
*Apresente-se. Seja responsável, como quem chega pedindo a vida.*
*Peça permissão antes de pegar. Obedeça à resposta.*
*Nunca pegue a primeira. Nunca pegue a última.*
*Pegue apenas o que precisa.*
*Pegue apenas o que é dado.*
*Nunca pegue mais da metade. Deixe um pouco para os outros.*
*A colheita é um modo de minimizar os danos.*
*Use com respeito. Nunca desperdice o que pegou.*
*Compartilhe.*
*Agradeça o que lhe foi dado.*
*Dê um presente para retribuir o que recebeu.*
*Ampare quem ampara você, e a terra durará para sempre.*

As diretrizes estaduais referentes à caça e à colheita são calcadas unicamente no âmbito biofísico, enquanto as regras da Honorável Colheita se baseiam na responsabilidade, em relação tanto ao mundo físico quanto ao metafísico. O ato de tirar outra vida para manter a própria assume um caráter muito mais significativo quando se reconhecem os outros seres como iguais, pessoas não humanas dotadas de sensibilidade, inteligência, espírito, e com famílias à espera em suas casas. Matar um *ser* é muito diferente de matar uma *coisa*. Quando você considera esses seres não humanos como parentes, as normas deixam de se resumir ao tamanho do saco e às temporadas legais de caça.

Os códigos estaduais apresentam, em termos gerais, listas de práticas ilegais: "É proibido pescar trutas-arco-íris cujo comprimento das narinas à barbatana seja inferior a 30, 48 centímetros." As penalidades pelo descumprimento da lei são estipuladas com clareza e envolvem uma transação financeira, depois da visita do amigável agente de polícia ambiental.

Ao contrário das leis estaduais, a Honorável Colheita não é uma política legal imposta, mas não deixa de representar um compromisso entre pessoas ou, em termos mais específicos, entre consumidores e fornecedores. Os fornecedores são os tomadores de decisão. Os cervos, os esturjões, as frutas silvestres e os alhos-porós dizem: "Caso sigam essas regras, continuaremos a dar nossa vida para que você possa viver."

A imaginação é uma de nossas mais poderosas ferramentas. Somos o que imaginamos. Gosto de imaginar como seria se a Honorável Colheita fosse a lei vigente na Terra em nossos dias, como era em nosso passado. Imagine se o dono de uma incorporadora, em busca de um terreno para a construção de um shopping, fosse obrigado a pedir permissão às varas-de-ouro, aos rouxinóis e às borboletas-monarcas para pegar-lhes a terra natal. E se ele tivesse de obedecer à decisão? Por que não?

Gosto de imaginar o cartão plastificado, igual ao que minha amiga secretária municipal entrega junto com as licenças de caça e pesca, no qual constassem as regras da Honorável Colheita em alto-relevo. Estariam todos sujeitos às mesmas leis; afinal, estes são os ditames do governo *legítimo*: a democracia entre as espécies, as leis da Mãe Natureza.

Quando pergunto aos idosos como nosso povo vivia e respeitava a regra de conservar o mundo pleno e saudável, ouço o mandamento de pegar apenas o que precisamos. Mas nós, seres humanos, descendentes de Nanabozho, assim como ele, encontramos dificuldade em manter o autocontrole em rédeas curtas. O ditame de pegar apenas o que precisamos proporciona um espaço enorme para interpretações, quando nossas necessidades se entrelaçam de tal forma a nossos desejos.

Essa área nebulosa gera, então, uma regra mais primordial que a necessidade, um antigo ensinamento, quase esquecido em meio ao fragor da indústria e da tecnologia. Profundamente enraizada nas culturas de gratidão, essa regra antiga não se resume a pegar apenas o que você precisa, mas pegar apenas o que lhe é dado.

No plano das interações humanas, já nos comportamos assim. E ensinamos tal norma a nossos filhos. Se está visitando sua vovozinha e ela lhe oferecer biscoitos em seu prato de porcelana preferido, você sabe o que fazer. Aceite com muitos "obrigados" e aprecie a relação reforçada com canela e açúcar. Aceite agradecido o que lhe foi dado. Ninguém nem sequer sonharia em invadir a despensa da avó e pegar todos os biscoitos sem ser convidado, e muito menos seu prato de porcelana. Tal comportamento seria, no mínimo, falta de boas maneiras, uma traição à relação de afeto. E mais: sua avó ficaria magoada e nem tão cedo assaria mais biscoitos para você.

Em termos de cultura, contudo, parecemos incapazes de estender essas boas maneiras ao mundo natural. A "desonrosa colheita" se transformou em estilo de vida. Pegamos o que não nos pertence e o destruímos de modo irreparável: o lago Onondaga, as areias betuminosas do Athabasca, em Alberta, as florestas tropicais da Malásia, a lista é infindável. São presentes da nossa doce Avó Natureza, dos quais nos apossamos sem pedir autorização. Como encontrar de novo a Honorável Colheita?

Se estamos colhendo frutas silvestres ou catando nozes, pegar apenas o que nos é dado faz muito sentido. Elas se oferecem, e, ao pegá-las, obedecemos à responsabilidade recíproca. Afinal, as plantas produziram esses frutos para que fossem levados, espalhados e plantados. Ao usarmos suas dádivas, ambas as espécies prosperam, e a vida se engrandece. Mas e quando algo é tirado sem a intenção do benefício mútuo, quando alguém vai sair perdendo?

Como podemos distinguir entre o que nos é ofertado pela Terra e aquilo que não o é? Quando o pegar se transforma em furto escancarado? Acredito que meus anciãos defenderiam não haver um único caminho; cada um deve encontrar o seu. Refletindo sobre essa questão, descobri becos sem saída e alamedas espaçosas. Discernir tudo o que isso possa significar é como ficar de emboscada em meio à vegetação cerrada. Vez por outra, vislumbro quase imperceptíveis rastros de cervos.

Começou a temporada de caça. Num dia nublado de outubro, nos sentamos na varanda da cozinha em Onondaga. As folhas de tonalidade dourada esfumaçada esvoaçam antes de cair no chão, enquanto ouvimos os homens contarem histórias. Jake, usando bandana vermelha na cabeça, faz todo mundo rir com a imitação imbatível do som do peru. Com os pés apoiados na balaustrada e a trança preta pendendo nas costas da cadeira, Kent conta como é seguir um rastro de sangue deixado na neve recém-caída por um urso ferido e do urso que escapou. Quase todos são jovens e muito interessados em conquistar boa reputação, e só um homem é mais velho.

Usando um boné da Seventh Generation e um rabo de cavalo grisalho ralo, chega a vez de Oren contar sua história; ele nos conduz por matagais e desfiladeiros, até chegar a seu lugar de caça preferido. Sorrindo com a lembrança, ele diz: "Devo ter visto uns dez cervos naquele dia, mas só dei um tiro." Ele inclina a cadeira para trás e fita a colina com ar pensativo. Os jovens escutam, os olhos fixos no chão. "O primeiro chegou triturando as folhas secas, mas acabou protegido pelos arbustos enquanto descia a colina. Nem chegou a me ver plantado ali. Logo depois, outro, mais jovem, se aproximou contra o vento e parou atrás de uma rocha. Eu podia ter seguido esse pelo riacho, mas sabia que ainda não era aquele." Vai narrando os encontros, um cervo atrás do outro, sem apontar sequer uma vez o rifle: a corça próxima à água, os chifres escondidos atrás da tília, só com o traseiro à mostra. "Só carrego uma bala comigo", diz ele.

Os jovens de camiseta se debruçam no banco, atentos. "E então, sem explicação, aparece um na clareira e olha você no olho. Ele sabe muito bem que você está ali e o que está fazendo. Ele vira o flanco de lado na sua direção, para você disparar um tiro certeiro. Sei que é ele, e ele também sabe. Parece que trocamos um aceno. Por isso, só levo uma bala. Espero pelo animal certo. Ele se ofereceu para mim. Foi isso que me ensinaram: pegue apenas o que é dado e o trate com respeito." Oren lembra aos ouvintes: "Por isso consideramos o cervo o líder dos animais, por sua generosidade em alimentar a gente. Reconhecer as vidas que sustentam a nossa e demonstrar nossa gratidão é a força que mantém o mundo em movimento."

A Honorável Colheita não nos pede para fazer fotossíntese. Não diz *não pegue*, mas oferece inspiração e um modelo do que *devemos* pegar. Não se trata de uma lista de "não faça" nem de "faça". *Coma* alimentos colhidos imbuído do espírito de respeito e comemore cada bocado ingerido. *Use* tecnologias capazes de minimizar os danos; *pegue* o que é oferecido. Essa filosofia guia não apenas nossa colheita de alimentos, mas qualquer um dos presentes da Mãe Natureza — o ar, a água e o corpo da Terra, literalmente: as pedras, o solo e os combustíveis fósseis.

Retirar o carvão enterrado na terra e, com isso, lhe infligir danos irreparáveis viola todo o preceito do código. Por mais que a imaginação voe, o carvão não nos é "dado". É preciso ferir a terra e a água para arrancá-lo da Mãe Natureza. E se uma empresa siderúrgica que planejasse a remoção do topo das montanhas nos antigos sulcos da cordilheira dos Apalaches se visse obrigada, por lei, a extrair apenas o que é dado? Você não morreria de vontade de lhe entregar o cartão plastificado e anunciar a mudança nas regras?

Isso não significa a proibição do consumo da energia de que necessitamos, mas, sim, a retirada, com decência, apenas do que nos é ofertado. Todo dia o vento sopra; todo dia o sol brilha; todo dia as ondas batem nas costas, e a terra sob nossos pés é acolhedora. É possível entender essas renováveis fontes de energia como dadas, por serem fontes que impulsionaram a vida no planeta desde sempre. Não precisamos destruir a Terra para usá-las. A energia solar, a dos ventos, a geotérmica e a entremarés — a suposta "energia limpa" —, usadas de modo sensato, me parecem algo consistente com as antigas regras da Honorável Colheita.

E o código pode exigir que, em cada colheita, inclusive a da energia, nosso propósito esteja imbuído de dignidade. Com o cervo caçado por Oren, mocassins foram feitos, e três famílias foram alimentadas. Para que usaremos nossa energia?

Uma vez dei uma palestra intitulada "Culturas da Gratidão", numa pequena universidade privada, cuja anuidade ultrapassava o valor de quarenta mil dólares. Para os 55 minutos combinados, falei do Discurso de Gratidão dos Haudenosaunee, da tradição *potlatch* no Pacífico Norte e da economia de dádivas na Polinésia. Então, contei uma história tradicional da época em que as colheitas de milho eram tão copiosas que os cachos viviam cheios. Os campos tinham sido tão generosos com os pequenos povoados que o povo basicamente não precisava trabalhar. Resultado: pararam. As enxadas permaneceram encostadas nas árvores, inúteis. As pessoas se tornaram tão preguiçosas que, nas cerimônias em homenagem ao milho, não entoavam sequer uma canção de gratidão. Começaram a usar o milho de uma maneira que não era a intenção das Três Irmãs, quando lhes concedeu o milho como alimento sagrado. Queimavam o milho para obter combustível, quando não queriam se dar ao trabalho de cortar lenha. Os cachorros arrastavam a lenha dos feixes desarrumados, pois haviam deixado de armazená-la em celeiros protegidos. Ninguém chamava a atenção das crianças quando, nas brincadeiras, chutavam espigas de milho pelo povoado.

Entristecido com a falta de consideração, o Espírito do Milho decidiu partir para um lugar onde fosse apreciado. A princípio, as pessoas nem notaram sua ausência. Contudo, no ano seguinte, os milharais não passavam de um amontoado de ervas daninhas. Os cachos estavam quase vazios, e os grãos, negligenciados, mofaram ou foram roídos pelos ratos. Não havia o que comer. Os habitantes, cada vez mais magros, sentaram-se em desespero. Ao ignorarem as demonstrações de gratidão, foram abandonados pelas dádivas.

Uma criancinha faminta saiu do povoado e perambulou dias a fio até encontrar, numa clareira ensolarada no bosque, o Espírito do Milho. Implorou-lhe que voltasse para seu povo. Ele sorriu educadamente e a instruiu a ensinar a seu povo o valor da gratidão e do respeito que haviam menosprezado. Só então retornaria. A criança obedeceu, e, depois de um inverno rigoroso sem milho, para lembrar-lhes do preço a ser pago pelo descumprimento de suas responsabilidades, o Espírito regressou na primavera.★

No auditório, muitos alunos bocejaram. Para eles, tudo aquilo era absurdo; não podiam sequer imaginar tal coisa. As prateleiras dos supermercados estavam sempre bem abastecidas. Na recepção, após a palestra, os estudantes encheram seus pratos de isopor com a quantidade habitual. Trocávamos perguntas e comentários, enquanto balançávamos os copos de plástico com ponche. Os estudantes beliscaram queijo e cream crackers, uma profusão de legumes cortados e recipientes cheios de molho. Havia comida suficiente para regalar uma pequena cidade. Os restos foram jogados fora, nas lixeiras colocadas convenientemente perto das mesas.

Uma menina linda, de cabelo escuro preso por um lenço, mantinha-se fora da discussão, aguardando a vez. Depois de quase todos terem se afastado, ela se aproximou de mim, com um sorriso sem graça apontando os restos desperdiçados. "Não gostaria que pensasse que ninguém entendeu o que disse", afirmou. "Eu entendo. A senhora parecia minha avó falando em minha cidade, na Turquia. Vou contar a ela que deve ter uma irmã nos Estados Unidos. Ela também vive segundo os preceitos da Honorável Colheita. Na casa dela, aprendemos que tudo o que levamos à boca, tudo o que nos possibilita viver, é uma dádiva concedida por outra vida. Lembro-me de ficar deitada com ela à noite, enquanto ela agradecia às vigas da casa e às colchas de lã com que nos cobríamos. Minha avó não nos deixava esquecer que eram presentes, motivo pelo qual se deve cuidar muito bem de tudo e demonstrar respeito por essa outra vida. Na casa da minha avó, éramos ensinados a beijar o arroz. Se um grãozinho caísse no chão, tínhamos de pegá-lo e beijá-lo, para

---

★ Essa história é conhecida de norte a sul. Uma das versões é contada em *Keepers of Life*, de Michael J. Caduto e Joseph Bruchac.

mostrar que não era nossa intenção demonstrar desrespeito ou desperdiçá-lo." A estudante me contou que, ao chegar aos Estados Unidos, o maior choque cultural enfrentado não tinha sido a língua ou a comida ou a tecnologia, mas o desperdício.

"Nunca contei a ninguém", disse, "mas passava mal na cafeteria ao ver o modo como tratavam a comida. O que jogam fora aqui depois de um almoço abasteceria minha cidade por dias a fio. Eu não podia falar com ninguém a respeito disso; ninguém mais compreenderia o gesto de beijar um grão de arroz". Eu agradeci a história, e ela disse: "Por favor, aceite essa história como um presente, e passe-a adiante."

Ouvi dizer que, de vez em quando, basta a gratidão para retribuir as dádivas da Terra. Apenas os seres humanos têm o dom de expressar agradecimento, pois somos dotados de consciência e memória coletiva, para nos lembrar de que o mundo podia ser diferente, bem menos generoso do que na verdade é. Mas acho que precisamos ir além das culturas de gratidão e voltar a ser culturas de reciprocidade.

Conheci Carol Crowe, ecologista do povo algonquino, numa reunião sobre modelos de sustentabilidade indígenas. Carol contou ter precisado solicitar verba ao conselho de seu povo para comparecer à conferência. Os membros lhe perguntaram: "O que é essa tal noção de sustentabilidade? Do que estão falando?" Ela lhes fez um resumo da definição-padrão de desenvolvimento sustentável, incluindo "a gestão de recursos naturais e instituições sociais visando a garantir a obtenção e a contínua satisfação das necessidades humanas na geração atual e nas futuras". Permaneceram calados por um tempo, refletindo. Por fim, um ancião disse: "Acho que com esse tal de 'desenvolvimento sustentável' eles só querem é continuar tirando como sempre tiraram. É sempre esse o objetivo: tirar. Vá lá e diga a eles que, na nossa cultura, nosso primeiro pensamento não é 'O que posso pegar?', mas 'O que posso dar à Mãe Natureza?' É assim que deve ser."

A Honorável Colheita nos convida a devolver, num gesto de reciprocidade, o que nos foi dado. A reciprocidade ajuda a solucionar o dilema moral de tirar uma vida, dando em troca algo valioso que sustente quem nos sustenta. Uma de nossas responsabilidades como seres humanos é encontrar maneiras de exercitar a reciprocidade com o mundo e todos os seres. Podemos agir assim por meio da gratidão, da cerimônia, da gestão da terra, da ciência, da arte e de todos os gestos cotidianos de reverência prática.

Devo confessar que, antes mesmo de o conhecer, já tinha feito minha cabeça. Não havia nada que um caçador de peles pudesse dizer que eu quisesse ouvir. As frutas silvestres, as nozes, os alhos-porós e, tenho cá minhas dúvidas, o cervo que olha você no olho fazem todos parte do manancial da Honorável Colheita, mas montar armadilhas para arminhos brancos como a neve e linces de passos aveludados para enfeitar mulheres ricas não tem justificativa. Mas eu seria respeitosa e escutaria.

Lionel cresceu nos bosques do Norte caçando, pescando, trabalhando como guia e ganhando a vida, numa distante cabana de madeira, guardando a tradição dos *coureurs des bois*, os primeiros comerciantes de peles franco-canadenses independentes. Aprendeu o método de captura com o avô indígena, famoso por suas habilidades na confecção de armadilhas. Para capturar o visom, é preciso ser capaz de pensar como um. O sucesso do avô se devia a seu profundo respeito e conhecimento dos hábitos dos animais, aonde iam, como caçavam, onde se entocavam no frio. Ele podia ver o mundo pelos olhos dos visons, e assim sustentava sua família.

"Eu adorava morar no mato", conta Lionel, "e adorava os animais". A caça e a pesca alimentavam a família; as árvores lhes propiciavam calor; e, depois de atendidas suas necessidades de chapéus e luvas para se agasalharem bem, as peles vendidas todos os anos lhes proporcionavam dinheiro para a compra de querosene, café, favas e roupas escolares. Estava subentendido que ele seguiria a profissão do avô, mas se recusou. Não queria mais saber de montar armadilhas desde que as do tipo "prende-perna" se tornaram padrão. A tecnologia era demasiado cruel. Ele tinha visto animais tentando arrancar as patas para se soltarem. "Animais têm de morrer pra gente viver, mas não têm de sofrer", afirma.

Para permanecer nos bosques, tentou ser lenhador. Tinha experiência em puxar toras de árvore no trenó durante o inverno, segundo os métodos tradicionais, ao longo de estradas de gelo, e cortar a madeira, enquanto o lençol de neve protegia a terra. Mas as práticas antigas, de baixo impacto, tinham dado lugar a grandes máquinas que arrasavam a floresta e destruíam a terra de que os animais necessitavam. A floresta escura transformou-se em tocos rotos; os córregos transparentes, em valas lamacentas. Optou por trabalhar dirigindo um trator D9 Cat e uma colheitadeira, máquina destinada a derrubar todas as árvores. Mas tampouco podia fazer isso.

Então, Lionel foi trabalhar nos campos de mineração de Sudbury, Ontário. Trocou os bosques pelo subterrâneo, extraindo minério de níquel para alimentar a boca de fornalhas. O dióxido de enxofre e os metais pesados despejados das chaminés produziam uma chuva ácida que eliminava qualquer coisa viva numa extensão de quilômetros, uma gigantesca cicatriz de queimadura na terra. Sem vegetação, o solo destruído exibia uma paisagem lunar tão desnuda que servia à Nasa para testes de veículos a serem usados na Lua. As fundições de metal de Sudbury transformaram a terra numa armadilha do tipo "prende-perna", e a floresta morria, de forma lenta e dolorosa. Muito depois, após o estrago feito, Sudbury se tornou a garota-propaganda da Lei do Ar Puro.

Não há motivo para se envergonhar de trabalhar nas minas para alimentar a família — troca-se o trabalho árduo por comida e moradia —, mas quem não deseja ter orgulho do próprio trabalho? Todas as noites, a caminho de casa, quando dirigia pela paisagem lunar originada por sua atividade, Lionel sentia as mãos sujas de sangue, e acabou pedindo demissão.

Atualmente, no inverno, Lionel passa os dias calçado com raquetes de neve supervisionando armadilhas e as noites preparando peles. Ao contrário dos agressivos produtos químicos da fábrica, o óleo natural do cérebro dos animais produz o couro mais macio e durável do mundo. Ele comenta, em tom de admiração, com o couro macio no colo: "O cérebro de cada animal contém a quantidade exata de óleo para curtir o próprio couro." Foi conduzido de volta a seu lar, nos bosques, por seu cérebro e seu coração.

Lionel é da Nação Métis; ele mesmo diz ser "um indígena de olhos azuis", criado nas florestas boreais do nordeste do Québec, como seu melodioso sotaque comprova. Sua conversa é tão deliciosamente temperada com tantos "*Oui, oui, madame*", que imagino que, a qualquer momento, ele vai beijar minha mão. Inclusive, as dele não deixam margem a dúvidas: mãos de lenhador, largas e fortes o bastante para preparar armadilhas ou colocar correntes ao redor de troncos, mas sensíveis o bastante para acariciar peles e assim avaliar sua maciez. Quando conversamos, as armadilhas tipo "prende-perna" já haviam sido proibidas no Canadá. Só as de corpo, que garantem morte instantânea, são permitidas. Ele faz a demonstração de uma: são precisos dois braços fortes para abrir e fixar a armadilha. A pressão violenta é capaz de quebrar um pescoço num segundo.

Os caçadores passam mais tempo ao ar livre do que qualquer outra pessoa em nossos dias e mantêm registros detalhados de sua atividade. Lionel guarda um caderno com muitas anotações no bolso do casaco; ele o tira do bolso e o sacode, perguntando: "Tá a fim de ver meu BlackBerry novo? Eu faço o download de todas as informações no meu computador-planta. Ele é movido a propano, sabia?"

Suas armadilhas resultam em castores, linces, coiotes, visons e martas. Ele passa a mão nas peles, explicando a densidade da camada interna e o comprimento dos pelos externos e como avaliar a saúde do animal pela pelagem. Faz uma pausa quando menciona as martas, cuja pelagem é legendária por sua requintada e sedosa textura — a chinchila americana. Sua cor é maravilhosa, e ela é leve como a pluma.

As martas fazem parte da vida de Lionel — são suas vizinhas, e ele é grato por terem escapado da quase extinção. Caçadores como ele ocupam a linha de frente no monitoramento e bem-estar das populações silvícolas. São responsáveis por cuidar das espécies das quais dependem, e cada visita às armadilhas gera informações que governam suas atitudes posteriores. "Se só pegamos martas macho, mantemos as armadilhas abertas", diz. Quando há excesso de machos sem par, eles ficam vagando e são fáceis de serem capturados. Além do mais, a presença de muitos machos jovens significa menos comida para os outros. "Mas, assim que pegamos uma fêmea, paramos a caça. Isso quer dizer que acabamos com o excedente e não tocamos no resto. Assim, não há grande quantidade de animais; nenhum ficará faminto, e a população continuará a crescer."

No fim do inverno, quando ainda neva muito, mas os dias ficam mais compridos, Lionel desce a escada suspensa nas vigas da garagem. Amarra as raquetes de neve e se manda para o mato com a escada no ombro, munido de martelo, pregos e lascas de madeira no cesto nas costas. Ele explora os lugares certeiros: as árvores grandes e velhas, com cavidades, são as melhores, desde que o tamanho e o formato do buraco determinem que apenas uma única espécie pode usá-lo. Ele sobe até onde a escada, ancorada na neve, se inclina encostada a um galho alto e constrói uma plataforma. Volta para casa antes de escurecer e, no dia seguinte, repete o ritual. Não é fácil carregar a escada pelos bosques. Ao terminar as plataformas, ele apanha um recipiente de plástico branco do congelador e o deixa descongelar perto do fogão a lenha.

Durante o verão, Lionel trabalha como guia de pesca nos lagos e rios recônditos de sua terra natal. Brinca que agora só trabalha para si mesmo e chama sua empresa de "Olhe Mais e Faça Menos". Nada mau seu plano de negócios. Quando ele e os "praticantes do esporte" da pesca limpam os peixes, ele trata de guardar as vísceras em grandes recipientes de plástico branco, que irão para o congelador. Já ouviu os clientes cochichando: "No inverno, o cara deve comer ensopado de tripa."

No dia seguinte, sai de novo, levando o balde num trenó, e percorre quilômetros fazendo a ronda das armadilhas. Sobe a escada até as plataformas, usando apenas uma das mãos, quase com a graciosidade das doninhas. Quem vai querer derrubar tripas de peixe em si mesmo? Ele despeja uma farta e cheirosa concha na plataforma e parte para a próxima.

Como muitos predadores, as martas demoram a se reproduzir, o que as torna vulneráveis ao declínio. A gestação dura cerca de nove meses, e só têm filhotes depois dos três anos de idade. Têm de uma a quatro crias e só cuidam dos filhotes que o abastecimento de comida permitir. "Eu coloco as tripas de peixes nas últimas semanas antes de as mãezinhas darem à luz", diz Lionel. "Se coloco onde nenhum outro animal pode alcançar, as mães terão refeições supernutritivas. Isso vai ajudá-las a alimentar os bebês, ou seja, mais sobreviverão, sobretudo se a neve durar mais tempo ou algo assim." A ternura em sua voz me faz pensar em alguém que vai levar ensopado à casa de um vizinho doente. Totalmente diferente da ideia que eu fazia dos caçadores. "Bem", diz, com um leve rubor e um forte sotaque, "essas martinhas cuidam de mim e eu delas".

Os ensinamentos nos dizem que uma colheita é honorável dependendo do que você dá em troca pelo que recebeu. Não há como ignorar o fato de que os cuidados de Lionel resultarão em mais martas em suas armadilhas. Não há como ignorar o fato de que acabarão mortas. Alimentar as mamães martas não é altruísmo; é demonstração de profundo respeito pela forma como o mundo gira, pelas conexões entre nós, num fluxo de vida para a vida. Quanto mais ele dá, mais recebe, e ele se esmera em dar mais do que recebe.

Fico comovida com o afeto e o respeito de Lionel por esses animais, pelo cuidado que brota do íntimo conhecimento de suas necessidades. Ele vive a tensão de gostar de suas presas e a resolve praticando os dogmas da Honorável Colheita. No entanto, não há como ignorar o fato de que as peles de marta correm grandes riscos de se transformarem em casacos de luxo para alguém muito rico, talvez o proprietário da mina de Sudbury.

Esses animais morrerão nas mãos dele, mas primeiro viverão bem, em parte graças às mãos dele. Seu estilo de vida, que condenei sem o compreender, protege a floresta, protege os lagos e rios, não apenas para ele e os animais que caça, mas para todas as criaturas da floresta. Toda colheita e caça é mais honorável quando ampara quem oferece e quem recebe. Hoje, Lionel é um talentoso professor, convidado por escolas de todas as localidades para compartilhar seu conhecimento tradicional da vida silvícola e sua conservação. Ele está retribuindo o que lhe é dado.

É difícil para o sujeito que usa um casaco de chinchila, no escritório mais bem localizado de Sudbury, imaginar o mundo de Lionel. Conceber ao menos um modo de vida que lhe exija considerar pegar apenas o que precisa, retribuir o que recebeu, num exercício de reciprocidade, nutrir o mundo que o nutre, levar refeições para a mãe que amamenta numa toca, no alto de uma árvore. Mas, a não ser que queiramos mais terras devastadas, esse cara precisa aprender.

As regras para a caça e a colheita, cuja relevância desapareceu junto com os búfalos, podem parecer anacronismos encantadores. Mas não esqueçam que os búfalos não foram extintos e, na verdade, estão ressurgindo sob os cuidados dos que se recordam das regras. O cânone da Honorável Colheita se prepara também para seu regresso, à medida que as pessoas recordam que o que é bom para a Terra também é bom para as pessoas.

Necessitamos de atos de restauração não apenas para as águas poluídas e as terras degradadas, mas também para nossa relação com o mundo. Precisamos restaurar a honra em nosso modo de viver, para que, ao caminharmos, não precisemos desviar os olhos de vergonha e possamos manter a cabeça erguida e receber o respeitoso reconhecimento dos outros seres da Terra.

Tenho sorte de ter alhos-porós selvagens, folhas de dente-de-leão, *Caltha palustris* e nozes (se consigo chegar antes dos esquilos). Mas são prêmios, numa dieta proveniente quase toda da minha horta e do mercado, como acontece com quase todo mundo, em especial agora, que há maior concentração de pessoas nos centros urbanos.

As cidades são como as mitocôndrias de nossas células animais — são consumidoras, alimentadas por autótrofos, a fotossíntese de uma paisagem verde longínqua. Podemos lastimar que os moradores de espaços urbanos tenham poucos meios de exercer a reciprocidade direta para com a terra. Contudo, embora o pessoal da cidade possa estar afastado das origens dos produtos consumidos, isso não o impede de exercer a reciprocidade pelo modo como gasta seu dinheiro. Apesar de colher alho-poró e extrair carvão serem atividades realizadas muito longe de nossas vistas, nós, consumidores, temos uma potente ferramenta de reciprocidade em nossos bolsos. Podemos usar nossos dólares como moeda corrente indireta para exercer a reciprocidade.

Talvez possamos pensar a Honorável Colheita como um espelho pelo qual julgamos nossas compras. O que vemos no espelho? Uma compra que valha as vidas consumidas? Os dólares se tornam um sucedâneo, uma procuração para o agricultor com as mãos na terra, e podem ser usados para apoiar a Honorável Colheita — ou não.

Fácil usar esse argumento, e acredito que os princípios da Honorável Colheita têm grande ressonância numa era em que o consumo ameaça todas as dimensões do nosso bem-estar. Mas também pode ser fácil transferir o peso da responsabilidade para as mineradoras de carvão ou as empresas de construção. E quanto a mim, eu que compro o que vendem, que sou cúmplice dessa desonrosa colheita?

Eu vivo no interior, onde cultivo um pomar grande, obtenho ovos na granja de meu vizinho, compro maçãs no vale pertinho da minha casa, colho frutas silvestres e legumes dos meus poucos hectares, os quais venho tentando reconstituir em sua forma original, através de reflorestamento. Muito do que tenho é de segunda mão, ou até de terceira. A escrivaninha onde escrevo já foi uma bonita mesa de jantar que alguém largou na calçada. Mas, enquanto me aqueço com madeira, faço compostagem e reciclo, e mil outras ações responsáveis, se eu fizesse um inventário honesto do que tenho em casa, a maioria provavelmente não receberia o selo de aprovação para ser considerada parte da Honorável Colheita.

Quero fazer a experiência, ver se é possível alguém subsistir nesta economia de mercado e ainda praticar as regras da Honorável Colheita. Então, apanho minha lista de compras e saio.

Na verdade, nosso armazém facilita a consciência das escolhas e a repetição do mantra do benefício mútuo para a Terra e as pessoas. Por terem feito parceria com agricultores de produtos orgânicos locais, cobram preços que nós, meros mortais, temos condições de pagar. Concentram-se em produtos "verdes" e reciclados, ou seja, posso apresentar minha compra de papel higiênico à Honorável Colheita sem culpa. Quando ando pelos corredores com os olhos bem abertos, posso identificar a origem de grande parte dos alimentos, embora Cheetos e Ding Dongs continuem a ser um mistério ecológico. Em termos gerais, posso usar meu dinheiro como moeda em circulação para boas escolhas ecológicas, apesar de minha questionável, mas persistente, necessidade de comprar chocolate.

Não tenho muita paciência para proselitismos alimentares, para quem recusa tudo que não seja orgânico ou que não se origine de animais criados em pastos sem agrotóxicos e fertilizantes; ou que só tome leite aprovado pela Fair Trade. Cada um faz o que pode; a Honorável Colheita se refere tanto às relações quanto aos produtos. Uma amiga diz que só compra um item orgânico por semana — é tudo o que consegue, e assim o faz. "Quero votar com meu dólar", diz. Posso fazer mais escolhas por dispor de meios para escolher "produtos verdes" mais baratos, e espero que isso estimule o mercado a tomar as decisões acertadas. Na seção de sobremesas do supermercado South Side, não há tais opções, e a desonra dessa desigualdade não se resume ao fornecimento de alimentos.

Detenho-me na seção de frutas e hortaliças. Numa bandeja de isopor, embrulhado em plástico cuja etiqueta exibe a principesca quantia de 31 dólares por quilo, estão os alhos-porós selvagens. O plástico os comprime: parecem aprisionados e sufocados. Sirenes disparam em minha cabeça alardeando a mercantilização do que deveria ser considerado um presente, e todos os perigos oriundos dessa maneira de pensar. Posto à venda, o alho-poró se transforma em mero objeto, é desvalorizado, mesmo a sete dólares o quilo. Produtos silvestres não deveriam ser comercializados.

Minha próxima parada é no shopping center, lugar que tento evitar a todo custo, mas hoje penetrarei na caverna da besta, em nome do meu experimento. Aguardo uns minutos dentro do carro, tentando trazer à tona a mesma harmonia e atitude com que vou ao bosque, a mesma receptividade, atenção e agradecimento, e levarei para casa um novo estoque de papel e canetas, em vez de alho-poró selvagem.

Aqui também há um muro de pedra, o edifício de três andares, na fronteira de outro campo inanimado, o estacionamento, onde avisto corvos empoleirados nos postes. Ao passar para o outro lado do muro, o piso sob meus pés é duro, e os saltos fazem *clique* na imitação de mármore. Detenho-me para absorver os sons. Dentro, não há corvos ou sabiás, e sim a trilha sonora estranhamente pasteurizada e instrumental de sucessos antigos, acima do zumbido do sistema de ventilação. A luz fluorescente fraca sombreia o chão, enquanto os holofotes têm por fim realçar melhor os toques de cor que caracterizam as lojas, seus logotipos tão facilmente identificáveis quanto canteiros de sanguinárias na floresta. Como nos bosques primaveris, o ar é um mosaico de odores pelos quais passo: café aqui, pãezinhos de canela acolá, uma loja de velas perfumadas e, por trás desses aromas, o dominante travo de comida chinesa da praça de alimentação.

No fim do corredor, espreito o *habitat* da minha presa. Não encontro a menor dificuldade em localizá-lo, pois já faz anos que venho aqui para minha tradicional colheita de artigos para escrever. Na entrada da loja, uma pilha de cestos de plástico em tom vermelho vibrante e alças de metal. Pego um e, de novo, me transformo na mulher do cesto. No setor de papelaria, sou confrontada com grande diversidade de espécies de papel: com pautas largas e estreitas, A4 liso, de carta, decorado, caderno espiral, folhas para fichário em canteiros clonados, cada um, por marca e finalidade. Só olho o que quero, meu bloco de notas A4 favorito, tão amarelo quanto uma *Viola pubescens*.

Paro diante das prateleiras, tentando evocar a mentalidade da coleta e cumprir todas as regras da Honorável Colheita, mas não consigo, pelo menos não sem um toque de deboche. Tento sentir as árvores naquelas pilhas de papel e volto meus pensamentos para elas, mas a eliminação da vida delas está tão distante dessa prateleira que só percebo um eco longínquo. Penso no método de extração: foram todas removidas de uma determinada área? Penso no fedor da fábrica de papel, nos efluentes, na dioxina. Por sorte, vejo uma pilha etiquetada "Reciclado", então escolho esses e pago um pouco mais pelo privilégio. Faço uma pausa e reflito se o tingimento amarelo deve ser pior que o branco descolorido. Tenho minhas suspeitas, mas escolho o amarelo, como sempre. Com tinta verde ou roxa, fica tão bonito quanto um jardim.

Em seguida, dirijo-me ao setor de canetas, ou, como é chamado, "instrumentos de escrita". As escolhas aqui são ainda mais variadas. Não faço a menor ideia da procedência, exceto que resultam de algum processo de síntese petroquímica. Como posso honrar essa compra, usar meus dólares como moeda de respeito, quando a vida por trás desse produto é invisível? Fico tanto tempo parada que um "colaborador" vem perguntar se estou procurando alguma coisa em particular. Imagino que devo parecer uma ladra planejando um assalto ao setor de "instrumentos de escrita", com minha cestinha vermelha. Gostaria de lhe perguntar: "De onde saíram esses produtos? São feitos de que material e em qual dessas canetas foi utilizada uma tecnologia que inflige menor dano à Terra? Posso comprar canetas com a mesma mentalidade com que uma pessoa colhe alhos-porós selvagens?" Bem, desconfio que ele chamaria o segurança pelo minúsculo fone de ouvido preso ao vistoso boné da loja, então apenas escolho minha caneta preferida, pela sensação da ponta ao tocar no papel e pela tinta roxa e verde. No caixa, eu me empenho em pensar na reciprocidade ao entregar meu cartão de crédito em troca dos apetrechos de escrita. Tanto eu quanto o funcionário agradecemos, mas não às árvores.

Eu me empenho um bocado para agir assim, mas a sensação que experimento nos bosques, a pulsante animação, simplesmente são inexistentes aqui. Dou-me conta do porquê de os princípios de reciprocidade não funcionarem neste local. Esse labirinto cintilante parece zombar da Honorável Colheita. É tão óbvio, mas eu nunca tinha notado, de tão absorta em buscar vida por trás dos produtos. Não poderia encontrar, porque não há vida aqui. Tudo que está à venda aqui está morto.

Compro café e sento-me em um banco, o bloco de notas no colo, a fim de observar o desenrolar da cena, recolhendo provas da melhor maneira possível. Vejo adolescentes mal-humorados querendo comprar sua individualidade. E velhos de aparência triste sentados sozinhos na praça de alimentação. Até as plantas são de plástico. Nunca fiz compras assim, com tamanha consciência intencional do que se passa aqui. Suponho que, das outras vezes, devo tê-la bloqueado. Estava sempre com pressa, queria entrar, fazer a compra e dar o fora. Agora, porém, rastreio a paisagem com todos os sentidos aguçados. Atenta às camisetas, aos fones de plástico e aos iPods. Atenta aos sapatos que ferem, às ilusões que ferem e às montanhas de coisas supérfluas que ferem as chances de meus netos terem uma boa terra verde para cuidar. O simples fato de pensar na Honorável Colheita, aqui, também me fere. Quero ampará-la. Quero segurá-la em minhas mãos, como um animal pequenino, e protegê-la do massacre de suas antíteses. Mas sei que ela é bem mais forte do que isso.

A aberração, contudo, não é a Honorável Colheita, mas este shopping center. Assim como os alhos-porós não conseguem sobreviver numa floresta desbastada, a Honorável Colheita não pode sobreviver nesse *habitat*. Construímos um artifício, uma farsa de um ecossistema onde perpetramos a ilusão de que as coisas consumidas simplesmente caem do trenó do Papai Noel, não são arrancadas da terra. A ilusão nos permite imaginar que nossas únicas escolhas residem nas marcas.

Ao chegar, limpo os últimos vestígios da terra preta e corto as compridas raízes brancas. Separamos um punhado de alho-poró, ainda sujo. As meninas cortam os bulbos finos e as folhas. Vão todas para minha caçarola de ferro fundido favorita, com bem mais manteiga do que seria recomendável. O aroma de alho-poró refogado invade a cozinha. O simples fato de respirar esse cheiro já é uma sagrada medicina. O odor picante acentuado logo se dissipa, substituído pela fragrância forte e deliciosa, com toques de folha úmida e chuva. Sopa de batata com alho-poró, risoto de alho-poró selvagem ou uma simples tigela de alho-poró são nutrientes para o corpo e a alma. Quando minhas filhas vão embora no domingo, fico feliz de saber que algo da infância delas nos bosques lhes fará companhia.

Depois do jantar, levo a cesta com alhos-porós ainda por lavar ao pequenino trecho da floresta, nas proximidades do lago, para plantá-los. O processo de colheita agora transcorre ao inverso. Peço permissão para levá-los lá, para abrir a terra a fim de acolhê-los. Procuro uma reentrância bastante úmida e os aconchego no solo, esvaziando — e não enchendo — minha cesta. Esses bosques são secundários ou terciários e, que tristeza!, há muito perderam os alhos-porós. O fato é que, quando as florestas nas cercanias se reconstituem, após o desmatamento para a agricultura, as árvores voltam, mas não os sub-bosques.

Vistos a distância, os novos bosques pós-agricultura parecem saudáveis; as árvores retornaram espessas e fortes. Mas falta algo. As chuvas de abril não trazem as flores de maio. Nenhum trílio, nenhuma mandrágora americana, nenhuma sanguinária-canadense. Apesar de um século de regeneração, as florestas pós-agropecuária empobreceram, enquanto as outras, do outro lado do muro, exibem uma explosão de florescência. Faltam as plantas medicinais, por razões ainda incompreensíveis para os ecologistas. Pode ser o *micro-habitat*, pode ser a dispersão, mas é evidente que o *habitat* original dessas antigas medicinas vegetais fora destruído numa cascata de consequências acidentais, quando o solo se voltou para o plantio de milho. A terra deixou de ser hospitaleira para as ervas medicinais, e não entendemos o porquê.

Os bosques de Ataensic, do outro lado do vale, nunca foram arados, portanto, ainda conservam seu esplendor, mas, na maioria dos outros bosques, falta o solo florestal. Bosques povoados de alho-poró se transformaram em raridade. Entregues ao tempo e à própria sorte, meus bosques lavrados provavelmente nunca recuperariam seus alhos-porós e os trílios. Acredito que cabe a mim carregá-los para o outro lado do muro.

Ao longo dos anos, o replante em minha encosta resultou em pequenos canteiros de verde vibrante, em abril, e alimenta minha esperança de que o alho-poró possa retornar a sua terra original; assim, quando eu for velhinha, farei uma ceia em comemoração à chegada da primavera, com plantas ao alcance da mão. Elas me dão; eu lhes dou. A reciprocidade é um investimento para a abundância, tanto para quem come quanto para quem é comido.

Precisamos recuperar a Honorável Colheita. Todavia, assim como o alho-poró e a marta, ela também é uma espécie em perigo, cultivada em outra paisagem, outra época, graças ao legado do conhecimento tradicional. Essa ética da reciprocidade foi removida junto com as florestas; a beleza da justiça foi trocada por quantidades maiores. Criamos um cenário cultural e econômico nada hospitaleiro ao crescimento do alho-poró ou da honra. Se a terra não passa de uma substância inanimada, se as vidas não passam de bens de consumo, então o costume da Honorável Colheita também cessou de existir. Contudo, quando você se detém nos bosques em pleno frenesi primaveril, sabe que isso não é verdade.

Ouvimos uma terra animada, pedindo que alimentemos as martas e beijemos o arroz. Os alhos-porós selvagens e as ideias selvagens correm perigo. Precisamos transplantá-los e fomentar seu retorno às terras onde nasceram. Temos de levá-los para o outro lado do muro, restaurar a Honorável Colheita, trazer as medicinas de volta.

# Trançar a erva ancestral

A *wiingaashk*, o cabelo da Mãe Natureza, é, por tradição, trançada para demonstrar preocupação com seu bem-estar. As tranças de três mechas são presenteadas como sinal de gentileza e gratidão.

# Seguindo os rastros de Nanabozho: tornar-se originário no lugar

A neblina cobre a terra. Na penumbra, só aparece esse rochedo e as ondas subindo e descendo num rugido estrondoso, lembrando-me de quão tênue é meu equilíbrio nessa pequenina ilha. Quase posso sentir seus pés, e não os meus, nessas rochas frias e molhadas; Ataensic num pontinho de terra, sozinha no mar frio e escuro, antes de criar o nosso lar. Quando caiu do céu, a Ilha da Tartaruga foi seu Plymouth Rock, sua ilha Ellis. A Mãe dos Povos era, acima de tudo, uma imigrante.

Também sou nova aqui, nessa costa no extremo ocidental do continente. Sou nova e desconheço como a terra aparece e desaparece neste lugar, entre marés e neblina. Ninguém aqui sabe meu nome, nem eu os das criaturas a meu redor. Sem essa troca, do mais básico reconhecimento, sinto que poderia desaparecer na neblina, junto com todo o resto.

Dizem que o Criador reuniu os quatro elementos sagrados e lhes soprou vida para dar forma ao Homem Original, antes de o estabelecer na Ilha da Tartaruga. Último a ser criado, o Primeiro Homem recebeu o nome de Nanabozho. O Criador gritou seu nome nas quatro direções para que todos soubessem quem chegaria. Nanabozho, parte homem, parte manido — um poderoso espírito —, é a personificação das forças vitais, o herói da cultura Anishinaabe e nosso grande mestre no aprendizado de se tornar humano. Na forma original de Nanabozho como Homem Original, e em nossa própria, nós, os seres humanos, somos os recém-chegados à Terra, os jovens, ainda em busca de nosso caminho.

Posso imaginar como deve ter sido para ele no início, antes que alguém o conhecesse, quando ele não conhecia ninguém. A princípio, eu também era uma estrangeira nessa floresta escura e úmida, empoleirada na beirada do mar, mas procurei uma anciã, minha avó, a árvore Abeto Sitka, dona de um colo espaçoso para abrigar muitos netos. Apresentei-me, disse-lhe meu nome e o motivo de ter vindo. Ofereci-lhe tabaco da minha algibeira e perguntei se poderia visitar sua comunidade por um tempo. Ela me convidou a sentar, e havia um lugar bem entre suas raízes. Sua copa se eleva acima da floresta, e sua folhagem ondulante murmura constantemente coisas a suas vizinhas. Sei que, graças ao vento, ela acabará contando meu nome a todos.

Nanabozho não conhecia seus parentes ou suas origens — sabia apenas que desembarcou em um mundo povoado de plantas e animais, ventos e águas. Também era um imigrante. Antes de sua chegada, o mundo já existia, em perfeito equilíbrio e harmonia, e todos desempenhavam um propósito na Criação. Quer dizer, todos não, mas ele compreendeu não ter chegado ao "Novo Mundo", mas a um mundo que já era antigo bem antes de sua chegada.

O solo onde estou sentada com minha avó Sitka está coberto de agulhas e é macio, graças a séculos de húmus; as árvores são tão velhas que minha vida, comparada às delas, tem apenas a duração do gorjear de um pássaro. Desconfio que, como eu, Nanabozho percorreu deslumbrado esse caminho, e de tanto olhar para o alto, para as árvores, acabou tropeçando.

O Criador designou algumas tarefas a serem desempenhadas por Nanabozho, o Homem Original, contidas nas Instruções Originais.\* Eddie Benton-Banai, um ancião Anishinaabe, conta de maneira esplendorosa a história da primeira missão de Nanabozho: percorrer o mundo criado pela dança de Ataensic. Suas instruções eram caminhar de tal modo "que cada passo fosse uma saudação à Mãe Natureza", mas ele ainda não sabia direito o que isso significava. Por sorte, embora suas pegadas fossem as do Primeiro Homem na Terra, havia muitos caminhos a seguir, feitos por aqueles que já habitavam o mundo.

---

\* Esse ensinamento tradicional foi publicado em *The Mishomis Book*, de Eddie Benton-Banais.

Quando nos referimos à época em que as Instruções Originais foram passadas, podemos dizer "faz muito tempo", pois, em termos populares, a história traça uma "cronologia", como se o tempo seguisse sempre no mesmo passo e em apenas uma direção. Há quem diga que ele é um rio no qual só podemos pisar uma vez, pois ele flui em linha reta, a caminho do mar. Mas, para o povo de Nanabozho, o tempo é circular. Não é um rio que corre inexoravelmente para o mar, mas o mar em si — suas marés aparecem e desaparecem, a neblina se levanta e se transforma em chuva, um rio diferente. Tudo que foi voltará a ser.

De acordo com o tempo linear, as histórias de Nanabozho são consideradas folclore mítico, um relato do passado longínquo e do surgimento do mundo. Mas, no tempo circular, essas histórias são, de uma só vez, história e profecia, e se referem a um tempo ainda por vir. Se o tempo é um círculo em permanente movimento, há um lugar onde a história e a profecia convergem — o Primeiro Homem deixou pegadas no caminho, tanto atrás de nós quanto à nossa frente.

Dotado de toda a força e de todas as fragilidades dos seres humanos, Nanabozho fez o melhor que pôde com as Instruções Originais e tentou se tornar um nativo em sua nova casa. Seu legado é que ainda continuamos tentando. Mas as Instruções foram desprezadas ao longo do caminho, e muitas foram esquecidas.

Apesar de tantas gerações, desde a chegada de Cristóvão Colombo, alguns dos mais sábios anciãos indígenas ainda se surpreendem com as pessoas que desembarcaram em nossos litorais. Observam o tributo pago pela terra e comentam: "O problema desses novos povos é que eles não têm os dois pés no litoral. Um ainda está no barco. Parecem não ter se decidido se ficam ou vão embora." Essa mesma observação é feita por alguns dos acadêmicos da contemporaneidade, que entendem as patologias sociais e a implacável cultura materialista como frutos do desamparo, de um passado sem raízes. A América foi chamada de país das oportunidades. Em nome do bem dos povos e da Terra, a tarefa urgente do Segundo Homem pode ser deixar de lado a cultura do colonizador e se tornar originário no lugar. Mas podem os norte-americanos, uma nação de imigrantes, aprender a morar aqui como se não fossem embora? Com os dois pés no litoral?

O que ocorre quando, de fato, nos tornamos nativos em um lugar, quando finalmente fazemos desse lugar nosso lar? Onde se encontram as histórias que conduzem a isso? Se o tempo, com efeito, gira em círculos, talvez a jornada do Primeiro Homem forneça pegadas para guiar a jornada do Segundo.

A princípio, a jornada de Nanabozho o levou rumo ao sol nascente, ao local onde o dia começa. Enquanto caminhava, preocupou-se com o que comeria, uma vez que já sentia fome. Como resolveria o problema? Considerou as Instruções Originais e compreendeu que todo o conhecimento necessário para viver se encontrava presente na Terra. Seu papel não era controlar ou mudar o mundo como ser humano, mas aprender com o mundo como se tornar um ser humano.

*Wabunong* — o Leste — é a direção do conhecimento. Apresentamos nossos votos de gratidão ao Leste pela oportunidade de aprender todos os dias, de começar de novo. No Leste, Nanabozho aprendeu a lição de que a Mãe Natureza é nossa mais sábia professora. Acabou conhecendo *sema*, o tabaco sagrado, e aprendendo a usá-lo para levar seus pensamentos ao Criador.

À medida que continuava a explorar a Terra, Nanabozho recebeu uma nova responsabilidade: aprender os nomes de todos os seres. Observou com extrema atenção o modo como viviam, e com eles conversou para aprender quais dons portavam, de modo a discernir seus verdadeiros nomes. De imediato, começou a se sentir mais em casa e deixou de se sentir sozinho, quando pôde chamar os outros pelo nome. E, ao passar, era cumprimentado: "Bozho!" Até hoje usamos essa expressão entre nós.

Hoje, longe de minhas vizinhas da Nação Bordo, vejo algumas espécies que reconheço e várias desconhecidas, então caminho como o Homem Original deve ter andado, como se as avistasse pela primeira vez. Tento desconectar minha mente científica e as nomeio com a mente de Nanabozho. Percebi que, quando alguém dá um rótulo científico a um determinado ser, deixa de explorar quem ele é. Com nomes recém-criados, porém, presto ainda mais atenção, para ver se não me confundi. Então, hoje, não digo *Picea sitchensis*, mas *braços fortes cobertos de musgo*. Digo *galho com asa* em vez de *Thuja plicata*.

A maioria não sabe os nomes desses parentes; na verdade, raras vezes os encontram. Graças aos nomes, nós, seres humanos, construímos relacionamentos, não apenas uns com os outros, mas com o mundo natural. Tento imaginar como seria passar pela vida sem saber os nomes das plantas e dos animais a meu redor. Considerando quem sou e o que faço, não passa pela minha cabeça como poderia ser, mas acredito que seria um tanto quanto assustador e desnorteador — como se perder numa cidade estranha, onde não conseguimos ler as placas nas ruas. Os filósofos denominam esse estado de isolamento e desconexão de "solidão da espécie" — uma profunda e inominável tristeza, decorrente do estranhamento em relação ao restante da Criação, da perda de vínculos. À medida que nosso domínio sobre o mundo foi aumentando, fomos nos tornando mais isolados, mais solitários, e já nem sabemos os nomes de nossos vizinhos. Não é de estranhar que uma das primeiras tarefas dadas pelo Criador a Nanabozho tenha sido a de atribuir nomes a todos os seres que encontrasse.

E ele percorreu a Terra, distribuindo nomes a todos que encontrava, um Carlos Lineu Anishinaabe. Gosto até de imaginar os dois caminhando juntos. Lineu, botânico e zoólogo sueco, traja calça e casaco de lã típicos da Baváría, o chapéu de feltro tapa sua fronte, e carrega um *vasculum* debaixo do braço. Nanabozho, quase nu, apenas com o tapa-sexo e uma única pena, carrega uma bolsa de camurça debaixo do braço. Passeiam discutindo os nomes das coisas. Ambos entusiasmadíssimos, apontam os lindos formatos de folhas, as flores incomparáveis. Lineu explica seu *Systema Naturae*, método destinado a mostrar como tudo está relacionado. Eufórico, Nanabozho meneia a cabeça: "Certo, nós também pensamos assim. Dizemos 'Todos estamos relacionados'." Ele explica que houve um tempo em que todos os seres falavam a mesma língua e podiam entender uns aos outros, ou seja, toda a Criação sabia o nome dos demais. Lineu fita o colega com ar pensativo. "Acabei tendo de traduzir tudo para o latim", diz, ao referir-se à nomenclatura binomial. "Faz muito tempo não temos mais nenhuma língua em comum." Lineu empresta a lente de aumento a Nanabozho, para que o amigo possa ver as minúsculas partes das flores. Nanabozho oferece a Lineu uma canção, para que possa admirar os espíritos das flores. E nenhum dos dois está sozinho.

Depois de sua estada no Leste, os passos de Nanabozho o levaram para o Sul, *Zhawanong*, a terra do nascimento e do crescimento. Do Sul vem o verde, trazido pelos ventos quentes, que cobre o mundo na primavera. Ali, o Cedro, *kizhig*, a planta sagrada do Sul, com ele compartilhou seus ensinamentos. Seus galhos são medicinas que purificam e protegem a vida em seu abraço. Tratou de levar consigo o *kizhig*, para não se esquecer de que ser originário é proteger a vida sobre a terra.

Obedecendo às Instruções Originais, Benton-Banai conta que Nanabozho também recebeu a tarefa de aprender como viver com os irmãos e irmãs mais velhos. Quando precisava de comida, observou o que os animais comiam e os copiou. A Garça o ensinou a apanhar arroz selvagem. Certa noite, perto do córrego, ele viu um pequeno animal de cauda anelada, lavando cuidadosamente a comida com suas patas delicadas. Pensou então: "Ah, só devo colocar comida limpa no corpo."

Nanabozho também recebeu conselhos de várias plantas, que com ele compartilharam suas dádivas, e aprendeu a ter sempre o maior respeito por elas. Afinal, as plantas foram as primeiras a chegar à Terra, e faz muito tempo aprenderam a descobrir coisas. Juntos, todos os seres, tanto as plantas quanto os animais, lhe ensinaram o que precisava saber. O Criador tinha lhe dito que assim seria.

As irmãs e os irmãos mais velhos também inspiraram Nanabozho a criar coisas para a própria sobrevivência. O Castor mostrou como fazer um machado; a Baleia lhe deu o formato de sua canoa. Ele tinha sido alertado de que, caso pudesse incorporar as lições da natureza à força de sua inteligência, poderia descobrir coisas novas que seriam úteis para as pessoas que viriam depois dele. Em pensamento, transformou a teia da Avó Aranha em rede de pescar. No inverno, seguiu os ensinamentos dos esquilos de como preparar açúcar de bordo. As lições aprendidas por Nanabozho são as raízes da ciência, da medicina, da arquitetura, da agricultura e do conhecimento ecológico indígenas.

No entanto, fiéis ao círculo do tempo, a ciência e a tecnologia começam a se aproximar da ciência indígena e a adotar a abordagem Nanabozho — procurar na natureza modelos de estratégias preparados pelos arquitetos da biomimética. Ao honrarmos o conhecimento existente na Terra e cuidar de seus guardiões, começamos a nos transformar em originários no lugar.

Com suas pernas compridas e fortes, Nanabozho perambulou pelas quatro direções. Cantando em voz alta, enquanto andava, não ouviu os chilros de advertência do pássaro e ficou muito surpreso ao ser desafiado pelo Urso-Pardo. Depois da experiência, ao se aproximar dos territórios dos outros, deixou de ir adentrando como se o mundo inteiro lhe pertencesse. Aprendeu a sentar-se em silêncio na orla dos bosques e a esperar o convite para entrar. Então, conta Benton-Banai, Nanabozho se levantava e dizia estas palavras aos cidadãos do local: "Espero não estragar a beleza da terra ou perturbar o objetivo do meu irmão. Peço permissão para entrar."

Ele viu flores brotarem na neve, corvos conversarem com lobos e insetos iluminarem as noites na pradaria. A gratidão pelas habilidades dos outros seres aumentou e lhe permitiu compreender que ter dons é também ter responsabilidades. O Criador deu ao Tordo-dos-Bosques o dom de entoar lindas canções e o dever de cantar boa-noite para a floresta. Tarde da noite, sentiu gratidão pelas estrelas que cintilavam para guiar seu caminho. Por quem respirava embaixo da água, voava para lá e para cá, de uma extremidade à outra da Terra, cavava tocas, fabricava medicinas. Cada ser era dotado de um dom, cada ser era dotado de uma determinada responsabilidade. Nanabozho olhou suas mãos vazias. Tinha de confiar que o mundo cuidaria dele.

Do alto penhasco na costa, olho na direção leste, e as colinas à minha frente são uma extensão irregular de florestas devastadas. Ao sul, avisto um estuário condenado e drenado para impedir a passagem dos salmões. No horizonte, a oeste, um barco pratica a pesca de arrasto e varre o fundo do oceano. E bem longe, ao norte, a terra é perfurada para a extração de petróleo.

Tivessem os recém-chegados à Terra aprendido o mesmo que o Homem Original, num conselho de animais — nunca danificar a Criação nem interferir no propósito sagrado de outro ser — a Águia, lá do alto, contemplaria um mundo diferente. Os salmões se aglomerariam nos rios, e os pombos-passageiros escureceriam o céu. Os lobos, os grous, os pumas, os povos Nehalem e Lenape e as florestas primárias ainda estariam aqui, todos cumprindo seu propósito sagrado. Eu estaria falando Potawatomi. Veríamos o que Nanabozho viu. Não é preciso imaginação fértil para saber que hoje resta a desolação.

No pano de fundo dessa história, para a sociedade dos colonizadores, um convite a se tornar indígena no lugar parece um passe livre para invadir com tudo uma festa. Hoje, poderia mesmo ser interpretado como um convite expresso para levar o pouco que restou. Podemos confiar que os colonizadores seguirão Nanabozho, caminharão de modo que "cada passo seja uma saudação à Mãe Natureza"? O sofrimento e o medo ainda se escondem nas trevas, por trás do lampejo da esperança. E, unidos, tentam manter meu coração trancado.

Mas preciso lembrar que os colonizadores também padecem desse sofrimento. Tampouco caminharão por pradarias de ervas altas, onde girassóis dançam com pintassilgos. Seus filhos também perderam a oportunidade de cantar na cerimônia da Dança Bordo, marcando a primeira lua cheia da primavera. Tampouco podem beber água.

Em sua jornada rumo ao Norte, Nanabozho encontrou os mestres da medicina. Eles lhe ofereceram *wiingaashk* para ensiná-lo sobre as culturas da compaixão, da gentileza e da cura, mesmo para aqueles que tenham cometido erros graves. Afinal, quem nunca os cometeu? Tornar-se originário é expandir o círculo de cura com o objetivo de incluir toda a Criação. A *wiingaashk*, numa comprida trança, proporciona proteção ao viajante, e Nanabozho guardou algumas na bolsa. Um caminho perfumado com erva ancestral conduz a uma paisagem de perdão e cura para todos os necessitados. Ela não oferece seu dom apenas para alguns.

Quando Nanabozho veio para o Oeste, muitas coisas o assustaram. A terra tremeu sob seus pés. Ele viu incêndios descomunais consumi-la. A sálvia, *mshkodewashk*, a planta sagrada da direção oeste, estava lá para ajudá-lo, para afastar o medo. Benton-Banai nos lembra que o Guardião do Fogo em pessoa procurou Nanabozho. "Esse é o mesmo fogo que aquece sua tenda", avisou. "Todas as forças têm dois lados, o poder de criar e o de destruir. Devemos reconhecer os dois, mas investir nossos dons no poder da criação."

Nanabozho aprendeu que, devido à dualidade de todas as coisas, tinha um irmão gêmeo tão comprometido em gerar desequilíbrio quanto ele em buscar o equilíbrio. Esse irmão gêmeo aprendera a inter-relação entre a criação e a destruição e brincava com ela, como se fosse um barco no mar encrespado, com o intuito de manter as pessoas em permanente desequilíbrio. Descobriu, além disso, que a arrogância do poder podia ser usada para desencadear o crescimento ilimitado — um incontrolável e cancerígeno tipo de criação que acabaria levando à destruição. Nanabozho jurou seguir seu caminho com humildade, de modo a tentar compensar a arrogância do gêmeo. Essa também é a tarefa de quem decide seguir seus passos.

Vou me sentar junto a minha avó, Abeto Sitka, para refletir. Não sou daqui, não passo de uma estranha repleta de gratidão, respeito e questionamentos a respeito de como pertencer a um lugar. Mesmo assim, ela faz com que eu me sinta bem-vinda. Sempre ouvimos dizer que as grandes árvores do Oeste cuidaram com muita gentileza de Nanabozho.

Apesar de acomodada em sua sombra imóvel, meus pensamentos se embaralham. Como os mais velhos antes de mim, quero vislumbrar um jeito de uma sociedade imigrante poder se tornar nativa no lugar, mas tropeço nas palavras. Os imigrantes, por definição, não podem ser indígenas. A palavra *indígena* é um direito de nascença. Nem o tempo nem o cuidado mudam a história ou substituem a profunda fusão da alma com a terra. Seguir as pegadas de Nanabozho não garante a transformação do Segundo Homem no Primeiro. Mesmo que as pessoas não se sintam "indígenas", elas podem, não obstante, entrar num estado de profunda reciprocidade capaz de renovar o mundo? É possível aprender isso? Onde estão os professores? Estou me lembrando das palavras do ancião Henry Lickers: "Sabe, eles vieram para cá achando que ficariam ricos trabalhando na terra. Então cavaram suas minas e cortaram as árvores. Mas a terra é quem tem poder — enquanto eles trabalhavam na terra, a terra trabalhava neles. Ensinando-os."

Permaneço sentada muito tempo, até, por fim, o barulho do vento nos galhos da avó Sitka varrer as palavras e eu me perder, entregar-me apenas à escuta — da voz seca dos loureiros, da tagarelice dos amieiros, dos sussurros dos liquens. Preciso ser lembrada — assim como Nanabozho — de que as plantas são nossas mais antigas professoras.

Levanto-me do meu recanto macio, forrado de agulhas, entre as raízes da minha avó, e volto para a trilha, onde interrompo a caminhada. Deslumbrada com meus novos vizinhos — abetos gigantes, samambaias americanas, lâmina-de-espada e *Gaultheria shallon* —, havia passado por uma velha amiga sem a reconhecer. Sinto-me envergonhada por não a ter cumprimentado antes. Ela caminhou da Costa Leste até a extremidade da Costa Oeste. Nosso povo tem um nome para essa planta de folhas redondas: Pegada do Homem Branco; outros povos a chamam Tanchagem.

Apenas um baixo círculo de folhas coladas ao chão, sem caule, por assim dizer; chegou com os primeiros colonizadores e seguiu seus passos, não importa aonde fossem. Como um cão fiel, a planta percorreu vastas extensões em meio aos bosques, ao longo das estradas para carroças e estradas de ferro, para ficar perto deles. Lineu a chamou de *Plantago major*, plátano-comum. O epíteto em latim, *Plantago*, se refere à sola do pé.

A princípio, os povos indígenas desconfiaram da planta que trouxe tanta confusão. Mas o povo de Nanabozho sabia que tudo tem um propósito e que não devemos interferir no cumprimento desse propósito. Quando ficou claro que a Pegada do Homem Branco permaneceria na Ilha da Tartaruga, começaram a estudar seus dons. Na primavera, é possível preparar uma gostosa sopa de plátano verde, antes que o calor do verão deixe as folhas duras. O povo ficou contente com sua constante presença assim que aprendeu que as folhas, quando enroladas ou mastigadas até formarem um emplastro, são um ótimo tratamento de primeiros socorros para cortes, queimaduras e, sobretudo, mordidas de insetos. Todas as partes da planta são úteis. As minúsculas sementes são uma sagrada medicina para a digestão. As folhas podem interromper o sangramento na hora e curar ferimentos não infeccionados.

Essa sábia e generosa planta, fiel seguidora do seu povo, se tornou um honrado membro da comunidade de plantas. É uma estranha, uma imigrante, mas, depois de quinhentos anos se comportando como excelente vizinha, as pessoas acabam se esquecendo desse tipo de coisa.

Algumas das nossas plantas imigrantes ensinam muitos modelos diferentes de como *não* ser bem-vindo num novo continente. A erva-alheira envenena o solo e mata as espécies nativas. A tamárix consome toda a água. Outras invasoras estrangeiras, como a *Lythrum salicaria* ou salgueirinha-roxa, o kudzu ou *Pueraria montana* e o *Bromus tectorum*, têm o velho hábito colonizador de ir se apossando das casas dos outros e de crescer sem respeitar os limites. Mas o plátano não é assim. Sua estratégia foi se tornar útil, encaixar-se em espaços pequenos, coexistir com os outros em volta de canteiros na frente das casas e curar feridas. O plátano é tão predominante, tão bem integrado, que pensamos nele como planta nativa. Recebeu o nome atribuído por botânicos a plantas que se tornaram nossas. O plátano não é nativo, é "naturalizado". É o mesmo termo usado para quem nasceu em países estrangeiros, mas se tornou cidadão do nosso país. Eles juram obedecer às leis do Estado. Podem também obedecer às Instruções Originais de Nanabozho.

Talvez a missão designada ao Segundo Homem seja desaprender o padrão do kudzu e seguir os ensinamentos da Pegada do Homem Branco, ou seja, tentar se naturalizar, deixar de lado a mentalidade de imigrante. Ser naturalizado significa viver como se essa fosse a terra que o alimenta, como se houvesse riachos nos quais você pode beber, que fortalecem seu corpo e saciam seu espírito. Naturalizar-se é saber que seus ancestrais descansam nessa terra. Aqui você concederá seus dons e cumprirá suas responsabilidades. Naturalizar-se é viver como se o futuro de seus filhos importasse; é cuidar da terra como se nossa vida, e a vida de todos os nossos parentes, dela dependessem. Porque dependem.

À medida que o tempo gira em torno de si mesmo de novo, talvez a Pegada do Homem Branco *esteja* seguindo as de Nanabozho. Quem sabe o plátano ladeará o caminho para casa? Poderíamos seguir suas pegadas. A Pegada do Homem Branco, generosa e curativa, cresce com suas folhas tão perto do chão que cada passo é uma saudação à Mãe Natureza.

# O som das halésias

Nunca quis morar no sul do país, mas, quando meu marido foi transferido para lá, aprendi, no devido tempo, a conhecer a flora local e tentei cultivar afeição pelos sombrios carvalhos, apesar da imensa saudade dos flamejantes bordos. Embora não me sentisse totalmente em casa, o mínimo a fazer era ajudar meus alunos a desenvolver o senso de pertencimento botânico.

Perseguindo esse humilde objetivo, levei meus alunos, futuros estudantes de medicina, a uma reserva natural local, onde a floresta subia pelas encostas em segmentos de cores que indicavam faixas de diferentes espécies, desde a planície aluvial até o cume. Pedi que inventassem uma ou duas hipóteses para explicar o motivo da existência desse surpreendente padrão.

"É tudo parte do desígnio de Deus", disse um aluno. "Sabe, o grande desígnio?" Depois de dez anos de imersão na primazia da ciência materialista como explicação para o funcionamento do mundo, precisei engolir em seco. De onde venho, uma resposta dessas provocaria gargalhadas ou no mínimo um revirar de olhos, mas, nesse grupo, simplesmente produziu meneios de concordância ou de tolerância. "É uma perspectiva relevante", comentei, cautelosa, "mas os cientistas têm uma explicação diferente para a distribuição da vegetação na paisagem: bordos em um lugar e abetos em outro".

Eu tentava me habituar a essa dança, ensinar no Cinturão Bíblico. Tropecei nos dois pés esquerdos. "Alguma vez se perguntaram como o mundo se organizou de modo tão sublime? O motivo de certas plantas crescerem aqui e não ali?" A julgar pelos civilizados semblantes inexpressivos, essa não era, para eles, uma questão pertinente. O total desinteresse por ecologia me deixou angustiada. Para mim, a revelação era a harmonia das esferas, enquanto, para eles, não passava de mais uma exigência para a educação preparatória voltada para a admissão às faculdades de medicina. Uma história biológica que não tratasse de seres humanos despertava pouco interesse. Não compreendi como alguém podia ser biólogo e não ser capaz de enxergar a terra, conhecer história natural e o elegante fluxo de forças naturais. A terra é dotada de beleza tão exuberante que o mínimo a nosso alcance é prestar atenção. Então, com certo fervor evangélico, mirei na conversão da mente científica deles.

Todos os olhos estavam grudados em mim, à espera de um deslize. Prestei atenção aos mínimos detalhes, só para provar que eram eles que estavam enganados. As vans aguardavam no círculo localizado em frente ao prédio da administração. Mais uma vez, cheguei minha lista: mapas preparados, acampamentos reservados, dezoito pares de binóculos, seis microscópios de campo, mantimentos para três dias, estojos de primeiros socorros e resmas de folhetos contendo gráficos e nomes científicos. O reitor argumentou que levar os alunos para uma excursão em campo custaria muito caro. Argumentei que mais caro sairia não levá-los. Quer os passageiros estivessem entusiasmados, quer não, nosso pequeno comboio de vans dirigiu-se para a estrada, passando por topos de montanha abertos, em consequência das minas de carvão da região, onde os rios corriam vermelhos devido ao ácido. Não deveriam os alunos devotados a uma profissão ligada à saúde tomar conhecimento disso tudo por experiência própria? As horas na autoestrada escura me proporcionaram bastante tempo para refletir se agira com bom senso ao testar a paciência do reitor em meu primeiro emprego. A faculdade enfrentava problemas financeiros, e eu não passava de uma professora contratada para trabalhar meio expediente dando aula em algumas turmas, enquanto terminava minha dissertação. Tinha deixado minhas bebês em casa, com o pai, a fim de apresentar os filhos de outras pessoas a algo com o que nem se importavam. Essa conceituada faculdade construíra sua reputação no Sul, com base na exitosa admissão de seus alunos na faculdade de medicina. Ou seja, os filhos e as filhas da aristocracia feudal eram enviados àquela escola para seu primeiro passo rumo a vidas de privilégio.

Ao manter essa missão médica, tal como um ritual, o reitor trajava toda manhã o jaleco branco, como os padres usam batina. O calendário em sua mesa só registrava reuniões administrativas, análises de orçamentos e compromissos oficiais. O jaleco de laboratório era só para constar. Apesar de eu nunca ter visto o reitor num laboratório, não era de espantar que ele acalentasse dúvidas em relação a uma cientista de camisa de flanela como eu.

O biólogo Paul Ehrlich denominou a ecologia de "ciência subversiva", pelo seu poder de nos levar a reconsiderar o lugar dos homens no mundo natural. Até então, os estudantes dessa faculdade devotaram vários anos ao estudo de uma única espécie: a sua. Eu dispunha de três dias inteiros para ser subversiva, desviar a mente deles do *Homo sapiens* e fazer com que vislumbrassem os seis milhões de outras espécies com quem dividiam o planeta. O reitor expressou sua preocupação em financiar uma "mera viagem de acampamento", mas argumentei que as montanhas Great Smoky eram um importantíssimo reservatório de biodiversidade e prometi que seria uma legítima expedição científica. Fiquei tentada a acrescentar que, por via das dúvidas, vestiríamos jalecos. Ele suspirou e assinou o requerimento.

O compositor Aaron Copland tinha toda a razão. A primavera nos Apalaches é música para dançar. Os bosques bailam com as cores das flores silvestres, com os curvos ramalhetes de cornáceas brancas, o mar cor-de-rosa das olaias, os córregos em ritmo contínuo e a requintada solenidade das montanhas escuras. Mas estávamos ali para trabalhar. Na primeira manhã, saí de minha tenda com a prancheta na mão e as aulas na mente.

Acima do nosso acampamento no vale, estendia-se a cordilheira. No início da primavera, as montanhas são uma colcha de retalhos de cores difusas, como um mapa colorido mostrando nações individuais: verde-claro para os álamos e suas folhas novas, blocos cinzentos para os ainda adormecidos carvalhos e rosa *vintage* para os brotos dos bordos. Aqui e acolá, a cor rosa-choque cobre intervalos de olaias, e trechos brancos revelam o florescer das cornáceas; fileiras de folhas verde-escuras de tsugas sinalizam os cursos d'água, como se desenhados por canetas de cartografia. Na sala de aula, com as mãos brancas de giz, eu diagramara as variações de temperatura, solo e época de crescimento. Agora, à nossa frente, a encosta da montanha disseminava o mapa pastel da nossa viagem de campo, o abstrato traduzido em flores.

Subir a encosta equivalia, em termos ecológicos, a entrar no Canadá. Enquanto o vale poderia nos proporcionar o clima de verão na Geórgia, os picos de cerca de mil e quinhentos metros de altura equivaliam a um passeio por Toronto. "Levem casacos de inverno", avisei. O aumento de cerca de trezentos metros de altura equivale a se locomover cento e sessenta e um quilômetros em direção ao norte, ou seja, afastar-se muitos passos da primavera. Em plena floração, borrifos na tonalidade *off-white*, as cornáceas, na parte inferior da encosta, contrastavam com a tonalidade das folhas nascendo. Subindo a encosta, eles regrediam como uma câmara com lapso de tempo. Os botões abertos se transformavam em brotos fechadíssimos, ainda não despertos pelo calor. A meio caminho da subida, onde o período de crescimento é muito reduzido, as cornáceas desaparecem por completo, dando lugar a outra árvore mais tolerante às geadas de fim de estação, a halésia.

Por três dias, vagamos por esse mapa ecológico, atravessando zonas climáticas por altitude, das enseadas e florestas profundas, povoadas de tulipeiros e magnólias de pepino, até os cumes. As exuberantes enseadas eram um jardim de flores silvestres, canteiros reluzentes de gengibre selvagem e nove espécies de trílios. Embora não demonstrassem grande interesse, os alunos anotavam, compenetrados, tudo o que eu dizia, criando uma imagem espelhada de minha lista interna de coisas a ver. Perguntavam tantas vezes como se soletravam nomes científicos que me senti num concurso de soletração florestal. O reitor ficaria orgulhoso.

Por três dias, tiquei as espécies e os ecossistemas da lista, para justificar a viagem. Mapeamos a vegetação, a temperatura e os solos com o fervor de Alexander von Humboldt. À noite, desenhávamos gráficos em volta da fogueira. Nogueiras na zona climática de altitude média, solo de cascalho grosso — ticado. Reduzida estatura e maior velocidade do vento em altas elevações — ticado. Padrões fenológicos ao longo do gradiente elevacional — ticado. Salamandras endêmicas, diversificação de nicho — ticado. Queria tanto que vissem o mundo além dos limites das próprias peles. Atenta a não perder uma única oportunidade de ensinar, enchi os bosques silenciosos com fatos e dados. Meu maxilar doía no fim do dia, quando eu me enfiava no saco de dormir.

Que tarefa árdua! Quando faço caminhadas, aprecio o silêncio, a contemplação, o simples fato de estar no local. Com os alunos, falava constantemente, apontava espécies, minha cabeça borbulhava com temas para discussão. Enfim, exercia a tarefa de professora.

Só uma vez abandonei meu papel. A estrada se tornou mais íngreme ao nos aproximarmos do topo da cordilheira. Fustigadas pela ventania, as vans bufavam em curvas acentuadas, em constante zigue-zague. Adeus, bordos flexíveis e mar cor-de-rosa de olaias. Nessa elevação, a neve acabara de derreter aos pés dos abetos. Observando a terra, podíamos ver quanto essa faixa de floresta boreal era estreita, uma tirinha de *habitat* canadense na Carolina do Norte, centenas de quilômetros ao norte do bosque de abetos mais próximo, um remanescente do dia em que o gelo cobrira a região Norte. Hoje, esses altos picos de montanhas oferecem um refúgio semelhante ao lar para o abeto e o pinheiro, ilhas num mar de árvores de madeira dura na floresta boreal, pousadas bem no alto, a fim de duplicar o clima canadense.

Essas ilhas de bosques setentrionais também se assemelhavam ao lar para mim, e, no ar gelado, soltei as rédeas e deixei de lado as preleções. Passeamos por entre as árvores, respirando o perfume de bálsamo. O macio colchão de agulhas, rododendros, flores-de-maio, cornáceas canadenses — todos os meus antigos conhecidos, meus vizinhos de casa, atapetavam o chão da floresta. De repente, me fizeram perceber quanto eu, tão distante da minha floresta, me sentia deslocada dando aula na floresta de outra pessoa.

Deito-me num tapete de musgo e observo a paisagem da perspectiva de uma aranha. No alto desses picos, vivem as últimas populações no mundo da *Microhexura montivaga*, aranha dos musgos de abetos, ameaçada de extinção. Não esperava que futuros alunos de medicina dessem a mínima, mas eu precisava defender as aranhas. Elas continuaram aqui desde o fim das geleiras, levando suas minúsculas vidinhas enquanto teciam teias entre as rochas musguentas. O aquecimento global é a maior ameaça para esse *habitat* e para essa espécie. À medida que o clima esquenta, essa ilha de floresta boreal se derrete, e com ela a última de muitas vidas que nunca retornarão. Os insetos e as doenças oriundas das elevações mais quentes já as reclamam. Quando se vive no cume, não há outro lugar para escapar quando o ar quente sobe. Elas incharão nos fios de seda de aranha, mas não encontrarão refúgio.

Passei a mão na pedra coberta de musgo, pensando no desemaranhar de ecossistemas e na mão que puxa o fio solto. "Não temos o direito de tirar as casas delas", pensei. Talvez tenha falado em voz alta ou exibido um olhar fanático, pois uma aluna perguntou de repente: "Isso é tipo sua religião, ou algo assim?"

Desde que um aluno questionara a teoria da evolução, eu tinha aprendido a mostrar prudência ao abordar esses assuntos. Senti todos os olhos fixos em mim, bons cristãos, todos eles. Hesitei antes de falar no amor aos bosques e comecei a explicar as filosofias indígenas relativas ao meio ambiente e à irmandade com os outros membros da Criação. Diante dos olhares intrigados, calei-me e logo me afastei. Apressada, mostrei um aglomerado de samambaias em processo de esporulação. Àquela altura da vida, naquele cenário, senti que não poderia explicar a ecologia do espírito, uma sensação tão distante do cristianismo e da ciência, tinha certeza de que seriam incapazes de entender. Além do mais, estávamos ali por causa da ciência. Eu deveria apenas ter respondido que sim.

Depois de muitos quilômetros e muitas exposições, afinal chegou a tarde de domingo. Missão cumprida, montanhas escaladas, material coletado. Meus alunos do curso preparatório para admissão em faculdades de medicina estavam sujos e cansados, os blocos de anotações recheados com mais de 150 espécies não humanas e os mecanismos por trás de suas distribuições. Eu tinha um bom relatório para apresentar ao reitor.

Pegamos o caminho de volta para as vans, banhados pela luz dourada do finzinho de tarde, passando em meio a halésias da montanha, cujas flores pendiam, com o interior parecendo brilhar, devido às campânulas nacaradas. Os estudantes estavam estranhamente quietos; cansados, supus. Uma vez cumprida a missão, fiquei feliz em apenas admirar a inclinação da luz nebulosa, acima das montanhas, pela qual o parque é reconhecidamente famoso. O canto de um tordo-eremita soou das sombras, e uma leve brisa nos cobriu de uma chuva de pétalas brancas, enquanto caminhávamos naquele lugar impressionante. De repente, fui invadida pela tristeza. Naquele momento, tive a consciência de ter fracassado. Sim, eu fracassara por não ensinar o tipo de ciência pelo qual ansiava quando era jovem, quando buscava descobrir o segredo dos ásteres e das varas-de-ouro, uma ciência mais profunda do que os simples dados.

Eu lhes fornecera tanta informação, tantas padronizações e processos, e de modo tão excessivo, que acabara deixando de lado a verdade mais importante. Perdera minha oportunidade ao conduzi-los por diversos caminhos, menos ao mais digno de consideração. Como alguém vai ligar para o destino das aranhas de musgo se não ensinarmos aos alunos a reconhecer e a responder ao mundo como uma dádiva? Eu lhes dera todas as informações acerca do funcionamento, mas nada do significado. Podíamos muito bem ter ficado em casa e lido a respeito das montanhas Great Smoky. Na verdade, a despeito de todos os meus preconceitos, eu acabara usando um jaleco branco na natureza. A traição é um fardo pesado, e eu segui caminhando devagar, repentinamente fatigada.

Ao me voltar, vi os estudantes descendo a trilha atrás de mim, um caminho coberto de pétalas sob a luz transparente. Alguém, não sei quem, começou a cantar muito baixinho umas primeiras notas que me soaram familiares, daquelas que soltam sua voz, convocando, de modo irresistível, a cantar. *Amazing Grace, how sweet the sound.* Todos começaram a cantar, enquanto percorriam as sombras compridas, e as pétalas brancas se acomodavam em seus ombros. *That saved a wretch like me. I once was lost but now I'm found.*

Eu me sentia humilhada. O canto dizia tudo que minhas bem-intencionadas aulas não disseram. E continuaram cantando, acrescentando harmonias enquanto caminhavam. Compreendiam a harmonia de um modo que eu não era capaz de compreender. Ouvi, em suas vozes altas, a mesma manifestação de amor e gratidão pela Criação cantada pela primeira vez por Ataensic, no casco da Ilha da Tartaruga. Ao entoarem aquele antigo hino com tanto carinho, entendi que o importante não era nomear a fonte do milagre, mas o milagre em si. Não obstante meus maníacos esforços e minha lista de nomes científicos, soube, naquele instante, que eles tinham aprendido algo. *Was blind, but now I see.*★ E eles viram. Assim como eu. Posso esquecer todos os gêneros e espécies que um dia soube, mas nunca me esquecerei daquele momento. Nem o pior professor do mundo, nem o melhor professor do mundo — nem um nem outro podem ser ouvidos acima das vozes das Halésias e dos Tordos-Eremitas. O barulho das cachoeiras e o silêncio dos musgos dão a última palavra.

Como uma entusiasmada e jovem Ph.D., colonizada pela arrogância da ciência, eu vinha me iludindo, acreditando ser a única professora. A terra é a verdadeira mestra. Como alunos, só precisamos de atenção plena. Prestar atenção é uma forma de reciprocidade com o mundo a nosso redor, bem como receber as dádivas de olhos e coração abertos. Meu trabalho era apenas guiá-los a sua presença e prepará-los para ouvir. Naquela tarde esfumaçada, as montanhas ensinaram aos alunos, e os alunos ensinaram à professora.

Naquela noite, no caminho de volta, os alunos dormiam ou estudavam sob a luz difusa. Aquela tarde de domingo mudou para sempre minha forma

---

★ "Graça maravilhosa, quão doce o som que salvou um pecador como eu! Eu estava perdido, mas fui encontrado. Estava cego, mas agora vejo." [N. da T.]

de ensinar. Um professor surge, dizem, quando você está pronto para ele. E, caso ignore sua presença, ele falará em tom mais alto. Mas é preciso estar em silêncio para ouvir.

# Sentados em círculo

Brad chega a nosso posto na floresta para a aula de etnobotânica usando mocassins e camiseta polo. Observo-o vagar pelo contorno da costa, procurando em vão sinal para o celular, dando a impressão de precisar de fato falar com alguém. "A natureza é fantástica e tudo o mais", diz enquanto lhe mostro o lugar, mas o isolamento o deixa nervoso. "Só tem árvores aqui."

A maioria de nossos alunos vem para a Estação Biológica de Cranberry Lake munida de grande entusiasmo, porém, sempre tem quem chegue com ar resignado, conformado em aguentar cinco dias longe do mundo conectado — uma exigência para a formatura. No decorrer dos anos, o comportamento dos estudantes se tornou um nítido espelho das mudanças nas relações com a natureza. Costumavam chegar motivados, lembrando-se das infâncias nos acampamentos, das pescas e das brincadeiras nos bosques. Hoje, embora a paixão pela natureza não tenha reduzido, relatam que a inspiração vem do Animal Planet ou do canal National Geographic. Cada vez mais, a realidade da natureza fora da sala de estar os pega de surpresa.

Tento assegurar que os bosques são, em minha opinião, os lugares mais seguros do mundo. Devo confessar que experimento a mesma inquietação quando vou à cidade, tomada pelo leve pânico de não saber como me cuidar num lugar onde só existe gente. Mas reconheço se tratar de uma transição difícil: estamos a onze quilômetros de distância do lago, sem estrada de acesso, zero de asfalto e inteiramente cercados pela natureza, a um dia de caminhada em qualquer direção, a uma hora de distância de qualquer ajuda médica e três de um Walmart. "Entendo, mas se eu precisar de alguma coisa?", pergunta Brad. Aposto que ele vai acabar descobrindo.

Poucos dias depois, os estudantes já começam a se metamorfosear em biólogos de campo. A confiança com o equipamento e o jargão dos iniciados lhes confere uma nova arrogância. Praticam constantemente o aprendizado de nomes em latim e ganham prestígio ao usá-los. Nos jogos de vôlei, à noite, é perfeitamente admissível, na cultura da BioEstação, perder uma bola caso seus oponentes exclamem "*Megaceryle alcyon*!", quando um martim-pescador tagarela ao longo da margem. É bom aprender essas coisas, começar a distinguir os indivíduos no mundo natural, discernir os fios na trama dos bosques, sintonizar-se com o corpo da Terra.

Contudo, percebo que, quando colocamos instrumentos científicos nas mãos deles, confiam menos em seus sentidos. E, quanto mais energia despendem memorizando os nomes em latim, menos tempo passam olhando os seres em si. Os alunos já chegam com bastante conhecimento de ecossistemas e podem identificar uma impressionante lista de plantas. Mas quando pergunto como essas plantas cuidam deles, não sabem responder.

Assim sendo, no início de minha aula de etnobotânica, fazemos uma dinâmica de grupo listando as necessidades humanas, visando descobrir quais delas as plantas Adirondack poderiam satisfazer. É uma lista familiar: comida, abrigo, calor, roupas. Fico contente com o fato de o oxigênio e a água estarem incluídos nos dez primeiros itens da lista. Alguns dos alunos estudaram a hierarquia Maslow das necessidades humanas e a levam além da sobrevivência, chegando aos "mais altos" graus de arte, companheirismo e espiritualidade.

É claro que isso suscita piadas de humor dúbio a respeito de pessoas cuja necessidade de conexão interpessoal é satisfeita por cenouras. Deixando de lado essas observações, começamos pelo item abrigo: construímos a sala de aula.

Os alunos escolheram o local, marcaram a geometria no solo, recolheram mudas e as enterraram, a fim de termos um círculo de três metros e sessenta e seis centímetros entre as estacas de bordo espaçadas. Faz calor; o trabalho, a princípio, feito basicamente de modo isolado, nos deixa transpirando. Contudo, quando o círculo está pronto e o primeiro par de mudas se une em arco, a necessidade de uma equipe se torna evidente: os mais altos devem pegar o topo da árvore; os mais fortes, segurá-los; os mais baixos, vão subir e prendê-los. A criação de arcos, guiados pelo formato que emerge da tenda, exige a contribuição do outro. Sua simetria torna óbvio qualquer erro, e os alunos amarram e desamarram até acertarem. Os bosques foram tomados por vozes animadas. Quando o último par de mudas é preso, observam a obra em silêncio. Parece um ninho de pássaro de cabeça para baixo, uma cesta de mudas grossas em formato de domo, o casco de uma tartaruga. Dá vontade de entrar.

Embora sejamos quinze, todos podem encontrar um lugar confortável em torno do perímetro. Mesmo sem teto, é acolhedor. Poucos de nós ainda moramos em casas redondas, onde não existem paredes ou cantos. Contudo, a arquitetura indígena tem a tendência a privilegiar o pequeno e o redondo, a imitar o modelo de ninhos e covas, tocas e leitos de desova das fêmeas de salmão e ovos e útero — como se esse fosse o padrão universal para as casas. Com as costas apoiadas nos troncos, consideramos a convergência do projeto. Por ter uma excelente relação de volume por área de superfície, a esfera minimiza os materiais necessários para o espaço habitável. Seu formato permite que a água da chuva escorra, além de distribuir o peso da carga de neve. O aquecimento é eficiente, além de ser resistente ao vento. Afora as considerações relativas aos materiais, viver de acordo com os ensinamentos do círculo encerra um significado cultural. Explico aos alunos que a porta sempre está voltada para o leste, e eles rapidamente analisam a conveniência dessa orientação, considerando os ventos oeste prevalecentes. O fato de isso também ser útil para saudar o alvorecer ainda não faz parte do seu raciocínio, mas o sol lhes ensinará.

Essa estrutura descoberta ainda não concluiu seus ensinamentos. Precisa de paredes de esteiras de tabua-larga e teto de casca de bétula, amarrado com raiz de abeto. O trabalho ainda não terminou.

Vejo Brad antes da aula, e ele continua emburrado. Tento animá-lo e digo: "Vamos fazer compras do outro lado do lago hoje!" Há uma lojinha na cidade, na outra margem, o Emporium Marine, o tipo de mercado encontrado em lugares remotos que sempre parece ter justo o que você precisa, juntamente com cadarços, rações de gato, filtros de café, latas de ensopado da marca

Hungry-Man e garrafas de Pepto-Bismol. Mas não é para lá que vamos. O pântano de tabuas-largas tem *algo* em comum com o empório, mas suponho que a comparação com o Walmart seja mais adequada, pois ambos se estendem por vários hectares. Hoje vamos lá fazer compras.

Houve um tempo em que os pântanos tinham péssima reputação, sendo associados a bichos gosmentos, doenças, pestilências e todo tipo de coisas desagradáveis, até as pessoas se darem conta de quanto eram valiosos. Nossos alunos agora cantam louvores à biodiversidade dos pantanais e suas funções para o ecossistema, mas isso não significa que queiram entrar neles, e me olham com expressão cética quando afirmo ser mais fácil pegar tabuas-largas dentro da água. Garanto que não há cobras-d'água venenosas tão ao norte, nem areia movediça, e que as tartarugas-mordedoras, em geral, se escondem quando nos ouvem chegar. Não pronuncio a palavra *sanguessugas* em voz alta.

Acabam por me seguir, e consigo que saiam das canoas sem emborcá-las. Atravessamos o pântano como garças, embora sem sua graça e pose. Os alunos vacilam entre as ilhotas flutuantes de arbustos e ervas, testando a estabilidade antes de colocarem o peso no passo seguinte. Se a jovem vida deles ainda não lhes tivesse demonstrado, hoje aprenderiam que a estabilidade é uma ilusão. O fundo do lago repousa debaixo de vários metros de lodo suspenso, tão sólido quanto um pudim de chocolate.

Chris é o mais destemido e — abençoado seja! — lidera a turma. Rindo como um menino de cinco anos, ele se detém despreocupado no canal, com água até a cintura, o cotovelo apoiado num junco elevado, como se estivesse numa poltrona. Embora nunca tenha feito isso, encoraja os outros, dá conselhos aos colegas cambaleantes em cima dos troncos: "Acabem logo com isso para poderem relaxar e se divertir." Natalie aceita o desafio e berra: "Conviva com o Rato-almiscarado que existe dentro de você!" Claudia recua para evitar os salpicos de lama. Está com medo. Como um elegante porteiro, Chris, galante, lhe oferece a mão para entrar no lodo. Então, um comprido rastro de bolhas sobe às suas costas e estoura na superfície com um sonoro borbulhar. Apesar do rosto sujo de lama, percebemos seu rubor. Enquanto todos o espiam, ele mexe os pés. Outro comprido rastro de bolhas nauseabundas irrompe atrás dele. A turma cai na gargalhada, e logo estão todos andando na água. Andar no pântano libera uma torrente de piadas a respeito de peidos, tão inevitáveis quanto o "gás metano do pântano", liberado por nossos passos. A água, em quase toda a extensão, bate na coxa, mas vez ou outra alguém solta um gritinho — seguido de gargalhadas — quando entra num buraco e afunda até o peito. Torço para não ser Brad.

Para pegar tabuas-largas, é preciso enfiar o braço dentro da água até a base da planta e puxar. Se os sedimentos estiverem frouxos, ou você tiver força suficiente, é possível pegar a planta inteira, com rizoma e tudo o mais. O problema é que é impossível dizer se a planta vai se desprender ou não, até você puxar com toda a força. E, de repente, acabar estatelado dentro da água, com lodo escorrendo das orelhas.

Os rizomas, basicamente talos subterrâneos, são a medalha de ouro da planta. Marrons e fibrosos na parte externa, são brancos e carnudos na parte interna, parecidos com batatas, e ficam uma delícia tostados na fogueira. Mergulhe os rizomas cortados na água potável e em breve terá uma tigela de amido branco, pastoso, que pode se transformar em farinha ou mingau. Alguns dos rizomas peludos têm uma haste branca rígida emergindo da ponta, que não é apenas um órgão vagamente fálico de propagação horizontal. A partir dele, as sementes de tabuas-largas são espalhadas pelo pântano. Evocando a hierarquia das necessidades humanas, alguns dos rapazes se divertem com eles quando acham que não estou olhando.

A tabua-larga — *Typha latifolia* — parece uma erva gigante: não tem um caule distinto, mas feixes de folhas enroscadas umas sobre as outras em camadas concêntricas. Uma única folha não suportaria o vento e a ação das ondas, mas o conjunto de folhas é forte e a extensa rede subterrânea de rizomas ancora a planta no lugar. Colhidas em junho, têm quase um metro de altura. Espere até agosto, e haverá folhas de uns dois metros e meio de comprimento, cada uma com cerca de trinta centímetros de largura e reforçada pelas veias paralelas correndo da base até a ondulante ponta da folha. Essas veias circulares são rodeadas por fibras robustas, todas mobilizadas para sustentar a planta. Em contrapartida, a planta sustenta as pessoas. As fibras das folhas da tabua-larga, separadas e enroladas, são uns dos materiais mais usados para trançar nossas cordas e barbantes. De volta ao acampamento, preparamos cordas para a tenda e fios finos para tecer.

Em pouco tempo, as canoas estão repletas de braçadas de folhas; parecem uma flotilha de jangadas num rio tropical. Puxamos a canoa até a margem e, então, começamos a separar e limpar cada planta, folha por folha, de fora para dentro. Ao retirar as folhas, Natalie joga tudo no chão. "Eca, é gosmenta", diz, e começa a limpar as mãos na calça suja, como se isso fosse resolver seu problema. Quando se separam as bases da planta, bocados de uma substância gelatinosa escorrem como um muco claro aquoso entre as folhas. A princípio parece nojento, mas depois você se dá conta de quanto esse gel deixa suas mãos macias. Sempre ouvi os herbalistas dizerem que "a cura cresce perto da causa". Têm razão. Apesar de pegar tabuas-largas ser garantia de queimaduras e coceiras, o antídoto para o desconforto está nas próprias plantas. Claro, frio e limpo, o gel é refrescante e antimicrobiano, o correspondente no pântano ao *Aloe vera*. O gel das tabuas-largas serve como proteção contra micróbios e mantém a umidade das bases das folhas, quando os níveis de água baixam. Essas mesmas propriedades protegem a planta e nos protegem. É tamanho o alívio proporcionado para as queimaduras de sol, e os estudantes não demoram a se lambuzar com a substância.

As tabuas-largas desenvolveram outros elementos perfeitamente adaptados para a vida passada de pé no pântano. As bases das folhas ficam embaixo da superfície, mas precisam de oxigênio para respirar. Então, assim como mergulhadores com tanques de ar, tratam de se equipar com tecido esponjoso cheio de ar: o plástico-bolha da natureza. Essas células brancas, denominadas aerênquimas, são grandes o bastante para serem vistas a olho nu e formam uma camada flutuante e macia na base de cada folha. As folhas também são cobertas por uma camada de cera, uma barreira à prova de água, o equivalente a uma capa de chuva. Mas essa capa de chuva funciona de modo inverso, conservando os nutrientes solúveis no interior, para evitar que se dissolvam na água.

Tudo isso é bom para a planta, sem sombra de dúvida — e bom para nós. As tabuas-largas se constituem em material excelente para abrigos, dado o comprimento das folhas, que, além de repelirem a água, são compostas de cerradas células de espuma, ideais para o isolamento térmico. Antigamente, colchões de folhas de tabuas-largas eram costurados ou trançados para cobrir as cabanas no verão. Na temporada seca, as folhas se encolhem e se separam umas das outras, permitindo à brisa entrar, soprar e ventilar. Na época das chuvas, elas incham e fecham os espaços, convertendo-se em camadas à prova d'água. As tabuas-largas também produzem excelentes colchões de dormir. A cera afasta a umidade do chão, e o aerênquima fornece acolchoamento e isolamento térmico. Dois colchões de tabuas-largas — macios, secos e perfumados como feno fresco — debaixo do seu saco de dormir garantem uma noite de sono agradável.

Espremendo as folhas macias entre os dedos, Natalie diz: "É quase como se as plantas fizessem tudo isso para nós." Os paralelos entre as adaptações desenvolvidas pelas plantas e as necessidades dos humanos são de fato surpreendentes. Em algumas línguas originárias, o termo utilizado para se referir a plantas significa "as que cuidam de nós". Graças à seleção natural, as tabuas-largas desenvolveram sofisticadas adaptações que aumentam sua sobrevivência nos pântanos. Os povos indígenas eram alunos atentos e pediram emprestadas soluções para as plantas, assim aumentaram *suas* probabilidades de sobrevivência. As plantas se adaptam, as pessoas adotam.

À medida que descascamos as plantas, elas vão afinando cada vez mais, parecendo palhas de milho ao chegarem perto da espiga. No centro, as folhas quase se fundem com o caule, uma macia coluna de miolo branco da grossura de nosso dedo mindinho e tão crocante quanto as abóboras de verão. Parto um pedaço do miolo e o passo adiante. Só depois de comer o meu, os alunos se aventuram a uma mordidinha, lançando olhares enviesados entre si. Segundos depois, parecem pandas famintos descascando brotos de bambu. Às vezes chamado de aspargo de pirata, o miolo cru tem o mesmo gosto do pepino. Pode ser refogado, cozido ou simplesmente comido cru à beira do lago por famintos alunos de faculdade, quando suas lancheiras não passam de lembrança.

De volta ao pântano, é fácil ver onde andamos colhendo. Parece que grandes ratos-almiscarados estiveram ocupados. Os estudantes entabulam uma acalorada discussão sobre o impacto que causaram.

Nossas canoas de compras já estão repletas de folhas para roupas, colchões, barbantes e abrigo. Temos cestos de rizomas para prover a energia dos carboidratos, miolos dos caules para fazer as vezes de legumes — do que mais podemos precisar? Os alunos comparam nossa carga com a lista de necessidades. Apesar de as tabuas-largas serem impressionantes, dada sua versatilidade, apresentam algumas falhas: não fornecem proteína, fogo, luz e música. Natalie acrescenta panquecas à lista. "Papel higiênico!", propõe Claudia. Na lista de itens de primeira necessidade de Brad, não pode faltar o iPod.

Vagamos pelos corredores do supermercado do pântano buscando produtos adicionais. Os alunos começam a fingir estar num Walmart de verdade, e Lance se oferece para ser o recepcionista à porta do Walmarsh* só para não

---

* "Walmarsh", jogo de palavras com o nome da rede multinacional de lojas de departamentos, Walmart. *Marsh* = pântano. [N. da T.]

ter de entrar. "Panquecas, senhora? Corredor cinco. Lanternas? Corredor três. Desculpe, não temos iPods."

As flores da tabua-larga não se assemelham em nada a flores. O caule tem cerca de um metro e meio de altura e termina num cilindro verde roliço, cuidadosamente dividido em duas bainhas, machos em cima e fêmeas embaixo. Polinizadas pelo vento, a inflorescência das flores masculinas, ao se abrir, libera uma nuvem de pólen amarelo sulfuroso no ar. A turma da panqueca vasculha o pântano em busca desse pólen. Delicadamente, deslizam um saquinho de papel em cima da haste, amarrotam o saco para mantê-lo bem fechado e depois sacodem. No fundo do saco, tem mais ou menos uma colher de sopa de pó amarelo brilhante e talvez um volume equivalente de insetos. O pólen (e os insetos) pode ser considerado pura proteína, alimento de alta qualidade para complementar os rizomas ricos em amido na canoa. Depois de retirados os insetos, o pó pode ser adicionado a biscoitos e panquecas, acrescentando valor nutritivo e uma cor amarela deslumbrante. Nem todo o pólen termina no saco, e os estudantes saem enfeitados com respingos amarelos.

A fêmea, no meio do caule, parece uma salsicha verde magricela no espeto, uma esponja áspera de ovários concentrados à espera do pólen. Vamos fervê-las em um pouco de água salgada e depois mergulhá-las na manteiga. Segurando as duas extremidades do caule, como uma espiga de milho, basta mordiscar as flores jovens, como se o talo fosse o espeto. O sabor e a textura se assemelham muitíssimo ao da alcachofra. Teremos kebabs de tabua-larga no jantar.

Ouço gritos e vejo nuvens de penugem flutuando no ar, então sei que os alunos chegaram ao corredor número três do Walmarsh. Ao amadurecer, cada minúscula flor se transforma em uma semente presa a uma pluma peluda, o famoso rabo de gato, uma elegante salsicha marrom de cachorro-quente na ponta da haste. Nessa época do ano, o vento e o inverno carregam as plumas até não passarem de chumaços de algodão. Os alunos arrancam os chumaços da haste e os guardam nos sacos, para serem usados como enchimento de travesseiros ou edredons. Nossas antepassadas deviam ser gratas à abundância do pântano. Um dos nomes para tabua-larga na língua Potawatomi é *bewiieskwinuk*, que significa "enrolamos o bebê nela". Macio, quente, absorvente — faz as vezes tanto de coberta quanto de fralda.

Elliot nos chama: "Encontrei as lanternas!" Tradicionalmente, os talos com penugem acolchoadas eram mergulhados na gordura e acesos para servir de tocha. O talo em si é impressionantemente ereto e liso, quase como uma vara de madeira torneada. Nosso povo a usava com diferentes finalidades, inclusive para confeccionar arcos, flechas e gerar fogo por fricção. Um chumaço de tabua-larga costumava ser guardado num feixe para funcionar como pavio. Os estudantes pegam tudo e trazem suas pechinchas de volta para as canoas. Natalie ainda caminha por perto; ela diz que vai ao "Marsh-alls"★ em seguida. Chris ainda não voltou.

Nas asas das penugens, as sementes são espalhadas pelo vento a grandes distâncias, a fim de estabelecer novas colônias. As tabuas-largas crescem em quase todos os tipos de terra alagada, sempre que houver sol adequado, muitos nutrientes e solo encharcado. A meio caminho entre a terra e a água, os pântanos de água doce são um dos mais produtivos ecossistemas do mundo e só encontram rival nas florestas tropicais. Os povos valorizavam o supermercado do pântano não só pelas tabuas-largas, mas também por constituírem ricas fontes de peixes e caça. Os peixes desovam nas partes rasas; rãs e salamandras sobejam. As aves aquáticas fazem seus ninhos na segurança das lâminas densas das tabuas-largas, assim como os pássaros migratórios procuram os pântanos de tabuas-largas como santuários em suas jornadas.

Não causa surpresa a cobiça por essa terra produtiva ter resultado na perda de 90% das zonas úmidas — bem como no desaparecimento dos povos indígenas que delas dependiam. As tabuas-largas também formam o solo. Todas as suas folhas e os rizomas retornam aos sedimentos quando as plantas morrem. O que não foi comido jaz debaixo da água, em decomposição apenas parcial nas águas anaeróbicas, e aumenta as turfas. Ricas em nutrientes, tais esponjas têm a capacidade de absorver água, o que a torna ideal para o cultivo de vegetais. A drenagem dos pântanos para a agricultura foi realizada em escala monumental, condenando esses ecossistemas a "terras devastadas". As chamadas "fazendas de lama" se desenvolvem progressivamente embaixo do solo negro dos pântanos drenados, e o cenário, que já amparou algumas das maiores biodiversidades do mundo, agora dispõe de uma única cultura. Em determinados pontos, as antigas áreas alagadas são pavimentadas para estacionamentos. Um verdadeiro terreno baldio.

---

★ Marshalls é uma das maiores lojas de departamentos dos Estados Unidos. Aqui é mais um jogo de palavras com "pântano". [N. da T.]

Quando estamos amarrando a carga nas canoas, Chris chega andando pela orla, exibindo um sorrisinho zombeteiro e algo escondido nas costas. "Aí, Brad. Encontrei seus iPods." Segura duas vagens ressecadas de asclépias-do--brejo, que encaixa por cima dos olhos entreabertos, brincando com mais um trocadilho: *eye pods* (vagens para os olhos).

No fim do dia, enlameados, tostados pelo sol, descontraídos e a salvo das sanguessugas, temos barcos empilhados com material para cordas, roupas de cama, isolamento térmico, iluminação, comida, aquecimento, abrigo, capas de chuva, sapatos, medicinas e ferramentas. Quando remamos de volta para o local da tenda, fico me perguntando se Brad ainda está preocupado com o fato de podermos "precisar de alguma coisa".

Poucos dias depois, com os dedos machucados de colher e tecer esteiras, nos reunimos na tenda, sentados em almofadas estofadas com tabua-larga. Os raios de sol se infiltram através das paredes forradas com esteiras de tabua--larga. O topo do domo ainda está descoberto. Cercados por todos esses materiais, a sensação é de sermos maçãs num cesto, todos aconchegados. O teto é a última etapa, mas a previsão do tempo anuncia chuva. Já temos uma pilha de folhas de cascas de bétula à espera de se transformar em telhado, então saímos para pegar os últimos materiais necessários.

Eu costumava ensinar como fui ensinada, mas agora deixo as plantas se encarregarem disso. Se são nossas mais antigas professoras, por que não incumbi-las da tarefa de ensinar?

Depois da longa caminhada, ao sairmos do acampamento, as pás batendo nas pedras e o perpétuo tormento de mutucas nas peles suadas, a sombra equivale a um mergulho na água fria. Ainda transpirando, largamos nossos pacotes na trilha para descansar um pouco em meio ao silêncio. O ar está impregnado de repelente e impaciência. Talvez os alunos já sintam os vergões que serão deixados pelas mutucas, nos lugares em que a pele desprotegida aparece entre a camisa e a calça, quando estávamos agachados arrancando raízes. Vão perder sangue, mas ainda invejo a mente dos principiantes.

O piso da floresta, aqui, é todo de agulhas de abeto, de um marrom ferruginoso, espessas e macias, com ocasionais trechos pálidos, cobertos pelas folhas dos bordos ou das cerejeiras-negras. Samambaias, musgos e *Mitchella repens* rastejantes reluzem com os poucos raios de sol que penetram através das densas copas das árvores. Estamos aqui para recolher *watap*, as raízes do pinheiro-do-canadá, o abeto-branco, *Picea glauca* — a pedra angular na cultura dos povos indígenas em todos os Grandes Lagos, fortes o suficiente para costurar canoas e *wigwams* de casca de bétula, e flexíveis o suficiente para produzir lindos cestos. As raízes de outros abetos são úteis, mas vale a pena procurar a folhagem de tonalidade azul-esverdeada e o pungente odor felino do abeto-branco.

Em busca do local correto, andamos em zigue-zague entre os abetos, partindo galhos mortos que ameaçam espetar nossos olhos. Quero que aprendam a ler o piso da floresta, desenvolvam a visão de raios X que nos ajuda a enxergar as raízes embaixo da superfície, mas é difícil transformar intuição em fórmula. Aprender a escolher um lugar, o mais plano possível, entre dois abetos, para maximizar as chances e evitar locais com pedras. A existência de troncos bem deteriorados por perto e camadas de musgo são bons sinais.

Se retirarmos as raízes por meio da força, nada conseguiremos além de buracos. Temos de desaprender a ter pressa e aprender a valorizar a lentidão. "Primeiro damos. Depois recebemos." Quer sejam tabuas-largas, bétulas ou raízes, os estudantes se acostumaram com esse ritual antes da coleta, e invocam a Honorável Colheita. Alguns fecham os olhos e se unem ao ritual, outros se dão conta de ser uma ótima oportunidade para revirar as mochilas em busca de um lápis. Apresento-me em murmúrio aos abetos; explico-lhes o motivo de nossa vinda. Usando palavras em Potawatomi e outras em inglês, peço a permissão deles para escavar. Pergunto se estão dispostos a compartilhar com esses jovens queridos o que só eles são capazes de oferecer, seu corpo físico e seus ensinamentos. Estou pedindo algo além das raízes e deixo um pouco de tabaco em retribuição.

Os alunos me cercam, apoiados nas pás. Afasto a camada de folhas velhas, escamosas e perfumadas como tabaco envelhecido de cachimbo. Tiro minha faca e faço uma primeira incisão na matéria orgânica do solo — tomo muito cuidado para não machucar as veias ou o músculo da pele da floresta e apenas fazer um corte superficial — deslizo os dedos embaixo da borda do corte e puxo. A camada superior se desfaz e a ponho de lado, por medida de segurança, pois a recolocaremos ao terminar. Uma centopeia pouco acostumada à luz corre às cegas. Um besouro mergulha em busca de esconderijo. Abrir o solo assemelha-se a uma criteriosa dissecação, e igual estupefação toma conta dos estudantes diante da beleza ordenada dos órgãos, da harmonia com que as raízes se apoiam umas nas outras e criam um formato que privilegia o bom funcionamento. São as vísceras da floresta.

Encostadas ao húmus preto, cores irrompem, como luzes de neon numa rua molhada e escura. Amarelas, tal como ônibus escolares, as raízes de *Coptis trifolia* se entrecruzam no chão. Uma rede de raízes creme, cada uma da grossura de um lápis, conecta todas as salsaparrilhas. Chris logo diz: "Parece um mapa." Com estradas de diferentes cores e tamanhos, parece mesmo. Há rodovias formadas por raízes vermelhas grossas, cujas origens desconheço. Puxamos uma, e, a poucos centímetros de distância, um arbusto de mirtilo trepida em resposta. Tubérculos brancos da flor-de-maio do Canadá conectam-se por translúcidos fios, como estradas regionais entre cidades. Um leque de micélios de uma tonalidade amarelo pálido emerge de um aglomerado de matéria orgânica escura, como ruelas sem saída. Uma grande e populosa metrópole de raízes marrons fibrosas emana de uma tsuga jovem. Todos os alunos estão com as mãos na terra, traçando linhas, tentando combinar as cores das raízes com as plantas que despontam na superfície, lendo o mapa do mundo.

Os estudantes acreditavam ter visto o solo antes. Tinham cavado em jardins, plantado árvores, segurado punhados de terra reviradas há pouco — quentes, grumosas e prontas para serem semeadas. Mas esse punhado de solo lavrado é o primo pobre do solo da floresta, o equivalente a um quilo de carne de hambúrguer para a pastagem ocupada por vacas, abelhas, trevos, cotovias, marmotas e tudo que os une. O solo da horta equivale à carne moída: pode ser nutritiva, mas tem que ser homogeneizada sem que conheçamos suas origens. Os seres humanos preparam solos para agricultura lavrando; os das florestas se formam graças a uma rede de processos recíprocos que poucos têm a chance de testemunhar.

Afastada a relva com extremo cuidado, o solo e as raízes da planta são tão escuros quanto o café Java preto antes de adicionado o creme — húmus, úmido e denso, uma farinha preta tão aveludada quanto os melhores pós de café. Não há nada de "sujo" no solo. Esse macio húmus preto é tão doce e limpo que é possível comê-lo em colheradas. Temos de escavar um pouco esse solo magnífico para encontrar as raízes da árvore e destrinchar para ver qual é qual. As raízes dos bordos, das bétulas e das cerejeiras são demasiado quebradiças — só queremos as do abeto. É possível identificá-las pelo toque; são retesadas e flexíveis. Se a dedilharmos como uma corda de violão, ela vibra e ressoa ao bater no chão, resiliente e forte. São essas que buscamos.

Deslize os dedos ao redor da raiz. Puxe, e ela começa a se desgrudar do chão e guia você rumo ao norte, então limpamos um pequeno canal nessa direção para soltar a raiz. Mas surge uma interseção vinda do leste, reta e segura, como se soubesse aonde vai. Precisamos escavar ali também. Cave um pouco mais e encontrará mais três. Em pouco tempo, a terra vai parecer arranhada pelas garras de um urso. Volto à primeira raiz, corto uma ponta e a enfio embaixo das outras, em cima, embaixo, em cima, embaixo. Assim separo um único fio no arcabouço que segura a floresta, mas descubro que não é possível soltá-lo sem desemaranhar os demais. Cerca de doze raízes estão expostas, e preciso encontrar um jeito de escolher uma e segui-la sem a romper, para obter um fio grande, comprido e contínuo. Não é nada fácil.

Peço aos estudantes ajuda para ler a terra e ver onde está escrito *raízes*. Saem em grande estardalhaço pelas árvores; as risadas iluminam a mata escura. Por um tempo, continuam chamando uns aos outros, xingando em voz alta as moscas que os mordem por baixo da barra das camisas.

Dispersam-se para não concentrar a colheita em um único ponto. A esteira de raízes é tão grande quanto as copas das árvores. Pegar algumas não causará danos, mas tomamos cuidado para reparar qualquer estrago causado. Peço que, uma vez completada a coleta de raízes, cubram os sulcos feitos, coloquem as *Coptis* e os musgos de volta e esvaziem as garrafas de água sobre as folhas murchas.

Permaneço no meu canteiro, trabalhando em minhas raízes e ouvindo a conversa pouco a pouco baixar de tom. Ouço um ocasional gemido de frustração perto. Um resmungo, quando a terra voa e aterrissa no rosto de alguém. Sei o que suas mãos estão fazendo e sinto onde está a mente de cada um. Cavar raízes de abeto nos leva a outros lugares. O mapa na terra nos pergunta sem cessar: qual raiz pegar? Qual o caminho panorâmico, qual o sem saída? A perfeita raiz escolhida, e tão cuidadosamente escavada, de repente mergulha embaixo de uma pedra onde é impossível alcançá-la. O que fazer? Abandonar esse trajeto e escolher outro? As raízes podem se espalhar como um mapa, mas um mapa só é útil quando sabemos o destino almejado. Algumas raízes se ramificam. Outras se quebram. Olho o rosto de meus alunos, a meio caminho entre a infância e a idade adulta. Acho que compreendem o emaranhado de opções. Qual caminho tomar? Não é sempre essa pergunta?

Pouco depois, cessam as conversas, e o pesado silêncio recai sobre nós. Só resta o *ssshhhh* do vento nos abetos e a voz da carriça de inverno. O tempo voa. Acostumaram-se às aulas de bem mais de cinquenta minutos. Continuam quietos. Espero, torço. Vibra uma certa energia no ar, um zunido. Então, ouço alguém cantando baixinho, em tom satisfeito. O sorriso se espalha em meu rosto, e suspiro de alívio. Isso sempre acontece.

Na língua apache, a raiz das palavras "terra" e "mente" é a mesma. Enquanto separamos as raízes, um espelho é mantido entre o mapa da terra e o mapa de nossa mente. Isso acontece, acredito, pelo silêncio e pelo cantar, enquanto enfiamos as mãos na terra. Em certo ângulo desse espelho, as rotas convergem, e encontramos nosso caminho de volta para casa.

Pesquisa recente comprovou que o cheiro do húmus exerce efeito fisiológico nos seres humanos. Inspirar o perfume da Mãe Natureza estimula a liberação do hormônio ocitocina, o mesmo produto que promove o vínculo entre mães e filhos, entre os apaixonados. Apoiados em braços amorosos, não estranha que nossa reação seja cantar.

Lembro-me da primeira vez que escavei raízes. Buscava insumos crus, algo que pudesse transformar em cesto, mas eu é que me transformei. Os padrões entrecruzados, o entrelaçamento de cores — o cesto já estava na superfície, mais forte e bonito do que qualquer um que eu pudesse confeccionar. Abeto e amoras, mutucas e carriças de inverno, toda a floresta contida num cesto artesanal da natureza, do tamanho de uma colina. Grande o suficiente para me carregar também.

Reencontramo-nos na trilha e exibimos nossos rolos de raízes. Os rapazes disputam quem tem o maior. Elliot estende o seu na superfície e se deita ao lado com os braços estendidos — quase dois metros e meio dos dedos dos pés aos da mão. "A raiz foi direto para um tronco podre, e eu atrás", diz. "É isso aí, o meu também", acrescenta Claudia. "Acho que estava em busca de nutrientes." Quase todos os outros rolos são menores, mas as histórias são exageradas: um sapo adormecido confundido com uma pedra, uma lente enterrada no carvão de uma fogueira antiga, uma raiz que se partiu de repente e levou Natalie ao chão. "Eu adorei, não queria parar", diz ela. "Era como se as raízes estivessem a nossa espera."

Meus alunos sempre se transformam depois de recolher raízes. Há um quê de ternura neles, abrem-se como se emergissem de um aperto de braços inesperado. Por meio deles, recordo como é abrir-se para a ideia das dádivas do mundo, ser inundada pela consciência de que a terra cuidará de nós e de que todo o necessário para nós está ali.

Também mostramos nossas mãos após pegarmos as raízes: pretas até os cotovelos, pretas debaixo das unhas, pretas em cada fissura, como se tivéssemos usado hena ritual. Nossas unhas parecem porcelanas manchadas de chá. "Estão vendo?", pergunta Claudia, os mindinhos esticados como se tomasse chá com a rainha. "Fui à manicure e usei esmalte especial de raiz de abeto."

Retornando ao acampamento, nos detemos no córrego para lavar as raízes. Sentados nas rochas, mergulhamos as raízes e os nossos pés descalços na água. Mostro-lhes como descascar as raízes com um pequeno torno feito de um broto partido. A casca rugosa e o córtex carnudo se desprendem como uma meia suja de uma perna branca e delgada. Dentro, a raiz fica limpa e leitosa. Agora, podemos enroscar as raízes nas mãos como se fossem fios, mas, ao secarem, ficarão duras como madeira. Cheira bem; cheira a limpeza e a abeto.

Depois de desemaranhar as raízes, nos sentamos perto do riacho e trançamos nossos primeiros cestos. Nas mãos de aprendizes, os cestos ficam tortos, mas cumprem sua missão de nos manter unidos. Por mais imperfeitos, acredito que permitam trançar de novo o vínculo entre os seres humanos e a terra.

O teto do *wigwam* logo começa a tomar forma, quando alguns estudantes, nos ombros de outros, alcançam o topo e amarram a casca com as raízes. Enquanto arrancam tabuas-largas e dobram os brotos, lembram-se do motivo de precisarmos uns dos outros. Na monotonia de tecer esteiras e sem disporem de iPods, logo surgem contadores de histórias para dissipar o tédio, e renascem as canções que dão asas ao trabalho dos dedos. Qualquer um diria que eles se recordam de como se tece.

Desde nossa chegada, construímos nossa sala de aula, nos banqueteamos com kebabs de tabuas-largas, rizomas tostados e panquecas com pólen. O gel da tabua-larga aliviou o incômodo das picadas de insetos. Isso sem falar na confecção de cordas e dos cestos ainda por concluir. Então, nos sentamos juntos no interior do *wigwam* redondo, entrelaçando e batendo papo.

Conto, então, de quando Darryl Thompson, ancião e erudito Mohawk, sentou-se conosco certa vez, enquanto confeccionávamos cestos de tabuas--largas. "Fico tão feliz", disse ele, "vendo jovens aprendendo sobre essa planta. Ela nos dá tudo de que necessitamos para viver". A tabua-larga é uma planta sagrada e aparece nas histórias da Criação do povo Mohawk. O termo em Mohawk para tabua-larga tem muito em comum com o termo em Potawatomi. Essa palavra também se refere ao uso das plantas para a confecção das cestas para carregar bebês, mas com um toque tão amoroso que meus olhos ficam marejados de lágrimas. Em Potawatomi, a palavra significa "enrolamos o bebê nela"; em Mohawk, significa que a tabua-larga envolve os homens com suas dádivas, como se *nós* fôssemos *seus* bebês. Com essa única palavra, somos carregados pela Mãe Natureza.

Como poderemos um dia retribuir tamanha riqueza de cuidados? Ao reconhecer que ela nos carrega, não poderíamos carregar um fardo por ela? Estou matutando essa pergunta quando Claudia intervém com um comentário que espelha meus pensamentos: "Não pretendo soar desrespeitosa, nem pensar. Acho fantástico pedir às plantas se podemos levá-las e lhes dar tabaco em troca, mas isso basta? Nós pegamos um montão de coisas. Fingimos fazer compras em busca de tabuas-largas, certo? Mas levamos todas essas coisas sem pagar. Pensando bem, nós roubamos no pântano." E ela tem razão. Se as tabuas-largas fossem produtos do Walmart do pântano, os alarmes de segurança nas saídas apitariam em alto e bom som quando nossas canoas passassem, cheias de mercadorias furtadas. Em certo sentido, a não ser que encontremos um meio de participar da reciprocidade, estamos saindo com bens pelos quais não pagamos.

Lembro-lhes que a oferenda do tabaco não é um bem material, mas espiritual, uma forma de transmitir nossa mais profunda consideração. Ao longo dos anos, perguntei aos anciãos sobre a questão do respeito e ouvi diferentes respostas. Um deles disse que nossa única responsabilidade é a gratidão. Advertiu-me de que seria arrogância acreditar que temos a capacidade de devolver à Mãe Natureza algo à altura do que ela nos dá. Eu respeito a *edbesendowen*, a humildade inerente a essa perspectiva. Contudo, me parece que nós, humanos, possuímos dons, além da gratidão, que podemos oferecer em retribuição. A filosofia da reciprocidade é linda em termos abstratos, mas em termos práticos é bem mais complicada.

Com as mãos ocupadas, nossa tendência é libertar nossa mente, e os alunos brincam com essa ideia enquanto entrelaçamos as fibras da tabua-larga. Pergunto-lhes o que poderíamos oferecer às tabuas-largas, às bétulas ou aos abetos. Lance zomba da ideia: "São só plantas. Bacana podermos usar as plantas, mas não lhes devemos nada. Estão simplesmente aí." Os outros protestam e me fitam, à espera da minha reação. Chris, que pretende estudar direito, intervém no debate como se estivesse defendendo uma causa no tribunal. Ele argumenta: "Se as tabuas-largas são 'grátis', então são um presente, e tudo que lhe devemos é gratidão. Não se paga por um presente, apenas o aceitamos gentilmente." Mas Natalie discorda: "Só por ser um presente, isso significa não estarmos em dívida com elas? Sempre se deve dar algo em troca." Quer seja um presente, quer seja uma mercadoria, isso implica uma dívida a ser paga. Uma dívida moral, no primeiro caso, e legal, no segundo. Ou seja, se vamos agir com ética, não é nosso dever compensar as plantas pelo que nos dão?

Adoro ouvi-los refletir a respeito da pergunta. Não acredito que os compradores médios do Walmart se detenham para considerar seu débito com a terra que produziu suas compras. Os alunos divagam e riem enquanto trabalham e tecem, mas acabam elaborando uma longa lista de sugestões. Brad propõe um sistema de permissão pelo qual pagaríamos o que pegássemos, uma taxa ao Estado, que seria revertida para a proteção dos pântanos. Dois meninos preferem o incentivo à apreciação, propondo atividades escolares destinadas a reconhecer o valor das plantas pantaneiras. Sugerem também estratégias de conservação: demonstrar a reciprocidade protegendo as tabuas-largas de ameaças, organizar batidas contra espécies invasivas, como caniços-d'água e salgueirinhas-roxas. Participar de reuniões municipais e defender a preservação dos pântanos. Votar. Natalie promete instalar um barril para coleta da água da chuva em seu apartamento, a fim de reduzir a poluição da água. Lance jura boicotar a fertilização do gramado da próxima vez que seus pais lhe derem essa incumbência, para impedir o escoamento de resíduos. E entrar para a Ong Ducks Unlimited ou para a Nature Conservancy. Claudia jura fazer porta-copos de tabua-larga para distribuir no Natal, para que não se esqueçam de amar os pântanos, sempre que usarem o presente. Achei que não responderiam e fiquei perplexa com a criatividade. Podem retribuir às tabuas-largas com favores tão diversos quanto os que elas lhes oferecem. Essa é nossa missão, descobrir o que lhes podemos oferecer. Afinal, não é esse o objetivo da educação, aprender a reconhecer a natureza de seus próprios presentes e a usá-los visando ao bem do mundo?

Enquanto escuto a conversa, ouço outro sussurro proveniente da vibração das paredes de tabuas-largas, dos arcos de abeto ao vento, um lembrete de que os cuidados não são abstratos. O círculo de compaixão ecológica que sentimos é expandido pela experiência direta do mundo natural, e se encolhe em função de sua ausência. Se não tivéssemos andado no pântano com água até a cintura, seguido os rastros do Rato-almiscarado e nos lambuzado com o gel balsâmico, confeccionado um cesto de raízes de abeto ou comido panquecas de tabua-larga, estariam os alunos debatendo os presentes que poderiam lhes oferecer em troca? No aprendizado da reciprocidade, as mãos podem guiar o coração.

Na última noite do curso, decidimos dormir em nosso *wigwam*. Transportamos nossos sacos de dormir ao pôr do sol e rimos até tarde, em volta da fogueira. Claudia diz: "Estou triste porque vamos embora amanhã. Vou sentir saudade de me sentir tão conectada à terra, quando não estiver dormindo nas tabuas-largas." É preciso grande esforço para lembrar que não apenas num *wigwam* a terra nos dá tudo de que precisamos. A troca de reconhecimento, gratidão e reciprocidade por esses presentes é tão importante num apartamento do Brooklyn quanto embaixo de um teto de casca de bétula.

Quando os alunos começam a deixar o círculo em volta da fogueira, com suas lanternas, cochichando em grupinhos de dois ou três, sinto pairar no ar o cheiro de conspiração. Antes que eu me dê conta, estão todos alinhados com partituras improvisadas, como um coro à luz do fogo. "Temos uma coisinha para você", dizem e começam um maravilhoso hino, composto por eles, entremeado de rimas surpreendentes: botas de caminhadas e raízes emaranhadas, necessidades do ser humano e juncos do pântano, tochas e galochas. A música sobe num crescendo ao entoarem o estribilho: "Pouco importa aonde me levem as asas, com as plantas, sempre estaremos em casa." Eu jamais imaginaria um presente mais perfeito.

Dentro do *wigwam*, já nos sacos de dormir, encasulados como lagartas, o lento deslizar para o sono é pontuado por risos e últimos fragmentos de conversa. Recordando a improvável rima "ecótonos e rizomas ao forno", também começo a rir, despertando uma onda de risos que percorre todos os sacos de dormir, como se fôssemos um lago. Quando por fim pegamos no sono, experimento a feliz sensação de estarmos todos unidos sob o domo de nosso teto de bétula, um eco do domo estrelado acima de nós. O silêncio se instala até só se ouvir a respiração dos jovens e o sussurro das paredes de tabua-larga. Sinto-me uma boa mãe.

Quando o sol penetra pela porta oriental, Natalie é a primeira a acordar. Sai, pé ante pé, e passa por cima dos outros. Pelas frestas nas tabuas-largas, a observo erguer os braços e expressar seu agradecimento ao novo dia.

# Queimada em Cascade Head

*"A dança da renovação, a dança criadora do mundo, sempre foi dançada aqui, no limite das coisas, à beira do precipício, no litoral nebuloso."*

URSULA K. LE GUIN

Embora estivessem muito além da arrebentação, eles sentiram. Além do alcance de qualquer canoa, a meio mar de distância, algo vibrou no peito, um antigo relógio de osso e sangue que avisou: "É chegada a hora." Nos corpos de escamas prateadas, as próprias agulhas de bússolas giraram no mar, e as setas flutuantes apontaram na direção de casa. Vieram de todas as direções. A água se converteu num funil de peixes. Sua trajetória se estreitava conforme se aproximavam cada vez mais, até os corpos prateados dos companheiros de desova, enviados ao oceano, iluminarem a superfície. O salmão pródigo à casa torna.

Aqui o litoral é entrecortado por incontáveis enseadas, cujas margens estão envoltas em nevoeiro, e cortado por rios que nascem nos bosques. Com certeza, é fácil se perder num lugar assim, onde os pontos de referência podem sumir em meio à névoa. Em função da grande quantidade de abetos, os mantos negros ocultam os sinais capazes de permitir o reconhecimento de casa. Os velhos falam de canoas que se perderam com o vento e ficaram à deriva, indo atracar em faixas de areia distantes. Quando os barcos demoram muito, os familiares dos pescadores vão à praia acender fogueiras em meio aos troncos, como um farol capaz de trazer seus entes queridos de volta para casa, em segurança. Quando, afinal, as canoas se aproximam, carregadas de alimentos, os pescadores são homenageados com danças e músicas, em respeito por sua perigosa jornada e, em retribuição, recebem a visão de rostos iluminados de gratidão.

E assim o povo se prepara para a chegada de seus irmãos, os que trazem alimento nas canoas dos próprios corpos. À espera, observam o mar. As mulheres costuram outra fileira de conchas de escafópodes nas roupas mais elegantes a serem usadas na dança. Empilham madeira de amieiro para o banquete de boas-vindas e afiam os ramos de mirtilo-vermelho. Enquanto remendam as redes, entoam canções antigas. Ainda não há sinal, porém, de seus irmãos. Todos descem até a orla, olhando o mar em busca de sinais. Talvez eles tenham esquecido. Talvez vagueiem, perdidos no mar, sem saber se serão bem acolhidos por aqueles que foram deixados para trás.

As chuvas atrasaram, a água escasseia, as trilhas dos bosques ficaram empoeiradas e secas, cobertas pela constante chuva de agulhas amarelas dos abetos. A grama nas pradarias do promontório estão quebradiças e amarronzadas; nem a névoa é capaz de matar sua sede.

Longe, muito longe, além da arrebentação, tão além que as canoas nem sequer conseguiriam chegar, na profunda escuridão que engole a luz, o cardume se move como um só corpo, sem se voltar para leste ou para oeste, até pressentir que é chegado o momento.

Então, ao cair do sol, um homem atravessa o caminho com um pacote na mão. Dentro de um ninho de casca de cedro e ervas retorcidas, deposita o carvão e o alimenta com sua respiração. O carvão baila; as ervas escurecem, se encolhem, e, de repente, irrompe a chama, subindo, caule após caule. Ao redor de toda a planície, outros repetem o gesto, desenhando na relva um crepitante anel de fogo, que cresce cada vez mais rápido até todos os fogos se juntarem e a fumaça branca serpentear na luz do anoitecer, que pouco a pouco desaparece: sua própria respiração arqueja sobre a colina, até seu movimento convectivo iluminar a noite. Um farol para trazer seus irmãos para casa.

O promontório está ardendo. As chamas se avivam ao sabor dos ventos até serem interrompidas pela parede verde e úmida da floresta. A cerca de 420 metros acima da arrebentação, as chamas refulgem e criam uma torre de fogo:

uma labareda colossal, em tons de amarelo, laranja e vermelho. A pradaria em chamas levanta a fumaça branca, com reflexos rosa-salmão na parte inferior, que tremula em meio às trevas. Elas murmuram: "Venham, venham, carne da minha carne. Meus irmãos. Voltem para o rio onde sua vida começou. Preparamos um banquete de boas-vindas em sua homenagem."

No mar, muito além de onde as canoas podem chegar, um piscar de luz na costa, escura como o breu, um fósforo tremeluzindo na escuridão, acenando embaixo da pluma branca que desce a costa para se misturar com a névoa. Uma faísca na imensidão. É chegada a hora. Como um só corpo, voltam-se para o leste, na direção de sua casa no litoral, no rio. Ao sentirem o cheiro da água do riacho natal, interrompem a jornada e repousam na maré branda. Acima de todos eles, no promontório, a faiscante torre de fogo se reflete na água, beija as cristas avermelhadas das ondas e cintila nas escamas prateadas.

Ao alvorecer, o promontório está cinza e branco, como se polvilhado pela neve antecipada. Um frio deslocamento de cinzas cai sobre a floresta; o vento carrega o forte cheiro de relva queimada. No entanto, ninguém nota. Parados ao longo do rio, entoam uma canção de louvor e boas-vindas, quando a comida chega e nada contra a corrente, barbatana a barbatana. As redes permanecem na margem; as lanças, penduradas nas casas. Os líderes dos peixes, com suas mandíbulas em forma de gancho, recebem autorização para passar, guiar os outros e transmitir a mensagem a seus parentes, rio acima, de quanto o povo está agradecido e imbuído de respeito.

A corrida dos peixes em grandes grupos transcorre sem obstáculos. Só quatro dias depois de terem percorrido o trajeto com segurança, o Primeiro Salmão é pescado pelo pescador mais conceituado e preparado, obedecendo a um cuidadoso ritual. É carregado para o banquete com grande cerimônia, numa tábua de cedro forrada com uma cama de samambaias. Então, o povo se delicia com os alimentos sagrados — salmão, carne de cervo, raízes e frutas silvestres — numa sequência que obedece a sua importância nas bacias hidrográficas. Celebram a água que a todos conecta, num ritual no qual o copo é passado de mão em mão. Dançam em longas filas; entoam cantigas de agradecimento por tudo que lhes é oferecido. As espinhas do salmão são devolvidas ao rio, com a cabeça voltada na mesma direção que os outros peixes nadaram, para que seus espíritos acompanhem seus irmãos. Estão destinados a morrer, como todos nós, mas primeiro se ligaram à vida, no antigo compromisso de seguir adiante. E, assim, o mundo é renovado.

Só então as redes são dispostas, os açudes, instalados, e a pesca tem início. A cada um cabe uma tarefa. Um velho recomenda a um dos jovens que empunham arpões: "Pegue apenas o que precisa; deixe o resto seguir adiante e os peixes durarão para sempre." Quando as prateleiras de secagem estão cheias de alimento para o inverno, simplesmente param de pescar.

Assim, na época das gramas secas — durante o outono —, o Salmão Chinook chegou em números lendários. De acordo com a história, ao chegar, o Primeiro Salmão foi recebido na margem pelo Repolho-Gambá, que evitara que o povo passasse fome durante todos aqueles anos. "Obrigado, irmão, por cuidar do meu povo", disse o Salmão e presenteou o Repolho-Gambá com um tapete de pele de alce e uma borduna — e o dispensou para que pudesse repousar na terra macia e úmida.

A diversidade de salmões no rio — o Chinook, o Chum, o Rosado e o Coho — garantiu ao povo e às florestas um período sem fome. Nadando muitas milhas terra adentro, trouxeram um recurso natural indispensável para as árvores: o nitrogênio. As carcaças dos salmões após a desova, levadas para os bosques por ursos, águias e seres humanos, fertilizam as árvores, bem como o Repolho-Gambá. Graças às análises de isótopos estáveis, foi possível aos cientistas rastrear a fonte de nitrogênio da madeira das florestas primárias até o oceano. O salmão era o responsável pela alimentação de todos.

Com a volta da primavera, o promontório brilha de novo como um farol e cintila com a intensa luz verde da erva recém-brotada. O solo queimado e escurecido aquece rápido, e os brotos surgem graças às cinzas fertilizantes, oferecendo aos alces e a suas crias um pasto exuberante, em meio às florestas escuras de abetos Sitka. À medida que a estação atinge seu esplendor, a pradaria é inundada por flores silvestres. Os curandeiros sobem até as florestas, em busca das ervas medicinais de que necessitam, as quais só crescem na montanha que chamam de "o lugar onde sempre sopra o vento".

O promontório emerge da costa, e o mar nele se enrosca em ondas brancas. A vista é deslumbrante. Ao norte, o litoral rochoso. A leste, uma colina atrás da outra de florestas tropicais cobertas de musgo. A oeste, o mar ininterrupto. E, ao sul, a enseada. Um enorme banco de areia que se arqueia na embocadura da baía, cercando-a e forçando o rio a passar por um curso estreito. Ali estão gravadas, em areia e água, todas as forças que dão forma ao encontro da terra e do mar.

No alto, as Águias, emissárias da visão, sobrevoam as termais que ascendem do cume da montanha. O solo sagrado, reservado aos que, em busca da visão, se submetiam ao sacrifício e passavam dias a fio em jejum, no local exato onde as ervas se entregam ao fogo. Entregavam-se ao sacrifício pelo Salmão, pelo Povo, para ouvir a voz do Criador, para sonhar.

Restam-nos apenas fragmentos da história. Quem a conhecia, desapareceu antes de poder compartilhar seu conhecimento, e a morte era meticulosa demais para deixar muitos sobreviventes. Mas a pradaria conservou a história dos fogos rituais, bem depois de já não restar ninguém aqui para contá-la.

Um tsunami de doenças varreu a costa do Oregon nos anos 1830. Os germes viajavam com maior velocidade que as carroças cobertas. A varíola e o sarampo atingiram os povos indígenas, enfermidades para as quais tinham tanta resistência quanto a erva em relação ao incêndio. Na chegada dos invasores, por volta de 1850, quase todos os povoados não passavam de cidades fantasmas. Os diários dos colonizadores registram a surpresa de encontrar, em meio a densos bosques, pastos preparados para o gado, e, entusiasmados, colocam suas vacas para engordar nas ervas nativas. Sem sombra de dúvida, elas seguiram os caminhos já existentes na terra e os marcaram de forma ainda mais firme e decisiva, como é comum a todas as vacas. Sua presença cumpriu parte do papel dos antigos incêndios: evitar a invasão dos bosques e fertilizar as ervas.

Quando outros povos chegaram para tomar as remanescentes terras dos *Nechesne*, quiseram ainda mais pasto para suas vacas Holsteins. É difícil encontrar terrenos planos nessas paragens, então lançaram olhares de cobiça aos pântanos salgados do estuário.

Situados na interseção entre ecossistemas, num misto de rio, oceano, floresta, solo, areia e luz do sol, no limite de outro limite, os estuários são dotados da maior biodiversidade e produtividade do que qualquer outro pântano. Formavam um terreno fértil para invertebrados de todas as espécies. A espessa esponja de vegetação e sedimentos é cortada por canais de variados tamanhos, equivalentes aos tamanhos dos salmões que vão e vêm. O estuário é um viveiro para todas as espécies de salmão, dos pequeninos alevinos recém-saídos do leito de desova até os salmões jovens em processo de engorda e adaptação à água salgada. O local perfeito para garças, patos, águias e crustáceos viverem, mas não vacas — esse mar de ervas era úmido demais. Então, esses novos povos ergueram diques para afastar a água; inventaram o que denominaram "reclamar terreno do mar" e transformaram pântanos em pastagens.

Com a construção dos diques, o rio, antes um sistema capilar, passou a ter um único fluxo retilíneo, de modo a facilitar o avanço das águas apressadas para o mar. Pode ter sido bom para as vacas, mas foi desastroso para os filhotes de salmão, que passaram a ser, sem a menor cerimônia, lançados ao mar.

A transição para a água salgada impõe grande agressão à química corporal dos salmões nascidos em água doce. Um biólogo marinho a compara à necessidade da transfusão de sangue após a quimioterapia. Os peixes necessitam de uma zona de transição gradual, uma espécie de lar intermediário. A água salobra dos estuários, esse ecossistema intermediário entre rio e oceano, desempenha papel determinante para a sobrevivência dos salmões.

Atraídos pela perspectiva de ganhar fortunas no setor de enlatados, a pesca de salmão se expandiu. Adeus às honrarias para que o peixe voltasse, zero garantia de passagem segura, rio acima, aos primeiros peixes que chegavam. Como se não bastasse tamanho insulto, a construção de barragens criou rios sem saída, e a degradação causada pela pecuária e a engenharia florestal reduziram a procriação e a desova a zero. A mentalidade mercantilista levou os peixes que alimentaram o povo durante milhares de anos à beira da extinção. Para preservar a fonte de rendimento, começaram a criar salmão em cativeiros, transformando-os em peixes industriais. Acreditavam ser possível criar salmões sem rios.

Do mar, o salmão selvagem esperou anos a fio a chama no promontório, sem nada avistar. Contudo, fiéis ao compromisso com o Povo e à promessa ao Repolho-Gambá de cuidar do Povo, retornaram, porém, em número cada vez mais reduzido. Contudo, os que conseguiram chegar, regressaram a uma casa vazia, escura e abandonada. Não havia música ou mesas decoradas com samambaias. Nada de luz no litoral para lhes dar as boas-vindas.

Segundo as leis da termodinâmica, tudo deve ir para algum lugar. Onde foi parar a relação de afetuoso respeito e cuidado mútuo entre o Povo e os peixes?

O caminho se afasta do rio de modo abrupto, em degraus talhados na encosta íngreme. Quando passo por cima das enormes raízes de abetos, sinto as pernas arderem. Musgos, samambaias e coníferas repetem um padrão de formas emplumadas, um mosaico de frondes verdes impressas nas paredes cada vez mais estreitas da floresta.

Os galhos arranham meu ombro e limitam minha visão, tanto em relação à trilha quanto a meus pés. Percorrer essa trilha me leva para dentro de mim, para baixo do pequeno domo da minha cabeça, para minha mente ocupada em ticar listas e recordações de uma paisagem interior. Escuto apenas meus passos, o farfalhar da calça impermeável e as batidas do meu coração até chegar à interseção de um riacho, onde a água canta ao cair sobre as pedras, levantando uma leve neblina. E meus olhos se abrem para a floresta: das samambaias-espadas, uma carriça do inverno conversa comigo; um tritão de barriga laranja cruza meu caminho.

A sombra dos abetos acaba cedendo lugar à luz rajada, conforme a trilha sobe para penetrar num círculo de amieiros-brancos, a pouca distância do cume. Quero apressar um pouco o passo, ciente do que encontrarei à frente, mas a transição é tão sedutora que me forço a andar com mais vagar e saborear a expectativa, usufruir da mudança na atmosfera e da brisa que se levanta. O último amieiro se inclina, afastando-se da beira da trilha, como se abrisse caminho para me dar passagem.

A cor escura contra a grama dourada adentra a terra da pradaria por muitos centímetros; a trilha acompanha os contornos naturais do relevo, como se séculos de passadas houvessem precedido as minhas. Somos só eu, a relva e o céu, além das duas águias-carecas a sobrevoar as termais. A chegada ao cimo me proporciona uma explosão de luz, espaço e vento. Diante da visão, sinto a cabeça incendiar. Não sei mais o que dizer desse lugar extraordinário e sagrado. As palavras são levadas pelo vento. Mesmo o pensamento se dissipa como tufos de nuvem a navegar acima do promontório. Não existe nada além do ser.

Antes de eu conhecer essa história, antes de o fogo incendiar meus sonhos, eu teria caminhado até aqui como qualquer um e tiraria fotos nos mirantes. Teria admirado a grande curva em formato de foice do banco de areia amarelo que rodeia a baía e as rendas das ondas a bater na praia. Teria caminhado em torno do outeiro para examinar como o rio desenha uma linha sinuosa prateada através do pântano salgado, lá embaixo, e se afasta da linha escura da Coast Range. Como os demais, teria me aproximado do penhasco e me maravilhado com a vertiginosa queda de uns trezentos metros até as ondas que arrebentam na baía. Teria escutado os gritos das focas ecoando na enseada cor de âmbar.

Teria observado o vento eriçar a grama como se ela fosse a pelagem de um puma. E teria admirado o céu, inúmeras vezes. E o mar.

Antes de conhecer a história, teria escrito umas anotações de campo, consultado meu guia de plantas raras e desembrulhado meu lanche. No entanto, não teria falado ao celular, como faz o cara no mirante ao lado.

Em vez disso, ficaria apenas parada ali, com as lágrimas escorrendo pelo rosto, numa indescritível emoção com gosto de alegria e dor. Alegria por esse mundo reluzente e dor pelo que perdemos. As ervas recordam as noites em que foram consumidas pelo fogo e iluminaram o caminho numa conflagração de amor entre as espécies. Quem hoje sabe o que isso significa? Caio de joelhos na relva e posso escutar a tristeza, como se a própria terra clamasse por seu povo: *Volte para casa. Volte para casa.*

Com frequência, encontro outros andarilhos aqui. Imagino que, ao descansarem a máquina fotográfica e se deterem no promontório, tentem, com grande esforço, apesar do vento, escutar esse chamado da terra. Com o olhar saudoso no mar, parecem tentar recordar como seria amar o mundo.

Estabelecemos uma estranha dicotomia para nós mesmos: ou amamos pessoas ou amamos a terra. Sabemos que amar uma pessoa exige determinação e força — e que isso pode mudar tudo. No entanto, agimos como se amar a terra fosse um assunto pessoal, apenas restrito a nossa mente e nosso coração. No alto da pradaria da Cascade Head, outra verdade é revelada: a força ativa do amor pela terra se torna visível. Aqui, o ritual da queima no promontório cimentou a conexão das pessoas com o salmão, umas com as outras e com o mundo espiritual, mas também criou a biodiversidade. As cerimônias do fogo converteram florestas em faixas de pradaria à beira-mar, em ilhas de *habitats* abertos num manancial de árvores escuras, cercadas pelo nevoeiro. A queimada criou as planícies do promontório, os lares de espécies dependentes do fogo que só existem aqui e em nenhum outro lugar da Terra.

Da mesma maneira, a Primeira Cerimônia do Salmão, em toda sua beleza, reverbera em todas as copas de árvores do mundo. Os banquetes de amor e gratidão não eram apenas expressões emocionais pessoais; na verdade, ajudaram a passagem dos peixes rio acima, livrando-os da predação por um tempo fundamental. Depositar as espinhas do salmão nos córregos devolveu nutrientes ao sistema. Essas são cerimônias de reverência prática.

O farol ardente é um poema maravilhoso, mas é um poema escrito profunda e literalmente na terra.

*O povo amava o salmão como o fogo ama a erva,*
*e a chama ama a escuridão do mar.*

Hoje, só escrevemos mensagens curtas ("Vista incrível da Cascade Head — queria que você estivesse aqui") e listas de supermercado ("comprar meio quilo de salmão").

As cerimônias servem para chamar a atenção, com o intuito de que a atenção se transforme em intenção. Quando um grupo se reúne e professa algo diante de sua comunidade, torna-se responsável.

As cerimônias transcendem os limites do individual e ecoam além do reino do humano. Tais atos de reverência são dotados de grande força pragmática. São cerimônias que glorificam a vida.

Em muitas comunidades indígenas, o tempo e a história podem ter desfiado as barras de nossas roupas cerimoniais, mas o tecido continua forte. Na sociedade dominante, contudo, as cerimônias parecem ter definhado. Suponho existirem muitos motivos para tal: o ritmo frenético da vida, a dissolução da comunidade, a crença de que a cerimônia é um artefato criado por religiões organizadas, imposta aos participantes, e não uma celebração escolhida com alegria.

As cerimônias que ainda persistem — aniversários, casamentos, funerais — focam apenas no indivíduo e marcam ritos de transição pessoal. Talvez a mais universal seja a formatura do ensino médio. Adoro as festas de formatura em minha cidadezinha, quando toda a comunidade se enfeita e lota o auditório, numa noite de junho, quer seu filho seja, quer não um dos formandos. As emoções compartilhadas criam vínculos entre os membros da comunidade. Despertam o sentimento de orgulho pelos jovens que sobem ao palco, de alívio para alguns, além de uma boa dose de nostalgia e recordações. Celebramos esses bonitos jovens que enriqueceram nossa vida; honramos seus esforços e conquistas, apesar de todos os percalços. Demonstramos que representam nossa esperança no futuro. Sempre os encorajamos a se lançarem no mundo e rezamos para que, um dia, retornem. Nós os aplaudimos. Eles nos aplaudem. Todos derramam algumas lágrimas. Então, começam os festejos.

Temos consciência, ao menos em nossa cidadezinha, de que não se trata de um ritual sem significado. A cerimônia tem poder. Nossos votos coletivos de sucesso de fato abastecem de confiança e força os jovens prestes a sair de casa. A cerimônia os relembra sua origem e suas responsabilidades para com a comunidade que os apoiou. Esperamos que isso os inspire. E os cheques inseridos nos cartões de parabéns também contribuem para facilitar seus primeiros passos sozinhos no mundo. Essas cerimônias também glorificam a vida.

Sabemos perpetuar esse rito entre nós e o cumprimos com sucesso. Mas imagine se deter perto do rio, inundado por esses mesmos sentimentos, quando o Salmão entra no auditório do seu estuário. Erguer-se em sua homenagem, agradecer por todos os seus feitos que enriqueceram nossa vida, cantar em louvor a seus esforços e conquistas, apesar de todos os percalços, dizer a todos eles que representam nossa esperança no futuro, encorajá-los a partir e se lançar no mundo para crescer e rezar para que um dia retornem. E só então darmos início ao banquete. Será que somos capazes de expandir nossos laços de celebração e apoio a outras espécies que não a nossa, mas que precisam de nós?

Muitas tradições indígenas ainda reconhecem a importância das cerimônias e costumam celebrar a vida de outras espécies e eventos no ciclo das estações. Numa sociedade colonialista, as cerimônias que ainda resistem não são voltadas para a terra, mas para a família e a cultura, para valores importados do Velho Mundo. Sem dúvida, também devem ter existido cerimônias em homenagem à terra, mas parecem não ter sobrevivido de modo consistente à emigração. Acredito que seria inteligente as regenerar aqui, como forma de criar vínculos com esta terra.

Para atuar de forma pragmática no mundo, as cerimônias deveriam ser criações recíprocas, de natureza orgânica, nas quais a comunidade cria cerimônias e a cerimônia cria comunidades. Não deviam ser apropriações culturais dos povos originários. Contudo, gerar uma nova cerimônia no mundo de hoje não é fácil. Conheço cidades em que acontecem festas da maçã e dos alces, a *Moose Mania*, mas, apesar da comida deliciosa, tendem mais para o lado comercial. Eventos educacionais, como fins de semana de flores silvestres e de recenseamento de pássaros, por ocasião do Natal, são passos na direção certa, embora lhes falte uma relação ativa e recíproca com o mundo mais-que-humano.

Quero me apresentar diante do rio com meu vestido mais bonito. Quero cantar em alto e bom som e bater os pés com as outras cem pessoas, para que as águas sussurrem ao constatar nossa felicidade. Quero dançar pela renovação do mundo.

Às margens do estuário do Salmon River, hoje, vemos mais uma vez pessoas atentas, à espera. Algumas exibem rostos radiantes de expectativa; outras, expressões preocupadas. Em vez de usarem suas melhores roupas, usam coletes de brim e galochas de cano alto. Algumas caminham carregando redes, enquanto outras estendem cestos. Vez ou outra, soltam gritinhos e berram encantadas com o que encontram. É a Primeira Cerimônia do Salmão, mas de um tipo bem diferente.

Desde 1976, o Serviço Florestal dos Estados Unidos e um grupo de organizações parceiras, lideradas pela Universidade do Oregon, deram início ao projeto de restauração do estuário. O plano consistia em remover diques, represas e barreiras e permitir que as correntes, novamente, seguissem seu fluxo natural e cumprissem seu propósito. Na esperança de a terra recordar como é ser um estuário, as equipes trabalharam para desmantelar, uma a uma, as estruturas criadas pelo ser humano.

O projeto foi conduzido graças a muitas existências dedicadas às pesquisas ecológicas ao longo dos anos; a incontáveis horas em laboratórios; às queimaduras em consequência do sol escaldante, durante pesquisas de campo; e a dias invernais de frio congelante, coletando informações debaixo de chuva; bem como a dias deslumbrantes de verão, quando novas espécies retornaram miraculosamente. É para isso que nós, biólogos de campo, vivemos: para ter a oportunidade de estar ao ar livre, na presença vital de outras espécies, em geral bem mais interessantes do que a nossa. Sentamo-nos a seus pés e escutamos. As histórias Potawatomi lembram que todas as plantas e os animais, incluindo os homens, costumavam falar a mesma língua. Podíamos compartilhar uns com os outros histórias de nossa vida. Mas essa dádiva deixou de existir, e acabamos empobrecendo.

Por não podermos falar a mesma língua, nosso trabalho como cientistas é juntar peças soltas da história da melhor maneira possível. Como não podemos perguntar ao salmão do que eles precisam, lhes perguntamos com experimentos e escutamos com atenção a resposta. Ficamos acordados até de madrugada observando pelo microscópio os anéis anuais, localizados nos ossos das orelhas dos peixes, para descobrir como reagem à temperatura da água e então podermos adaptá-la. Realizamos experimentos sobre os efeitos da salinidade no crescimento das ervas invasivas para podermos resolver o problema. Calculamos, registramos e analisamos formas que podem parecer inanimadas, mas, para nós, são esses os canais para compreender a vida inescrutável de espécies diferentes da nossa. Trabalhar na área da ciência com admiração e humildade é um poderoso ato de reciprocidade em relação ao mundo mais-que-humano.

Nunca conheci um ecologista que trabalhasse em campo pelo amor aos dados ou por ter se encantado com o *valor-p*. Tudo isso não passa de recursos de que dispomos para vencer as barreiras impostas pelas espécies, para nos despir de nossa pele humana e usar barbatanas ou penas ou folhagens, tentando conhecer outras espécies da melhor maneira a nosso alcance. A ciência pode ser um meio de gerar intimidade e respeito em relação a outras espécies, e só encontra rival nas observações dos detentores do conhecimento tradicional. Pode ser um caminho para a irmandade.

Cientistas apaixonados, cujos cadernos — lambuzados de lama do pântano salgado e repletos de colunas com números — são cartas de amor ao salmão, também fazem parte do meu povo. De seu jeito particular, estão acendendo faróis para os salmões e os convidam a voltar para casa.

Quando diques e represas foram removidos, a terra se lembrou de como ser pântano salobre. A água se lembrou de como devia se distribuir através dos minúsculos canais de drenagem, por entre os sedimentos. Os insetos se lembraram de onde deveriam pôr ovos. Hoje, o fluxo curvilíneo natural do rio foi restaurado. Do promontório, o rio parece o esboço de um velho pinheiro retorcido na costa, numa paisagem de juncos ondulantes. Bancos de areia e lagoas fundas criam cenários dourados e azuis. E, nesse mundo aquático renascido, jovens salmões descansam em cada curva. As únicas linhas retas são as antigas barreiras dos diques, lembranças de como o fluxo foi interrompido e depois renovado.

As cerimônias do Primeiro Salmão não eram realizadas para o povo, mas para o salmão, para todos os resplandecentes reinos da Criação, para a renovação do mundo. Os povos compreendiam que, quando vidas lhes são ofertadas, visando a seu benefício, o presente é valioso. As cerimônias são uma forma preciosa de retribuição.

Quando a estação muda e as ervas ressecam no promontório, começam os preparativos: é hora de consertar as redes e reunir os equipamentos. Eles vêm todos os anos nessa época. Trazem todos os alimentos tradicionais, pois terão muitas bocas da equipe para alimentar. Os dispositivos de registros de dados estão todos calibrados e prontos. Os biólogos, usando macacão de pesca, entram nos barcos e navegam pelo rio, mergulhando redes nos canais restaurados do estuário para medir seu pulso. Dia após dia, verificam, vão à orla e observam o mar. E nem sombra de salmão. Então, os cientistas esticam os sacos de dormir e desligam os equipamentos do laboratório. Todos, à exceção de um. Um único microscópio permanece com a luz acesa.

Para além da arrebentação, os salmões se reúnem, saboreando as águas do seu lar. Então, veem a luz em meio à escuridão do promontório. Alguém deixou uma luz acesa, um minúsculo farol brilha no meio da noite, convidando o salmão a regressar para casa.

# Fincar raízes

Um dia de verão às margens do rio Mohawk:
*Én:ska, tékeni, áhsen.* Curvar-se e puxar, curvar-se e puxar. *Kaié:ri, wísk, iá:ia'k, tsiá:ta*, com a grama batendo pela cintura, ela chama a neta. O fardo fica cada vez mais pesado toda vez que curva as costas. Ela se estica, esfrega a região lombar e inclina a cabeça para o céu azul de verão, a trança preta balançando no arco das costas. Andorinhas-do-barranco gorjeiam perto do rio. Da água sobe uma brisa que agita as ervas e espalha a fragrância da *wiingaashk*.

Uma manhã de primavera, quatrocentos anos depois:
*Én:ska, tékeni, áhsen.* Um, dois, três, curvar-se e cavar, curvar-se e cavar. Meu fardo fica menos pesado cada vez que curvo as costas. Enfio a pá no solo macio e revolvo a terra. O instrumento bate numa pedra enterrada; enfio os dedos para retirá-la e a deixo de lado. Cavo um buraco do tamanho de uma maçã, grande o bastante para as raízes. Do feixe emaranhado envolto em estopa, retiro um único tufo de erva ancestral. Deposito-o no buraco, espalho terra ao redor, pronuncio palavras de boas-vindas e tapo. Estico-me e esfrego a região lombar dolorida. Esquentando a erva e exalando seu perfume. O sol se derrama a nossa volta. Bandeirolas vermelhas esvoaçam sob a brisa, marcando os contornos de nossos canteiros.

*Kaié:ri, wísk, iá:ia'k, tsiá:ta.* Num tempo além da memória, o povo Mohawk habitava esse vale junto ao rio, que agora recebeu seu nome. Naquela época, havia muitos peixes, e, na primavera, as inundações traziam lodo para fertilizar os milharais. A erva ancestral, *wenserakon ohonte* em Mohawk, florescia em suas margens. Essa língua não é ouvida aqui faz séculos. Substituído por ondas de imigrantes, o povo Mohawk foi empurrado desse generoso vale, ao norte do estado de Nova York, para os confins do país. A outrora cultura dominante da grande Confederação Haudenosaunee (Iroquesa) foi reduzida a retalhos, a pequenas reservas. A língua que deu voz e origem a ideias como a democracia, a igualdade das mulheres e a Grande Lei da Paz é uma espécie em vias de extinção.

A língua e a cultura Mohawk não desapareceram por si só. A política governamental para lidar com o suposto problema indígena e forçar a assimilação se encarregou de despachar as crianças do povo para os acampamentos em Carlisle, na Pensilvânia, onde a confessa missão da escola era "Matar o 'Índio' para Salvar o Homem". As tranças foram cortadas, e as línguas originárias, proibidas. As meninas foram ensinadas a cozinhar e faxinar e a sempre usar luvas brancas aos domingos. O cheiro da erva ancestral foi substituído pelo do sabão com que lavavam a roupa dos membros dos acampamentos. Os meninos aprenderam esportes e aptidões úteis para a vida sedentária nas cidades: carpintaria, agricultura e como lidar com o dinheiro no bolso. Faltou pouco para o governo poder considerar um sucesso seu propósito de romper os laços entre terra, língua e povo originário. Mas os Mohawk se autodenominam *Kanienkeha* — Povo do Sílex —, e o sílex não se mistura com facilidade ao grande caldeirão de culturas norte-americanas.

Acima do ondular das ervas, posso ver duas outras cabeças inclinadas, voltadas para o solo. Os cachos pretos reluzentes, presos na bandana vermelha, pertencem a Daniela. Está ajoelhada. Observo quando se levanta e começa a contar o número de plantas em seu canteiro… 47, 48, 49. Sem erguer o rosto, faz anotações na prancheta, pendura o saco no ombro e segue em frente. Daniela é aluna de pós-graduação, e faz meses planejamos este dia. Esse trabalho se tornou o projeto de sua tese, e ela está ansiosa para que tudo dê certo. Nos formulários da faculdade, consta que sou sua professora, mas venho lhe repetindo todo esse tempo que a planta será sua melhor professora.

Na outra extremidade do campo, Theresa olha para o alto, jogando a trança por cima do ombro. Arregaçou as duas mangas da camiseta, na qual se lê "Iroquois Nationals Lacrosse", e seus antebraços estão sujos de terra. Theresa é fabricante de cestos Mohawk e parte indispensável da nossa equipe de pesquisa. Ela tirou o dia de folga no trabalho para se ajoelhar na terra conosco, e abre um sorriso enorme. Sentindo nosso dinamismo perder forças, começa a entoar uma cantiga tradicional de contagem, para elevar nosso ânimo. "*Kaié:ri, wísk, iá:ia'k, tsiá:ta.*" Juntas, contamos as fileiras de plantas. De sete em sete, para abranger as sete gerações, colocamos as raízes no solo dando as boas-vindas à erva ancestral por ter regressado para casa.

Apesar de Carlisle, apesar do exílio, apesar do cerco contínuo durante quatrocentos anos, existe uma força, um núcleo de pedra viva, que não capitulará. Não sei exatamente o que possibilitou ao povo resistir, mas acredito que a grande força residia nas palavras. Nichos de língua sobreviveram graças aos que mantiveram o vínculo com a terra. Os mesmos que ainda repetem o Discurso de Gratidão para saudar o dia: "Unamos nossa mente como se fosse uma só e apresentemos nossas saudações e nossos agradecimentos à Mãe Natureza, que sustenta nossa vida com suas muitas dádivas." Essa reciprocidade de gratidão com o mundo, sólida como uma rocha, manteve a determinação dos membros do povo, mesmo quando destituídos de todo o resto.

Nos idos de 1700, os Mohawk foram obrigados a deixar suas terras no vale Mohawk e se estabelecerem em Akwesasne, na fronteira com o Canadá. Theresa faz parte de uma longa linhagem de fabricantes de cestos Akwesasne.

O que desperta nosso encantamento pelo cesto reside em sua jornada de transformação a partir da planta viva, passando a tiras fragmentadas, até o retorno a sua totalidade como cesto. O cesto conhece as duas forças opostas que moldam o mundo — a destruição e a criação. Uma vez separados, os feixes são tecidos e transformados num novo conjunto. A jornada de um cesto é também a jornada de um povo.

Com suas raízes nas regiões ribeirinhas, tanto o freixo-negro quanto a erva ancestral são vizinhos na terra. Voltam a ser vizinhos nos cestos Mohawk. As tranças de *wiingaashk* são entrelaçadas com as tiras de freixo-negro. Theresa traz na memória as muitas horas, ainda na infância, nas quais fazia tranças de folhas individuais da erva, bem apertadas e unidas para ressaltar seu brilho. Enquanto tecem os cestos, as risadas e as histórias das mulheres reunidas também se entrelaçam, e o inglês e o Mohawk se misturam na mesma frase. A erva ancestral se enrosca em volta do aro do cesto e se insere na faixa de freixo; assim, mesmo um cesto vazio carrega o cheiro da terra, formando o elo entre o povo e o lugar, o idioma e a identidade. A confecção de cestos também possibilita segurança financeira. Uma mulher capaz de tecer cestos jamais passará fome. Confeccioná-los se tornou sinônimo de ser Mohawk.

Os membros tradicionais do povo Mohawk dizem as palavras de agradecimento à terra, mas ultimamente as terras ao longo do rio St. Lawrence não têm muitos motivos para retribuir o agradecimento. Vários trechos da reserva foram inundados por centrais elétricas; a indústria pesada instalou-se para aproveitar a eletricidade barata e as rotas fáceis de navegação. A Alcoa, a General Motors e a Domtar não veem o mundo pelo prisma do Discurso de Gratidão, e Akwesasne se tornou uma das comunidades mais contaminadas do país. As famílias dos pescadores já não podem comer os frutos da pesca. O leite materno Akwesasne contém uma pesada carga de PCBs (bifenilas policloradas) e dioxinas. A poluição industrial comprometeu o estilo de vida tradicional, ameaçando o vínculo entre as pessoas e a terra. As toxinas industriais chegaram para concluir o que tivera início em Carlisle.

Sakokwenionkwas, também conhecido como Tom Porter, é membro do Bear Clan. Esse grupo é conhecido por proteger o povo e também ser o guardião do conhecimento das ervas medicinais. Com esse intuito, vinte anos atrás, Tom e um punhado de amigos decidiram se dedicar à recuperação da terra. Quando menino, ouvira a avó repetir a antiga profecia de que, um dia, um pequeno grupo de Mohawk voltaria a habitar seu antigo lar, à beira do rio Mohawk. Em 1993, esse dia chegou, quando Tom e os amigos deixaram Akwesasne para ocupar as terras ancestrais no Vale Mohawk, com a intenção de fundar uma comunidade, bem afastada das PCBs e das centrais elétricas.

Estabeleceram-se em 160 hectares de bosques e fazendas em Kanatsiohareke. O nome do lugar tem origem no período em que o vale era repleto de malocas. Pesquisando a história do local, descobriram que o antigo povoado onde viviam era em Kanatsiohareke. Hoje em dia, as lembranças antigas se entrelaçam com novas histórias. Um celeiro e várias casas se aninham no sopé de uma falésia, numa das curvas do rio. Os sedimentos da várzea descem até as margens. Nas colinas, outrora devastadas por madeireiras, voltaram a florescer pinheiros e carvalhos. Um possante poço artesiano jorra água de uma fenda na falésia, com força capaz de enfrentar a pior das secas, e enche uma lagoa translúcida, livre de musgos. Na água cristalina, é possível enxergar nosso reflexo. A terra fala a língua da renovação.

Quando Tom e os outros chegaram, as construções se encontravam em triste estado de degradação. Ao longo dos anos, grande número de voluntários se uniu ao grupo a fim de consertar telhados e substituir janelas. Na grande cozinha, em dias festivos, voltaram a pairar os aromas de sopa de milho e drinque de morango. Entre as velhas macieiras, construíram um caramanchão, sob o qual as pessoas se reúnem para dançar, celebrar e reaprender os saberes da cultura Haudenosaunee. O objetivo era "reverter Carlisle": Kanatsiohareke devolveria o que lhes tinha sido tomado — sua língua, sua cultura, sua espiritualidade, sua identidade. Os filhos da geração perdida podiam, afinal, voltar para casa.

Depois da reconstrução, o passo seguinte foi o ensinamento da língua, e o lema de Tom, oposto ao de Carlisle, era "Curem os 'Índios', Salvem a Língua". Muitas crianças de Carlisle e de outras escolas missionárias de todo o país ficaram com os nós dos dedos em carne viva — e sofreram abusos até piores — por falarem o idioma materno. Os sobreviventes dos internatos não ensinaram aos filhos sua língua de origem para poupá-los do sofrimento. Em consequência, a língua desapareceu junto com a terra. Restaram poucos falantes fluentes, a maioria na faixa etária acima dos setenta anos. A língua estava à beira da extinção, como uma espécie em perigo, sem *habitat* para criar sua prole.

Quando uma língua morre, não só as palavras se perdem. A língua é a morada de ideias que não existem em nenhum outro lugar. É o prisma através do qual se vê o mundo. Tom costuma dizer que, mesmo palavras tão básicas quanto as usadas para denominar os números, estão impregnadas de camadas de significado. Os números utilizados para contar as plantas na planície de erva ancestral também remetem à História da Criação. *Én:ska* — um. Esta palavra invoca a queda de Ataensic do mundo lá do alto. Sozinha, *én:ska*, caiu do céu e chegou à Terra. Mas não estava só, pois outra vida crescia em seu ventre. *Tékeni* — eram duas. Ataensic deu à luz uma filha que, por sua vez, teve dois filhos gêmeos, e então passaram a ser três — *áhsen*. Toda vez que os Haudenosaunee contam até três, em seu idioma, reafirmam seu vínculo com a Criação.

Também as plantas são fundamentais para tecer a conexão da terra com os humanos. Um lugar se transforma em lar quando sustenta os seres, quando alimenta tanto o corpo quanto o espírito deles. Para a restauração do lar, é necessária também a volta das plantas. Quando soube do regresso dos indígenas a

Kanatsiohareke, imagens da *wiingaashk* me vieram à mente. Comecei, então, a procurar um jeito de trazê-las de volta a seu antigo lar.

Certa manhã de março, passei na casa de Tom. Queria discutir a futura plantação da erva na primavera. Com a cabeça tão cheia de planos para a restauração experimental, esqueci um dado importante. Nenhum trabalho pode ser iniciado antes de os convidados serem alimentados. Assim, nos sentamos para um farto café da manhã, com panquecas e um suculento xarope de bordo. Observo Tom, com sua camisa xadrez vermelho, parado próximo ao fogão: é um homem de constituição forte, cabelo escuro e mechas grisalhas, quase sem rugas, apesar de já ter passado dos setenta anos. As palavras fluem da sua boca como a água da nascente no sopé do penhasco — as histórias, os sonhos e as piadas aquecem a cozinha como o aroma do xarope de bordo. Voltou a encher meu prato com um sorriso e uma história. Os ensinamentos ancestrais se entrelaçam em sua conversa com tanta naturalidade quanto simples comentários a respeito do tempo. Mechas de espírito e matéria entrelaçadas, tal como são trançados o freixo-negro e a erva ancestral.

"O que uma Potawatomi veio fazer aqui?", pergunta. "Não está muito longe de casa?"

Só preciso dizer uma palavra: *Carlisle*.

Continuamos a conversar e tomar café. Ele fala de seus sonhos para Kanatsiohareke. Nessa terra, imagina uma comunidade agrícola na qual o povo reaprenda a plantar os alimentos tradicionais, um lugar onde cerimônias tradicionais são celebradas para homenagear o ciclo das estações e que sejam pronunciadas "As Palavras Ditas Antes de Tudo o Mais". Falou por muito tempo do Discurso de Gratidão como o âmago da relação Mohawk com a terra. Lembrei-me de uma pergunta que rondava minha mente fazia tempo.

No final das palavras ditas antes de tudo o mais, uma vez todos os agradecimentos a todos os seres da terra feitos, perguntei: "Sabe se alguma vez a terra nos agradeceu de volta?", Tom ficou calado um segundo, empilhou mais panquecas em meu prato e deixou a jarra de xarope na minha frente. Não poderia haver resposta melhor.

De uma gaveta na mesa, Tom retirou uma bolsa de camurça com franjas e deixou outro pedaço de pele de cervo macia sobre a mesa. Derramou, num chacoalhar, uma pilha de caroços lisos de pêssego, com um dos lados pintado de preto e o outro de branco. Convidou-me a disputar uma partida de um jogo no qual devíamos adivinhar, a cada jogada, quantos caroços sairiam com o lado branco para cima e quantos com o lado preto. Sua pilha ia crescendo, ao passo que a minha encolhia. Enquanto sacudíamos os caroços e os jogávamos, contou-me de uma época em que as apostas desse jogo eram muito altas.

Os netos gêmeos de Ataensic brigaram durante muito tempo. Enquanto um tinha a intenção de construir o mundo, a do outro era destruí-lo. Afinal, resolveram decidir o destino do mundo com esse jogo. Caso só saíssem caroços pretos, toda a vida criada seria destruída. Caso todos saíssem brancos, então a maravilhosa terra continuaria a existir. Eles jogaram e jogaram sem chegar a um resultado, até o último lançamento. Se todas saíssem pretas, não haveria alternativa. O gêmeo que trazia em si a doçura do mundo voltou os pensamentos para todas as criaturas vivas num pedido de socorro e rogou que ficassem do seu lado. Tom nos contou como, nessa jogada final, os caroços de pêssego pairaram no ar, no exato instante em que todos os membros da Criação se uniram e soltaram um ruidoso grito de clamor pela vida. E assim transformaram o último caroço em branco. Sempre há uma alternativa.

A filha de Tom veio jogar conosco. Com uma bolsa de veludo vermelha nas mãos, derrubou seu conteúdo na camurça. Diamantes. E cada faceta dos diamantes irradiava um arco-íris de cores. Abriu um sorriso ao ver nossas expressões atônitas. Tom explicou se tratar de diamantes Herkimer, lindos cristais de quartzo tão transparentes quanto a água e mais duros que o sílex. Enterrados debaixo da superfície, são arrastados pelo rio e aparecem vez ou outra, tal uma bênção da terra.

Vestimos nossos casacos e caminhamos pelos campos. Tom se deteve no pasto para oferecer maçãs às grandes vacas belgas. Reinava a calma; o rio fluía tranquilo. Com o olhar devidamente treinado, seria quase possível ignorar a Rota 5, os trilhos do trem e a autoestrada I-90 do outro lado do rio. Seria quase possível ver os campos Iroqueses de milho branco e as planícies ribeirinhas, onde mulheres colhiam a erva ancestral. Curvar-se e puxar, curvar-se e puxar. Mas, nos campos por onde passamos, não há mais *wiingaashk* nem milho.

Quando Ataensic espalhou as plantas pela primeira vez, a erva brotou ao longo desse rio, onde hoje dela não resta um resquício sequer. Assim como a língua Mohawk deu lugar ao inglês, ao italiano e ao polonês, a erva ancestral foi encurralada pelos imigrantes. A perda de uma planta pode ameaçar uma cultura da mesma maneira quanto a perda de um idioma. Sem a erva ancestral, as avós não trazem as netas para as planícies em julho. Então, o que acontece com suas histórias? Sem a erva ancestral, o que acontece com os cestos? E com as cerimônias nas quais esses cestos são usados?

A história das plantas está inexoravelmente ligada à história do povo, às forças de destruição e criação. Nas cerimônias de formatura em Carlisle, os jovens deviam prestar um juramento: "Não sou mais um homem indígena. Deixarei para sempre o arco e a flecha e usarei minhas mãos nos arados." Os arados e as vacas impuseram tremendas mudanças à vegetação. Assim como a identidade Mohawk está ligada às plantas usadas pelo povo, o mesmo acontecia com os imigrantes europeus que queriam transformar essa terra. Ao trazerem suas espécies de plantas, trouxeram junto as ervas daninhas, que suplantaram as nativas. As plantas refletem mudanças na cultura e na propriedade da terra. Hoje, esses campos estão sufocados por vigorosas espécies de plantas estrangeiras que os primeiros catadores da erva ancestral não reconheceriam: bambus, rabos-de-gato, trevos, margaridas. A invasão de salgueirinhas-roxas ameaça toda a área. Para restaurar a *wiingaashk* aqui, precisaremos nos livrar do domínio dos colonizadores e abrir espaço para o retorno dos povos originários.

Tom me perguntou o que traria a erva de volta a uma planície para que, mais uma vez, os cesteiros pudessem encontrar matéria-prima. Os cientistas não devotaram grandes esforços ao estudo da erva ancestral, mas os fabricantes de cestos sabem de sua capacidade de sobrevivência em ampla gama de condições, nos pântanos e até em terrenos secos junto às ferrovias. Ela viceja quando banhada pelo sol e dá preferência ao solo úmido, aberto. Tom se inclinou e apanhou um punhado de terra na várzea e deixou-a escorrer por entre os dedos. Exceto pelo denso gramado de espécies exóticas, esse parece um excelente lugar para a *wiingaashk*. Tom relanceou os olhos para o velho trator Farmall no terreno, coberto com um encerado azul. "Onde podemos conseguir sementes?"

As sementes de *wiingaashk* têm uma particularidade. As hastes floridas começam a aparecer no início de junho, mas raras vezes as sementes são viáveis. Se plantarmos umas cem sementes, com sorte obteremos uma única planta. A erva ancestral tem seu próprio estilo de se multiplicar. Cada reluzente broto verde acima da superfície também produz um rizoma comprido, branco e fino, que serpenteia buscando abrir caminho pelo solo. Ao longo de todo seu comprimento, há brotos que irão germinar e emergir à luz do sol. Ela pode projetar seus rizomas a vários metros de distância do lugar de origem. Dessa maneira, foi possível à planta viajar livremente pelas imediações das ribeiras. O plano era ótimo, quando a terra era um todo.

Mas esses delicados rizomas brancos não podem abrir caminho em autoestradas ou estacionamentos. Quando um lote da *wiingaashk* sucumbia ao arado, não podia ser reconstituído por sementes trazidas de fora. Daniela revisitou muitos lugares nos quais registros históricos atestam a existência de erva ancestral no passado; em mais da metade, já não é mais possível sentir sua fragrância. A principal causa do declínio parece ser o desenvolvimento, a expulsão das populações indígenas pela drenagem dos pântanos, que converteu lugares agrestes em campos para agricultura ou em asfalto. Ao chegarem, as espécies não nativas podem expulsar a erva ancestral — as plantas repetem a história do seu povo.

Em viveiros na universidade, venho plantando *wiingaashk*, à espera desse dia. Havia procurado por toda parte um produtor que dispusesse de plantas para eu dar início ao viveiro, e acabei localizando uma empresa na Califórnia. Confesso ter achado estranho, pois a *Hierochloe odorata* não cresce na Califórnia. Quando perguntei de onde vinham as plantas, recebi uma resposta surpreendente: de Akwesasne. Era um sinal. Comprei todo o estoque.

Com irrigação e fertilizantes, os canteiros floresceram, mas o cultivo estava a anos-luz de promover a restauração. A ciência da restauração ecológica depende de mil outros fatores — solo, insetos, patógenos, herbívoros, competição. Ao que parece, as plantas são dotadas da capacidade de escolher onde viverão, desafiando as previsões da ciência, pois há ainda outra dimensão no que diz respeito às exigências da erva ancestral. As mais vigorosas plantações são as cuidadas pelos fabricantes de cestos. A reciprocidade é a chave para o sucesso. Quando a erva é cuidada e tratada com respeito, floresce, mas, se a relação fracassa, o mesmo ocorre com a planta.

O que contemplamos aqui vai além da restauração ecológica; é a restauração da relação entre plantas e seres humanos. Vários cientistas realizaram estudos para compreender como reconstituir ecossistemas, mas os experimentos se concentram no pH do solo e na hidrologia, e excluem o espírito. Poderíamos usar o Discurso da Gratidão como guia para entrelaçar os dois. Ainda sonhamos com o dia em que a terra possa agradecer aos homens.

Voltamos para a casa de Tom sonhando com aulas de confecção de cestos no futuro. Quem sabe Thereza não podia ser a professora e, assim, levaria a neta ao campo que ajudara a replantar? Em Kanatsiohareke, existe uma loja de presentes com o objetivo de arrecadar fundos para o financiamento do trabalho dos membros da comunidade. A loja está repleta de livros e lindos artesanatos: mocassins bordados com miçangas, esculturas feitas de chifres e, é claro, cestos. Tom destranca a porta e entramos. Paira no ar o cheiro de *wiingaashk*, pendurada nas vigas do teto. Quais palavras podem capturar esse perfume? A fragrância do cabelo recém-lavado de sua mãe quando ela abraça você, o cheiro melancólico do verão já quase chegando ao outono, o cheiro da lembrança que faz você fechar os olhos por um instante, e depois mais outro, ainda mais demorado.

Quando eu era menina, não tive ninguém para me contar da reverência dos povos Potawatomi e Mohawk pela erva ancestral, considerada uma das quatro plantas sagradas. Não tive ninguém para me contar que ela foi a primeira planta a brotar na Mãe Natureza, motivo pelo qual a trançamos como se fosse o cabelo de nossa mãe, para lhe demonstrar nosso afetuoso cuidado. Numa paisagem cultural fragmentada, os mensageiros da história não conseguiram encontrar o caminho até minha presença. A história fora roubada em Carlisle.

Tom se dirige à estante e seleciona um grosso volume vermelho: *The Indian Industrial School, Carlisle Pennsylvania. 1879-1918.* No final do livro, páginas e mais páginas de listas de nomes: Charlotte Bigtree (Mohawk), Stephen Silver Heels (Oneida), Thomas Medicine Horse (Sioux). Tom aponta o nome do tio. "Esta é a razão de estarmos fazendo tudo isso", diz, "para desfazer o que foi feito em Carlisle".

O nome do meu avô também consta nesse livro, tenho absoluta certeza. Percorro com o dedo as compridas colunas de nomes e o detenho em Asa Wall (Potawatomi). Um menino catador de pecãs em Oklahoma, de apenas nove anos de idade, despachado num trem que atravessava as campinas rumo a Carlisle. O nome do irmão vem logo em seguida, Tio Oliver, que fugiu e voltou para casa. Mas Asa não. Meu avô faz parte da geração perdida, a geração que nunca pôde retornar para casa. Asa até tentou, mas depois de Carlisle não se encaixava em lugar nenhum, motivo pelo qual se alistou no Exército. Em vez de voltar a morar com a família em Território Indígena, estabeleceu-se na parte norte do estado de Nova York, não muito distante desta margem do rio, e criou os filhos no mundo dos imigrantes. Numa época em que carros eram novidade, tornou-se um mecânico excepcional. Estava sempre consertando carros enguiçados, sempre remendando algo, sempre tentando tornar as coisas inteiras. Acho que essa mesma necessidade de tornar as coisas inteiras impulsiona meu trabalho de restauração ecológica. Imagino seu perfil, o nariz aquilino, curvado sobre a capota de um carro, limpando as mãos escuras num trapo sujo de graxa. Durante a Depressão, chovia gente em sua garagem. A conta era paga, quando isso ocorria, com ovos ou nabos da horta. Mas certas coisas ele nunca conseguiu consertar e voltar a tornar inteiras.

Meu avô quase não mencionava essa época, mas me pergunto se ele pensava no bosque de pecãs em Shawnee, onde a família vivia sem ele, o menino perdido. As tias enviavam caixas para nós, os netos: mocassins, uma pipa, uma boneca de camurça. As caixas eram guardadas no sótão até nossa avó carinhosamente pegá-las e nos mostrar, sussurrando: "Lembrem-se de quem vocês são."

Suponho que tenha alcançado o que lhe ensinaram a desejar, uma vida melhor para os filhos e netos, o estilo de vida estadunidense, que foi doutrinado a honrar e respeitar. Minha mente agradece seu sacrifício, mas meu coração lamenta não ter conhecido aquele que poderia ter me contado histórias a respeito da erva ancestral. Durante toda a vida, sofri por essa perda. O que foi roubado em Carlisle se converteu num nó de sofrimento, que carrego como uma pedra enterrada no coração. E não sou a única. Essa dor vive em todas as famílias daqueles cujos nomes aparecem nas páginas desse grosso livro vermelho. O elo partido entre a terra e o povo, entre o passado e o presente, dói como um osso fraturado ainda não calcificado.

A cidade de Carlisle, na Pensilvânia, orgulha-se de sua história e, devo reconhecer, envelheceu bem. Para comemorar seu tricentenário, os habitantes se dispuseram a examinar atenta e honestamente a extensão de sua história. A cidade teve origem nos Barracões de Carlisle, uma instalação para os regimentos de soldados da guerra da Independência. Quando o Federal Indian Affairs, a agência norte-americana para "Assuntos Federais Indígenas", ainda era uma sucursal do Departamento de Guerra, as mesmas construções passaram a abrigar a Escola Indígena Carlisle (Carlisle Indian School), o fogo que alimentava o grande caldeirão da assimilação cultural. Hoje, as espartanas barracas, que outrora abrigaram fileiras de catres de ferro para as crianças dos povos Lakota, Nez Perce, Potawatomi e Mohawk, são elegantes instalações de oficiais, guarnecidas de floridas cornáceas na entrada.

Para comemorar o aniversário, todos os descendentes dessas crianças perdidas foram convidados a Carlisle para o que se convencionou chamar de "cerimônia da lembrança e reconciliação". Três gerações da minha família empreenderam a viagem. Com centenas de outros filhos e netos, afluímos todos para Carlisle. Muitos colocavam, pela primeira vez, os olhos no lugar apenas mencionado com meias-palavras em histórias familiares, ou nem sequer comentado.

A cidade estava enfeitada e bandeiras de barras, e estrelas eram exibidas em todas as janelas; uma faixa na rua principal anunciava a apresentação do desfile do tricentenário. A cidade é adorável, perfeita, digna de um cartão-postal; as ruelas pavimentadas de tijolos e as construções de tijolos rosados restauradas exibiam seu antigo encanto colonial. As cercas de ferro fundido e as placas de metal gravadas com datas celebram sua antiguidade. A mim, parece surreal que Carlisle seja reconhecida, nos Estados Unidos, pela fervorosa preservação da sua herança, quando no Território Indígena seu nome é o símbolo assustador do aniquilamento de uma herança, da nossa tradição. Caminhei em silêncio entre as barracas. Não era fácil encontrar o perdão.

Reunimo-nos no cemitério, um pequeno retângulo com cercas baixas do outro lado do pátio, com quatro fileiras de lápides. Nem todas as crianças que chegaram a Carlisle de lá saíram. Ali jazem as cinzas de crianças nascidas em Oklahoma, no Arizona, em Akwesasne. O retumbar dos tambores ecoou no ar úmido e chuvoso. O cheiro de sálvia e de erva ancestral queimadas envolveu a pequena multidão em oração. A *wiingaashk* é uma erva medicinal, e sua fumaça evoca sentimentos como gentileza e compaixão, por vir da nossa primeira Mãe. As palavras sagradas de cura se elevam a nosso redor.

Crianças roubadas. Laços destruídos. O peso da perda, misturado ao cheiro da erva ancestral, paira no ar e nos relembra um tempo em que todos os caroços de pêssego ameaçavam cair com o lado preto voltado para cima. Alguém poderia escolher amenizar a dor dessa perda fazendo uso da raiva e das forças da autodestruição. Mas todas as coisas vêm em dupla, caroços de pêssego brancos e pretos, destruição e criação. Se o povo soltar um grito possante em clamor pela vida, o jogo dos caroços de pêssego pode ter um final diferente. A dor também pode ser consolada graças à criação, à reconstrução do lar que nos tentaram tomar. Os fragmentos, como as tiras de freixos, podem ser mais uma vez entrelaçados e formar um novo todo. E aqui estamos nós, ao longo do rio, ajoelhados na terra, sentindo o cheiro da erva ancestral nas mãos.

Aqui, de joelhos na terra, defronto-me com minha cerimônia de reconciliação. Curve-se e cave, curve-se e cave. Mas agora, ao depositar a última raiz de *wiingaashk*, minhas mãos estão da cor da terra. Sussurro palavras de boas-vindas e cubro a planta com a terra. Procuro Theresa com os olhos. Concentrada, conclui seu último feixe de transplantes. Daniela faz suas anotações finais.

Acima do nosso recém-plantado campo de erva ancestral, a luz vai assumindo os tons dourados típicos do entardecer. Se eu olhar direito, posso quase ver as mulheres andando alguns anos atrás. Curvar-se e puxar, curvar-se e puxar, os feixes de plantas cada vez mais pesados. Sentindo-me abençoada por esse dia perto do rio, murmuro para mim mesma as palavras de agradecimento.

Os muitos caminhos a partir de Carlisle — o de Tom, o de Theresa e o meu — convergem para cá. Ao colocar as raízes no solo, podemos soltar em uníssono o possante clamor que transforma o caroço de pêssego preto em branco. Posso tirar a pedra que carrego enterrada em meu coração e plantá-la aqui, restaurando a terra, restaurando a cultura, restaurando a mim mesma.

Minha colher de pedreiro cava fundo no solo e bate numa pedra. Limpo a terra e a retiro a fim de abrir espaço para as raízes. Quase a jogo fora, mas, quando a seguro, estranho sua leveza. Detenho-me a fim de examiná-la com atenção. É quase do tamanho de um ovo. Com o polegar sujo de lama, esfrego a sujeira da pedra e uma superfície cristalina se revela, e outra, e mais outra. Brilha, apesar de suja de terra, tão translúcida quanto a água. Uma das faces é áspera e opaca, desgastada pelo tempo e pela história, mas o resto todo cintila. A luz reluz através dela. É um prisma no qual a luz desvanecente da tarde se refrata e projeta um arco-íris do interior da pedra enterrada.

Mergulho a pedra no rio para limpá-la e chamo Daniela e Theresa para que a vejam. Ficamos as três atônitas, maravilhadas, quando a embalo em minha mão. Fico me perguntando se é certo guardá-la, mas, só de pensar em devolvê-la a sua casa, sinto o peito dilacerado. Agora que a encontrei, acho que não consigo deixá-la. Guardamos nossas ferramentas e voltamos para a casa para nos despedir por hoje. Abro a mão para mostrar a pedra a Tom e perguntar qual atitude tomar. "E assim o mundo funciona", diz ele, "agindo com reciprocidade". Nós demos a erva ancestral à terra, e ela retribuiu com um diamante. Um sorriso ilumina o rosto de Tom. Ele fecha meus dedos sobre a pedra. "É para você", diz ele.

## *Umbilicaria*: o umbigo do mundo

Blocos erráticos se amontoam na paisagem das montanhas Adirondack; pedras de granito arrastadas e abandonadas à medida que as geleiras se derretiam e voltavam para sua casa ao norte. Nesses locais, o granito é anortosito, uma das mais antigas pedras da Terra e das mais resistentes a erosão. A maioria das rochas mostra arestas arredondadas em função de sua jornada, embora algumas ainda se mantenham erguidas, altas e angulosas como ela, tão grande quanto um caminhão de lixo. Passo os dedos pelos veios de quartzo da sua superfície. Sua ponta é afiada como o fio de navalha, e suas laterais, íngremes demais para escalar.

Esse ancião permaneceu sentado em silêncio nesses bosques, à beira do lago, por dez mil anos. Assistiu a chegadas e partidas de florestas, aos níveis do lago baixarem e transbordarem. E, depois de todo esse tempo, ainda é um microcosmo da era pós-glacial, quando o mundo era um deserto frio de terras devastadas e escombros. Alternando períodos tostando ao sol do verão e encoberto pela neve durante o longo inverno, sem terra fértil, num mundo ainda sem árvores, o tilito glacial proveu um lar intimidador aos pioneiros.

Destemidos, os liquens se apresentaram como voluntários para fincar raízes e instalar-se — em termos metafóricos, claro, pois não têm raízes. Essa é uma vantagem quando não há solo. Os liquens não têm raízes, folhas ou flores. São vida no estágio mais básico. Resultantes de uma pulverização de propágulos acomodados em minúsculas fissuras e rachaduras, e com apenas uma cabecinha de alfinete de profundidade, assentaram-se na pedra de granito desnuda. Essa microtopografia lhes forneceu proteção contra o vento e ofereceu concavidades onde, após a chuva, a água podia se instalar em poças microscópicas. Não era muito, mas era o suficiente.

Com o passar dos séculos, a rocha se tornou vítrea, coberta por uma crosta verde-acinzentada de líquen quase indistinguível da pedra em si, um mero revestimento de vida. As faces íngremes e a exposição aos ventos do lago evitaram o acúmulo de terra, e sua superfície representa uma última relíquia da Era do Gelo.

Às vezes, venho aqui só para ficar na presença de seres tão antigos. As laterais da rocha estão enfeitadas com *Umbilicaria americana*, em plissados irregulares, nas tonalidades marrons e verdes, sem dúvida o líquen mais magnífico da região Noroeste. Ao contrário dos existentes em seus diminutos antepassados, o talo da *Umbilicaria* — seu corpo — pode alcançar o tamanho da mão humana esticada. O maior já registrado ultrapassava sessenta centímetros. Os talos pequeninos se agrupam como pintinhos em volta da mamãe galinha. Esse ser tão carismático acumulou diversos nomes; em geral, é conhecido como tripa de rocha, outras vezes como líquen folha de carvalho.

Como a chuva não se acumula nas faces verticais, quase sempre essa rocha fica seca, e os liquens murcham e se encrespam, fazendo com que a pedra pareça coberta de crostas. Sem folhas na haste, a *Umbilicaria* é apenas um talo, de formato mais ou menos circular, como um retalho esfarrapado de camurça marrom. Quando seca, a superfície superior é de uma tonalidade castanho--acinzentada, semelhante à do camundongo. As extremidades do talo se enroscam de um jeito caótico, num franzido que expõe o interior preto, crespo e granulado que parece uma batata frita chamuscada. Ancorada firmemente à rocha, apenas no centro, por um curto talo, se assemelha a um cabo curtinho de guarda-chuva. Essa haste, ou *umbilicus*, cimenta o talo à pedra por baixo.

A floresta habitada por liquens é uma paisagem vegetal de texturas variadas. Todavia, os liquens não são plantas. Eles toldam a definição do que significa ser um indivíduo, pois o líquen não é um ser, mas dois: um fungo e uma alga. Embora esses parceiros não possam ser mais diferentes, estão ligados numa simbiose tão estreita que sua união produz um terceiro organismo, completamente diferente.

Certa feita, uma herbalista Navajo me explicou que entendia o "casamento" de certos tipos de planta, em função da duradoura parceria e inquestionável confiança entre os parceiros. Os liquens formam um casal no qual o total supera a soma das partes. Meus pais vão comemorar o sexagésimo aniversário de casamento este ano e parecem ter alcançado esse tipo de simbiose, um casamento no qual o equilíbrio entre o dar e o receber é dinâmico, em que os papéis de doador e receptor sofrem alterações a todo instante. Estão comprometidos com um "nós" que emerge das forças e fraquezas compartilhadas entre eles, um "nós" que se estende além dos limites da vida do casal para a vida da família e da comunidade. Alguns liquens também são assim; sua vida compartilhada beneficia todo o ecossistema.

Todos os liquens, das diminutas crostas à imponente *Umbilicaria*, são uma simbiose mutualística, uma parceria em que os dois membros se beneficiam de sua associação. Em muitas tradições nativo-americanas de casamento, os noivos trocam cestos de presentes que representam, de acordo com a tradição, o que cada um promete levar para o casamento. Em geral, o cesto da mulher contém plantas da horta ou das planícies para demonstrar sua concordância em prover alimento ao marido. O cesto do homem pode conter carne ou peles de animais, ou seja, a promessa de prover a família graças à caça. Alimentos vegetais e animais, autótrofos e heterótrofos — a alga e o fungo também trazem seus presentes especiais à união e graças a eles formam o líquen.

A parceira alga é uma coleção de células únicas, reluzentes como esmeralda e dotadas do dom da fotossíntese, a preciosa alquimia capaz de transformar luz e ar em açúcar. A alga é um organismo autótrofo, ou seja, prepara a própria comida e será a cozinheira da família, a produtora. A alga é capaz de produzir todo o açúcar necessário para sua energia, ainda que não seja muito eficiente em termos de encontrar os minerais necessários. Só pode realizar a fotossíntese quando umedecida, mas não tem a capacidade de se proteger do ressecamento.

O parceiro fungo é o organismo heterótrofo, ou seja, "o que se alimenta do outro", dada sua incapacidade de produzir o próprio alimento e da necessidade, para sua subsistência, do carbono coletado por outros. O fungo é genial na arte de dissolver coisas e liberar seus minerais para o próprio uso, mas é incapaz de produzir açúcar. O cesto de casamento oferecido pelo fungo estaria abarrotado de componentes especiais, como ácidos e enzimas, que digerem materiais complexos e os transformam em componentes básicos.

O corpo do fungo, uma rede de delicados filamentos, sai à caça de minerais e depois absorve essas moléculas por intermédio da imensa área de superfície que abrange. A simbiose permite à alga e ao fungo ativar a recíproca troca de açúcar e minerais. O organismo resultante se comporta como se fosse uma única entidade, com um único nome. Nos casamentos tradicionais entre seres humanos, os parceiros podem mudar seus nomes para indicar a formação de uma unidade. Do mesmo modo, os liquens não são chamados de fungos ou de algas. Nós os chamamos como se fossem um novo ser, um tipo de família interespécie: tripa de rocha, *Umbilicaria americana*.

Na *Umbilicaria*, a parceira alga quase sempre pertence ao gênero que denominaríamos *Trebouxia*, caso vivesse sozinha ou não fosse "liquenizada". O parceiro fungo quase sempre pertence ao grupo dos ascomicetos, embora nem sempre sejam da mesma espécie. Dependendo do prisma de onde se observa, os fungos são bastante fiéis. Sempre escolhem a *Trebouxia* como parceira alga. Entretanto, a alga é bem mais promíscua e se mostra propensa a se conectar com larga gama de fungos. Suponho que todos já vimos casamentos assim.

Em sua arquitetura compartilhada, as células da alga são acondicionadas como verdes contas no tecido de hifas dos fungos. Caso você fizesse um corte transversal no talo, encontraria algo parecido com um bolo de quatro camadas. A superfície superior, o córtex, tem o toque da parte de cima dos cogumelos, liso e semelhante ao couro. É constituído por densos filamentos fungais, ou hifas, capazes de reter a umidade. A coloração marrom-escura age como protetor solar natural, a fim de proteger a camada da alga, acomodada logo abaixo, da luz forte do sol.

Abaixo do abrigo do teto dos fungos, a alga forma uma distinta camada de medula onde as hifas se enroscam em torno das células das algas, como um braço por cima de um ombro ou um abraço apaixonado. Alguns filamentos do fungo, na verdade, penetram nas células verdes, como se fossem compridos dedos finos enfiando-se num cofrinho. Esses gatunos fungais se servem dos açúcares produzidos pela alga e os distribuem pelo líquen. Estima-se que os fungos retirem metade dos açúcares produzidos pela alga, ou até mais. Já vi casamentos assim também, em que um dos cônjuges recebe bem mais do que dá. Ao contrário de pensar nos liquens como resultado de um matrimônio feliz, alguns pesquisadores os definem como parasitismo recíproco. Os liquens foram descritos como "fungos que descobriram a agricultura", por capturar seres fotossintéticos dentro de suas cercas de hifas.

Abaixo da medula, a camada subsequente é um emaranhado frouxo de hifas destinado a preservar a água e assim manter a produtividade dela por mais tempo. A camada inferior é preta como o carvão e coberta de rizinas, microscópicas extensões semelhantes a fios de cabelo cuja função é ajudar a prender o líquen à rocha.

Por confundir em tal escala a distinção entre indivíduo e comunidade, a simbiose entre o fungo e a alga já foi fruto de grande número de pesquisas. Alguns pares estão unidos de tal modo que não conseguem viver separados. Quase vinte mil espécies de fungos só existem como membros obrigatórios de uma simbiose do líquen. Outros conseguem viver em liberdade, porém, preferem unir-se à alga e se transformarem em liquens.

Interessados pelas condições que estimulam o casamento da alga com o fungo, cientistas tentaram identificar os fatores que induzem duas espécies diferentes a viverem como uma só. Contudo, quando os pesquisadores juntam as duas espécies no laboratório e proporcionam condições ideais tanto para a alga quanto para o fungo, as duas espécies se ignoram e decidem levar vidas separadas, no mesmo prato de cultivo celular, como colegas de quarto em relações platônicas. Surpresos, os cientistas começaram a improvisar o *habitat*, alterando um fator e depois outro, mas, mesmo assim, nada de líquen. Só quando restringiram drasticamente os recursos, quando criaram condições adversas e estressantes, as duas espécies prestaram atenção uma na outra e começaram a cooperar. Só a extrema necessidade fez com que a hifa se enroscasse na alga; e apenas sob pressão a alga aceitou os avanços do fungo.

Em tempos de fartura, quando há muita oferta, as espécies individuais podem prosseguir sozinhas. Mas, quando as condições são adversas e a vida é tênue, a parceria, a jura de reciprocidade, é indispensável para perdurarem. Num mundo de escassez, a interconexão e a ajuda mútua se tornam elementos fundamentais para a sobrevivência. Assim ensinam os liquens.

Os liquens são oportunistas, fazem uso eficiente dos recursos quando disponíveis; caso contrário, vivem satisfeitos sem tais recursos. Quase sempre que encontrar uma *Umbilicaria* murcha e seca como uma folha morta, pode apostar que ela está longe de ter perecido. Encontra-se apenas à espera, habilitada, graças a sua notável fisiologia, a enfrentar a aridez. Como os musgos, com quem compartilha as pedras, os liquens são poiquilohídricos, ou seja, podem realizar a fotossíntese e crescer apenas quando molhados, mas não são capazes de regular o próprio equilíbrio de água — seu teor de umidade espelha o do meio ambiente. Se a pedra está seca, eles também estão. Um banho de chuva muda tudo.

As primeiras gotas se esparramam com força na rígida superfície da tripa de rocha; no mesmo instante, ela muda de cor. O talo marrom-escuro fica salpicado de pontos cinza-argila, marcas dos pingos de chuva, que escurecem no minuto seguinte e ganham uma tonalidade verde-musgo, como um quadro mágico em transformação diante de seus olhos. E então, conforme o verde se espalha, o talo começa a se mover como que animado por um músculo, esticando-se e flexionando-se, à medida que a água expande seus tecidos. Em questão de minutos, o líquen se transformou de uma crosta seca em uma pele macia verde, tão tenra quanto a parte interna do seu braço.

Com o líquen restaurado, você pode ver de onde vem seu outro nome. Onde o *umbilicus* ancora o talo à pedra, a pele macia tem uma reentrância de onde pequeninas rugas se irradiam, a partir do centro. A semelhança com o umbigo é indiscutível. Alguns são umbigos pequeninos tão perfeitos que somos invadidos pelo desejo de os beijar, como faríamos com a barriguinha de um bebê. Outros são meio flácidos e enrugados, como os de uma velha que carregou bebês na barriga.

Considerando que o umbigo do líquen cresce em superfícies verticais, o topo secará antes da base, onde a umidade se acumula. Conforme o talo começa a secar e as pontas se enroscam, uma poça rasa se forma ao longo da ponta mais baixa. À medida que o líquen envelhece, fica assimétrico, e a parte inferior é quase 30% maior que a superior, um legado da umidade retida, que lhe permitiu continuar a realizar a fotossíntese e crescer depois de a metade superior já ter ressecado e ficado imóvel. A reentrância também pode coletar detritos, o equivalente nos liquens às sujeiras dos umbigos.

Debruço-me sobre o líquen e encontro um monte de talos bebês, pequeninos discos marrons, mais ou menos do tamanho de borrachas de lápis, espalhados sobre a pedra. Uma população saudável. Essas crianças surgiram ou de fragmentos partidos dos pais ou, dada a perfeita simetria, de um tipo de propágulos específicos denominados sorédios — um pacotinho cheio de fungos e algas destinados à dispersão em conjunto —, para jamais ficarem sem seus parceiros.

Mesmo os minúsculos talos estão salpicados de umbigos. Como é expressivo esse ser antigo, uma das primeiras formas de vida no planeta, estar conectado à terra por um *umbilicus*. O casamento da alga e do fungo, a *Umbilicaria*, é a filha da terra, a vida alimentada pela pedra.

E as pessoas são alimentadas pela *Umbilicaria*, como o nome tripa de rocha sugere. De hábito, categorizada como alimento para períodos de escassez, ela não é assim tão ruim. Eu e meus alunos preparamos um prato de tripas de rocha todo verão. Cada talo pode levar décadas para crescer, então colhemos o mínimo, o suficiente para prová-los. Primeiro deixamos os talos de molho em água potável, de um dia para outro, a fim de remover a areia acumulada. Essa água é usada com a finalidade de retirar os fortes ácidos empregados pelo líquen para absorver os minerais da rocha. Então, os deixamos ferver por meia hora. O gosto do caldo do líquen é bem palatável e é rico em proteínas. Quando esfria, engrossa e adquire um leve sabor de rocha e cogumelo. Os talos são cortados em tiras com textura semelhante à da pasta *al dente*, e com eles preparamos uma saborosa sopa de macarrão de líquen.

A *Umbilicaria* costuma ser vítima do próprio sucesso. Seu mais sério problema é a acumulação. Devagar, bem devagar, os liquens formam uma fina camada de detritos a seu redor, talvez suas próprias esfoliações, ou poeira, ou as agulhas caídas das árvores — os destroços da floresta. Esses restos de matéria orgânica retêm a umidade que a pedra desnuda não poderia reter, e, aos poucos, o assoreamento do solo cria o *habitat* para musgos e samambaias. De acordo com as leis da sucessão ecológica, os liquens cumpriram sua tarefa de lançar fundação para outras espécies, e, agora, essas outras plantas chegaram.

Conheço uma escarpa inteira escondida pelas tripas de rocha. A água escorre pelas fendas na face do penhasco cercado pelas árvores e gera uma sombra paradisíaca para os musgos. Em tempos remotos, os liquens foram os colonizadores do lugar, antes de a floresta se tornar densa e úmida. Hoje, os musgos assemelham-se a um acampamento de tendas desengonçadas de brim sobre a pedra, algumas já danificadas e com tetos rotos. Ao observar com uma lupa as tripas mais antigas, constato que algas e outros liquens com crostas aderiram a suas cascas como crustáceos microscópicos. Alguns possuem listras verdes irregulares, nos quais algas de tonalidade verde-azulada se instalaram confortavelmente. Ao bloquear a luz do sol, essas epífitas podem impedir a fotossíntese do líquen. Por sua contraposição com os liquens opacos, o tom vívido de uma espessa almofada de musgo *Hypnum* atrai meu olhar. Caminho ao longo da borda da pedra para admirar seus elegantes contornos. Irrompendo de sua base, como um babado ao redor da almofada, o contorno de um talo *Umbilicaria*, quase engolfado pelo musgo. Sua hora soou.

O líquen une, num só corpo, as duas estradas da vida: a chamada cadeia alimentar do pastoreio, calcada no desenvolvimento dos seres, e a cadeia alimentar de detritos, baseada em sua supressão. Os produtores e os decompositores, a luz e a escuridão, os doadores e os recebedores enroscados nos braços uns dos outros. O capricho com que a urdidura e a trama foram tecidas na mesma manta torna impossível discernir o dar do receber. Os líquens, uns dos seres mais antigos da Terra, são frutos da reciprocidade. Nossos anciãos compartilham os ensinamentos de que essas rochas, os blocos erráticos, são nossos avós mais idosos, os transmissores da profecia, e nossos mestres. Às vezes, vou sentar-me entre eles e, no umbigo do mundo, olhar meu próprio umbigo.

Esses anciãos transmitem ensinamentos por intermédio de seus estilos de vida. Eles nos lembram da poderosa força decorrente do mutualismo, do compartilhamento dos dons de cada espécie. A reciprocidade equilibrada lhes permitiu florescer sob as condições mais adversas. Seu sucesso não é avaliado pelo consumo e crescimento, mas pela graciosa longevidade e simplicidade, pela persistência, apesar da constante alteração do mundo a seu redor. E o mundo continua mudando.

Embora os liquens possam nutrir os seres humanos, estes não retribuíram o favor de cuidar dos liquens. A *Umbilicaria*, como tantos outros liquens, é extremamente sensível à poluição do ar. Quando você encontrar a *Umbilicaria*, saiba que está respirando o ar mais puro da Terra. Os contaminantes atmosféricos, tais como o dióxido de enxofre e o ozônio, acabam em definitivo com a espécie. Tome cuidado com o desaparecimento do líquen.

Na verdade, espécies e ecossistemas inteiros vêm desaparecendo diante de nossos olhos em consequência do caos climático vertiginoso. Ao mesmo tempo, outros habitantes surgem. O degelo das geleiras deixa à mostra terras onde o solo não era visto havia milênios. Na beira desse gelo, emergem terrenos arrasados, um amálgama de sedimentos frios e duros. Como se sabe, a *Umbilicaria* foi uma das primeiras espécies a colonizar as regiões pós-glaciais, como já o fizera na época em que a Terra era árida e erma, lá se vão uns dez mil anos — outro período de grandes mudanças climáticas. Nossos herbalistas indígenas alertam para que prestemos muita atenção quando as plantas vêm até nós, pois estão nos trazendo algo que precisamos aprender.

Por milênios, sobre esses liquens repousava a responsabilidade de criar vida. No entanto, num piscar de olhos da história da Terra, nos encarregamos de destruir seu trabalho e produzimos uma era de grande estresse ambiental, uma aridez causada por nós. Tenho para mim que os liquens resistirão. Também poderemos resistir, caso prestemos atenção a seus ensinamentos. Caso contrário, imagino que a *Umbilicaria* cobrirá as ruínas rochosas de nossa época bem depois de nossas ilusões de isolamento nos relegarem a registros de fósseis, uma pele enrugada verde adornando as paredes em desintegração do poder.

Tripa de rocha, ou líquen de folha de carvalho, ou líquen umbigo. Soube que, na Ásia, a *Umbilicaria* é também conhecida por outro nome: orelha da pedra. Aqui, neste lugar, em silêncio quase absoluto, imagino que estejam à escuta. Escutam o vento, o tordo-eremita, o trovão. Escutam também nosso crescente e desenfreado apetite. Orelha da pedra, você escutará nossa angústia quando compreendermos o mal que causamos? O implacável mundo pós-glacial no qual você começou pode se tornar nosso, a não ser que não escutemos a sabedoria contida no casamento mutualístico de seu corpo. A redenção consiste em saber que também escutará nossos hinos de alegria quando nós também desposarmos a terra.

# Filhos das florestas primárias

Enquanto caminhamos com passadas largas e leves pelas encostas cobertas de abetos-de-douglas, conversamos como vireonídeos. Então, ao cruzar uma barreira invisível, a temperatura cai, expele um sopro gelado e descemos para a bacia. Interrompemos a conversa.

Grandes troncos com ranhuras se erguem de um relvado de musgo verde-escuro, as copas das árvores mergulhadas na névoa suspensa a inundar a floresta de um lusco-fusco prateado e confuso. Coberto por imensos tufos de samambaias, o chão da floresta é um colchão macio de penas de agulhas de abetos, salpicado por partículas de luz do sol. A luz penetra através das frestas e cai sobre as folhagens do topo das árvores jovens, enquanto suas avós, grandes troncos reforçados de quase dois metros e meio de diâmetro, espreitam na sombra. A vontade é ficar quietinha em instintiva deferência ao silêncio de catedral. Ademais, o que poderia ser dito que acrescentasse alguma coisa importante?

No entanto, aqui nem sempre reinou esse silêncio. Aqui, meninas riam e conversavam, enquanto as avós, sentadas com suas flautas a pouca distância, supervisionavam as netas. Uma comprida cicatriz em sentido ascendente na árvore do outro lado, uma flecha cinza opaca de casca ausente entre os primeiros galhos, a uns nove metros de altura. Quem tirou essa faixa deve ter recuado, subido a colina atrás da árvore, com a tira da cortiça presa nas mãos, e puxado até afinal conseguir desprendê-la.

Naquela época, as florestas primárias se estendiam do norte da Califórnia ao sudeste do Alasca, numa faixa de terra entre as montanhas e o mar. A névoa se desfazia. O ar carregado de umidade do Pacífico subia acima das montanhas para produzir mais de mil e seiscentos litros de chuva ao ano, alimentando um ecossistema sem rival. Eram as maiores árvores do mundo. Árvores que haviam nascido antes de Cristóvão Colombo navegar pela primeira vez.

E as árvores são só o começo. O número de animais mamíferos, pássaros, anfíbios, flores silvestres, samambaias, musgos, liquens, fungos e insetos é assombroso. Difícil escrever sem apelar para os superlativos, pois estão entre as maiores florestas do mundo, florestas povoadas por séculos de vidas passadas, enormes troncos e árvores mortas que impulsionavam mais vida depois de mortas do que antes. O dossel é uma escultura de múltiplas camadas de complexidade vertical, desde os musgos inferiores, localizados perto do chão da floresta, até os tufos de liquens pendurados do alto das copas das árvores, esfarrapados e irregulares pelas lacunas produzidas por séculos de árvores desenraizadas pelo vento, pragas e tempestades. Esse aparente caos esconde a densa rede de interconexões entre todas as espécies, costuradas com os filamentos dos fungos, a seda das aranhas e os fios prateados da água. A palavra "sozinho" carece de significado nessa floresta.

Por milênios, os povos indígenas do litoral noroeste do Pacífico dispuseram aqui de uma profusão de meios de subsistência; com um dos pés na floresta e o outro na costa, usufruíam da abundância de ambos os sistemas. Essa é a terra chuvosa do salmão, das coníferas sempre verdes, dos mirtilos e das samambaias-espadas. Essa é a terra da árvore de quadris largos e cestos cheios, conhecida nas línguas *salish* como Criadora de Mulheres Ricas ou Mãe Cedro. Independentemente do que as pessoas necessitassem, o cedro se mostrava solícito e se prontificava a lhes dar o que quer que fosse, do berço ao caixão, a sustentar o povo.

Nesse clima úmido, em que tudo está fadado à decomposição, o cedro, dotado da capacidade de resistir à podridão, é o material ideal. É fácil trabalhar sua madeira graças à flexibilidade que ela possui. Os gigantescos troncos retos praticamente se oferecem para embarcações capazes de carregar vinte canoístas. E tudo que era transportado nessas canoas também se constituía em dádivas dos cedros: remos, boias de pesca, redes, cordas, arcos e arpões. Os remadores usavam até mesmo chapéus e capas de cedro, quentes e macias, como proteção contra a chuva e o vento.

Ao longo dos córregos e das terras baixas, as mulheres cantavam, percorriam as trilhas, tantas vezes atravessadas, em busca da árvore apropriada para cada propósito. Solicitavam tudo de que precisassem com demonstrações de respeito e retribuíam tudo que recebiam com orações e presentes. Ao cravarem uma cunha na casca das árvores de meia-idade, podiam retirar uma fita de cerca de sete metros e meio de comprimento e da largura de uma das mãos. Ao separar apenas uma fração da circunferência da casca, garantiam a recuperação da árvore e evitavam efeitos prejudiciais. Então, iniciavam o processo de secagem e batiam nas tiras para dividi-las em várias camadas, a fim de alcançar a casca interior, de suavidade acetinada e brilho intenso. O demorado método de trituração da casca com osso de cervo resultava numa pilha de "lã" felpuda de cedro. Bebês recém-nascidos eram aninhados nesse material. A "lã" também podia ser tecida para a confecção de roupas e cobertores quentes e duráveis. Famílias se sentavam em tapetes fabricados com a casca externa, dormiam em camas de cedro e comiam em pratos de cedro.

Todas as partes da árvore tinham utilidade. Os galhos fortes eram separados para ferramentas, cestos e armadilhas para peixes. Após escavadas e limpas, as compridas raízes dos cedros eram descascadas e separadas até serem obtidas fibras finas e fortes com as quais teciam os famosos chapéus cônicos e os adornos cerimoniais para a cabeça, ilustrativos da identidade de seu portador. Durante os invernos, conhecidos pelo frio e pela chuva e por seu perpétuo lusco-fusco de neblina, quem iluminava a casa? Quem esquentava a casa? Desde os pauzinhos de fricção à mecha para acender o fogo, tudo era fornecido pela Mãe Cedro.

Quando as enfermidades chegaram, o povo se voltou de novo para o cedro. Todas as suas partes têm uso medicinal para o corpo, desde os ramalhetes da folhagem aos galhos flexíveis e às raízes, bem como poderosas medicinas para o espírito. Os saberes tradicionais contam que o poder dos cedros é tão descomunal e fluido que pode emanar para alguém que seja merecedor e se entregue ao abraço do seu tronco. Quando a morte chegou, chegaram também os caixões de cedro. O primeiro e o último acolhimento recebido pelo ser humano era dado pelos braços da Mãe Cedro.

Assim como as florestas primárias, as culturas antigas surgidas em suas imediações são de rica complexidade. Muitos equiparam a sustentabilidade a um padrão de vida mais baixo, mas os povos aborígenes das florestas primárias do litoral eram dos mais abastados do mundo. O uso sensato e o cuidado com a imensa variedade de recursos marinhos e florestais lhes permitiam evitar a superexploração de cada um deles. Ao mesmo tempo, arte, ciência e arquitetura extraordinárias floresciam entre eles. Em lugar da cobiça, a prosperidade fez surgir a importante tradição *potlatch*, baseada na prática do intercâmbio ritual de bens materiais, reflexo direto da generosidade da terra para com o povo. Ser rico significava ter bastante para oferecer, e o status social era mesurado pela generosidade. Os cedros ensinaram como compartilhar a riqueza, e o povo aprendeu a lição.

Os cientistas conhecem a Mãe Cedro pelo nome de *Thuja plicata*, ou cedro-vermelho ocidental. Um dos gigantes mais venerados das antigas florestas, os cedros chegam a alcançar sessenta e um metros de altura. Ainda que não seja a árvore mais alta, seu enorme e reforçado tronco pode ter quinze metros de circunferência, rivalizando com o perímetro das sequoias. Os troncos se estreitam a partir da base canelada revestida da casca, que apresenta a cor das madeiras banhadas pelas marés. Os galhos, graciosos e inclinados, têm pontas que se precipitam para cima, como pássaros em voo, e cada galho se assemelha a frondosas plumas verdes.

Ao observar de perto, é possível ver as minúsculas folhas sobrepostas nascendo de cada ramo. O epíteto da espécie, *plicata*, faz referência a sua aparência dobrada, trançada. Essa urdidura fechada e o brilho verde-dourado tornam as folhas parecidas com diminutas tranças de *wiingaashk*, como se a árvore fosse entrelaçada de gentileza.

Generoso, o cedro proveu o povo, que retribuiu com gratidão e reciprocidade. Hoje, quando o cedro é confundido com uma mercadoria de madeireira, o conceito de dádiva praticamente se perdeu. O que lhe podemos possivelmente dar em troca, nós que reconhecemos nosso débito?

Os arbustos de amoras ficaram agarradas às mangas da camisa de Franz Dolp, quando ele se obrigou a atravessar o espinheiro. Prendeu o tornozelo no arbusto de framboesas-salmão e, por pouco, não caiu colina abaixo, embora num matagal tão cerrado seja impossível despencar. Com quase dois metros e meio de altura, o mais provável é você ficar preso, como aconteceu com o Coelho Quincas. Perde-se todo o senso de direção no emaranhado de arbustos; não resta outra opção a não ser subir rumo ao cume da montanha. Limpar a trilha é o primeiro passo. Sem isso, é impossível avançar. Então, munido de um facão, Franz foi em frente.

Alto e esbelto, usava calça de brim e calçava galochas de cano alto, endêmicas desse terreno lamacento e cheio de espinhos, e boné de beisebol preto puxado para a frente. Com as mãos de artista enfiadas nas velhas luvas de trabalho, era um homem que sabia dar duro. Naquela noite, escreveu no diário: "Devia ter começado esse trabalho aos vinte, não com mais de cinquenta anos."

Passou a tarde inteirinha golpeando e podando, abrindo caminho na direção do cume, cortando os arbustos às cegas. O ritmo só foi interrompido pelo som metálico da lâmina do facão num obstáculo escondido nos espinheiros: um imenso e velho tronco com aparência de cedro, quase do tamanho dele. Na época, como apenas o abeto-de-douglas despertava o interesse da indústria madeireira, as outras árvores eram abandonadas para apodrecer. Só que o cedro não apodrece: pode durar cem anos no chão da floresta, ou até mais. Esse era um remanescente da antiga floresta desbastada, ali deixado há mais de um século. Por ser grande demais para cortá-lo, atravessá-lo ou rodeá-lo, Franz tratou de criar outra curva na trilha.

Hoje, depois de quase todos os velhos cedros terem desaparecido, passaram a despertar o interesse. A busca de troncos deixados para trás, conhecida como pilhagem de madeira, é feita por pessoas que percorrem as antigas florestas desmatadas. As velhas toras de cedro são transformadas em telhados e pisos vendidos a preços absurdos. Em função da uniformidade do veio, as ripas saem sem dificuldade.

É incrível pensar que, no período de vida dessas velhas árvores no solo, passaram de reverenciadas a rejeitadas e quase eliminadas, até alguém olhar para cima, notar que tinham sumido e voltarem a se transformar em objetos de desejo.

"Minha ferramenta preferida era a Cutter Mattock, mais conhecida nesta região como Maddox", escreveu Franz. Com a lâmina afiada, ele podia arrancar raízes e nivelar a trilha, desafiando, embora temporariamente, o avanço dos bordos de videira.

Passaram-se vários dias de combate contra os impenetráveis arbustos até alcançar o cume, onde a recompensa o esperava: a vista de Mary's Peak. "Lembro-me da euforia quando chegamos em determinado ponto e saboreamos nossa proeza. Também recordo os dias em que as encostas e o mau tempo contribuíam em muito para a sensação de que tudo tinha escapado de controle e só nos restava cair na gargalhada."

Os diários de Franz registram suas impressões ao admirar a vista do cume da montanha. Parecia um tapete de padronagem inacreditável, formado por diferentes padrões de gestão florestal: polígonos marrons inanimados, entre áreas sarapintadas de cinza e verde, junto a "densas plantações de abetos-de-douglas jovens, como seções de um jardim que tivesse ido à manicure", dispostos em quadrados e gomos afastados como cacos de vidro estilhaçados. Só no cume do Mary's Peak, dentro dos limites da reserva, é possível observar, a distância, uma zona contínua de floresta, de textura rústica e multicolorida, característica das florestas primárias, da floresta que ali costumava existir.

"Meu trabalho nasceu de uma profunda experiência de perda", escreveu Franz, "da perda do que deveria existir neste lugar".

Quando, pela primeira vez, na década de 1880, foi autorizado o desmatamento da cordilheira costeira do Pacífico, as árvores eram tão grandes — tinham em média noventa metros de altura e quinze de circunferência — que os proprietários das empresas não sabiam o que fazer com elas. Por fim, uns pobres-diabos armados dos "chicotes da miséria", uma serra fina de corte transversal usada por duas pessoas, foram incumbidos de derrubar as gigantes, tarefa que durou semanas a fio. Com essas árvores, foram erguidas as cidades do oeste; cidades que continuaram a crescer e a exigir cada vez mais madeira. Naqueles tempos, diziam: "Nunca será possível cortar todas as árvores da floresta primária."

Mais ou menos na mesma época em que, pela última vez, motosserras rugiram nessas encostas, Franz plantava macieiras e pensava na produção de vinho de maçã. Morava com a mulher e os filhos numa granja, a poucas horas de distância. O pai e jovem professor de economia investia na economia doméstica; alimentava o sonho de morar num lugar produtivo, nos bosques do Oregon, parecido com o local onde havia nascido e onde viveria para todo o sempre.

Enquanto criava vacas e crianças, sem que ele soubesse, as amoras-pretas começavam a crescer sob o sol forte, naquela que se tornaria sua nova casa, as encostas de Shotpouch Creek. Correntes e os trilhos das motosserras cumpriam sua missão de cobrir os abandonados tocos da floresta e as enferrujadas rodas. As framboesas-salmão enroscaram seus espinhos nos rolos de arame farpado, enquanto o musgo forrou com tapetes os velhos leitos no barranco.

Assim como seu casamento se desgastava e ia ladeira abaixo, o mesmo ocorria com o solo em Shotpouch. Os amieiros tentaram evitar o desastre e foram acompanhados de perto pelos bordos. Aquela era uma terra cuja língua nativa era conífera, mas agora só falava a gíria das árvores esbeltas. Os sonhos de bosques de cedro e abetos se extinguiram, perdidos no incansável caos da vegetação rasteira de ervas daninhas. As chances de crescimento lento e retilíneo eram nulas diante do crescimento rápido e espinhoso. Quando Franz pegou o carro e se afastou da granja onde sonhara passar os dias "até que a morte os separasse", a mulher disse, ao acenar em despedida: "Espero que seu próximo sonho dê mais certo que o último."

No diário, ele escreveu ter "cometido o erro de visitar a propriedade depois de concluída a venda. Os novos proprietários haviam cortado tudo. Sentei-me entre os tocos e os redemoinhos de poeira vermelha e chorei. Quando me mudei para Shotpouch, após deixar a granja, me dei conta de que construir um novo lar exigia bem mais do que levantar uma casa ou plantar macieiras. Exigia um processo de cura e restauração tanto para mim quanto para o solo".

E assim, esse homem destruído se mudou para viver na terra destruída de Shotpouch Creek.

Esse pedaço de terra ficava no coração da Cordilheira Costeira do Oregon, nas mesmas montanhas onde seu avô, a duras penas, construiu um lar. Velhas fotos de família mostram uma cabana tosca e rostos tristonhos rodeados apenas por tocos de árvores.

Franz escreveu: "Esses dezesseis hectares deviam ser meu refúgio, minha fuga na natureza. Mas, nesse deserto, nada havia de virgem e intocado." O lugar escolhido ficava perto de um ponto no mapa, chamado Burnt Woods [Bosques Queimados]. Bosques Escalpados seria mais apropriado. A terra havia sido aplainada por uma série de cortes rasos, o que primeiro eliminou a venerável floresta primária e, em seguida, suas descendentes. Tão logo os abetos voltavam a crescer, as madeireiras voltavam para derrubá-los.

Uma vez realizado o corte raso, tudo muda. De repente, a luz do sol inunda o lugar. O solo aberto pelas máquinas eleva a temperatura e expõe o solo mineral por baixo da camada de húmus. O relógio da sucessão ecológica se reinicia, o alarme toca em alto e bom som.

Os ecossistemas das florestas têm ferramentas para lidar com perturbações consideráveis, como derrubadas de árvores pelo vento, deslizamentos de terra e incêndios. No processo de sucessão ecológica, a primeira espécie de planta chega quase de imediato e inicia o trabalho de controle de danos. Essas plantas — espécies conhecidas como oportunistas, ou pioneiras — são dotadas de adaptações que lhes permitem o desenvolvimento após perturbações. Tendo em vista o fato de recursos como luz e espaço serem abundantes, o crescimento é rápido. Um trecho de terreno vazio pode desaparecer em poucas semanas. O objetivo dessas plantas oportunistas é crescer e se reproduzir com a maior velocidade possível, para evitar a preocupação em criar troncos, e investir na produção de folhas e mais folhas, em ritmo alucinado, nascidas em galhos finíssimos.

A chave do sucesso é apropriar-se de tudo, em quantidade maior e com mais velocidade que o vizinho. Essa estratégia vital funciona quando os recursos parecem infinitos. Mas as espécies pioneiras, assim como os pioneiros humanos, exigem desmatamento, trabalho árduo, iniciativa individual e uma prole grande. Em outras palavras, a janela de *oportunidade* para espécies oportunistas é curta. Com a entrada das árvores em cena, os dias das pioneiras estão contados, então usam sua riqueza fotossintética para criar rebentos que serão carregados por pássaros para a próxima clareira. Em consequência, muitas dessas espécies são frutas silvestres: framboesas-salmão, sabugueiros, mirtilos, amoras.

As plantas pioneiras produzem uma comunidade baseada nos princípios de crescimento, expansão e consumo de energia ilimitados, sugando recursos com a maior rapidez possível, apropriando-se de terras dos outros pela competição e avançando. Quando os recursos começam a diminuir, como sempre acontece, a evolução favorece a cooperação e as estratégias promotoras de estabilidade — estratégias aperfeiçoadas pelos ecossistemas das florestas. O alcance e a profundidade dessas simbioses são bem desenvolvidos sobretudo em florestas primárias, cujo destino parece ser perdurar.

A engenharia florestal, a extração de recursos naturais e outros aspectos do crescimento desordenado são iguais aos arbustos das framboesas-salmão — engolem a terra, reduzem a biodiversidade e simplificam ecossistemas atendendo à demanda de sociedades cujo objetivo é obter quantidades cada vez maiores. Em quinhentos anos, exterminamos culturas e ecossistemas primários e os substituímos por culturas oportunistas. As comunidades humanas pioneiras, assim como as plantas pioneiras, exercem papel importante na regeneração, embora não sejam sustentáveis a longo prazo. Quando chegam a um ponto em que o acesso à energia fácil cessa, o equilíbrio e a renovação são os únicos meios de prosseguir, um caminho baseado no ciclo recíproco entre sistemas de sucessão ecológica primária e secundária, uma abrindo a porta para a outra.

A floresta primária é tão deslumbrante em termos de elegância de funcionamento quanto em beleza. Sob condições de escassez, não se pode dar ao luxo de permitir crescimento descontrolado ou desperdício de recursos. A "arquitetura verde" da estrutura da floresta em si é um modelo de eficiência. Os dosséis múltiplos, dotados de camadas de folhagem, permitem a otimização da captura da energia solar. Se buscamos modelos de comunidades autossustentáveis, não precisamos ir muito longe: basta buscar uma floresta primária. Ou as culturas antigas surgidas da simbiose com essas florestas.

Ao ler os diários de Franz entendemos que, ao comparar aquele distante fragmento de floresta primária com os terrenos depauperados de Shotpouch — onde o único remanescente da floresta primária era um velho tronco de cedro —, ele teve a consciência de haver descoberto seu propósito. Também desabrigado de sua própria visão de como deveria ser o mundo, Franz jurou recuperar o lugar e devolvê-lo ao que deveria ser. "Meu objetivo", escreveu, "é plantar uma floresta primária".

Sua ambição, contudo, ia além da restauração física. Segundo seu relato, "é importante dedicar-se à restauração por meio do desenvolvimento de uma relação pessoal com a terra e os seres que ali vivem". Trabalhando na terra, descreveu a afetuosa relação surgida entre eles: "Era como se eu descobrisse uma parte perdida de mim mesmo."

Depois do pomar e das árvores frutíferas, seu próximo objetivo era construir uma casa que respeitasse a autossuficiência e a simplicidade que almejava. Seu ideal era construir uma cabana de cedro-vermelho — bonito, perfumado, resistente à decomposição e simbólico — deixado pelas madeireiras nas colinas bem no alto. Mas o repetido desmatamento acabara com quase tudo. Assim, não lhe sobrou outra opção a não ser comprar a madeira de cedro para erguer a cabana, "com a promessa de que plantaria e cultivaria mais árvores de cedro do que jamais derrubaria para meu próprio uso".

Leve e com alta capacidade de repelir água, o cedro, de perfume adocicado, também foi a opção arquitetural dos povos indígenas que viviam nessas florestas. As casas de cedro, construídas tanto com toras quanto com tábuas, converteram-se em símbolo da região. Era tão fácil cortar a madeira que, em mãos habilidosas, era possível obter grandes ripas regulares sem o uso de serrotes. Às vezes, derrubavam árvores, porém, com mais frequência, retiravam as tábuas dos troncos caídos naturalmente. E o mais extraordinário, a Mãe Cedro também produzia tábuas em suas laterais. Quando martelavam uma fila de cunhas de pedra ou de chifres de animais ao pé da árvore, compridas ripas de fibras retilíneas se soltavam do tronco. A madeira em si é um suporte de tecido morto, então, ao retirar poucas tábuas de uma árvore grande, não se corre o risco de matar o organismo como um todo — prática que redefine nossas noções de florestas sustentáveis: madeira produzida sem destruir sequer uma árvore.

Agora, no entanto, a indústria florestal é quem dita o croqui e a gestão do território. Para ser proprietário de qualquer área em Shotpouch, catalogada como terreno madeireiro, Franz precisou registrar um plano aprovado de gestão florestal para sua nova propriedade. Ironicamente, registrou sua consternação por sua terra ter sido classificada "não como floresta, mas, sim, como terreno madeireiro", como se a serraria fosse o único destino possível para uma árvore. Franz tinha uma mentalidade ancestral num mundo de abetos-de-douglas.

O Departamento de Reflorestamento e a Faculdade de Reflorestamento da Universidade Estadual do Oregon propuseram assistência técnica a Franz. Prescreveram herbicidas para debelar o mato e o replante de abetos-de-douglas geneticamente aperfeiçoados. Se é possível garantir bastante luz eliminando a competição dos sub-bosques, o abeto-de-douglas produz madeira muito mais rápido do que qualquer outra espécie nos arredores. Mas Franz não queria madeira. Queria uma floresta.

"Meu amor por esta terra me motivou a comprar terrenos em Shotpouch", escreveu. "Queria fazer o bem aqui, embora não tivesse ideia exata do que 'bem' significava. Amar um lugar não basta. É preciso encontrar meios de recuperá-lo." Caso usasse herbicidas, a única árvore capaz de tolerar a chuva química seria o abeto-de-douglas, e ele queria a presença de todas as espécies. Jurou desmatar o sub-bosque manualmente.

Replantar uma floresta industrial é tarefa árdua. Os grupos encarregados de plantar as árvores chegam e avançam em fila perpendicular pelas colinas íngremes carregando pesados sacos de mudas. Andam cerca de um metro e oitenta centímetros, plantam e cobrem a muda. Percorrem mais um metro e oitenta centímetros, repetem a execução. Uma espécie. Um padrão. Na época, contudo, não havia normas de procedimento para o plantio de florestas naturais, e, assim, Franz recorreu à única professora à disposição: a floresta.

Observando as locações das espécies nos poucos terrenos primários ainda existentes, tentou replicar os padrões no próprio terreno. O abeto-de-douglas escolheu as colinas abertas e ensolaradas; a tsuga, a sombra; o cedro, a penumbra e o solo úmido. Em vez de se livrar dos amieiros e bordos jovens de folhas grandes, conforme recomendado pelas autoridades, deixou que permanecessem e fizessem o trabalho de reconstruir o solo e plantou, embaixo das copas das árvores, espécies tolerantes à sombra. Cada uma das árvores foi marcada, mapeada e cuidada. Limpou manualmente o mato que as ameaçava engolir, até uma cirurgia na coluna obrigá-lo a contratar uma boa equipe.

Com o tempo, Franz se transformou em ótimo ecologista, graças à leitura tanto dos livros impressos das bibliotecas quanto da mais sutil biblioteca de textos da própria floresta. Seu objetivo era combinar a visão de floresta primária que ele tinha com as possibilidades fornecidas pelo terreno.

Seus diários deixam evidente que, em determinados períodos, duvidou do bom senso de seu empenho. Reconheceu que, por mais que fizesse, a terra acabava retornando a uma espécie de floresta, quer ele subisse colinas carregando sacos de sementes, quer não. O tempo humano difere do tempo da floresta. Mas só o tempo não garantiria a floresta primária sonhada. Quando a paisagem ao redor é um mosaico de clareiras e áreas gramadas com abetos, não necessariamente a floresta natural se reconstrói sozinha. De onde viriam as sementes? A terra estaria em condições de esperá-las de braços abertos?

Essa última questão é de extrema importância para a regeneração da "Criadora de Mulheres Ricas". Apesar da gigantesca estatura, o cedro tem sementes minúsculas, delicados cones de um centímetro de comprimento que flutuam ao vento. Quatrocentas mil sementes de cedro pesam menos de meio quilo. Menos mal que as árvores adultas tenham um milênio inteirinho para cuidar da semeadura. Na profusão de crescimento nessas florestas, tal partícula de vida quase não tem chances de gerar uma nova árvore.

Enquanto as árvores adultas toleram várias perturbações causadas por um mundo em constante mudança, as jovens são bastante vulneráveis. O cedro-vermelho cresce mais devagar do que outras espécies, que em pouco tempo ultrapassam sua altura e lhe roubam a luz do sol — em especial depois de um incêndio ou de um abate, ele é vencido quase por completo por espécies mais bem adaptadas às condições secas e de terrenos abertos. Se os cedros-vermelhos sobrevivem, apesar de serem os mais tolerantes à sombra de todas as espécies ocidentais, não é pela capacidade de desenvolvimento, mas pela capacidade de resiliência, à espera que uma árvore seja arrancada pelo vento ou morra e assim se abra um buraco no dossel. Quando surge a oportunidade, escalam em busca desse transitório raio de luz, passo a passo, subindo até alcançar o dossel. Infelizmente, raras vezes conseguem. Os ecologistas florestais estimam que a janela de oportunidade para que os cedros vinguem talvez ocorra apenas duas vezes a cada século. Assim sendo, em Shotpouch, a recolonização natural parecia fora de cogitação. De modo a ter cedros na floresta restaurada, Franz precisava plantá-los.

Dadas as características de todos os cedros — crescimento lento, pouca habilidade competitiva, probabilidade de ser devorado por animais, improvável chance de estabelecimento das sementes —, seria possível esperar que fosse uma espécie rara. Mas isso não é verdade. Uma das explicações é que, embora não tenham capacidade de competição em terras altas, se desenvolvem com os pés molhados em solos aluviais, pântanos e terrenos ribeirinhos, o que outras espécies não toleram. Seu *habitat* favorito lhes propicia refúgio longe da competição. Então, Franz selecionou, com extremo cuidado, áreas próximas a cursos d'água e plantou inúmeras sementes de cedro.

A composição química única dos cedros os dota de propriedades medicinais tanto para a própria árvore quanto para a vida em geral. Ricos em diversos componentes antimicrobianos, é especialmente resistente ao fungo. As florestas do noroeste, como qualquer outro ecossistema, são suscetíveis a surtos de pragas, sendo a mais significante, o apodrecimento da raiz, causado pelo fungo nativo *Phellinus weirii*. Esse fungo pode ser fatal para os abetos-de-douglas, as tsugas e outras árvores, mas os cedros-vermelhos têm a benção de serem imunes a seus efeitos. Quando o apodrecimento de raízes ataca as outras árvores, os cedros estão posicionados para ocupar os espaços vazios, livres de competição. A Árvore da Vida sobrevive no território da morte.

Depois de anos trabalhando por conta própria na recuperação dos cedros, Franz encontrou alguém que compartilhava sua ideia de diversão: plantar árvores e desbastar os arbustos de framboesa-salmão. O primeiro encontro marcado de Franz com Dawn foi no cume de Shotpouch. Ao longo dos onze anos seguintes, plantaram mais de treze mil árvores e criaram uma rede de trilhas cujos nomes refletem profundo conhecimento de seus dezesseis hectares de terreno.

As terras do Departamento de Reflorestamento costumam receber nomes como Unidade de Gestão 361. Em Shotpouch, os nomes são bem mais sugestivos e escritos a mão, num mapa das trilhas da propriedade: Cânion de Cristal, Ravina dos Vinhedos, Afundamento das Laterais dos Quadris da Vaca. Mesmo árvores individuais, remanescentes da floresta original recebem nomes: Bordo Zangado, Árvore Aranha, Cimo Partido. Uma palavra aparece com mais frequência do que qualquer outra: Nascentes Cedro, Repouso do Cedro, Cedro Sagrado, Família Cedro.

O nome Família Cedro, em particular, revela como o cedro costuma viver em grupos, assim como as famílias. Talvez para compensar a dificuldade de brotar a partir de sementes, o cedro é o campeão da reprodução vegetativa. Em contato com o solo úmido, quase todas as partes da árvore podem criar raízes, num processo conhecido como estratificação. A folhagem dos ramos inferiores pode espalhar raízes em leitos úmidos de musgo. Os galhos flexíveis podem dar origem a novas árvores, mesmo depois de podadas. Os povos indígenas provavelmente tentaram reproduzir essa forma de propagação. Mesmo um cedro jovem que tenha sido coberto por outras árvores ou desbastado por alces famintos reorientará seus galhos e tentará de novo. Os nomes aborígenes da árvore, Criador da Vida Longa e Árvore da Vida, foram atribuídos com toda a propriedade.

Um dos mais comoventes nomes no mapa de Franz é um lugar que chamou de Filhos da Floresta Primária. Plantar árvores é um ato de fé. Treze mil atos de fé vivem nesta terra.

Franz se dedicou a estudar e plantar, estudar e plantar. Durante o aprendizado, cometeu um monte de erros. Franz escreveu: "Fui guardião temporário desta terra. Acima de tudo, fui seu cuidador. Na verdade, o mais apropriado seria dizer seu prestador de serviços. Como diz o ditado popular, o diabo está nos detalhes e o diabo apresentou detalhes a cada passo." Ele observou a reação dos filhos da floresta primária a seus *habitats* e tratou de remediar o que os incomodava. "A reflorestação despertou o gosto pela jardinagem. Era um reflorestamento da intimidade. Quando estou no terreno, é dificílimo não fazer alguma coisa. Plantar mais uma árvore, podar um galho. Transplantar o que já foi plantado para um local mais propício. Denomino essa tarefa de 'naturalização redistributiva antecipatória'. Para Dawn, o nome da tarefa é 'remexer'."

A generosidade do cedro não se estende apenas às pessoas, mas a muitos outros habitantes da floresta. A folhagem macia e de baixa altura é um dos alimentos favoritos de cervos e alces. Embora possamos imaginar que as sementes escondidas debaixo dos dosséis das árvores fiquem camufladas, são tão palatáveis que os herbívoros as procuram como se fossem barras de chocolate escondidas. E, por crescerem tão devagar, continuam vulneráveis e à disposição dos cervos por bastante tempo.

"Os problemas inusitados do meu trabalho eram tão abrangentes quanto as sombras na floresta", escreveu Franz. Seu projeto de plantar cedros às margens do rio era interessante, mas o problema é que os castores moravam ali. Quem poderia adivinhar que o cedro é uma sobremesa deliciosa para os castores? Os pequenos viveiros de cedro foram devorados. Então, Franz tornou a replantá-los; dessa feita, dentro de uma cerca. Os animais silvícolas apenas troçaram do seu zelo. Decidiu então pensar como se fosse uma floresta e plantou um arvoredo de salgueiros, o prato preferido dos castores, ao longo do rio, na esperança de desviar dos cedros a atenção dos animais.

"Definitivamente, eu deveria ter comparecido a um conselho de ratos, esquilos, linces, porcos-espinhos, castores e cervos antes de começar esse experimento", escreveu.

Muitos desses cedros hoje são adolescentes desajeitados e de membros compridos, e seus líderes parecem um bocado desengonçados. Ainda não cresceram, estão em formação. E, por serem mordidos por alces e cervos, sua aparência fica ainda mais esquisita. Sob o emaranhado de trepadeiras de bordo, encontram dificuldade para chegar à luz, esticando um braço aqui, um galho acolá. Mas sua hora está chegando.

Após concluir as plantações, Franz escreveu: "Posso regenerar a terra. Contudo, não tenho qualquer dúvida a respeito da condução exigida para obter benefícios verdadeiros. A reciprocidade é um dos elementos em vigor nesta terra. Recebo aquilo que dou. Aqui, nas encostas do vale de Shotpouch, meu maior compromisso tem sido não a experiência pessoal de reflorestamento, mas a de reflorestamento pessoal. Ao restaurar a terra, também me restauro."

O Criador de Mulheres Ricas. Esse nome faz todo sentido. O cedro também fez de Franz um homem rico, e sua riqueza permitiu dar vida a sua visão de mundo, presentear o futuro com plantações que, com o tempo, ficam cada vez mais bonitas.

Sobre Shotpouch, ele escreveu: "Esse foi um exercício de reflorestamento pessoal, bem como um exercício de criação artística pessoal. Eu poderia ter pintado uma paisagem ou composto uma série de canções. O exercício de descobrir a distribuição correta das árvores corresponde à revisão de um poema. Levando em conta minha falta de conhecimento técnico, não podia me compatibilizar com o título de 'silvicultor', mas podia aceitar a ideia de ser um escritor que trabalha na floresta. E com a floresta. Um escritor que pratica a arte florestal e escreve nas árvores. A prática florestal pode estar mudando, mas desconheço qualquer caso em que a proficiência nas artes seja requisito para a qualificação profissional por empresas madeireiras ou faculdades de silvicultura. Talvez precisemos disso. De artistas atuando como engenheiros florestais."

Nos anos passados nesse lugar, Franz observou o início da recuperação da bacia hidrográfica, após uma longa história de estragos. Em seu diário, descreve uma viagem ao futuro, cento e cinquenta anos depois, e sua chegada a Shotpouch, quando "os veneráveis cedros tomaram conta da paisagem onde antes existia um bosque de amieiros". Mas, no presente, ele tinha consciência de que seus dezesseis hectares não passavam de um canteiro de mudas; por sinal, bastante vulnerável. Atingir seu objetivo exigiria não apenas muitas outras mãos cuidadosas — mas também corações e mentes cuidadosos. Graças a sua arte na terra e no papel, ele precisaria ajudar a guiar as pessoas rumo a uma visão de mundo baseada nas culturas primárias e na renovação da relação com a terra.

As culturas ancestrais, assim como as florestas primárias, não foram exterminadas. A terra guarda sua memória e a possibilidade de regeneração. Não se trata apenas de etnicidade ou história, mas de relações nascidas da reciprocidade entre terra e povos. Franz provou ser possível plantar uma floresta primária, assim como vislumbrou a propagação de uma cultura ancestral, uma visão de um mundo pleno e recuperado.

Para promover essa visão, Franz foi um dos fundadores do Spring Creek Project, cujo "desafio é unir o conhecimento prático das ciências ambientais, a lucidez da análise filosófica e o poder criativo e expressivo da palavra escrita com o objetivo de encontrar novos meios de compreender e repensar nossa relação com o mundo natural". Sua noção de especialistas florestais como artistas, e de poetas como ecologistas, criou raízes na floresta, na aconchegante cabana de cedro em Shotpouch. A cabana se converteu em local de inspiração e isolamento para escritores; escritores que, por sua vez, podiam ser ecologistas capazes de restaurar a relação com a terra. Escritores que poderiam ser como pássaros num matagal de framboesas-salmão, carregando sementes para espalhá-los por uma terra castigada, preparando-a para o renascimento da cultura ancestral.

A cabana é ponto de encontro para férteis colaborações entre artistas, cientistas e filósofos, cujas obras são expressas num deslumbrante leque de eventos culturais. A inspiração de Franz se transformou na célula-tronco capaz de gerar inspiração em outras pessoas. Depois de dez anos, treze mil árvores e incontáveis cientistas e artistas inspirados, ele escreveu: "Agora eu tinha consciência de que, quando chegasse minha hora de descansar, eu poderia me afastar e deixar que outros passassem e seguissem caminho até esse lugar tão especial. Para uma floresta de abetos, cedros e tsugas gigantes, para a floresta primária que um dia existirá aqui." Franz tinha razão, e muitos seguiram o caminho que ele abriu entre espinheiros e ervas daninhas, e que encheu de filhos das florestas primárias. Franz Dolp faleceu em 2004, a caminho de Shotpouch Creek, vítima de um acidente com um caminhão de uma fábrica de papel.

Da porta da sua cabana, o círculo de jovens cedros parecem mulheres usando xales verdes enfeitados com contas de gotas de chuva que capturam a luz, dançarinas graciosas em franjas leves como plumas, que se agitam a cada passo. Espalham seus galhos largos abrindo o círculo e nos convidam a participar da dança da regeneração. A princípio desajeitados, depois de gerações sentados à margem, tropeçamos até encontrar o ritmo. Sabemos esses passos de cor, do fundo da memória, ensinados por Ataensic ao exigir nossa responsabilidade como cocriadores. Aqui na floresta familiar, poetas, escritores, cientistas, engenheiros florestais, pás, sementes, alces e amieiros, nos unimos ao círculo com a Mãe Cedro, para infundir vida aos filhos da floresta primária. Fomos todos convidados. Pegue uma pá e venha dançar conosco.

# Testemunha da chuva

Essa chuva de início do inverno no Oregon cai em mantos cinzentos incessantes, sem empecilhos, ressoando como um suave chiado. O lógico seria imaginar que a chuva cai de igual maneira sobre a terra, mas a verdade não é essa. O ritmo e o tempo mudam de modo considerável de um lugar para outro. No emaranhado de arbustos de rododendros e uvas do Oregon, a chuva bate *rá-tá-tá-tá* nas folhas duras e brilhantes, o bater do tambor da vegetação esclerófila. As folhas de rododendro, largas e retas, recebem a chuva com um estalido que as faz saltarem e ricochetearem, dançarem no temporal. Embaixo de uma enorme tsuga, os pingos são menores, e o tronco escarpado reconhece a chuva quando ela escorre por seus sulcos. No solo descampado, a chuva se esparrama na lama enquanto agulhas de abetos a deglutem no mesmo instante, num gole audível.

Em contrapartida, ao cair no musgo, o som da chuva é quase silencioso. Ajoelho-me entre as plantas, afundando em sua suavidade para observar e escutar. Os pingos são tão rápidos que meus olhos quase não os conseguem acompanhar, não capturam o momento exato de sua chegada. Por fim, concentrando o olhar em único ponto, posso vê-los. O impacto dobra os brotos para baixo, mas a gota em si evapora. Não há ruído. Não há gotejar ou respingo, mas posso ver a haste escurecer pouco a pouco ao tragar e absorver a água, que se dissipa silenciosamente entre os diminutos filídios.

Em quase todos os lugares que conheço, a água é uma entidade distinta, configurada por limites bem definidos: as margens de lagos, as beiras de rios, as grandes paredes rochosas de determinadas costas. É possível parar na margem e dizer "isso é água" e "isso é terra". Os peixes e os girinos pertencem ao reino aquático; essas árvores, esses musgos e esses animais de quatro patas são criaturas da terra. Mas aqui, nessas florestas brumosas, esses limites parecem desfocados, e, sob essa chuva tão fina e constante, a água não se distingue do ar e dos cedros, encobertos por nuvens tão densas que só nos permitem distinguir seus contornos. É como se a água não parecesse discernir com clareza a fase gasosa da líquida. Mal o ar toca uma folha ou uma das mechas do meu cabelo, surge uma gota.

Mesmo o rio, o Lookout Creek, não respeita limites claros. Precipita-se e desliza pelo canal principal, onde um mergulhão imerge de tempos em tempos. Mas Fred Swanson, hidrólogo da Andrews Experimental Forest, me contou histórias de outro riacho, a sombra invisível do Lookout Creek, o fluxo da zona hiporreica. Essa é a água que se move no subterrâneo dos riachos, em leitos de pedras e antigos bancos de areia. Esse rio largo e invisível se afasta numa inclinação do sopé da montanha para a floresta, sob redemoinhos e esguichos. Um fundo rio invisível, conhecido apenas das raízes e das pedras, da água e da terra, distante do nosso conhecimento. É esse fluxo da zona hiporreica que tento escutar.

Passeando à beira do Lookout Creek, recosto-me num velho cedro, com as costas aconchegadas em suas curvas e tento imaginar as correntes embaixo da terra. Mas tudo que sinto é a água escorrendo em meu pescoço. Cada galho está pesado, coberto por cortinas de musgo *Isothecium*; pingos caem das pontas emaranhadas, assim como caem das pontas de meu cabelo. Quando inclino a cabeça para cima, posso ver tudo. Mas os pingos no *Isothecium* são bem maiores que os pingos em minha franja. Na verdade, as gotas d'água no musgo parecem maiores que qualquer uma que eu tenha visto e, quando se penduram, inchadas, grávidas pelo peso da gravidade, são bem mais compridas que as gotas em meu cabelo ou nos ramos ou na casca do tronco. As gotas oscilam e rodopiam, refletem a floresta inteira e uma mulher trajando capa de chuva de um amarelo vivo.

Tenho dúvidas se posso confiar nos meus próprios olhos. Gostaria de ter um paquímetro para poder medir as gotas d'água dos musgos e verificar se, de fato, são maiores. Não teriam todas as gotas sido criadas iguais? Não sei, então refugio-me no papel da cientista elucubrando hipóteses. Quem sabe a grande umidade ao redor do musgo faça os pingos durarem por mais tempo? Quem sabe se, ao permanecerem entre os musgos, os pingos de chuva possam absorver alguma propriedade capaz de aumentar sua tensão superficial, tornando-os mais resistentes ao peso da gravidade? Talvez tudo não passe de ilusão, como acontece de, no horizonte, a Lua parecer tão maior quando está cheia. Quem sabe o tamanho reduzido dos musgos faça os pingos parecerem maiores? Quem sabe só queiram exibir sua centelha um pouco mais?

Depois de horas sob a chuva fustigante, estou encharcada, com frio, e o caminho que leva à cabine é convidativo. Seria tão mais fácil voltar, tomar chá e vestir roupas secas, mas não consigo me afastar. Por mais tentadora que seja a ideia de me aquecer, não há como vencer a vontade de continuar debaixo da chuva e experimentar o despertar de todos os sentidos — sentidos desativados entre quatro paredes, onde minha atenção se voltaria para mim e não para tudo o que é bem mais do que eu. Dentro de casa, olhando para fora, eu não suportaria a solidão de estar seca num mundo molhado. Aqui, na floresta primária, não quero ser apenas uma simples observadora da chuva, passiva e protegida; quero fazer parte da tempestade, ficar ensopada junto com os húmus escuros chapinhando sob meus pés. Gostaria de me erguer como um cedro rugoso, com a chuva infiltrando-se pela casca do meu tronco, essa água que poderia dissolver a barreira existente entre nós. Gostaria de ter as mesmas sensações dos cedros, saber o que sabem.

Mas não sou um cedro e sinto frio. Decerto há lugares em que as criaturas de sangue quente se refugiam. Deve haver esconderijos nos quais a chuva não nos alcança. Tento raciocinar como um esquilo e encontrar um lugar para me esconder. Enfio a cabeça na saliência de um rebordo perto do riacho, mas a água se infiltra em filetes pela parede. Não há abrigo ali, nem no buraco de uma árvore caída, onde eu esperava que as raízes levantadas me protegessem um pouco da chuva. Uma teia de aranha pende entre duas raízes soltas. Até a teia está encharcada, e uma colher de sopa d'água inunda a rede feita de seda. Minha esperança aumenta ao avistar umas trepadeiras de bordo encurvadas, formando um domo drapeado de musgo. Afasto a cortina de *Isothecium* e me inclino para penetrar no minúsculo quarto escuro, cujo teto é formado por camadas de musgo. O lugar, calmo e sem vento, é grande o suficiente para alguém do meu tamanho. A luz penetra pelo telhado de musgo como alfinetes de estrelas, mas os pingos de chuva também invadem o espaço.

Ao voltar para a trilha, um tronco gigante bloqueia o caminho. Vindo do sopé da montanha, caiu no rio, e seus galhos afundam na maré alta. O topo repousa na margem oposta. Parece mais fácil passar por baixo do que por cima, então fico de quatro. E aqui encontro um lugar seco para mim. Os musgos no chão estão marrons e secos, o solo está macio e coberto de poeira. O tronco proporciona um teto de mais de um metro de largura, sob o espaço em formato de cunha, no qual o declive aponta para o riacho. Posso esticar as pernas e encaixar à perfeição as costas no ângulo da vertente. Recosto a cabeça no leito seco de musgo *Hylocomium*. Suspiro, tomada pelo contentamento. Minha respiração forma uma nuvem acima da minha cabeça, no local onde tufos marrons de musgo ainda se agarram à casca enrugada do tronco, enfeitada por teias de aranhas e mechas de líquen que não viam o sol desde que esta árvore tombara.

O tronco, centímetros acima da minha cabeça, pesa várias toneladas. Tudo que o impede de buscar seu ângulo natural de repouso em meu peito é uma articulação de madeira, fraturada na base, e os galhos quebrados apoiados no outro lado do riacho. Essas amarras podem se romper a qualquer instante. Contudo, dado o ritmo acelerado dos pingos de chuva e o ritmo lento da queda das árvores, sinto-me segura por enquanto. O ritmo do meu repouso e o da queda das árvores são regulados por relógios diferentes.

O tempo, como realidade objetiva, nunca fez muito sentido para mim. O que conta, verdadeiramente, são os fatos. Como minutos e anos, artifícios da nossa própria criação, podem ter o mesmo significado para os mosquitos-dos-fungos e os cedros? Duzentos anos não representam quase nada para as árvores cujas copas, esta manhã, se encontram em meio ao nevoeiro. É um piscar de olhos para o rio e nada para as pedras. É bastante provável que as pedras, o rio e essas árvores estejam aqui por mais duzentos anos, se cuidarmos bem deles. Quanto a mim e a esse roedor tâmia, e à nuvem de mosquitos-dos-fungos, em redemoinho no raio de sol — ah, nós já teremos partido.

Se há algum sentido no passado ou no futuro imaginado, este é capturado no instante. Quando você dispõe de todo o tempo do mundo, é possível desperdiçá-lo, não indo a outro lugar, mas ficando exatamente onde está. Então, eu me estico, fecho os olhos e ouço o barulho da chuva.

O musgo acolchoado me mantém aquecida e seca, e me apoio no cotovelo para observar o mundo encharcado lá fora. Os pingos de chuva caem pesados num denso tapete de *Mnium insigne*, bem na altura de meus olhos. Esse musgo se ergue na vertical e tem quase cinco centímetros de altura. Os filídios são largos e arredondados, parecem uma figueira em miniatura. Dentre todos, um dos filídios me chama a atenção por sua ponta comprida afiada, tão diferente das pontas arredondadas dos demais. A ponta filiforme se move de um jeito muito fora do padrão das plantas. O fio parece firmemente ancorado no vértice do filídio do musgo, uma extensão de seu verde transparente. Contudo, sua ponta circula e se move no ar como se buscasse algo. O movimento me faz lembrar das lagartas levantando-se nas patas traseiras com ventosas e sacudindo o corpo comprido até encontrarem o ramo adjacente, ao qual então prendem as pernas dianteiras, soltam as de trás e se arqueiam no espaço vazio para chegar ao outro lado.

Mas essa não é uma lagarta de muitas pernas; é um filamento verde brilhante, um filete de musgo, iluminado na parte interna, como um elemento de fibra óptica. Enquanto observo o fio itinerante, ele se apoia em uma folha, a poucos milímetros de distância. Parece bater várias vezes na folha e então, como se afinal se sentisse confiante, estica-se através do espaço. Agarra-se à nova folha, como um cabo retesado e verde, mais do que duplicando seu comprimento inicial. Por um breve instante, esse fio verde cintilante forma uma ponte entre os musgos, cuja luz verde flui como um rio através da ponte e desaparece, perdida no verdor do musgo. Não é uma bênção ver um animal constituído de luz verde e água, um mero fio de ser, que, como eu, decidiu sair para passear na chuva?

Descendo o rio, detenho-me e escuto. O som de pingos individuais de chuva se perde no estrondo da espuma branca deslizando por cima da pedra. Se você não soubesse do que se tratava, seria capaz de duvidar que os pingos de chuva e os rios são parentes, tamanha a diferença entre o individual e o coletivo. Debruço-me sobre uma área de águas tranquilas, estico a mão e deixo os pingos escorrerem pelos meus dedos, só para me certificar.

Entre a floresta e o riacho, descansa uma faixa de cascalhos, pedras desordenadas, arrastadas do alto das montanhas e que modificaram o curso do rio na última década. Salgueiros e amieiros, arbustos espinhosos e musgos se apossaram do lugar, mas tudo isso também desaparecerá, diz o rio.

As folhas de amieiro jazem no cascalho, e suas bordas ressecadas levantadas formam pequeninas taças. A água da chuva empoçou em várias delas e se tingiu de um marrom-avermelhado, como o chá dos taninos dissolvidos da própria folha. Filamentos de liquens espalham-se entre as folhas desprendidas pelo vento. De repente, me deparo com a possibilidade de testar minha hipótese; os materiais se apresentam a minha disposição para realizar a experiência. Encontro filamentos de líquen, iguais em tamanho e comprimento, e trato de secá-los em minha camisa de flanela sob a capa de chuva. Coloco um filamento na folha cheia de chá do amieiro vermelho e mergulho o outro numa poça de água da chuva. Levanto-os devagar, um ao lado do outro, e observo as gotas se formarem nas extremidades dos filamentos. Não resta a menor dúvida: são diferentes. A água da poça de chuva forma gotas pequenas, rápidas, que parecem apressadas para seguir adiante. Mas as gotas imersas na água do amieiro aumentam de tamanho e de peso, e pendem por um longo instante antes de serem vencidas pela força da gravidade. Sinto o sorriso espalhar-se em meu rosto diante do momento: "*Eureca!*" Comprovei minha hipótese: existem diferentes tipos de gota, dependendo da relação entre a água e a planta. Se a água dos amieiros, ricos em tanino, aumenta o tamanho das gotas, não pode a água que escorre por uma comprida cortina de musgo absorver taninos e formar as grandes e fortes gotas que pensei ter visto? Se uma coisa aprendi nos bosques é que não existe acaso. Tudo é impregnado de significado, colorido por relações, tudo está conectado.

Onde o novo cascalho encontra a velha margem, uma poça d'água parada se formou entre as árvores de galhos curvos. Isolada do canal principal, ela se enche da elevação do fluxo da zona hiporreica; a água sobe da parte inferior para encher a bacia rasa. As margaridas veranis parecem surpresas por se encontrarem, com a chegada da chuva, submersas a sessenta centímetros de profundidade. No verão, essa água represada era uma vala florida. Agora, a planície inundada conta a transição do rio, antes um estreito canal sinuoso entre as pedras para as margens submersas no inverno. O rio é diferente em agosto e em outubro. Seria preciso permanecer parado no lugar por muito tempo para de fato conhecer ambos os rios. E ainda mais tempo para conhecer o rio existente antes da chegada da faixa de cascalho, e o rio em que se transformará depois de a faixa de cascalho desaparecer.

Talvez jamais possamos conhecer o rio. Mas e as gotas de chuva? Fico muito tempo de pé perto da água parada, atenta aos sons. A água estagnada é um espelho. Em sua superfície, refletem-se as gotas de chuva e suas texturas multiplicadas, em função dos serenos e ininterruptos chuviscos. Tento e surpreendo-me ao descobrir ser capaz de escutar apenas o sussurro da chuva em meio aos vários outros sons. Chega com um alto som tormentoso, um *chuá* tão delicado que apenas anuvia a superfície vítrea e não interfere no reflexo. Sobre a água estagnada, pendem ramos das trepadeiras do bordo que se estendem da margem, baixos grupos de tsugas e galhos de amieiros do solo de cascalho. A água dessas árvores cai, cada uma num ritmo. As gotas das tsugas, num pulsar acelerado. A água é recolhida em cada agulha, mas viaja para a ponta dos ramos antes de cair apressada, num *plic, plic, plic, plic, plic* constante, desenhando uma linha pontilhada na superfície da água.

As hastes do bordo derramam a água de um jeito bem diferente. Os pingos do bordo são grandes e pesados. Observo enquanto se formam e despencam na superfície da poça. Batem com tamanha força que a gota promove um som profundo e oco. *Ploc*. O ricochetear espalha a água da superfície, dando a impressão de emergir de baixo. Há esporádicos *plocs* embaixo dos bordos. Por que essa gota é tão diferente das provenientes das tsugas? Aproximo-me para admirar como a água se move no bordo. As gotas não se formam em toda a extensão do galho. Basicamente, surgem onde as cicatrizes de anos anteriores formaram um pequenino cume. A água da chuva desliza sobre o verde tronco liso e se detém atrás da parede da cicatriz. A gota incha, cresce de volume, até saltar sobre o pequenino dique e despencar como tempestade na poça d'água. *Ploc*.

O *chuá* da chuva, o *plic* da tsuga, o *ploc* do bordo e, por fim, o *ploft* da água do amieiro. As gotas do amieiro produzem uma canção ainda mais lenta. A chuva fina atravessa com vagar a superfície rugosa e áspera das folhas do amieiro. Não são tão grandes quanto as do bordo, não grandes o bastante para um *splash*, mas provocam ondulações na superfície e originam anéis concêntricos. Fecho os olhos e escuto as vozes da chuva.

Os reflexos na superfície da poça d'água apresentam texturas formadas pelas assinaturas dos pingos, todos diferentes em termos de ritmo e ressonância. Cada gota d'água dá a impressão de ter sido alterada de acordo com sua relação com a vida, quer encontre o musgo, quer o bordo, quer o abeto-de-douglas, quer o meu cabelo. E pensamos na chuva como algo simples, como uma única coisa, como se a compreendêssemos. Acho que os musgos e os bordos entendem muito mais da chuva do que nós. Talvez não exista chuva, apenas pingos de chuva, cada um com sua própria história.

Ao escutar a chuva, o tempo desaparece. Caso o tempo seja calculado pelo espaço entre acontecimentos, o tempo das gotas do amieiro é diferente do tempo das do bordo. Na textura dessa floresta, convivem diferentes tipos de tempo, assim como a superfície da poça é ondulada por diferentes tipos de chuva. As agulhas dos abetos caem com o ciciar de alta frequência da chuva, os galhos caem com o *ploc* de pingos grandes, e as árvores caem com o excepcional e estrondoso baque. Excepcional a não ser que se meça o tempo como o rio. E pensamos no rio como algo simples, como se fosse uma só coisa, como se o compreendêssemos. Talvez não exista o tempo; talvez existam apenas momentos, cada um com sua própria história.

Posso ver meu rosto refletido numa gota pendente. A lente olho de peixe reflete uma testa gigante e umas orelhas miúdas. Suponho que nós, humanos, sejamos assim, pensamos demais e ouvimos muito pouco. Prestar atenção é reconhecer que temos algo a aprender com inteligências diferentes das nossas. Escutar, testemunhar, é isso que nos possibilita criar uma abertura para o mundo no qual os limites entre nós podem se dissolver numa gota de chuva. A gota incha na ponta de um cedro, e eu a pego com a língua, como se fosse uma hóstia.

# Queimar a erva ancestral

A trança de *wiingaashk* é queimada com o intuito de criar uma borra cerimonial que banhe o recipiente de gentileza e compaixão e cure o corpo e o espírito.

# Pegadas do Windigo

No branco esplendor do inverno, só se escutam os sons do roçar de minha jaqueta, o macio *pluft* de minhas raquetes de neve, os estalidos das árvores bombeando o coração delas nas temperaturas congeladas e o bater do meu coração, bombeando sangue quente para os dedos ainda formigando, apesar de agasalhados nas luvas de fundo duplo. Nas pausas entre as borrascas, de tão azul, o céu chega a doer. Os campos de neve cintilam sob o céu como vidro estilhaçado. Essa última tempestade esculpiu flutuações como ondas num mar congelado. Antes, meus rastros estavam povoados de sombras cor-de-rosa e amarelas; agora, no lusco-fusco, ganham tonalidades azul-escuras. Caminho ao lado de pegadas de raposas, túneis de ratazanas e de um esguicho vermelho-sangue na neve, emoldurado pelas marcas de asas de águias.

Todos têm fome.

Quando o vento volta a bater, inclemente, posso sentir o cheiro da neve se aproximando, e, em poucos minutos, a borrasca ruge acima do topo das árvores, arrastando flocos como uma cortina cinza esvoaçante em minha direção. Retorno à procura de abrigo, antes que escureça por completo. Refaço meus passos, cujas pegadas já devem ter começado a desaparecer sob o peso da neve. Ao observar com mais atenção, percebo, dentro de cada uma de minhas pegadas, outra pegada, uma que não é minha. Com o olhar, varro a escuridão crescente em busca de um vulto, mas a nevasca me impede de enxergar. As árvores se debatem sob as nuvens que se deslocam em grande velocidade. Ouço um uivo atrás de mim. Talvez seja apenas o vento.

Em noites como esta, o Windigo está à solta. É possível ouvir seus guinchos sobrenaturais, enquanto caça em meio ao nevoeiro.

O Windigo é o monstro das lendas de nosso povo Anishinaabe, o vilão de uma história contada em noites geladas nos bosques do Norte. É possível sentir sua presença atrás de você, à espreita, uma criatura de características humanas, mas que mede três metros de altura e cujo corpo trêmulo é recoberto por uma pelagem branca congelada. Dono de braços iguais a troncos de árvore, pés grandes como raquetes de neve, consegue atravessar sem qualquer dificuldade as tormentas nos períodos de fome, perseguindo os seres humanos. O abominável fedor de seu hálito putrefato envenena o perfume puro da neve, ao arfar às nossas costas. As presas amarelas pendem da sua boca em carne viva; de tão esfomeado, mastigou os próprios lábios. E a prova irrefutável: seu coração é de gelo.

As histórias a respeito de Windigo eram contadas para atemorizar as crianças. Caso não obedecessem, seriam devoradas pelo bicho-papão Ojibwe. Ou pior. Esse monstro não é urso ou lobo que uiva, não é uma fera do mundo natural. Os Windigos não nascem assim; eles se constroem. O Windigo é uma criatura humana transformada em monstro canibal. E sua mordida transformará as vítimas em canibais como ele.

Quando saio da crescente nevasca e tiro minhas roupas cobertas de gelo, encontro o fogão a lenha aceso e uma panela fumegante de ensopado. Nem sempre nosso povo foi recebido assim. Houve um tempo em que as tempestades de neve soterravam as cabanas e não havia comida. Chamavam esse período — em que a neve e o frio eram muito intensos, os cervos desapareciam e os depósitos ficavam vazios — de Lua da Fome. Era a época em que os idosos saíam para caçar e não retornavam. E, quando chupar um osso não bastava, os bebês sucumbiam. Depois de muitos dias assim, a única sopa na mesa era feita de desespero.

No inverno, a inanição se convertia em realidade para nosso povo, sobretudo na Pequena Era do Gelo, quando os invernos eram, em especial, rigorosos e longos. Alguns estudiosos sugerem que a mitologia do Windigo também se espalhou a passos largos na época do comércio de peles, quando a exploração excessiva da caça trouxe a fome para os povoados. O eterno medo de morrer de inanição no inverno é personificado pela fome crônica e pela boca escancarada do Windigo.

Quando o vento trazia os guinchos do monstro, e a loucura despertada pela fome e pelo isolamento sussurrava nas soleiras dos refúgios no inverno, as histórias do Windigo reforçaram o tabu do canibalismo. Sucumbir a tal impulso repulsivo condenava o devorador de ossos a vagar, tal um Windigo, por toda a eternidade. Dizem que o castigo do Windigo será o de nunca entrar no mundo dos espíritos e sofrer a eterna dor da carência. Sua essência é constituída pela fome jamais saciada. Quanto mais o Windigo come, mais voraz se torna. Ele guincha movido pela sofreguidão; a mente é torturada pelo desejo não satisfeito. Consumido pelo próprio consumo, ele foi banido da sociedade de seres humanos.

Mas o Windigo supera o monstro mítico inventado para assustar crianças. As histórias da Criação fornecem um vislumbre da concepção de mundo de um povo, de como compreendem seu lugar no mundo e dos ideais a que aspiram. Do mesmo modo, os medos coletivos e os mais arraigados valores de um povo também correspondem à aparência dos monstros que criam. Nascido de nossos temores e fracassos, Windigo é o nome de algo existente dentro de nós, da preocupação com nossa própria sobrevivência, que prepondera sobre qualquer outro valor.

Em termos da ciência de sistemas, o Windigo é um estudo de caso de um ciclo de retroalimentação positiva, no qual a mudança ocorrida em determinada entidade promove similar mudança em outra parte conectada ao sistema. No caso, o aumento da fome do Windigo faz com que ele coma ainda mais, e o incessante ato de comer provoca uma fome ainda mais desenfreada, num definitivo frenesi de consumo descontrolado. No mundo natural, assim como em espaços construídos, a retroalimentação positiva conduz, de maneira implacável, à mudança — por vezes ao crescimento, por vezes à destruição. Contudo, nem sempre é possível diferenciar o crescimento equilibrado do desequilibrado.

Sistemas estáveis e equilibrados são caracterizados por ciclos de retroalimentação negativa, nos quais a mudança de um componente incita a mudança oposta em outro e acarreta o equilíbrio entre ambos. Quando a fome gera a comilança, comer gera a diminuição da fome; a saciedade é possível. A retroalimentação negativa é uma forma de reciprocidade, um acoplar de forças que gera o equilíbrio e a sustentabilidade.

As histórias do Windigo buscavam encorajar os ciclos de retroalimentação negativa na mente dos ouvintes. A educação tradicional era concebida a fim de reforçar a autodisciplina, criar resistência contra o insidioso germe da ganância. Os antigos ensinamentos reconheciam que o Windigo faz parte da natureza humana, motivo pelo qual criaram essas narrativas para aprendermos a reprimir esse lado ganancioso existente em todos nós. Por isso, os anciãos Anishinaabe, como Stewart King, nos lembram de que devemos sempre considerar as duas faces da vida — o lado da luz e o das trevas —, para compreendermos nosso eu. É preciso discernir o lado escuro, reconhecer seu poder, mas não devemos alimentá-lo.

A besta foi chamada de espírito diabólico que devora a espécie humana. A palavra *Windigo*, de acordo com Basil Johnston, pesquisador Ojibwe, é derivada de raízes no sentido de "excesso de gordura" ou de "só pensar em si mesmo". O escritor Steve Pitt afirma que "um Windigo era uma criatura humana cujo egoísmo suplantou seu autocontrole a ponto de jamais conseguir saciar seus desejos".

Não importa como seja chamado, Johnston e muitos outros estudiosos apontam a atual epidemia de práticas autodestrutivas — vícios ligados ao álcool, às drogas, aos jogos, à tecnologia e a outros mais — como sinal de que o Windigo está vivo e vai de vento em popa. Segundo a ética do povo Ojibwe, Pitt declara: "Qualquer hábito indulgente ao extremo é autodestrutivo, e a autodestruição é Windigo." E assim como a mordida do Windigo é infecciosa, todos sabemos muito bem que a autodestruição arrasta consigo muitas outras vítimas — em nossas famílias humanas e no mundo mais-que-humano.

Os bosques do Norte são o *habitat* nativo do Windigo, mas a faixa de terra se ampliou nesses últimos séculos. Como Johnston sugere, as corporações multinacionais deram origem a um novo gênero de Windigo que, insaciável, devora os recursos da terra, "não por necessidade, mas por cobiça". Suas pegadas estão em nosso entorno, basta saber olhar.

Nosso avião precisa aterrissar para reparos numa pequena pista pavimentada, no coração dos campos petrolíferos na Amazônia Equatorial, a poucos quilômetros da fronteira com a Colômbia. Sobrevoamos acima da intacta floresta tropical, seguindo o curso do rio tão cintilante quanto uma fita de cetim azul a nossos pés. De súbito, ao passarmos acima das fendas grosseiras no solo vermelho que marcam as passagens dos oleodutos, a água fica negra.

Nosso hotel fica localizado numa rua suja, onde cães mortos e prostitutas dividem as esquinas, sob um céu permanentemente laranja, iluminado pelas chaminés das fábricas. Quando recebemos a chave do quarto, a recepcionista recomenda empurrar a cômoda para bloquear a porta e não sair à noite. Na recepção, araracangas em gaiolas olham entorpecidas a rua, onde crianças seminuas mendigam e meninos de não mais de doze anos, munidos de fuzis AK-47 pendurados nos ombros, montam guarda do lado de fora das casas de narcotraficantes. Passamos a noite sem incidentes.

Na manhã seguinte, decolamos assim que o sol se levantou acima da selva fumegante. A nossos pés, a cidade emaranhada, cercada por incontáveis lagoas de todas as cores do arco-íris, inundadas por resíduos petroquímicos. As pegadas do Windigo.

Como já disse, estão por toda parte, basta olhar. Há pegadas nos resíduos industriais do lago Onondaga. E acima de uma encosta brutalmente desmatada na Cordilheira Costeira do Oregon, onde a terra está desmoronando e desabando dentro do rio. É possível vê-las onde as minas de carvão arrancam cumes de montanhas na Virgínia Ocidental. Vemos também as pegadas manchadas de óleo nas praias do golfo do México. E nos mais de dois mil e quinhentos quilômetros quadrados de plantação industrial de soja. Nas minas de diamantes em Ruanda. Nos closets entupidos de roupas. Todas as pegadas do Windigo são traços do consumo insaciável. Tantas criaturas foram mordidas pelo monstro. É possível vê-las passeando nos shoppings, de olho em sua granja para transformá-la em um conjunto residencial, concorrendo a vagas no Congresso.

Somos todos cúmplices. Permitimos ao "mercado" definir o que devemos valorizar, e assim o bem comum foi redefinido e parece depender de estilos de vida perdulários que enriquecem os comerciantes e empobrecem a alma e a terra.

As histórias de precaução contra o Windigo surgiram em uma sociedade baseada nos bens comuns, em que compartilhar era essencial para a sobrevivência, e a ganância fazia de um indivíduo um perigo para a comunidade.

Nos velhos tempos, indivíduos que colocavam a comunidade em perigo, ao pegarem muito para si, eram primeiro aconselhados a mudar de atitude e depois relegados ao ostracismo. Caso a ganância continuasse, acabavam sendo banidos. O mito do Windigo pode ter surgido da lembrança dos banidos, condenados a vagar sozinhos, famintos e compelidos pelo sentimento de vingança contra quem os rejeitara. Ser banido da rede de reciprocidade, não ter ninguém com quem partilhar, não ter ninguém de quem cuidar é um terrível castigo.

Lembro-me de um dia em que caminhava por uma rua em Manhattan, e da luz acolhedora de uma casa luxuosa que se derramava sobre um homem na calçada procurando seu jantar na lata de lixo. Talvez tenhamos todos sido banidos para esquinas solitárias, por nossa obsessão com a propriedade privada. Aceitamos o desterro até de nós mesmos quando desperdiçamos nossa vida maravilhosa e absolutamente singular, ocupados em ganhar mais dinheiro para podermos comprar cada vez mais coisas que, embora alimentem, nunca satisfazem. Esse é o exemplo cabal do estilo Windigo, que nos induz a acreditar que nossos pertences saciarão nossa fome, enquanto, no fundo, só ansiamos pelo pertencimento.

Numa escala maior, parecemos viver numa era regida pela economia Windigo, pela demanda fabricada e pelo excesso de consumo compulsivo. No passado, os povos indígenas buscaram refrear o que hoje nos incitam a liberar, numa sistemática política de cobiça sancionada.

Para mim, o medo de reconhecer o íntimo do Windigo em cada um de nós não é o mais assustador. Para mim, o medo apavorante é de os valores terem se invertido e o lado escuro ter se transmutado no lado luminoso. O egoísmo indulgente que, no passado, nosso povo considerava monstruoso agora é celebrado como sucesso. Somos convidados a admirar o que nosso povo julgava imperdoável. A mente voltada para o consumo e mascarada como "qualidade de vida" nos devora por dentro. É como se tivéssemos sido convidados para um banquete no qual a mesa estivesse posta com alimentos que só alimentam o vazio, o buraco negro da barriga que nunca enche. Nós libertamos um monstro.

Os economistas ecológicos defendem reformas que fundamentariam a economia em princípios ecológicos e se ajustariam às restrições da termodinâmica. Exortam que se abrace a ideia radical de apoiar o capital natural e os serviços ecossistêmicos, caso queiramos manter a qualidade de vida. Contudo, os governos ainda se aferram à falácia neoclássica de que o consumo da humanidade não traz consequências. Continuamos a adotar sistemas econômicos que prescrevem o crescimento infinito num planeta finito, como se, de algum modo, o universo tivesse repelido as leis da termodinâmica para nosso proveito. O crescimento perpétuo simplesmente não é compatível com as leis naturais; no entanto, economistas influentes, como Lawrence Summers, de Harvard, o Banco Mundial e o Conselho Econômico Nacional dos Estados Unidos, fazem declarações como: "Não há possibilidade de superarmos os limites da capacidade de desempenho da terra num futuro próximo. A ideia de impor limites ao crescimento em função de algum limite natural é um grave erro." Deliberadamente, nossos líderes ignoram a sabedoria e os modelos propostos por todas as outras espécies do planeta — exceto, claro, as que já foram extintas. Um pensamento típico do Windigo.

# O Sagrado e o Superfund

Acima da nascente localizada nos fundos da minha casa, uma gota se forma na ponta de um ramo musguento. Pende numa momentânea centelha e depois cai. Outras gotas e pingos se unem à procissão, reduzida amostragem das centenas de regatos existentes no alto das colinas. Ganhando velocidade, deslizam sobre as saliências rochosas, apressados em seguir caminho e descer o Nine Mile Creek até encontrarem o lago Onondaga. Dobro as mãos em concha na nascente e bebo a água. Sabendo o que sei, preocupo-me com a jornada que essas gotas enfrentarão e desejo prendê-las aqui para sempre. Mas não se pode impedir a água de fluir.

A bacia hidrográfica que alimenta minha casa, no norte do estado de Nova York, está localizada nas terras ancestrais do povo Onondaga, o Guardião do Fogo Central da Confederação Iroquesa ou Haudenosaunee. De acordo com sua visão tradicional, a todas as criaturas do mundo foi concedido um dom, e este gera uma responsabilidade, por parte de seu portador, para com o mundo. O dom da água é seu papel como mantenedora da vida, e seus deveres são múltiplos: cuidar do crescimento das plantas, criar lares para peixes e efeméridas e, hoje, oferecer uma bebida gelada para mim.

A doçura peculiar dessa água é resultado das colinas ao redor, dotadas de ombros largos de calcário de granulação fina e pureza extraordinárias. Esses antigos fundos marinhos são constituídos de carbonato de cálcio puro, com um ou outro traço de outros elementos para descolorir seu cinza-perolado. Outras nascentes nessas colinas, oriundas de prateleiras de calcário que escondem cavernas repletas de sal e palácios de cristal revestidos de cubos de halita, não são tão doces. O povo Onondaga usava esses mananciais de sal para temperar a sopa de milho e a carne de cervo e preservar os cestos cheios de peixes oferecidos pelas águas. A vida era tranquila, e a água descia apressada para realizar a tarefa de todos os dias, fiel a sua responsabilidade. Mas nem sempre as pessoas são dotadas de tanta consciência quanto a água — somos passíveis de esquecimento. E, assim, ao povo Haudenosaunee foi dado o Discurso de Gratidão para, em suas reuniões, jamais esquecer de saudar e agradecer a todos os membros do mundo natural.

Às águas, eles dizem:

*Agradecemos a todas as Águas do Mundo. Somos gratos pelas águas ainda estarem aqui e cumprirem seu dever de preservar a vida na Mãe Natureza. A água é vida, sacia nossa sede e nos proporciona força, faz as plantas crescerem e mantém todos os seres vivos. Unamos nossa mente e, como uma só, apresentemos nossas saudações e nossos agradecimentos às Águas.*

Essas palavras refletem o propósito sagrado do povo. Pois, assim como a água recebe certas responsabilidades para prover o mundo, as pessoas também. E o mais importante desses deveres é agradecer às dádivas da terra e delas cuidar.

Muitas histórias relatam esse tempo muito longínquo, quando as nações do povo Haudenosaunee *se esqueceram* da responsabilidade de viver imbuídos de gratidão. Os membros das nações se tornaram ambiciosos e invejosos e começaram a lutar entre si. O conflito gerou conflitos ainda mais sérios, até a guerra entre as nações se estabelecer sem interrupções. Logo, o sofrimento passou a ser conhecido em cada casa comunal. Mas, embora todos sofressem, nem assim a violência cessou.

Durante esse lamentável período, uma mulher do povo Huron, moradora de um lugar distante, lá para os lados do oeste, deu à luz um menino. O jovem bonito cresceu e se tornou um adulto ciente de seu propósito singular. Um dia, explicou à família que precisava partir e levar uma mensagem aos povos do leste, uma mensagem do Criador. Ele construiu uma grande canoa de pedra branca e viajou para bem longe, até, por fim, ancorar seu barco no povoado dos Haudenosaunee em conflito. Trouxe sua mensagem de paz e ficou conhecido como o Pacificador. A princípio, poucos lhe deram ouvidos, mas aqueles que o escutaram sofreram profunda transformação.

Com a vida em perigo, abatido pela tristeza, o Pacificador e seus aliados, entre eles o líder Hiawatha, discorreram sobre a paz em tempos de terríveis adversidades. Por anos viajaram pelos povoados, e, por fim, todos os chefes das nações em conflito, um a um, aceitaram a mensagem de paz, exceto um. Tadodaho, líder da Nação Onondaga, falando em nome de seu povo, recusou o caminho da paz. Subjugado pelo ódio, seu cabelo se encheu de cobras contorcidas, e a raiva incontrolável deformou seu corpo. Tadodaho espalhou morte e aflição entre os portadores da mensagem, mas a paz era mais poderosa do que ele e, por fim, o povo Onondaga aceitou a mensagem de paz. O corpo contorcido de Tadodaho recuperou a saúde e os mensageiros da paz afastaram as cobras de seu cabelo. Ele também se transformou.

O Pacificador reuniu os líderes de todas as cinco nações Haudenosaunee e uniu a mente deles em uma só. A Grande Árvore da Paz, um enorme pinheiro-branco, tem cinco compridas agulhas verdes unidas em um só feixe, que representam a união das Cinco Nações. Com uma das mãos, o Pacificador ergueu a grande árvore do solo e os chefes reunidos deram um passo à frente, para jogar suas armas de guerra dentro do buraco. Nesse mesmo litoral, as nações concordaram em "enterrar a machadinha" e obedecer à Grande Lei da Paz, que estabelece relações justas não só entre os povos, mas também com o mundo natural. Quatro raízes brancas estendidas nas quatro direções convidam todas as nações amantes da paz a se abrigarem sob os galhos da árvore.

Assim nasceu a grande Confederação Haudenosaunee, a mais antiga democracia existente no planeta. Aqui, no lago Onondaga, nasceu essa Grande Lei. Por seu papel determinante, a Nação Onondaga se tornou a Guardiã do Fogo Central da Confederação e, desde então, o líder espiritual da Confederação porta o nome de Tadodaho. Como última providência, o Pacificador colocou a clarividente águia no topo da Grande Árvore para alertar o povo da aproximação do perigo. Pelos muitos séculos que se seguiram, a águia cumpriu sua missão, e o povo viveu em paz e prosperidade. No entanto, outro perigo surgiu — um tipo diferente de perigo — na terra natal. O grande pássaro deve ter avisado uma, duas, repetidas vezes, mas sua voz se perdeu nos turbilhões da mudança. Hoje, o local por onde o Pacificador andou é uma área incluída no programa Superfund.

Na verdade, existem nove áreas incluídas no Superfund, ao longo das margens do lago Onondaga, em torno do qual a atual cidade de Siracusa, Nova York, cresceu. Devido a mais de um século de desenvolvimento industrial, o lago, antes conhecido como um dos locais mais sagrados da América do Norte, é hoje um dos lagos mais poluídos dos Estados Unidos.

Atraídos pelos recursos abundantes e a construção do canal Erie, os capitães da indústria trouxeram suas inovações para o território Onondaga. Jornais antigos registram que as chaminés transformaram o ar em "um miasma sufocante". As fábricas adoraram ter o lago Onondaga tão à mão para usá-lo como aterro. Milhões de toneladas de resíduos industriais foram despejados no fundo do lago. A cidade crescente fez o mesmo, acrescentando o esgoto ao sofrimento das águas. Foi como se os recém-chegados ao lago Onondaga tivessem declarado guerra, não uns aos outros, mas à terra.

Hoje, a terra onde o Pacificador caminhou, e onde a Árvore da Paz ficava já não pode mais ser chamada de terra; são leitos de resíduos industriais de aproximadamente dezoito metros de profundidade. Os resíduos grudam nas solas dos sapatos como a cola grossa usada nos jardins de infância para colar pássaros recortados em árvores feitas de cartolina. Não restaram muitos pássaros aqui, e a Árvore da Paz foi enterrada. O povo original não poderia nem sequer encontrar a curva familiar da orla. Os antigos contornos foram preenchidos e criaram uma orla costeira de mais de um metro e sessenta centímetros de lixo.

Já disseram que os leitos de resíduos formam novas terras, mas é mentira; os leitos de resíduos são as terras antigas quimicamente reconfiguradas. Esse lodo escorregadio costumava ser constituído de calcário e água doce e solo rico em nutrientes. Os novos terrenos são constituídos pelas terras antigas pulverizadas, extraídas e despejadas em tubulações. Passaram a ser conhecidos como o lixo de Solvay, pois foi deixado pela empresa Solvay Process.

A Solvay Process era uma inovação química que permitiu a produção de carbonato de sódio, componente essencial em outros processos industriais, como a manufatura de vidro e a produção de detergentes, celulose e papel. O calcário nativo foi desmanchado em fornalhas de coque e depois misturado ao sal para a produção de bicarbonato de sódio. Essa indústria alavancou o crescimento da região, e o processo químico se expandiu e passou a incluir produtos químicos orgânicos, corantes e ácidos clorídricos. Linhas de trens passavam continuamente pelas fábricas que despachavam toneladas de produtos. As tubulações corriam na direção oposta e despejavam toneladas de lixo no lago.

As colinas de resíduos são o inverso topográfico das crateras de minas a céu aberto — as maiores crateras dessas minas no estado de Nova York ainda não foram recuperadas —, onde as pedras de calcário eram extraídas e a terra retirada de um lugar era despejada em outro. Se pudéssemos retroceder no tempo, como rebobinamos um filme, veríamos o desaparecimento dessa catástrofe e o ressurgimento das exuberantes colinas verdes e saliências de calcário cobertas de musgo. Os riachos subiriam de novo pelas colinas até chegarem às nascentes, e o sal voltaria a cintilar nas cavernas subterrâneas.

Não me custa nada imaginar como devem ter sido essas primeiras ejeções brancas das tubulações esborrachando-se no chão, feito dejetos de um enorme pássaro mecânico. A princípio, jorravam e pulsavam como gases no intestino de um metro e meio de comprimento que se estendia até as entranhas da fábrica. Mas logo seriam amenizados e formariam um fluxo estável, ao mesmo tempo que enterrariam os canaviais e juncos. Teriam as rãs e as martas fugido a tempo, evitando assim seu sepultamento? E as tartarugas? Elas são lentas demais — não devem ter sido capazes de escapar. Devem ter sido emborcadas no fundo da pilha numa deturpação da história da criação do mundo, quando a terra foi carregada no casco de uma tartaruga.

Primeiro, os resíduos encheram a orla do lago. As fábricas despejaram toneladas de lodo nas águas numa nuvem que tingiu a água azul de um branco pastoso. Em seguida, deslocaram a extremidade da tubulação para os pântanos ao redor, para as margens do córrego. As águas do Nine Mile Creek devem ter morrido de vontade de subir, desafiar a gravidade e encontrar de novo as poças cobertas de musgo junto às nascentes. Contudo, continuou desempenhando sua função e encontrou um caminho entre os leitos de detritos até chegar ao lago.

A água da chuva que caía sobre os leitos de sedimentos residuais também se viu em apuros. No início, as partículas de resíduos eram tão finas que aprisionavam a água na argila branca. Em seguida, a gravidade acabou atraindo as gotas, que percorreram uns dezoito metros de sedimentos e foram despejadas no fundo da pilha para se unirem à vala de drenagem e não a um riacho. À medida que passa pelas profundidades calcárias, a água da chuva não pode evitar agir de modo distinto da incumbência recebida: dissolver os minerais e transportar os íons destinados a alimentar as plantas e os peixes. Ao chegar ao fundo da montanha de resíduos, a água coletou suficientes produtos químicos para se converter em uma sopa salgada tão corrosiva quanto a soda cáustica. A água perdeu seu lindo nome; passou a ser chamada de lixívia. Ao sair dos leitos de detritos, a lixívia apresenta um nível de pH igual a onze. Como os produtos de desentupimento de canos, provoca queimaduras na pele. O valor do pH da água potável é sete. Atualmente, engenheiros coletam a lixívia e a misturam com ácido clorídrico a fim de neutralizar o pH. Só então a lixívia é liberada no Nine Mile Creek e segue para o lago Onondaga.

A água foi iludida. Começou seu percurso cheia de inocência, cheia de propósitos. Embora não recaia sobre ela a culpa, foi corrompida e, antes destinada a levar a vida, passou a alastrar veneno. Todavia, ela não pode se impedir de fluir. Deve fazer o que foi determinada a fazer, em nome das dádivas concedidas pelo Criador. Só aos seres humanos foi dada a capacidade de optar.

Hoje, você pode dirigir um barco a motor no lago que o Pacificador atravessou a remo. Do outro lado do lago, é possível divisar o relevo acentuado da margem ocidental. Penhascos muito brancos brilham à luz do sol de verão, como os White Cliffs de Dover. Contudo, ao se aproximar pela água, verá que os penhascos não são rochas, mas, sim, paredes íngremes de resíduos da Solvay. Enquanto seu barco balança nas ondas, você poderá ver os sulcos da erosão, constatar a conspiração dos fenômenos atmosféricos para misturar os resíduos com a água do lago: o sol de verão seca a superfície pastosa até ela arrebentar, e as temperaturas invernais abaixo de zero provocam fendas e a queda das placas na água. Uma praia se formou ao redor do local, mas não há cais, não há ninguém, não há nada. Essa branca e brilhante extensão não passa de uma superfície plana de lixo que mergulhou na água, quando o muro de contenção desabou lá se vão muitos anos. Esse pavimento branco de resíduos submersos fica pouco abaixo da superfície. A plataforma lisa apresenta pedras fantasmagóricas espalhadas, do tamanho de paralelepípedos, debaixo da água, diferentes de qualquer pedra que conheça. São oncólitos, estruturas sedimentares formadas pelas camadas de carbonato de cálcio que cobrem o fundo do lago. Oncólitos: rochas tumorais.

Restos do antigo muro de contenção despontam na superfície lisa tal uma espinha dorsal. Aqui e ali, tubulações enferrujadas, que carregavam o lodo, emergem em ângulos esquisitos. No lugar onde as pilhas de sedimentos encontram a planície da Solvay, há pequenas infiltrações, estranhas reminiscências de nascentes, mas o líquido que emerge parece levemente mais denso que a água. Há placas de gelo estival em volta dos pequeninos regatos que escoam na direção do lago; camadas de cristal feitas de sal, embaixo das quais a água borbulha como um arroio a derreter no fim do inverno. Os leitos de resíduos continuam a despejar toneladas de sal no lago todos os anos. Antes de a Allied Chemical Company, sucessora da Solvay Process, cessar as operações, a salinidade do lago Onondaga era dez vezes superior à da cabeceira do Nine Mile Creek.

O sal, os oncólitos e os resíduos impedem o crescimento de plantas aquáticas enraizadas. Os lagos dependem das plantas submersas para gerar oxigênio por fotossíntese. Sem plantas, as profundezas do lago Onondaga são pobres em oxigênio, e, sem a oscilante vegetação das pradarias subaquáticas e das várzeas, peixes, rãs, insetos e garças — em resumo, toda a cadeia alimentar — ficam sem *habitat*. Enquanto as plantas aquáticas enraizadas enfrentam tempos difíceis, as algas flutuantes florescem no lago Onondaga. Por décadas, altas quantidades de nitrogênio e fósforo procedentes do esgoto municipal fertilizaram o lago e impulsionaram seu crescimento. As algas proliferam, cobrem a superfície da água, morrem e afundam. Sua decomposição esgota o pouco oxigênio ainda presente na água, e o lago passa a emanar o cheiro dos peixes mortos, que, levados pelas correntes, aportam ao longo da orla nos dias quentes de verão.

Os peixes que sobrevivem não podem ser consumidos. A pesca foi proibida em 1970, em virtude das altas concentrações de mercúrio. Estima-se que cerca de setenta e três mil toneladas de mercúrio foram lançadas no lago Onondaga entre 1946 e 1970. A Allied Chemical usou o processo de células de mercúrio para produzir cloro industrial, a partir das águas salgadas originais. Os resíduos de mercúrio, conhecidos por sua extrema toxicidade, eram manuseados antes de serem depositados no lago. Os moradores lembram que as crianças podiam ganhar um bom dinheirinho com mercúrio "recuperado". Um cara das antigas me contou que era possível ir aos leitos de detritos e pegar, com uma concha de cozinha, as pequenas esferas cintilantes de mercúrio largadas no chão. As crianças podiam vender latas de conservas velhas cheias de mercúrio na fábrica, pelo preço de um ingresso de cinema. Os insumos de mercúrio sofriam consideráveis restrições nos anos 1970, mas o elemento químico permanece preso nos sedimentos e, após passar pelo processo de metilação, pode circular pela cadeia alimentar aquática. Estima-se que, hoje, cerca de cinco milhões de metros cúbicos de sedimentos do lago estejam contaminados com mercúrio.

Uma amostra extraída dos sedimentos do fundo do lago revelou, em seu núcleo, camadas de petróleo, gases e um lodo negro e pegajoso. As análises desses núcleos indicam significantes concentrações de cádmio, bário, cromo, cobalto, chumbo, benzeno, clorobenzeno, diferentes xilenos, pesticidas e PCBs. Mas nada de muitos insetos ou peixes.

Nos anos 1880, o lago Onondaga era famoso por seus peixes-brancos, servidos frescos em travessas fumegantes com batatas cozidas na salmoura. Bons restaurantes proliferavam ao redor do lago, frequentados por turistas interessados na paisagem, nos parques de diversão e nos gramados para piquenique, onde as famílias esticavam as mantas nos domingos à tarde. Um carro elétrico deixava os passageiros nos grandes hotéis à margem do lago. O White Beach, famoso *resort*, tinha como atração um grande tobogã de madeira, com cordas de lâmpadas de gás. Os veranistas, sentados em carrinhos com rodas, deslizavam pela rampa e aterrissavam no lago. O *resort* prometia um "mergulho emocionante para senhoras, senhores e crianças de todas as idades". Mas, a partir de 1940, o banho foi interditado. Como era lindo o lago Onondaga! As pessoas o mencionavam com orgulho. Agora mal falam dele, como se fosse um membro da família fracassado e tão vergonhoso que ninguém pronuncia seu nome.

Seria de se supor que, dada a ausência de vida, águas tão tóxicas fossem quase transparentes, mas algumas áreas costumam ser quase opacas, cobertas por uma nuvem escura de limo. As águas turvas vêm de uma coluna barrenta que chega ao lago por outro afluente, o Onondaga Creek. O riacho desce da parte sul, da alta cordilheira acima do vale Tully, e atravessa encostas de florestas, granjas e perfumados pomares de maçã.

A água lamacenta costuma ser atribuída ao escoamento das terras agrícolas, mas, nesse caso específico, a lama vem da área subterrânea. No alto da bacia hidrográfica, ficam os vulcões de lama de Tully que, ao entrarem em erupção, despejam toneladas de sedimentos macios rio abaixo. Não há comprovação de que os vulcões de lama tenham origem geológica natural. Os anciãos de

Onondaga relembram que, não faz muito tempo, o Onondaga Creek corria tão límpido por sua Nação que podiam pescar de noite, com arpões, à luz das lanternas. Afirmam não haver lama no riacho até as minas de sal serem implantadas rio acima.

Quando os poços de sal perto das fábricas se esgotaram, a Allied Chemical usou o processo de lixiviação *in situ* para acessar os depósitos de sal subterrâneos junto às cabeceiras dos rios. A empresa bombeou água nos depósitos subterrâneos, dissolveu-os, e a água salgada resultante foi bombeada vários quilômetros rio abaixo até a fábrica da Solvay no vale. Essa tubulação atravessava o último território Onondaga restante, e seus vazamentos arruinaram a água do poço. Por fim, os domos de sal dissolvidos desmoronaram e criaram buracos através dos quais o lençol freático começou a jorrar com grande pressão. Os borbotões decorrentes criaram os vulcões de lama que descem pelo rio e enchem o lago de sedimentos. No passado, as águas do rio se constituíam em ótimo lugar de pesca do salmão do Atlântico, em piscina para as crianças nadarem e em ponto de referência da vida comunitária; hoje, são de uma tonalidade marrom como leite achocolatado. A Allied Chemical e seus sucessores negam qualquer participação na formação dos vulcões de lama. Alegam ter sido um ato divino. Que tipo de Deus seria esse?

Os danos causados a essas águas são tão numerosos quanto as cobras no cabelo de Tadodaho, e devem ser nomeados antes de poderem ser combatidos. O ancestral território Onondaga se estende da fronteira norte da Pensilvânia até o Canadá. É um mosaico de abundantes áreas arborizadas, extensos milharais, lagos e rios transparentes que mantiveram o povo originário por séculos. O território original também abrange a localidade da atual cidade de Siracusa e as sagradas margens do lago Onondaga. Os direitos do povo Onondaga a essas terras foram garantidos por tratados entre as duas nações soberanas, a Nação Onondaga e o governo dos Estados Unidos. Mas a água é mais fiel a suas responsabilidades do que os Estados Unidos jamais serão.

Quando George Washington instruiu as tropas federais a exterminar o povo Onondaga na Guerra Civil, a nação, que contava com dezenas de milhares de pessoas, foi reduzida a poucas centenas em questão de um ano. Depois disso, todos os tratados foram desrespeitados. As apropriações ilegais de terra por parte do estado de Nova York reduziram o território aborígene Onondaga a uma reserva de apenas mil setecentos e quarenta hectares. O território Onondaga hoje não excede em muito os leitos de detritos da Solvay. Os ataques à cultura Onondaga prosseguiram. Vários pais tentaram sem sucesso esconder os filhos dos agentes indígenas. Várias crianças foram despachadas para internatos como o Carlisle Indian School. A língua que moldou a Grande Lei da Paz foi proibida. Missionários foram enviados para as comunidades matrilineares — nas quais homens e mulheres eram iguais — com o propósito de modificar seus costumes contestáveis. As cerimônias de agradecimento nas casas comunitárias, cujo propósito era manter o mundo em equilíbrio, foram banidas por lei.

O povo havia suportado a dor de ser espectador da degradação de suas terras, mas nunca se rendeu ao esquecimento de suas responsabilidades. Mantiveram as cerimônias que honram a terra e a conexão com ela. O povo Onondaga ainda segue os preceitos da Grande Lei e ainda acredita que, em pagamento pelas dádivas da Mãe Natureza, cabe ao povo humano a missão de cuidar do povo não humano e de administrar a terra. Sem títulos de suas terras ancestrais, contudo, suas mãos ficaram atadas. Como protegê-las? E assim, impotentes, assistiram às pegadas do Pacificador serem soterradas por estranhos. As plantas, os animais e as águas que deviam proteger definharam, apesar de o pacto nunca ter sido rompido. Como as nascentes acima do lago, o povo continuou a fazer o que foi destinado a fazer, não importando qual destino estivesse a sua espera rio abaixo. O povo continuou a agradecer à terra, embora grande parte da terra não tivesse motivos para agradecer às pessoas.

Gerações de sofrimento, gerações de perdas, mas também de força — o povo não se rendeu. Contavam com os espíritos a seu lado. E com os ensinamentos tradicionais. E com a lei. Onondaga é uma raridade nos Estados Unidos, uma nação originária que nunca abdicou de seu governo tradicional, nunca renunciou à sua identidade nem fez concessões, e manteve seu status de nação soberana. As leis federais foram ignoradas pelos próprios autores, mas o povo Onondaga ainda vive de acordo com os preceitos da Grande Lei.

Do sofrimento e de sua força emanou um poder crescente, e esse ressurgimento se tornou público em 11 de março de 2005, quando a Nação Onondaga apresentou uma queixa na corte federal com o objetivo de reclamar o título de propriedade das terras originais perdidas, a fim de, mais uma vez, poder exercer suas responsabilidades de dar e receber. Enquanto anciãos se iam e bebês se tornavam anciãos, o povo conservou vivo o sonho de recuperar suas terras ancestrais, embora não tivesse voz legal para lutar por seus direitos. Os tribunais de justiça lhe mantiveram as portas trancadas décadas a fio. À medida que a conjuntura judiciária sofria graduais alterações, o que permitiu aos povos originários mover ações federais, outras nações Haudenosaunee abriram processos para recuperar suas terras. O mérito dessas reivindicações foi confirmado. A Suprema Corte dos Estados Unidos decretou que a tomada das terras Haudenosaunee fora feita de maneira ilegal e o povo, ludibriado. As terras indígenas tinham sido "compradas" de forma ilícita e violavam a Constituição dos Estados Unidos. O estado de Nova York foi intimado a fechar um acordo, apesar da dificuldade em decidir as compensações e reparações.

Algumas nações negociaram seus direitos à terra em troca de pagamentos em dinheiro ou taxas de exploração dos terrenos, ou licenças de cassinos, na tentativa de escapar da pobreza e garantir a sobrevivência cultural nos territórios remanescentes. Outros tentaram recuperar suas terras originais por meio da compra, caso os proprietários estivessem dispostos a vender, mediante permuta de terras com o estado de Nova York, ou pela ameaça de ações judiciais contra proprietários individuais.

A abordagem da Nação Onondaga foi diferente. Sua reivindicação foi feita em conformidade com as leis dos Estados Unidos, mas seu poder moral residiu nas diretivas da Grande Lei: agir em nome da paz, do mundo natural e das gerações futuras. A nação não moveu uma ação pela reivindicação das terras por saberem que a terra não é propriedade, mas dádiva, a que mantém a vida. Tadodaho Sidney Hill afirmou que a Nação Onondaga jamais pretendia evacuar pessoas de seus lares. O povo Onondaga conhece bem demais a dor da destituição Ação pelos Direitos da Terra. A petição começou com uma declaração sem precedentes na Lei Indígena:

> O povo Onondaga deseja proporcionar a cura para si e para todos os demais que vivem nesta região, lar de toda a Nação Onondaga desde o início dos tempos. A Nação Onondaga e seu povo têm uma relação única, espiritual, cultural e histórica com a terra, personificada na

Gayanashagowa, a Grande Lei da Paz. Essa relação prevalece sobre as preocupações com as propriedades, a posse e quaisquer outros direitos legais federais ou estaduais. O povo está conectado com a terra e se considera seu guardião. É dever dos líderes da Nação encarregar-se da recuperação desta terra, de sua proteção e de sua transmissão às futuras gerações. A Nação Onondaga move essa ação em nome de seu povo, na esperança de poder acelerar o processo de reconciliação e proporcionar justiça, paz e respeito duradouros entre todos os habitantes desta área.

A ação de direito às terras da Nação Onondaga buscava o reconhecimento legal do título de suas terras, e não a remoção de seus vizinhos nem o fomento de cassinos, que consideram destrutivos para a vida comunitária. Sua intenção era ganhar o status legal para promover a restauração das terras. Só de posse dos títulos das terras poderiam assegurar a recuperação das zonas degradadas pelas minas e a limpeza do lago Onondaga. Tadodaho Sidney Hill afirma: "Fomos obrigados a manter distância e observar o que acontecia com a Mãe Natureza, sem que ninguém levasse em conta nossa opinião. A ação pelos direitos da terra nos dará voz."

Não obstante a lista de réus ser encabeçada pelo estado de Nova York, que se apossou ilegalmente das terras, a ação judicial também incluiu corporações responsáveis pela degradação: uma pedreira, uma mina, uma usina hidroelétrica poluidora do ar e a sucessora da Allied Chemical, dona de um nome mais doce, a Honeywell Incorporated.

Mesmo antes da ação, a Honeywell já havia sido condenada a providenciar a limpeza do lago. Contudo, perdura o grande debate a respeito da melhor forma de lidar com os sedimentos contaminados, para que a recuperação natural possa prosseguir. Dragar, tapar ou simplesmente deixar para lá? Os órgãos ambientais estaduais, municipais e federais oferecem soluções que abrangem uma ampla faixa de preços. Os aspectos científicos expostos nas propostas concorrentes para a restauração do lago são complexos, e cada cenário apresenta vantagens e desvantagens ambientais e econômicas.

Após décadas de relutância, a empresa, como era de se prever, apresentou seu próprio plano de limpeza, que contempla custo mínimo e mínimos benefícios também. A Honeywell negociou um plano para dragar e limpar os sedimentos com maior nível de contaminação e enterrá-los num aterro sanitário nos leitos de resíduos. Talvez seja um bom começo, mas o volume dos contaminantes repousa disseminado nos sedimentos espalhados por todo o fundo do lago, de onde entram na cadeia alimentar. O plano da Honeywell é deixar esses sedimentos onde estão e cobri-los com uma camada de areia de pouco mais de dez centímetros, o que promoveria a isolação parcial do ecossistema. Mesmo se esse isolamento fosse tecnicamente viável, a proposta seria cobrir menos de metade do fundo do lago, ou seja, no restante do lago os contaminantes permaneceriam em circulação.

O chefe Onondaga Irving Powless comparou a solução a colocar um *band-aid* no fundo do lago. *Band-aids* são perfeitos para machucados pequenos, mas "não se prescreve *band-aid* para tratar um paciente de câncer". A Nação Onondaga exigiu a limpeza meticulosa do lago sagrado. No entanto, a ausência do título de propriedade legal não permitiria à nação discutir com os demais, em termos iguais, à mesa de negociações.

A esperança era a história se transformar em profecia, e a Nação Onondaga acabar com as cobras do cabelo da Allied Chemical. Enquanto outras nações discutiam os custos da limpeza, a Onondaga assumiu uma postura que subverteu a costumeira equação, na qual se prioriza a economia em detrimento do bem-estar. A Ação pelos Direitos da Terra da Nação Onondaga estipulou a limpeza completa como parte da restituição; medidas parciais não seriam aceitas. A seu clamor pelo saneamento da bacia hidrográfica, uniram-se os moradores não indígenas das terras, numa parceria extraordinária, Os Vizinhos da Nação Onondaga.

Em meio a todas essas disputas legais, debates técnicos e modelos ambientais, é importante não perder de vista a natureza sagrada da missão: transformar esse mais profanado lago merecedor do trabalho da água novamente. O espírito do Pacificador ainda caminha ao longo dessas orlas. A ação legal abrangia não apenas os direitos *à* terra, mas também os direitos *da* terra, o direito de ser plena e saudável.

Audrey Shenandoah, a Mãe do Clã, deixou claro seu objetivo: "Não estamos interessados em cassinos, nem em dinheiro, nem em vingança", disse ela. "Nessa ação, buscamos justiça. Justiça para as águas. Justiça para os seres de quatro patas e com asas, cujos *habitats* foram tomados. Buscamos justiça não para nós, mas justiça para a totalidade da Criação."

Na primavera de 2010, o tribunal federal proferiu a sentença referente à ação judicial movida pela Nação Onondaga. O pleito foi indeferido.

Diante da injustiça cega, como prosseguir? Como persistir em nossa responsabilidade de curar a Terra?

A primeira vez que ouvi falar desse lugar, ele já esgotara as chances de ser salvo. E ninguém tinha nem sequer conhecimento disso. O lugar fora mantido em segredo. Até um dia aparecer do nada uma placa misteriosa.

## SOCORRO

Letras maiúsculas verdes grandes o suficiente para ocupar um campo de futebol, ao lado da autoestrada. Mesmo assim, ninguém prestou atenção.

Quinze anos depois, voltei a morar em Siracusa, onde tinha estudado e observado essas letras desbotarem, ficarem marrons e desaparecerem naquele movimentado trecho da estrada. Entretanto, a lembrança daquela mensagem não se apagou — eu precisava ver o lugar de novo, com meus próprios olhos.

Era uma bonita tarde de outubro e eu não tinha aulas. Não sabia ao certo como encontrar o local, mas ouvira rumores. O lago estava tão azul que quase consegui esquecer do que se tratava. Passei de carro pelos fundos do parque de diversões, há tempos fechado e desolado. Numa estradinha de terra, encontrei os portões de segurança escancarados e sacudidos pelo vento e entrei. No estacionamento destinado a milhares de visitantes, só havia um carro: o meu.

Não pensem que havia mapas para mostrar o que existia atrás das cercas, mas avistei uma espécie de pista na direção oposta ao lago, e lá fui eu, não sem antes me certificar de trancar bem o carro naquele lugar abandonado. Não pretendia demorar; ainda teria tempo de sobra para pegar minhas filhas na escola.

A pista não passava de uma faixa esburacada em meio a um matagal de caniços-de-água, alto e denso a ponto de erguer um muro de cada lado. Já tinham me dito que, todo verão, o esterco dos estábulos das feiras estaduais era despejado ali. As pilhas de excrementos das vacas leiteiras premiadas e dos elefantes que carregavam as crianças na garupa iam parar nos leitos de detritos. Tempos depois, a cidade resolveu adotar o mesmo procedimento, e passou a despejar toda a água do esgoto no local. Em consequência, o lago ficou inteiramente coberto e nele cresceram os caniços-de-água, cuja cabeça emplumada ultrapassava em vários centímetros a minha. Acabei perdendo o lago de vista, bem como o senso de direção, em meio ao capricho das hastes que roçavam, esbarravam umas nas outras e ondulavam ao vento num hipnótico balanço. A faixa bifurcou primeiro para a esquerda, em seguida para a direita, e se tornou um labirinto murado sem pontos de referência de qualquer espécie. Senti-me como um rato num experimento de caniços-de-água. Peguei o atalho que parecia seguir na direção do lago e comecei a desejar ter trazido a bússola.

Ao longo dessas margens, há 607 hectares de terras devastadas. Mesmo o barulho da autoestrada, em geral um bom localizador de direção, foi abafado pelo som sibilante dos juncos. Senti um arrepio na espinha. E a insidiosa desconfiança de que aquele não era um bom lugar para estar sozinha. Contudo, repeti para mim mesma que não havia motivo para sentir medo. Não havia absolutamente ninguém ali com quem me preocupar. Quem seria louco de vir a este maldito lugar? Quem a não ser outro biólogo, que eu ficaria feliz em encontrar? Ou isso, ou um assassino brandindo um facão, ou um machado, ou já desovando um corpo nos juncos. O corpo jamais seria encontrado.

Segui o caminho que serpenteava de um lado para outro até vislumbrar a copa de um álamo. Podia ouvir o inconfundível farfalhar das folhas a distância. Um bem-vindo ponto de referência. Outra curva na pista me ofereceu a visão completa da árvore: um grande álamo cujos galhos grossos abertos cobriam a estrada. Do galho mais baixo, pendia um corpo humano. E, junto, uma corda sem nó balançava ao vento.

Gritei e saí correndo. Em pânico, peguei o primeiro caminho a minha frente, totalmente murado pelos juncos. Com o coração saindo pela boca, corri às cegas, sem parar, até encontrar o beco sem saída de todos os filmes de terror. Ali, no cenário assustador, um carrasco de capuz preto, braços musculosos e, óbvio, um machado do qual gotejava sangue. Um corpo de mulher, curvado sobre a guilhotina, e os cachos louros esvoaçantes da cabeça decapitada. Não me movi. Tampouco eles. Tudo permaneceu absolutamente imóvel.

Haviam aberto no matagal um espaço onde construíram um aposento de paredes de junco como um diorama de museu, com vultos em tamanho natural, em cenas aterrorizantes. Suspirei de alívio. Nenhum cadáver. Apenas a presença palpável de uma imaginação doentia supunha um ligeiro aprimoramento em relação aos cadáveres reais. Para piorar ainda mais a situação, agora eu estava completamente perdida no labirinto, louca para estar em outro lugar, de preferência à espera da chegada de minhas filhas no ônibus escolar. Ao pensar nelas, recobrei as forças e me movimentei da forma mais lenta possível, desejando evitar ser detida pelos membros dos cultos satânicos que povoavam minha imaginação.

Em busca da saída, encontrei outros aposentos em meio a clareiras: a simulação de uma cela de prisão com uma cadeira elétrica, uma sala de hospital com uma paciente na camisa de força e uma enfermeira assustadora, e, por último, uma sepultura aberta com um ocupante de unhas compridas rastejando. Depois de outra volta pelos fantasmagóricos juncos, saí no estacionamento. As luzes dos postes lançavam sombras compridas. Meu carro estava visível na outra extremidade. Busquei as chaves no bolso. Ainda estavam ali. Na certa, eu conseguiria chegar até o carro. Não conseguia enxergar se o portão estava aberto ou fechado. Voltei-me para dar uma última olhada. Em uma das laterais, uma placa com letras bonitas jogada ao chão:

Solvay Lions Club
Passeio no trem fantasma
24 a 31 de outubro
20h-24h

Ri da minha própria tolice. Mas depois caí no choro.

Os leitos de detritos da Solvay: o cenário perfeito para nossos medos. Não devíamos ter medo das assombrações, mas do que havia debaixo delas. Embaixo de dezoito metros de resíduos industriais, toxinas infiltram-se nas sagradas águas do lago Onondaga, no lar de meio milhão de pessoas. A morte pode ser mais lenta que o golpe do machado, mas é tão macabra quanto. O carrasco esconde o rosto, mas seus nomes são conhecidos: Solvay Process, Allied Chemical and Dye, Allied Chemical, Allied Signal e, agora, Honeywell.

Para mim, ainda mais aterrorizante que o ato em si é a mente que permitiu que isso acontecesse, pessoas para quem não tinha a menor importância encher um lago de detritos tóxicos. Pouco importa o nome das empresas, mas indivíduos sentavam-se às mesas desses escritórios, pais que levavam os filhos para pescar, mas tomaram a decisão de encher o lago de lixo. Seres humanos de carne e osso provocaram esse desastre, e não corporações sem rosto. Ninguém sofreu ameaças, nenhuma circunstância atenuante os obrigou a tal atitude; pensavam apenas em negócios, como de hábito. E os moradores da cidade permitiram que isso ocorresse. Nas entrevistas, os funcionários da

Solvay repetem a história típica: "Estava apenas cumprindo minha obrigação. Tinha família para alimentar e não ia me preocupar com o que acontecia lá nos leitos de resíduos."

A filósofa Joanna Macy escreve a respeito das justificativas inventadas por e para nós mesmos, com o objetivo de impedir encararmos os problemas ambientais. Ela cita R. J. Clifton, psicólogo que estuda as reações humanas diante de catástrofes: "A supressão de nossas reações naturais ao desastre faz parte da doença de nossa época. A recusa em reconhecer essas respostas provoca uma perigosa cisão. Trata-se do divórcio entre nossos cálculos mentais e o nosso lado intuitivo, emocional e biológico enraizado na matriz da vida. Essa cisão nos permite aquiescer, passivos, aos preparativos do nosso próprio aniquilamento."

*Leitos de resíduos*: novo nome para um ecossistema inteiramente novo. *Resíduo*: substantivo masculino. Aquilo que resta, resto, matéria insolúvel que se deposita num filtro. Sobra, refugo, rebotalho, excremento, fezes, desperdício, lixo. Os usos mais contemporâneos são "produto indesejado de manufatura", "material industrial rejeitado ou jogado fora". Portanto, as terras de resíduos são as terras jogadas fora, rejeitadas. Em inglês, o termo usado é *waste bed*. E o verbo *to waste* significa desperdiçar, menosprezar, dissipar, desperdiçar. Pergunto-me como a percepção pública dos leitos de resíduos da Solvay seria modificada caso, ao invés de escondê-las, colocássemos uma placa na autoestrada na qual convidaríamos as pessoas a visitar as margens do lago e as definíssemos como "terra desperdiçada coberta de fezes industriais".

As terras arruinadas foram aceitas como dano colateral do progresso. Nos anos 1970, o professor Norm Richards, da Faculdade de Ciências Ambientais e Florestais em Siracusa decidiu realizar um dos primeiros estudos acerca da ecologia disfuncional dos leitos de resíduos. Frustrado com a falta de preocupação das autoridades locais, "Norman, o tempestuoso" decidiu resolver o assunto por conta própria. Seguindo a mesma faixa de terra pela qual caminhei anos depois, ele adentrou o terreno cercado, às margens do lago, descarregou seu equipamento de agricultura de guerrilha e empunhou a semeadeira pelas extensas colinas de resíduos de frente para a autoestrada. Calculou com exatidão onde plantar o monte de sementes de grama e onde colocar os fertilizantes. Vinte passos para o norte, dez para o leste e depois de volta para o norte. Poucas semanas depois, a palavra "socorro" apareceu, escrita em letras de grama, medindo doze metros de comprimento, nas colinas áridas. Dada a escala dos terrenos baldios, seria possível escrever um extenso tratado em "caligrafia fertilizada", porém essa única palavra era a palavra exata. A terra tinha sido sequestrada. Amordaçada e amarrada, não podia falar por si.

Os leitos de detritos são todos iguais. Sua origem e composição química variam de um lugar para outro, da minha região para a sua, mas cada um de nós pode citar o nome de um desses lugares mortalmente feridos. Nós os trazemos em nossa mente e nosso coração. A questão é, como reagir?

Poderíamos escolher trilhar o caminho do medo e do desespero. Poderíamos documentar todas as aterrorizantes cenas da destruição ecológica sem que jamais faltasse material para uma volta no trem fantasma, onde seriam exibidos os desastres ambientais e criaríamos um chocante quadro de tragédias ambientais, dignas de pesadelos, em espaços esculpidos a partir de monoculturas de plantas invasivas, à beira do lago com maior contaminação química dos Estados Unidos. Poderíamos mostrar cenas de pelicanos cobertos de óleo. Que tal assassinos com motosserras desmatando as colinas e inundando os rios? Ou cadáveres de primatas extintos na Amazônia? Além de pradarias pavimentadas e transformadas em estacionamentos. Ou até mesmo ursos-polares encalhados em placas de gelo semiderretidas.

O que tal visão provocaria além de angústia e lágrimas? Joanna Macy escreve que, enquanto não sofrermos por nosso planeta, não o poderemos amar — o sofrimento é um sinal de saúde espiritual. Não basta, porém, chorar pelas paisagens perdidas; precisamos pôr as mãos na terra para nos tornarmos plenos de novo. Mesmo ferido, o mundo nos alimenta. Mesmo ferido, o mundo nos preserva, nos proporciona momentos de espanto e alegria. Entre a alegria e o desespero, escolho a alegria. Não por enfiar a cabeça na areia feito um avestruz, mas porque alegria é o que a terra me proporciona todos os dias, e devo retribuir o presente.

Recebemos avalanches de informações acerca dos danos causados ao planeta pelos seres humanos e não ouvimos quase nada a respeito de como podemos contribuir para seu aprimoramento. Não me surpreende que o meio ambiente se torne sinônimo de previsões calamitosas e sentimento de impotência. Nossa tendência natural a fazer o que é certo em prol do mundo foi sufocada e gera desespero quando deveria inspirar ação. Nossa participação ativa em prol do bem-estar da Terra se perdeu, e nossas relações recíprocas foram reduzidas a uma placa: mantenha a distância.

Quando meus alunos ouvem falar da última ameaça ao meio ambiente, logo começam a divulgar a notícia. Dizem: "Se as pessoas soubessem que os leopardos-das-neves estão sendo extintos", "Se as pessoas soubessem que os rios estão morrendo". Se as pessoas soubessem... Fala sério, então fariam o quê? Mudariam o comportamento? Embora respeite a fé depositada nas pessoas, até agora a fórmula "*se/então*" não tem funcionado. Todos *sabem* as consequências do dano coletivo, *sabem* o preço da economia de extração, mas não param. Ficam muito tristes, mas também muito quietos. Tão quietos que a proteção ambiental, que lhes permite comer, respirar e imaginar um futuro para os filhos, nem sequer consta da lista de suas dez maiores preocupações. A volta no trem fantasma pelos depósitos de lixos tóxicos, pelo derretimento das geleiras, pela ladainha das projeções do fim do mundo — só levam quem ainda escuta ao desespero.

O desespero é paralisante. Ele nos impede de agir. Ele nos cega quanto a nosso próprio poder e ao poder da terra. O desespero ambiental é um veneno tão destrutivo quanto a metilação do mercúrio no fundo do lago Onondaga. Mas como podemos nos entregar ao desespero quando a terra está implorando por "socorro"? A restauração é um poderoso antídoto para o desespero. A restauração oferece meios concretos pelos quais os seres humanos podem mais uma vez ter uma relação positiva e criativa com o mundo mais-que--humano, assumir responsabilidades tanto materiais quanto espirituais. Não basta sofrer. Não basta parar de agir do modo errado.

Desfrutamos do banquete generosamente servido pela Mãe Natureza, mas agora os pratos estão vazios e a sala de jantar virou uma bagunça. Chegou a hora de lavarmos a louça na cozinha da Mãe Natureza. Lavar a louça é visto como tarefa enfadonha, mas todos que migram para a cozinha depois das refeições sabem que a festa continua lá, e damos gargalhadas, temos boas conversas e fazemos amizades. Lavar a louça, bem como cuidar da restauração, estabelece relações.

Como abordamos a restauração da terra depende, claro, do que acreditamos significar essa "terra". Se a terra não passa de uma propriedade, então a restauração é bem diferente do que seria, caso a terra fosse a fonte da economia de subsistência e um lar espiritual. Restaurar a terra para a produção de recursos naturais não equivale à renovação da terra como identidade cultural. Temos de refletir a respeito do significado da palavra "terra".

Essa e outras questões são formuladas nos leitos de detritos da Solvay. Em certo sentido, as "novas" terras dos leitos de detritos representam a tábula rasa na qual uma série de ideias foram escritas, em resposta ao urgente pedido de socorro. Elas estão espalhadas em cima dos leitos de resíduos, em cenários tão evocativos quanto os quadros vivos apresentados durante o passeio no trem fantasma. Uma volta à beira do lago Onondaga captura a abrangência do que pode significar a terra e as várias maneiras possíveis de restauração.

Nossa primeira parada teria de ser a tábula rasa, o lixo industrial branco despejado em cima do que já foi um gramado verde à beira do lago. Em alguns lugares, o terreno é tão baldio quanto no dia em que os sedimentos foram expelidos; parece um deserto de giz. Nossa maquete deveria incluir a imagem de um trabalhador colocando a tubulação, mas atrás dele haveria um homem de terno. O cartaz na primeira parada deveria assinalar: terra como capital. Se a terra não passa de um meio para ganhar dinheiro, então esses sujeitos estão agindo de maneira correta.

O apelo de socorro de Norm Richards começou nos anos 1970. Se bastavam nutrientes e sementes para trazer de volta o verde aos leitos de detritos, a cidade tinha uma resposta a seu alcance. Nas colinas de sedimentos residuais sobre os terraços dos leitos de detritos, encontravam-se tanto os nutrientes necessários para o crescimento das plantas quanto as soluções destinadas a se desfazerem da água de tratamento da fábrica. O resultado foi o pesadelo de caniços-de-água, uma densa monocultura de juncos invasivos de três metros de altura, que excluíram qualquer outra forma de vida. Segunda parada do nosso passeio. Na placa está escrito: terra como propriedade. Se a terra não passa de propriedade privada, uma mina de "recursos", então é possível fazer o que bem se entende com ela e seguir em frente.

Até pouco mais de trinta anos, esconder os danos causados era sinônimo de responsabilidade — uma abordagem no estilo "terra como lixeira". As determinações políticas exigiam apenas que as terras arruinadas por minas ou indústrias tinham que ser cobertas com vegetação. Devido a essa estratégia de "grama sintética", a empresa de mineração que destruísse uma floresta povoada por duzentas espécies poderia satisfazer suas responsabilidades legais ao plantar alfafa sobre os dejetos e adubar a terra com um misto de irrigação e fertilizantes. Uma vez fiscalizada e aprovada a área por inspetores federais, a empresa poderia colocar uma faixa de missão cumprida, desligar os pulverizadores e se mandar. A vegetação desapareceria quase tão rápido quanto os executivos das empresas.

Por sorte, cientistas como Norm Richards e vários outros tiveram uma ideia melhor. Quando eu estava na Universidade de Wisconsin, no início dos anos 1980, nas tardes de verão eu passeava com o jovem Bill Jordan pelas trilhas de arvoredo, onde uma série de ecossistemas naturais havia sido instalada em terrenos abandonados, em homenagem ao conselho de Aldo Leopold: "O primeiro passo para uma reparação inteligente é salvar todas as peças." Numa época em que o preço pago por permitir lugares como os leitos de detritos da Solvay começava afinal a ser compreendido, Bill vislumbrou uma ciência de restauração ecológica totalmente inovadora, na qual os ecologistas empregariam suas habilidades e sua filosofia a serviço da cura da terra, não pela imposição de uma camada de vegetação industrial, mas pela recriação dos territórios naturais. Bill não se entregou ao desespero. Não largou sua ideia na estante. Converteu-se no catalisador e cofundador da Sociedade para a Restauração Ecológica.

Em consequência de esforços como os de Bill, novas leis e políticas exigiram a evolução do conceito de "restauração" ambiental: locais recuperados teriam que não apenas se parecer com a natureza, mas também possuir integridade funcional. O Conselho Nacional de Pesquisas definiu, portanto, a restauração ecológica da seguinte maneira:

> O retorno de um ecossistema a uma condição próxima da existente antes da perturbação. O conceito de restauração implica a reparação do dano ecológico causado ao recurso. Tanto a estrutura e a função do ecossistema são recriadas. A mera recriação da forma sem função, ou a função numa configuração artificial que tenha pouca semelhança com o recurso natural, não se constitui restauração. O objetivo é emular a natureza.

Se voltássemos ao trem fantasma, ele nos levaria a um experimento de restauração na Parada nº 3, outra versão do que essa terra poderia ser, do que poderia significar. O grande mosaico verde cintilante, em contraste com o branco da cal, é visível a distância. Movendo-se como um campo de ervas, a cena poderia ser intitulada terra como máquina e exibir manequins de engenheiros e silvicultores encarregados da máquina parados diante das mandíbulas vorazes de uma ceifadora elétrica e de uma interminável plantação de arbustos de salgueiros, densos como os caniços-de-água e não muito diferentes. O objetivo é restabelecer a estrutura e, sobretudo, a função, com um objetivo bastante específico.

Aqui a intenção é usar as plantas como solução para evitar a poluição da água. Quando a água da chuva se filtra pelos leitos de detritos, absorve altas concentrações de sal, alcaloides e uma série de outros componentes que arrasta direto para o lago. Os salgueiros são os campeões em absorção de água, a qual transpiram para a atmosfera. A ideia é usar os salgueiros como uma esponja verde, uma máquina viva para interceptar a chuva antes que chegue aos sedimentos. Como benefício extra, os salgueiros podem ser ceifados periodicamente e usados como matéria-prima para a produção de digestores de biomassa. O processo de fitorremediação, no qual são usadas plantas para purificar ambientes contaminados ou poluídos é promissor, mas a monocultura industrial de salgueiros, por mais bem-intencionada, não atende aos padrões da verdadeira restauração.

Esse tipo de solução se origina da visão mecanicista da natureza, na qual a terra é uma máquina e os homens são seus condutores. Nesse paradigma reducionista, materialista, as soluções impostas pela engenharia fazem sentido. Mas e se levássemos em conta a cosmovisão indígena? O ecossistema não é uma máquina, mas uma comunidade de seres soberanos, de sujeitos e não de objetos. E se entregássemos a esses seres o comando?

Podemos subir de novo no trem fantasma e seguir até o próximo cenário, só que este não está bem sinalizado. Estende-se da mais antiga área dos leitos do lago até outra, formada por um mosaico de vegetação desordenada. Os ecologistas da restauração realizada na Parada nº 4 não são cientistas de universidades ou engenheiros do mundo corporativo, e sim as mais velhas e eficientes curadoras da terra. São as próprias plantas, representantes do projeto da empresa Mãe Natureza e Pai Tempo Ltda.

Depois daquela memorável excursão de Halloween, anos atrás, passei a me sentir completamente à vontade nos leitos de resíduos e gostava de percorrer o local, a fim de observar a restauração em ação. Nunca mais encontrei outro cadáver. Contudo, isso é parte do problema. São os cadáveres, é evidente, que estruturam o solo e perpetuam o ciclo nutritivo que, por sua vez, impulsiona a vida. O "solo", aqui, não passa de um vazio esbranquiçado.

Aqui há grandes extensões de leitos de detritos sem uma coisa viva sequer, mas há também professoras de cura da terra, que atendem pelos nomes de Bétula e Amieiro, Bordo e Plátano, Tabua-Larga, Musgo e *Panicum virgatum*. Nem nos terrenos mais áridos, nas feridas que lhes infligimos, as plantas nos deram as costas; pelo contrário, voltaram.

Algumas valentes árvores se estabeleceram, a maioria constituída pelos álamos e *aspens*, fortes o suficiente para aguentar esse tipo de solo. Há zonas de arbustos, algumas áreas com ásteres e varas-de-ouro, mas, em geral, costumamos encontrar reduzidas faixas de erva comum dispersas, ervas daninhas ao longo da estrada. Dentes-de-leão, ervas-de-santa-maria, chicórias-bravas e cenouras-selvagens levados pelo vento ali se estabeleceram. Grande variedade de leguminosas, capazes de prover a fixação biológica do nitrogênio, e trevos de todas as espécies também vieram cumprir sua missão. Esse campo verde e em esforço constante é, para mim, uma forma de pacificação. As plantas são as primeiras ecologistas da restauração. Usam seus dons para curar a terra e nos mostrar como ter êxito na tarefa.

Imagine a surpresa das plantas jovens ao brotarem das sementes em um leito de detritos e encontrarem um *habitat* no qual ninguém, de sua longa linhagem botânica, jamais vivera. A maioria acabou morta por culpa da seca, do sal ou da exposição, ou por falta de nutrientes, mas poucas sobreviveram e se empenharam ao máximo para seguir em frente. Em especial as ervas. Quando enfio a pá na terra, embaixo do solo coberto pelas ervas, ele está diferente. Os detritos embaixo da superfície já não são mais de tonalidade branca leitosa, nem escorregadios, mas de um cinza-escuro e grumoso, esfarelando entre meus dedos. Há raízes espalhadas. A cor escura do solo é proveniente do húmus; os resíduos estão se modificando. Na verdade, alguns centímetros abaixo, continua denso e esbranquiçado, mas a camada da superfície é promissora. As plantas estão desempenhando sua função, reconstruindo o ciclo de nutrientes.

Caso se ajoelhe, verá formigueiros do tamanho de moedas de vinte e cinco centavos. A terra granulada amontoada pelas formigas ao redor do buraco é branca como a neve. Com suas minúsculas mandíbulas, elas retiram os detritos do interior da terra, grão a grão, e os substituem por sementes, e pedacinhos de folhas. As ervas alimentam as formigas com sementes, e as formigas alimentam as ervas enriquecendo o solo. Fazem um intercâmbio de vida pelo processo da alimentação. Elas compreendem suas interconexões; compreendem que da vida de uma depende a vida de todas. Folha por folha, raiz por raiz, as árvores, as frutas silvestres e as ervas unem forças, assim como os pássaros, os cervos e os insetos que a elas vieram se juntar. E assim é feito e refeito o mundo.

Trazidas pelo vento, bétulas cinza pontilham o topo do leito de resíduos e se alojam, fortuitamente, contra um coágulo gelatinoso de algas *Nostoc* que borbulham no charco. Protegida pela altruísta espuma dessas algas, a bétula pode crescer e se desenvolver graças à absorção de nitrogênio. Agora são elas as maiores árvores aqui, mas não estão sozinhas. Abaixo de cada bétula, há pequenos arbustos. E não quaisquer arbustos, pois produzem frutas suculentas: cereja-do-passarinho, madressilva, espinheiro-marítimo, amora. Esses arbustos estão ausentes do vasto espaço localizado entre as bétulas. Essa frutificação fala dos pássaros que passaram pelos leitos de resíduos e se detiveram para se empoleirar nas árvores e defecar sua carga de sementes nas sombras das bétulas. Mais frutos atraem mais pássaros, que derrubam mais sementes, que alimentam as formigas, e assim por diante. Esse mesmo padrão de reciprocidade está escrito por toda a paisagem. É um dos elementos que honro nesse lugar. Aqui é possível ver inícios, os pequenos processos de incrementação com que se constroem comunidades ecológicas.

Os leitos de detritos estão voltando a ficar verdes. Quando não sabemos o que fazer, a terra sabe. Todavia, espero que esses leitos de detritos não desapareçam por completo — são necessários para nos recordar do que somos capazes. Temos a oportunidade de aprender com eles, compreender a nós mesmos como alunos da natureza, e não mestres. Os melhores cientistas são humildes o bastante para escutar.

Podíamos chamar essa cena de a terra professora, a terra curadora. Só com as plantas e os processos naturais no comando, o papel da terra como fonte renovável de conhecimento e discernimento ecológico se torna aparente. Os prejuízos causados pelos seres humanos geraram ecossistemas modernos, e as plantas aos poucos vão se adaptando e nos mostrando o caminho para a cura das feridas. Esse é um testemunho da engenhosidade e da sabedoria das plantas, mais do que qualquer ação das pessoas. Espero termos a sabedoria de deixar que continuem a realizar seu trabalho. A restauração é uma oportunidade de parceria, de prestação de ajuda. Nossa parte do trabalho ainda não está completa.

Só nos últimos anos, o lago apresentou sinais de esperança. À medida que as fábricas fecharam e os cidadãos construíram melhores sistemas de tratamento de esgoto, as águas começaram a reagir. A resiliência natural do lago marca sua presença em pequeninos incrementos do nível de oxigênio e no retorno dos peixes. Hidrogeologistas redirecionam as energias dos vulcões de lama para a liberação de sua carga. Engenheiros, cientistas e ativistas aplicaram o dom da engenhosidade humana a serviço da água. A água também cumpriu sua parte. Com menos resíduos, os lagos e riachos parecem estar se limpando sozinhos à medida que a água flui. Em certos pontos, as plantas aos poucos povoam o fundo do lago. As trutas foram mais uma vez encontradas, e, quando a qualidade da água começou a melhorar, virou manchete de primeira página. Um casal de águias foi avistado na margem norte. As águas não se esqueceram de sua responsabilidade. As águas nos lembram que, quando usamos nossos dons de cura, elas são capazes de usar os delas.

O potencial de limpeza da água em si é uma força pujante e proporciona ainda mais valor ao trabalho à frente. A presença de águias parece um sinal de sua fé nos seres humanos. Mas o que lhes acontecerá quando pescarem peixes das águas feridas?

O lento acréscimo da comunidade de espécies herbáceas pode ser parceira da restauração. Ao desenvolverem estrutura e função de ecossistema, começam de forma muito lenta a criar serviços ecossistêmicos tais como o ciclo de nutrientes, a biodiversidade e a formação de solo. Num sistema natural, claro, não há outro objetivo além da proliferação da vida. Em contrapartida, na restauração profissional, os ecologistas concebem seu trabalho com base na aproximação do "ecossistema de referência", ou do sistema prévio aos danos, a condição originária.

A comunidade voluntária criada nos leitos de detritos é "naturalizada", mas não nativa. É pouco provável que se torne a comunidade de plantas que a Nação Onondaga reconheceria do seu passado ancestral. O resultado não será uma paisagem nativa, com as plantas que aqui viviam quando a Allied Chemical ainda não passava do vislumbre de uma chaminé. Dadas as dramáticas mudanças causadas pela contaminação industrial, provavelmente não será possível recriar pântanos de cedro e plantações de arroz selvagem sem ajuda. Confiamos nas plantas para realizar seu trabalho, mas à exceção das voluntárias trazidas pelo vento, novas espécies não podem chegar aqui cruzando autoestradas e hectares de instalações industriais. A Mãe Natureza e o Pai Tempo podiam usar alguém para empurrar carrinhos de mão, e alguns seres intrépidos já se apresentaram como voluntários.

As comunidades de plantas que florescerão nesse entorno são tolerantes ao "solo" salgado e encharcado. Difícil imaginar um ecossistema de referência de espécies nativas que pudesse sobreviver em tais condições. Entretanto, antes do período dos assentamentos, havia nascentes salgadas ao redor do lago, e elas suportaram uma das mais raras comunidades de plantas nativas, o pântano salobre. O professor Don Leopold e seus alunos trouxeram carrinhos de mão abarrotados dessas plantas nativas ausentes e realizaram testes de plantio, observando sua sobrevivência e seu crescimento na esperança de bancarem as parteiras para a recriação de um pântano de água salobra. Fiz uma visita aos alunos para ouvir suas histórias e observar as plantas. Algumas tinham morrido, outras aguentavam aos trancos e barrancos e outras floresciam.

Dirigi-me à área onde o verde parecia mais intenso; uma leve fragrância despertou minha memória, e depois sumiu. Só podia ser fruto da minha imaginação. Detive-me para admirar uma pujante plantação de varas-de-ouro e ásteres. Ao testemunharmos o poder regenerativo da terra, nos damos conta da resiliência, das oportunidades nascidas da parceria entre as plantas e os seres humanos. O trabalho de Don se enquadra à perfeição na definição científica de restauração: trabalhar em busca da estrutura e da função do ecossistema e da administração dos serviços ecossistêmicos. Deveríamos fazer dessa planície, onde começam a brotar plantas nativas, a próxima parada no nosso passeio, Parada nº 5, com uma placa que diz: TERRA COMO RESPONSABILIDADE. Esse trabalho eleva o significado da restauração, ou seja, criar o *habitat* para nossos parentes não humanos.

Por mais otimista que esse cenário de vegetação restaurada seja, ele não parece completo. Ao visitá-lo com os alunos, cada um munido de uma pá, era evidente o orgulho em plantar. Perguntei o que os motivava ao trabalho e ouvi respostas como "obter dados adequados", "elaborar soluções" e "dissertações plausíveis". Ninguém mencionou o amor. Talvez tivessem receio. Eu havia participado de muitas bancas de tese nas quais os alunos eram ridicularizados por descreverem as plantas com que trabalhavam durante cinco anos usando termos nada científicos, como *lindas*. A palavra *amor* tem poucas chances de aparecer, embora eu saiba que ela está presente.

A fragrância familiar puxava minha manga de novo. Ergui os olhos e avistei o verde mais reluzente do lugar, cintilantes lâminas brilhando ao sol, sorrindo para mim como uma amiga havia tempos perdida. Ali estava ela — a erva ancestral —, crescendo num dos últimos lugares que eu poderia supor.

Mas eu já deveria saber. Ela lança timidamente rizomas através do lodo, os fios corajosos se afastam. A *wiingaashk* é a mestra da cura, é o símbolo da gentileza e da compaixão. Ela me fez recordar que a terra não tinha sido destruída, mas, sim, nossa relação com ela.

A restauração é imperativa para a cura da terra, mas a reciprocidade é imperativa para a restauração duradoura, bem-sucedida. Como outras práticas conscientes, a restauração ecológica pode ser vista como um ato de reciprocidade no qual os seres humanos exercitam a responsabilidade de cuidar dos ecossistemas que os sustentam. Nós restauramos a terra, e a terra nos restaura. Como o escritor Freeman House alerta: "Continuaremos a precisar dos conhecimentos e metodologias científicos, mas, se permitirmos que a prática da restauração seja de domínio exclusivo da ciência, teremos perdido sua mais importante promessa, nada menos que a redefinição da cultura humana."

Talvez não sejamos capazes de restaurar a bacia Onondaga e devolvê-la a sua condição pré-industrial. A terra, as plantas, os animais e os aliados humanos dão pequenos passos, mas, em última instância, será a terra a responsável pela restauração da estrutura, da função e dos serviços ecossistêmicos. Podemos debater a autenticidade do desejado ecossistema de referência, mas caberá à terra decidir. Não estamos no controle. *Só* estamos no controle de nossa relação com a terra. A natureza em si é um alvo em movimento, sobretudo no contexto de rápida mudança climática. A composição das espécies pode mudar, mas a relação sobrevive. Essa é a faceta mais autêntica da restauração. Nisso reside nosso maior desafio e a maior gratificação de nosso trabalho: restaurar a relação de respeito, responsabilidade e reciprocidade. E de amor.

Uma declaração, datada de 1994, da Indigenous Environmental Network [Rede Ambiental Indígena], explica melhor o acima exposto:

> A ciência e a tecnologia ocidentais, apesar de apropriadas para a solução da atual escala de degradação, são ferramentas conceituais e metodológicas limitadas — são a "cabeça e as mãos" para implementar a restauração. A espiritualidade indígena é o "coração" que guia a cabeça e as mãos... A sobrevivência cultural depende de terra saudável e de uma relação saudável e responsável entre os homens e a terra. As responsabilidades tradicionais de cuidado, que mantiveram a terra saudável, precisam ser expandidas a fim de abrangerem a restauração. A restauração ecológica é inseparável da restauração cultural e espiritual, bem como

inseparável das responsabilidades espirituais de cuidado e renovação do mundo.

E se pudéssemos moldar um plano de restauração nascido do entendimento dos múltiplos significados da terra? Terra como mantenedora. Terra como identidade. Terra como farmácia e loja de mantimentos. Terra como conexão com nossos ancestrais. Terra como obrigação moral. Terra como sacralidade. Terra como indivíduo.

Quando cheguei pela primeira vez a Siracusa, ainda estudante, tive um primeiro — e único — encontro com um rapaz morador da cidade. Fomos dar uma volta de carro e perguntei se podíamos ir ao lendário lago Onondaga, que eu ainda não conhecia. Concordou, relutante, e debochou do famoso ponto turístico da cidade. Quando chegamos lá, ele se recusou a sair do carro. "Fede demais", disse, tão envergonhado como se ele fosse a fonte do odor abominável. Eu nunca conhecera alguém que detestasse sua casa. Minha amiga Catherine cresceu aqui. Ela me conta que, no trajeto semanal da família a caminho da igreja aos domingos, passava pelas fábricas da Crucible Steel e da Allied Chemical. Mesmo no dia consagrado ao Senhor, a fumaça negra enchia o céu e as fábricas vertiam sedimentos dos dois lados da estrada. Quando o pastor pregava e mencionava o fogo, o enxofre e os ventos sulfurosos do inferno, ela tinha certeza de que ele se referia à Solvay. Ela acreditava que toda semana, no trajeto para a igreja, atravessava o Vale da Morte.

Medo e aversão, nossa volta pelo trem fantasma pessoal — todas as piores partes de nossa natureza estão aqui na beira do lago. O desespero fez com que as pessoas se afastassem e descartassem o lago Onondaga como causa perdida.

É verdade que, quando você caminha pelos leitos de detritos, é possível identificar a mão da destruição, mas também pode perceber a esperança no modo como uma semente pousa numa minúscula rachadura, cria raízes e começa mais uma vez a restaurar o solo. As plantas me fazem lembrar de nossos vizinhos da Nação Onondaga, povo originário que enfrentou adversidades desanimadoras, grande hostilidade e um entorno tão diferente da terra fértil onde viviam. No entanto, as plantas e os povos sobrevivem. O povo planta e o povo ser humano ainda estão aqui e cumprem suas responsabilidades.

Apesar dos numerosos reveses legais, os membros do povo Onondaga não deram as costas para o lago. Pelo contrário, são os autores de um novo enfoque para curá-lo, formulado no documento "Visão da Nação Onondaga para um lago Onondaga limpo". Esse sonho de restauração obedece aos antigos ensinamentos do Discurso de Gratidão. Saudando cada elemento da Criação, a declaração oferece visão e apoio para trazer de volta a saúde do lago e, com isso, a cura mútua entre o lago e as pessoas. É um exemplo da nova abordagem holística, denominada "restauração recíproca" ou "biocultural".

Segundo a cosmovisão indígena, uma paisagem saudável é compreendida como suficientemente plena e generosa para sustentar seus parceiros. De acordo com essa visão de mundo, a terra não é compreendida como máquina, mas como uma comunidade de pessoas não humanas a quem nós, humanos, devemos respeito e responsabilidade. A restauração exige renovar não apenas a capacidade dos "serviços ecossistêmicos", mas igualmente dos "serviços culturais". A renovação das relações inclui água na qual você possa nadar e não tenha medo de encostar a mão. Restaurar a relação significa que quando as águias retornarem, poderão comer os peixes sem riscos. As pessoas querem isso para si também. A restauração biocultural aumenta o nível de qualidade ambiental do ecossistema de referência, de modo que, conforme cuidamos da terra, ela possa de novo cuidar de nós.

Restaurar a terra sem restaurar a relação com ela é um exercício inútil. Nossa relação fará com que a terra restaurada prospere e sua saúde perdure. Portanto, reconectar as pessoas e a terra é tão essencial quanto restabelecer a hidrologia adequada ou suprimir os contaminantes. A relação é um santo remédio para a terra.

Certo dia, no fim de setembro, enquanto as máquinas revolviam a terra e dragavam os solos contaminados na margem ocidental do lago Onondaga, outro grupo trabalhava em revolver a terra na margem oriental — porém dançando. Observei os pés se moverem em círculos guiados pelo tambor de água. Mocassins bordados com miçangas, tênis de cano alto, mocassins com borlas, sandálias de dedo e escarpins de couro envernizado batiam no chão na dança cerimonial em homenagem à água. Todos os participantes haviam levado recipientes com água potável de suas casas; dentro desses recipientes carregavam as esperanças de que o lago Onondaga seria recuperado. As botas de trabalho trouxeram água das nascentes no alto das colinas, os tênis All Star verdes trouxeram água encanada da cidade e as sandálias vermelhas de madeira, aparecendo embaixo do quimono cor-de-rosa, traziam água sagrada de muito longe, do monte Fuji, para misturar sua pureza às águas do lago Onondaga. Essa cerimônia também se constitui em restauração ecológica, uma forma de curar a relação e despertar a emoção e o espírito com o propósito de beneficiar as águas. Cantores, dançarinos e oradores subiram ao palco, localizado próximo ao lago, e pediram por sua restauração. Oren Lyons, o Guardião da Fé, Audrey Shenandoah, a Mãe do Clã, e a ativista internacional Jane Goodall se uniram à comunidade nessa comunhão das águas, para celebrar a sacralidade do lago e renovar o acordo entre as pessoas e a água. Ali, às margens dele, onde no passado se erguia a Árvore da Paz, nos reunimos para plantar outra árvore e celebrar as pazes com o lago. Essa atividade também deveria constar do passeio da restauração. Parada nº 6: terra como divindade sagrada, terra como comunidade.

O naturalista E. O. Wilson escreve: "Não há propósito mais inspirador do que iniciar a era da restauração, quando teceremos de novo a espantosa diversidade da vida que ainda nos cerca." As histórias se empilham em torno dos fragmentos de terra sendo restaurados: córregos de trutas reivindicados do assoreamento, terrenos abandonados transformados em hortas comunitárias onde antes existiam áreas industriais, pradarias reivindicadas das plantações de soja, lobos uivando em seus antigos territórios, crianças de escola ajudando salamandras a atravessar a estrada. Se o seu coração não se eleva com a visão do regresso de grous-americanos a sua antiga rota migratória, você não deve ter sangue correndo em suas veias. Decerto essas vitórias são tão pequenas e frágeis quanto grous de origami, mas seu poder serve de inspiração. Suas mãos ficam irrequietas no afã de arrancar as espécies invasivas e replantar as flores nativas. Seus dedos tremem, tomados pelo desejo de explodir a obsoleta barragem e assim restaurar a corrida do salmão. Esses são os antídotos para o veneno do desespero.

Joanna Macy fala do tempo da Grande Virada: "A aventura essencial de nossa época, abandonar a Sociedade de Crescimento Industrial em prol de uma civilização capaz de dar sustento à vida." A restauração da terra e de nossa relação com ela impulsiona essa roda. "A ação a favor da vida é transformadora. Dado que a relação entre o eu e o mundo é recíproca, não se trata de primeiro sermos iluminados ou salvos para *depois* agir. À medida que trabalhamos movidos pelo propósito de curar a terra, a terra nos cura."

Ainda não chegamos à última parada em volta do lago, mas o cenário já foi planejado. Nessa cena, haverá crianças nadando, famílias fazendo piquenique.

As pessoas amam esse lago e cuidam dele. É um local para cerimônias e celebrações. A bandeira Haudenosaunee tremula junto à outra bandeira com estrelas e listras. Há gente pescando nas águas rasas e guardando os peixes. Os salgueiros se curvam graciosos, e seus ramos estão lotados de pássaros. Uma águia pousa no topo da Árvore da Paz. Em torno das margens, nas terras úmidas, há grande quantidade de ratos-almiscarados e aves aquáticas. As pradarias nativas colorem de verde as margens do lago. Na placa dessa cena, está escrito: terra como lar.

# Povo do Milho, Povo da Luz

A história de nossa relação com a terra é escrita com mais verdade na terra do que nas páginas de livros. E na terra ela perdura. A terra se lembra do que dissemos e do que fizemos. As histórias são as ferramentas mais eficazes para restaurar a terra e nossa relação com ela. Precisamos desenterrar as antigas histórias que habitam um lugar concreto e começar a criar outras, pois somos criadores e não apenas contadores de histórias. Todas as histórias se conectam, e as novas são tecidas com os fios das antigas. Um dos mitos ancestrais, à espera de ser escutado de novo, e com novos ouvidos, é a história Maia a respeito da Criação.

*Contam que, no início, só existia o vazio. Os seres divinos, os grandes pensadores, imaginaram a existência do mundo simplesmente pronunciando seu nome. O mundo era povoado por ricas flora e fauna, que ganharam vida por meio das palavras. Mas os seres divinos não estavam satisfeitos. Entre as criaturas maravilhosas que haviam criado, nenhum era articulado. Podiam cantar e grasnar e rosnar, mas nenhum tinha voz para contar ou louvar a história de sua criação. Então, os deuses decidiram criar homens.*

*Os primeiros homens foram feitos de barro. Mas os deuses tampouco ficaram muito satisfeitos com o resultado. Não eram bonitos; ao contrário, eram feios e disformes. Não podiam falar — mal conseguiam andar e, com certeza, não podiam dançar ou entoar louvações aos deuses. Eram tão frágeis, desgraciosos e inadequados que nem sequer conseguiam se reproduzir e se desmanchavam na chuva.*

*Então, os deuses tentaram fazer seres decentes, capazes de prestar respeito e louvor, serem provedores e protetores. Com esse objetivo, esculpiram um homem a partir da madeira e uma mulher da seiva do junco. Ah, aquelas criaturas eram lindas, flexíveis e fortes; podiam falar, dançar e cantar. Além de serem inteligentes! Aprenderam a usar os outros seres, as plantas e os animais, para atender a seus próprios objetivos. Conceberam muitas coisas, granjas, cerâmicas, casas e redes para capturar peixes. Graças ao corpo e à mente admiráveis que tinham e ao árduo trabalho, essas criaturas se reproduziram e povoaram o mundo com seus iguais.*

*Mas, depois de um tempo, os deuses onividentes se deram conta de que o coração desses seres era desprovido de compaixão e amor. Podiam cantar e falar, mas suas palavras não demonstravam gratidão pelos dons sagrados recebidos. Essas criaturas inteligentes não sabiam agradecer nem cuidar dos demais, e, assim agindo, colocavam em risco o restante da Criação. Com a intenção de pôr um fim nesse experimento fracassado em termos de humanidade, enviaram grandes catástrofes para o mundo — provocaram um dilúvio, terremotos e, o mais importante, afrouxaram as rédeas da retaliação das outras espécies contra essas criaturas. As árvores, os peixes e as cerâmicas, a princípio mudos, receberam vozes para expressar seu sofrimento e raiva diante do desrespeito demonstrado pelos humanos feitos de madeira. As árvores se enfureceram com os homens por suas machadinhas afiadas; as corças, por suas flechas; e até os potes feitos de barro ergueram-se enraivecidos pelas vezes que foram queimados por puro desleixo. Todos os membros da Criação utilizados de forma abusiva uniram forças com o intuito de se autodefender e destruíram o povo feito de madeira.*

*Mais uma vez, os deuses tentaram criar seres humanos, mas, desta feita, apenas de luz, da energia sagrada do Sol. Esses humanos eram deslumbrantes, tinham a cor do Sol reproduzida sete vezes, eram lindos, inteligentes e muito, mas muito poderosos. Sabiam tanto que acreditavam saber tudo. Em vez de serem gratos aos criadores pelos dons recebidos, julgaram-se iguais aos deuses. Os seres divinos compreenderam o perigo representado por essas criaturas feitas de luz e, mais uma vez, se encarregaram de providenciar seu aniquilamento.*

*E então, novamente, os deuses tentaram criar humanos que viveriam da forma correta no maravilhoso mundo que tinham gerado, criaturas dotadas de respeito, gratidão e humildade. De dois cestos de milhos, amarelos e brancos, aprontaram uma caprichada refeição misturada com água e moldaram um povo feito de milho. Essas criaturas foram alimentadas com licor de milho e, ah, eram criaturas excelentes. Podiam dançar e cantar* e tinham palavras para contar histórias e oferecer preces. O coração delas transbordava de compaixão pelo restante da Criação. E ainda tinham sapiência suficiente para demonstrar gratidão. Os deuses aprenderam a lição; assim, para proteger o Povo do Milho da arrogância avassaladora de seus predecessores, o povo feito de luz, passaram um véu diante dos olhos do Povo do Milho, embaçando sua visão, como a respiração embaça o espelho. Esse Povo do Milho se mostrava respeitoso e agradecido pelo mundo que os nutria — por isso, era nutrido pela terra.★

De todos os materiais disponíveis, por que esse Povo do Milho herdaria a terra, e não o povo do barro ou da madeira ou da luz? Talvez por esse Povo do Milho ser formado por seres transformados? Afinal, o que é o milho senão a luz transformada pelas relações estabelecidas? O milho deve sua existência a todos os quatro elementos: terra, ar, fogo e água. E o milho é produto da relação não apenas com o mundo físico, mas com os seres humanos também. A planta sagrada de nossas origens criou os humanos, e os humanos criaram o milho, uma importante inovação da agricultura em relação a seu ancestral, o teosinto. O milho depende de nós para existir; precisa ser semeado e que cuidem de seu crescimento; nossos seres se unem numa simbiose obrigatória. Desses atos recíprocos de criação surgem os elementos ausentes nas outras tentativas de criar a humanidade sustentável: a gratidão e a capacidade de demonstrar reciprocidade.

Li e adorei essa história diferente — um novo relato de como, já faz muito tempo, no alvorecer do conhecimento, o Povo do Milho foi gerado e viveu feliz para sempre. Mas, em muitos aspectos do conhecimento indígena, o tempo não é um rio, e sim um lugar onde o passado, o presente e o futuro coexistem. Assim, a Criação é um processo em andamento e a história não é só uma história — é também profecia. Já nos tornamos o Povo do Milho? Ou ainda somos o povo feito da madeira? Somos o povo feito da luz, escravo de nosso próprio poder? Ainda não fomos transformados pela relação com a terra?

Talvez essa história pudesse servir de manual para aprender a nos transformarmos no Povo do Milho. O *Popul Vuh*, o texto sagrado Maia no qual aparece essa história, é entendido como algo além de uma simples crônica. Como observa David Suzuki em *The Wisdom of the Elders* [*A sabedoria dos an-*

---

★ Adaptação da tradição oral.

*ciãos*], as histórias Maias são entendidas como um *ilbal* — um precioso instrumento de visão, ou lentes, com as quais enxergamos nossas relações sagradas. David sugere que tais histórias podem nos oferecer lentes corretivas. Embora nossas histórias indígenas sejam plenas de sabedoria, e precisemos ouvi-las, não advogo sua total apropriação. À medida que o mundo muda, uma cultura imigrante deve escrever novas histórias a partir de sua relação com o lugar — um novo *ilbal*, mas temperado com a sabedoria dos que já tinham envelhecido nessa terra muito antes de sua chegada.

Sendo assim, como podem a ciência, a arte e a história nos propiciar novas lentes para compreender a relação que o povo feito do milho representa? Alguém disse, um dia, que às vezes um único fato é um poema. Para mim, o Povo do Milho se insere num lindo poema, escrito na linguagem da química. A primeira estrofe começa assim:

Do dióxido de carbono e da água, combinados na presença da luz e da clorofila, dentro do magnífico mecanismo de membrana da vida, surge o açúcar e o oxigênio.

Em outras palavras, a fotossíntese, pela qual, do nada, o ar, a luz e a água se combinam e produzem doces migalhas de açúcar — é a essência das sequoias, dos narcisos e dos milhos. A palha é transformada em ouro; a água, em vinho; a fotossíntese é o vínculo entre o reino inorgânico e o mundo vivo, e forma a vida inanimada. Ao mesmo tempo, nos proporciona oxigênio. As plantas nos proporcionam alimentos e o ar que respiramos.

Abaixo, a segunda estrofe, idêntica à primeira, mas recitada de trás para a frente:

O açúcar combinado ao oxigênio, no maravilhoso mecanismo revestido da membrana da vida denominado mitocôndria, nos conduz de volta ao exato ponto onde tudo começa — ao dióxido de carbono e à água.

Respiração — a fonte de energia que nos permite cultivar, dançar e falar. A respiração das plantas proporciona vida aos animais, e a respiração dos animais proporciona vida às plantas. Minha respiração é sua respiração, e sua respiração é minha. Ela é o sublime poema do dar e do receber, da reciprocidade que anima o mundo. Não vale a pena contar essa história? Apenas quando os seres humanos compreenderem as relações simbióticas que os mantêm poderão se transformar no Povo do Milho, dotados da capacidade de demonstrar gratidão e reciprocidade.

Os fatos do mundo em si *são* um poema. A luz é transformada em açúcar. As salamandras encontram o caminho para lagos ancestrais, seguindo as linhas magnéticas que se irradiam da terra. A saliva dos búfalos, ao pastarem, faz com que a grama cresça mais forte. As sementes do tabaco germinam quando sentem o cheiro de fumaça. Os micróbios nos lixos industriais são capazes de destruir o mercúrio. Não deveríamos todos conhecer essas histórias?

Quem as detêm? Em tempos idos, eram os anciãos. No século XXI, os cientistas costumam ser os primeiros a delas tomar conhecimento. As histórias de búfalos e salamandras pertencem à terra, mas os cientistas são seus tradutores, incumbidos, hoje, da grande responsabilidade de transmiti-las para o mundo.

Ainda assim, quase sempre os cientistas transmitem essas histórias numa linguagem que exclui os leitores. As convenções visando à eficácia e à precisão tornam a leitura das publicações científicas dificílimas para o restante do mundo e, para ser sincera, até para nós. Isso acarreta sérias consequências para o diálogo público relativo ao meio ambiente e, portanto, para a real democracia, sobretudo a democracia de todas as espécies. Pois de que adianta o conhecimento senão quando associado ao cuidado? A ciência pode propiciar conhecimento, mas o cuidado vem de outro lugar.

Acho justo dizer que, se o mundo ocidental tem um *ilbal*, este é a ciência. A ciência nos permite ver a dança dos cromossomos, as folhas dos musgos e as mais distantes galáxias. Mas é uma lente sagrada como o *Popul Vuh*? A ciência nos permite perceber o sagrado no mundo, ou desvia a luz de modo a obscurecê-lo? Uma lente que foca no mundo material, mas desfoca o espiritual, é uma lente do povo da madeira. Não precisamos de mais dados para nossa transformação em Povo do Milho, e sim de mais sabedoria.

Apesar de a ciência poder ser fonte e repositório de conhecimento, a concepção científica do mundo é, muitas vezes, inimiga da compaixão ecológica. Ao pensar nessa lente, é importante separar duas ideias que, de acordo com o senso comum, costumam ser sinônimos: a prática da ciência e a concepção científica de mundo que a alimenta. A ciência é o processo de revelar o mundo por meio da averiguação racional. A prática da ciência autêntica leva o pesquisador a uma intimidade sem precedentes com a natureza, carregada de fascínio e criatividade à medida que tentamos entender os mistérios do mundo mais-que-humano. Tentar compreender a vida de outro ser ou outro sistema tão diferente do nosso é, em geral, uma lição de humildade e, para muitos cientistas, um profundo exercício espiritual.

Em contraposição a essa prática, encontra-se a concepção científica de mundo, na qual a cultura usa o processo de interpretar a ciência num contexto cultural que se serve da ciência e da tecnologia para reforçar as pautas reducionistas, materialistas, econômicas e políticas. Reafirmo que as lentes destrutivas do povo da madeira não são a ciência em si, mas as lentes da cosmovisão científica, a ilusão de domínio e controle, a desvinculação entre conhecimento e responsabilidade.

Sonho com um mundo guiado pelas lentes de histórias enraizadas nas revelações da ciência e emolduradas pela concepção de mundo indígena — histórias nas quais tanto a matéria quanto o espírito têm voz.

Os cientistas são bons, em especial, para aprender a respeito da vida de outras espécies. As histórias que poderiam contar veiculam os valores intrínsecos da vida de outros seres, vidas tão interessantes, ou até mais, que as do *Homo sapiens*. Embora os cientistas façam parte do grupo com acesso a essas outras inteligências, muitos parecem acreditar que só eles têm acesso a elas. Falta-lhes o ingrediente fundamental: a humildade. Depois de terem sido confrontados com a arrogância, os deuses deram humildade ao Povo do Milho, e é preciso humildade para aprender com as outras espécies.

Segundo o ponto de vista indígena, os homens são vistos como seres inferiores na democracia das espécies. Somos citados como os irmãos caçulas da Criação. Então, como caçulas, precisamos aprender com os mais velhos. As plantas chegaram aqui primeiro e tiveram bastante tempo para entender o comportamento das coisas. Elas vivem tanto acima quanto abaixo da superfície e mantêm a terra em funcionamento. As plantas sabem preparar alimentos a partir da luz e da água. Não apenas se alimentam, mas se esforçam para manter a vida de todos nós. As plantas exemplificam a virtude da generosidade, sempre oferecendo alimentos ao restante da comunidade. E se os cientistas ocidentais enxergassem as plantas como suas mestras e não seus objetos de estudo? Se contassem as histórias por essas lentes?

Muitos povos indígenas compartilham o entendimento de que todos somos dotados de um dom particular, uma habilidade única. Por exemplo, os pássaros cantam, e as estrelas reluzem. Contudo, entende-se que a natureza desses dons é dual: um dom é também uma responsabilidade. Se o dom do pássaro é cantar, então ele tem a responsabilidade de saudar o dia com música. É dever dos pássaros cantar e é nosso dever receber a canção como oferenda.

Perguntar qual a nossa responsabilidade talvez corresponda a perguntar qual o nosso dom e como podemos empregá-lo. Histórias como a contada acerca do Povo do Milho nos servem de orientação, tanto para reconhecer o mundo como uma oferenda quanto para pensar em como devemos corresponder. Aos povos do barro, da madeira e da luz faltou a gratidão e o senso de reciprocidade que dela emana. Só o Povo do Milho, povo transformado pela consciência de seus dons e responsabilidades, foi mantido na terra. A gratidão vem em primeiro lugar; entretanto, sozinha não basta.

Outros seres são famosos por terem recebido dons ausentes nos humanos. Alguns podem voar, enxergar à noite, fender árvores com as garras, produzir xarope de bordo. O que a raça humana pode fazer?

Podemos não ter asas ou folhas, mas nós, seres humanos, temos as palavras. A linguagem é nosso dom e, em consequência, nossa responsabilidade. Passei a pensar na escrita como um ato de reciprocidade para com a terra; a pensar no uso das palavras para recordar velhas histórias e contar novas que tragam a ciência e o espírito de volta para nutrir nosso futuro Povo do Milho.

# Dano colateral

Ao longe, os faróis lançam dois raios através do nevoeiro à medida que, serpenteando, o carro se aproxima de nós. O piscar das luzes se tornou nosso sinal para atravessar correndo a estrada, carregando um corpo preto e macio em cada uma das mãos. As luzes aparecem e desaparecem nas ladeiras e curvas, enquanto nós vamos de um lado a outro e as luzes das lanternas iluminam o asfalto. Quando ouvimos o motor do carro, sabemos que só resta tempo para uma última corrida antes de o veículo subir a última ladeira e avançar na nossa direção.

Parada no acostamento, quando o carro se aproxima, posso ver os rostos esverdeados pela luz do painel nos encarando, enquanto os pneus borrifam água. Nossos olhares se encontram, e as luzes do freio, como sinapses momentâneas no cérebro do motorista, acendem por um segundo. A luz vermelha telegrafa uma insinuação de pensamento para os companheiros humanos debaixo da chuva, no acostamento de uma estrada secundária vazia. Alimento a esperança de que abram a janela e perguntem se preciso de ajuda, mas não param. O motorista olha por cima do ombro; as luzes dos freios desaparecem quando ele acelera. Se os carros mal freiam para um *Homo sapiens*, que esperança resta para a *Ambystoma maculata*, uma outra vizinha que viaja à noite por esta estrada?

A chuva bate na janela de minha cozinha ao cair da tarde. Posso ouvir o grasnar dos gansos lá fora, voando baixo ao cruzarem o vale. O inverno está se despedindo. Detenho-me perto do fogão, com as capas de chuva dobradas no braço, para mexer uma panela de sopa de ervilha, espalhando nuvens de vapor que embaçam a janela. Uma sopa quentinha nos alegrará durante a longa noite que temos pela frente.

O noticiário das seis horas começa no instante em que entro no closet para pegar as lanternas. Começou — bombas desabam na cidade de Bagdá à noite. Fico parada ouvindo a notícia, dois pares de botas em cada mão, um vermelho e outro preto. Em outra cidade, uma mulher olha pela janela, mas a formação de vultos escuros no céu não é de um bando de gansos regressando para a estação da primavera. Os céus soltam nuvens de fumaça, há casas em chamas e sirenes tocando. A CNN relata o número de missões e as toneladas de artilharia como se mencionasse pontos numa partida de beisebol. Ainda desconhecem, dizem, o número dos danos colaterais.

*Dano colateral*: eufemismo para evitar a designação das consequências de um míssil extraviado. As palavras pedem que desviemos o rosto, como se a destruição provocada pelos seres humanos fosse um fato inevitável da natureza. Dano colateral: calculado em recipientes de sopa derramados e crianças aos berros. Invadida pela impotência, desligo o rádio e chamo minha família para jantar. Depois de lavarmos a louça, vestimos as capas de chuva e saímos na noite, dirigindo pelas estradas secundárias a caminho de Labrador Hollow.

Enquanto chovem bombas em Bagdá, a primeira chuva da primavera cai em nosso vale. Fraca e constante, penetra no chão da floresta, derrete os últimos cristais de gelo embaixo da colcha de folhas já cansadas do inverno. O *ploc! ploc!* e o *plim! plim!* são sons bem-vindos depois do longo silêncio da neve. Para a salamandra embaixo do tronco, os primeiros pingos pesados devem soar como os nós dos dedos da primavera batendo com força na porta suspensa. Após seis meses de torpor, os membros rígidos se flexionam com vagar, as caudas abandonam a imobilidade invernal, e, em minutos, focinhos farejam e pernas afastam a terra fria quando as salamandras rastejam e encontram a noite. A chuva limpa os vestígios da terra grudada no corpo delas e lustra a pele negra e lisa. A terra está despertando, levantando-se ao chamado da chuva.

Depois que paramos no acostamento da estrada e saltamos do carro, para nossos ouvidos, já acostumados à sequência dos chiados dos limpadores de para-brisas e do desembaçador a toda a velocidade, o silêncio é impressionante. A chuva quente na terra fria levantou uma neblina do chão, que envolve as árvores nuas. Nossas vozes são abafadas pelo nevoeiro. As luzes difusas de nossas lanternas, convertidas em halos quentes.

Aqui no interior de Nova York, revoadas de gansos marcam a mudança de estação. Barulhentos, trocam a segurança do inverno pelas áreas de reprodução da primavera. Pouco vista, mas igualmente espetacular, é a migração das salamandras das tocas invernais para as lagoas primaveris, onde encontrarão seus parceiros. A primeira chuva quente da primavera, um aguaceiro que coincide com as temperaturas superiores a cinco graus célsius, deixa o chão da floresta farfalhante e agitado. Em massa, as salamandras surgem de lugares escondidos, piscam ao ar livre e começam a trilhar seu caminho. Esse jorrar de animais é quase invisível, a não ser que, por acaso, você se encontre no brejo numa noite chuvosa de primavera. As salamandras se deslocam quando a escuridão as protege dos predadores e a chuva mantém suas peles úmidas. E movem-se aos milhares, como uma manada de búfalos morosos. Também como os búfalos, seus números se reduzem a cada ano.

Como seus primos próximos, os lagos Finger, a lagoa Labrador fica no fundo de um vale em formato de V flanqueado por duas colinas íngremes deixadas pela última geleira. As encostas arborizadas se curvam ao redor do lago, como as laterais de uma tigela, direcionando anfíbios dos bosques de toda a região direto para a água. Mas sua rota é interrompida por uma estrada que serpenteia pela parte côncava da tigela. O lago e as colinas ao redor são protegidos por serem florestas estaduais, mas a estrada é território livre.

Descemos a estrada deserta, varrendo o asfalto com nossas lanternas para lá e para cá. As salamandras não são as únicas a se deslocarem à noite: as rãs-da-floresta, as rãs-touros-americanas, as rãs-arborícolas, as rãs-leopardos e os tritões também ouvem o chamado e começam sua jornada anual. Bem como os sapos, os *Pseudacris crucifer*, os *Notophthalmus viridescens* e legiões de pererecas, todos com o pensamento fixo no acasalamento. A estrada é um picadeiro de pulos e saltos aparecendo e desaparecendo sob a luz de nossas lanternas. O facho de minha lanterna captura o dourado fulgurante de um olho. O anfíbio fica paralisado quando me aproximo, para logo em seguida se afastar saltitante. Diante de nós, a estrada ganhou vida: as rãs atravessam a via aos pulos, duas aqui capturadas pela luz de minha lanterna, outras três ali, saltando na direção do lago. Com seus prodigiosos saltos, atravessam a estrada em poucos segundos. Mas não as salamandras de corpo pesado, que arrastam a barriga pela estrada. Sua jornada leva cerca de dois minutos, e em dois minutos tudo pode acontecer.

Ao avistarmos as formas desajeitadas entre as rãs, nos detemos e as pegamos uma a uma, deixando-as com cuidado do outro lado da estrada. Vamos de um lado para outro entre a passagem de carros no mesmo trecho curto, e sempre que olhamos tem mais — a terra parece estar despejando salamandras na mesma proporção que os gansos voando sobre o charco.

A luz da lanterna percorre a faixa central da estrada e reflete o amarelo vibrante contra o asfalto preto molhado de chuva. Pelo canto do olho, vejo algo mais escuro que o escuro, uma interrupção do reflexo no asfalto que atrai minha luz de volta àquele ponto. A sombra se revela uma grande salamandra, a *Ambystoma maculata*, preta com pontos amarelos como a estrada. O formato é extremamente primitivo; as patas, em ângulo reto, se projetam das laterais do corpo e se locomovem com um movimento mecânico e convulsivo pela estrada, arrastando a cauda grossa num sinuoso ondular de um lado para outro. Quando ela para no círculo de minha luz, estendo a mão para tocar a pele negro-azulada como a noite cristalizada. O corpo é pontilhado de amarelo opaco como pingos de tinta numa superfície molhada e esfumaçados nas bordas. A cabeça, em forma de cunha, balança de um lado para outro, os olhos são tão escuros que desaparecem no focinho rombudo. Pelo tamanho — cerca de dezoito centímetros de comprimento — e pelas laterais inchadas, calculo ser uma fêmea. Fico pensando qual a sensação de arrastar aquela pele macia — a barriga lisa feita para deslizar em cima de folhas molhadas — no asfalto.

Detenho-me para apanhá-la colocando dois dedos atrás de suas patas da frente. Para minha surpresa, encontro pouca resistência. Tenho a sensação de pegar uma banana madura demais: a ponta de meus dedos afunda em seu corpo frio, macio e úmido. Deposito-a com delicadeza no acostamento e limpo as mãos na calça. Sem olhar para trás, ela se arrasta por cima do barranco e desce para o lago.

As fêmeas são as primeiras a chegar. Pesadas, carregando os ovos, elas deslizarão para as profundezas e vão desaparecer entre as folhas em decomposição no fundo. Na água gelada, fecundas e morosas, esperam pelos machos, que vão percorrer o mesmo trajeto e descer as encostas um ou dois dias depois.

Saem de baixo dos troncos e atravessam córregos que apontam todos para a mesma direção: o lago onde nasceram. Sua rota é tortuosa, pois não têm a habilidade de pular obstáculos. Seguem contornando as beiradas de qualquer tronco ou rocha até encontrar o caminho livre para seguir adiante, rumo ao lago. Mesmo que o lago natal esteja a quase um quilômetro de onde passaram o inverno, conseguem localizá-lo, infalivelmente. Sem sombra de dúvida, as salamandras são dotadas de um sistema de direção tão complexo quanto as "bombas inteligentes" que abrem caminho para atingir seus alvos nos bairros iraquianos à noite. E, sem o auxílio de satélites ou microchips, as salamandras se orientam por uma combinação de sinais magnéticos e químicos que os herpetólogos só agora começam a entender.

Parte de sua capacidade de encontrar a direção se deve à exata leitura das linhas do campo magnético da Terra. Um pequeno órgão no cérebro processa os dados magnéticos e guia a salamandra até a lagoa. Embora existam muitas outras lagoas, assim como lagos invernais ao longo do trajeto, elas não param até chegarem a seu local de nascimento, lutando com todas as forças para alcançar seu destino. Ao se aproximarem, o localizador nas salamandras parece similar ao do salmão, que identifica seu rio de origem: farejam o caminho graças a uma glândula nasal. Ao chegarem aos arredores de seu local de origem, graças aos sinais magnéticos da Terra, são guiadas pelo olfato para voltar para casa. Seria o mesmo que descer de um avião e encontrar o caminho para a casa de sua infância seguindo o indescritível odor do jantar dominical e do perfume de sua mãe.

Na missão de resgate do ano passado, minha filha implorou para seguir as salamandras e descobrir aonde iam. Acompanhamos os anfíbios, iluminados pela lanterna, se esgueirarem entre os caules escarlates das cornáceas e escalarem as achatadas touceiras de *Cyperaceae*. Detiveram-se a pouca distância do lago principal, às margens de um lago primaveril, uma pequena depressão na terra que passa despercebida no verão, mas se cobre de neve derretida toda primavera, formando um mosaico aquático e proporcionando um lugar confiável aos anfíbios. As salamandras escolhem essas bacias temporárias para pôr os ovos por serem muito rasas e efêmeras para os peixes. Caso contrário, as larvas seriam engolidas. A brevidade da lagoa é um lugar seguro para os recém-nascidos.

Seguimos as salamandras até a margem, onde ainda havia plaquetas de gelo. Elas não hesitaram; entraram decididas na água e desapareceram. Minha filha ficou desapontada; na certa, esperava vê-las perambular na praia ou mergulhar de barriga na água. Ao esquadrinhar a superfície da água com a lanterna, ansiosa por ver o que aconteceria depois, só encontrou folhas rajadas no fundo da lagoa, fragmentos de luz e escuridão. Não havia nada para ver — até nos darmos conta de que as manchas claras e escuras não eram folhas, mas, sim, as manchas pretas e amarelas de dezenas de salamandras. Onde quer que a luz iluminasse havia salamandras; o fundo do laguinho se transformara numa colcha de animais. E se moviam, rodopiavam em torno umas das outras como se fossem dançarinas num salão lotado. Em comparação com o movimento pesado na terra firme, na água eram ágeis e nadavam com a graciosidade das focas. Num abanar de cauda, desapareciam do círculo de luz.

De súbito, a superfície cristalina da lagoa rachou na parte inferior, como se movida pelo borbulhar de uma fonte. A água começou a se agitar à medida que as salamandras se deslocavam juntas formando uma multidão turbulenta, as manchas amarelas reluzindo. Imóveis, testemunhamos deslumbradas o ritual de acasalamento, a festa das salamandras. Uns cinquenta machos e fêmeas dançaram e rodopiaram juntos, uma celebração arrebatadora, depois de um longo ano de existência celibatária e solitária, comendo insetos dentro de um tronco. Bolhas subiram do fundo do lago como o borbulhar de champanhe.

Ao contrário da maioria dos anfíbios, a espécie *Ambystoma maculata* não derrama seus óvulos nem solta o esperma ao acaso, na água, para um frenesi de fertilização em massa. Um método mais confiável, desenvolvido pela espécie, garante o encontro do óvulo com o esperma. Os machos se afastam do aglomerado de fêmeas, ainda rodopiando, sobem à superfície para respirar e nadam para o fundo da lagoa, onde liberam um espermatóforo reluzente — um saco gelatinoso de esperma com uma haste para se prender a ramos ou folhas. As fêmeas, então, abandonam a dança e saem em busca dos sacos de meio centímetro, que volteiam como cintilantes balões metálicos boiando na água. Elas introduzem o espermatóforo na cavidade interna onde se encontram os óvulos. Uma vez a salvo, os espermas são liberados do saco e fertilizam os óvulos de cor perolada.

Poucos dias depois, cada fêmea depositará uma concentração de cem a duzentos ovos numa massa gelatinosa. A mamãe grávida permanece um tempo por perto para chocar os ovos, mas depois volta sozinha para os bosques.

As salamandras recém-nascidas ficam na segurança do lago vários meses, metamorfoseando-se até estarem capacitadas para a vida na terra firme. Depois que o lago seca e elas são obrigadas a abandoná-lo, as guelras são substituídas por pulmões, e elas estão prontas para sair em busca de alimento por conta própria. As salamandras juvenis, ou tritões, são andarilhas que só retornarão ao lago quando estiverem maduras sexualmente, dentro de quatro a cinco anos. As salamandras podem ter vida longa. Os adultos podem fazer a migração de acasalamento durante toda a vida, que dura no máximo dezoito anos. Isso se conseguirem atravessar a estrada.

Os anfíbios são um dos grupos mais vulneráveis do planeta. Sujeitos à perda de *habitat* à medida que os pântanos e as florestas desaparecem, são o dano colateral que aceitamos cegamente como o preço a ser pago pelo desenvolvimento. E, como os anfíbios respiram pela pele, têm pouca habilidade para filtrar as toxinas pela úmida membrana que as separa da atmosfera. Mesmo com os *habitat*s livres das atividades industriais, eles podem estar em perigo em função do ar. Todas as toxinas no ar e na água, a chuva ácida, os metais pesados e os hormônios sintéticos acabam nas águas nas quais ocorre a gestação. Anomalias como rãs de seis pernas e salamandras deformadas passaram a ser encontradas em todo o mundo industrializado.

Esta noite, os carros em alta velocidade são a maior ameaça às salamandras. Seus ocupantes estão alheios ao espetáculo acontecendo embaixo de seus pneus. Dentro do carro, escutando programas noturnos na rádio, é impossível saber o que ocorre fora. Mas, se parar no acostamento, vai poder ouvir o *ploft* do corpo; ouvir o instante em que uma criatura reluzente seguindo as linhas magnéticas em busca de amor é reduzida a uma pasta vermelha no asfalto. Tentamos trabalhar com rapidez, mas elas são tantas, e nós, tão poucos.

Reconheço a picape Dodge verde que passa a toda velocidade enquanto estamos paradas no acostamento. É um de meus vizinhos, dono de uma granja de laticínios no fim da estrada, mas ele nem sequer nos vê. Suspeito que seus pensamentos estejam longe hoje à noite, lá pelos lados de Bagdá. O filho está servindo no Iraque. Mitch é um bom garoto, dos que, com um aceno amigável, sempre encosta o trator vagaroso no acostamento para deixar os carros passarem com segurança. Suponho que agora esteja no comando de um tanque. O destino das salamandras cruzando a estrada de sua cidadezinha pode parecer totalmente desvinculado do cenário que enfrenta.

Esta noite, contudo, quando a neblina nos envolve no mesmo manto frio, as nuances parecem difusas. A carnificina nessa escura estrada do interior e os corpos destruídos nas ruas de Bagdá parecem vinculados. As salamandras, as crianças, os jovens agricultores fardados — não são os inimigos ou o problema. Nós não declaramos guerra a esses inocentes; no entanto, eles estão morrendo como se fôssemos os responsáveis. Não passam de danos colaterais. Se o petróleo despacha nossos filhos para a guerra, se o petróleo abastece os motores que passam rugindo por esta estrada no vale, então somos todos cúmplices. Nosso apetite por petróleo conecta pelo fio morte, soldados, civis e salamandras.

Cansadas e com frio, interrompemos nossa missão de resgate para tomar a sopa trazida na garrafa térmica. O vapor sobe e se mistura à neblina. Tomamos a sopa em silêncio e prestamos atenção aos ruídos da noite. De súbito, ouço vozes, embora não haja casas nas redondezas. Avisto na curva os *flashes* de outras lanternas. Rapidamente apago a minha e fecho a garrafa térmica. Recolhemo-nos na sombra observando as luzes, uma fileira de luzes, se aproximarem. Quem sairia numa noite dessas? Só pode ser alguém em busca de confusão, e eu não quero ser a confusão.

Às vezes, a garotada usa essa estrada como ponto de encontro para beber e treinar a mira com latas de cerveja. Um dia, vi dois jovens chutando um sapo como se o animal fosse uma bola. Estremeço só de pensar no que os traz aqui. As luzes estão cada vez mais perto; parece uma patrulha com, no mínimo, uma dúzia de lanternas. Rastreiam a estrada, as luzes deslocando-se de um lado para outro. Ao se aproximarem, o movimento me é estranhamente familiar. É igual ao nosso. E então ouço as vozes através da neblina.

"Olhe, tem outra aqui, uma fêmea."

"Ei, achei duas aqui."

"E três rãs."

Sorrindo no escuro, acendo de novo a lanterna e saio ao encontro. Inclinam-se e carregam as salamandras para um lugar seguro. Ficamos contentes ao nos vermos, nos cumprimentamos com apertos de mão e rimos em torno do fogo virtual formado pelas lanternas. Sirvo-lhes sopa, e estamos todos momentaneamente unidos pela onda de alívio, tanto pelo fato de que as luzes que se aproximavam eram, enfim, amigas e não adversárias ameaçadoras, como pelo fato de comprovar que não somos os únicos a unir esforços para realizar a tarefa.

Apresentamo-nos e nos espiamos por baixo dos capuzes gotejantes. Nossos colegas de resgate são alunos de uma turma de herpetologia da faculdade. Todos carregam pranchetas e blocos de notas para registrar suas observações. Sinto-me envergonhada por ter suposto que fossem encrenqueiros. A ignorância nos leva a tirar conclusões erradas acerca do que não entendemos.

A turma veio estudar os efeitos das estradas na vida dos anfíbios. Explicam que as rãs e os sapos demoram apenas quinze segundos para atravessar a estrada e a maioria escapa ilesa dos carros. As salamandras salpicadas levam em média oitenta e oito segundos. Podem ter escapado de inúmeros predadores, sobrevivido à seca do verão, enfrentado o inverno sem congelar de frio, mas agora seu destino será decidido em oitenta e oito segundos.

Os esforços dos estudantes em prol da espécie *Ambystoma* superam a operação de resgate à beira da estrada. O departamento de estradas e rodagens podia instalar passagens para as salamandras, galerias subterrâneas especiais que lhes permitissem evitar a estrada, contudo, por serem caros, precisam convencer as autoridades de sua importância. A missão da turma hoje à noite é fazer um recenseamento dos anfíbios que atravessam a estrada, uma estimativa do total de anfíbios que se locomovem das colinas ao lago e o número dos que morrem na travessia. Se conseguirem obter dados satisfatórios para demonstrar que as mortes na estrada colocam em risco a sobrevivência dessa espécie, talvez consigam persuadir o estado a tomar providências. Só tem um problema. De modo a obter estimativas rigorosas da mortalidade das salamandras, têm de contar os animais que conseguem e os que não conseguem atravessar a estrada.

Acontece que essa contagem do número de mortes é fácil; desenvolveram um sistema para identificar a espécie do animal pelo tamanho da mancha deixada na estrada, que, então, é removida para evitar que seja computada de novo, quando os alunos voltarem a atravessá-la. Às vezes, a morte acontece mesmo sem colisão. O corpo da salamandra é tão macio que apenas a onda de pressão gerada por um carro ao passar pode ser fatal. O difícil é obter o denominador da equação de morte — o número de animais que atravessa em segurança a estrada. Como podem fazer o levantamento dos cruzamentos bem-sucedidos num vasto trecho da estrada na mais absoluta escuridão?

Em intervalos bastante espaçados ao longo da extensão da estrada, instalaram telas de cerca de dois metros e meio de comprimento, com uma faixa de alumínio de trinta centímetros de altura usado para telhados, semelhantes a barreiras para neve. As salamandras não conseguem atravessá-las. Confrontadas com o obstáculo, ladeiam a cerca como se fosse um tronco ou uma rocha. Arrastam-se na escuridão, e o toque da cerca na pele lhes serve de guia. De repente, o chão desaparece, e as salamandras caem num balde de plástico enterrado, do qual não conseguem escapulir. Os estudantes aparecem de vez em quando, contam os animais na caçamba, registram as espécies nas pranchetas e então, com cuidado, as soltam do outro lado da cerca, para que possam prosseguir até o lago. No fim da noite, o número de animais capturados na armadilha fornece um número estimado das que conseguiram atravessar a salvo a estrada.

Tais estudos podem fornecer a prova capaz de salvar as salamandras, mas resulta num custo a curto prazo para um benefício a longo prazo. De modo a conduzir uma pesquisa acurada, nenhuma intervenção humana é permitida. Quando um carro se aproxima, os estudantes devem recuar, trincar os dentes e deixar que o destino se cumpra. Na verdade, nossas bem-intencionadas equipes de resgate influenciaram o resultado do experimento hoje à noite. Diminuímos o número de vítimas atropeladas, provocando uma subestimada taxa das sérias perdas que ocorreriam sem nossa presença. Isso submete os estudantes a um dilema ético. Os mortos que poderiam ter sido salvos se transformam no dano colateral do estudo — um sacrifício que esperam compensar no futuro com a proteção das espécies.

O projeto de monitoramento de atropelamento na estrada é de James Gibbs, biólogo da conservação de renome internacional. Líder da equipe de conservação das tartarugas em Galápagos e dos sapos da Tanzânia, também se preocupa com o que ocorre aqui, em Labrador Hollow. Acompanhado de seus alunos, instalaram as cercas, patrulham a estrada e passam noites acordados fazendo a contagem. Gibbs confessa que, às vezes, nas noites chuvosas em que sabe que as salamandras estão se locomovendo — e morrendo —, perde o sono. Veste a capa de chuva e sai para ajudá-las a atravessar a estrada. Aldo Leopold tinha razão: os naturalistas vivem num mundo de feridas que só eles são capazes de ver.

Conforme o tempo passa, não há mais faróis de carro iluminando a estrada. À meia-noite, mesmo a mais vagarosa salamandra pode atravessar em segurança, então voltamos para o carro e pegamos o caminho de casa, dirigindo em passo de caramujo até nos afastarmos da estrada, com medo de nossas rodas colocarem a perder nosso trabalho. Tomamos excessivo cuidado, mas sei que somos tão culpados quanto os demais.

Em meio ao nevoeiro, escutamos no rádio mais notícias a respeito da guerra. Colunas de tanques de guerra e veículos de combate Bradley avançam pelo interior do Iraque, em meio a uma tempestade de areia tão cerrada quanto a neblina a nos envolver. Fico imaginando o que esmagam em sua passagem. Cansada e com frio, aumento o aquecimento e o cheiro de lã molhada invade o carro. Penso no trabalho realizado esta noite e nas pessoas boas que conhecemos.

O que nos levou ao Labrador Hollow hoje à noite? Que tipo de loucura leva alguém a sair de sua casa quentinha numa noite chuvosa para ajudar as salamandras a atravessar a estrada? Fico tentada a chamar tal comportamento de altruísmo, mas não se trata disso. Não há nisso a menor renúncia. Essa noite traz recompensa tanto para os doadores quanto para os recebedores. Precisávamos estar ali para testemunhar esse incrível rito de acasalamento e, por uma noite, entrar em relação com seres que não podiam ser mais diferentes de nós.

Dizem que, no mundo moderno, muitos sofrem de uma profunda tristeza, uma "solidão da espécie" — a alienação do resto da Criação. Construímos esse isolamento a partir de nossos medos, nossa arrogância, e com todas as casas iluminadas à noite. Por alguns breves instantes, enquanto percorríamos as estradas, essas barreiras desapareceram e começamos a aliviar a solidão e a conhecer outras pessoas.

As salamandras são, sem sombra de dúvida, a perfeita representação do "outro"; são criaturas frias e escorregadias que beiram o repulsivo, em oposição ao *Homo sapiens*, de sangue quente. Sua assombrosa alteridade torna ainda mais extraordinário estarmos ali naquela noite para lutar em sua defesa. Os anfíbios proporcionam pouquíssimos dos sentimentos difusos e calorosos que impulsionam nosso sentimento de proteção por mamíferos carismáticos e agradecidos que nos fitam com os olhinhos do Bambi. Elas nos fazem enfrentar, cara a cara, nossa inata xenofobia, às vezes voltada para outras espécies e outras vezes para a nossa, seja na depressão desse vale, seja em desertos do outro lado do mundo. Estar na companhia das salamandras nos permite honrar a diferença e funciona como antídoto para o veneno da xenofobia. A cada vez que salvamos os seres escorregadios, sarapintados, atestamos seu direito de ser, de viver no território soberano de suas próprias existências.

Resgatar salamandras e levá-las para a segurança também nos ajuda a recordar o pacto de reciprocidade, a mútua responsabilidade firmada entre nós.

Como os infratores na zona de guerra desta estrada, não somos obrigados a curar as feridas que infligimos?

As notícias me deixam tomada pela sensação de impotência. Não posso impedir as bombas de caírem nem os carros de acelerarem nesta estrada. Tudo isso está muito além do meu alcance. No entanto, posso pegar as salamandras. Quero limpar meu nome, nem que seja por uma noite. O que nos leva a essa solitária depressão no vale? Talvez seja o amor, o mesmo motivo que leva as salamandras a saírem do esconderijo embaixo dos troncos. Ou, talvez, tenhamos caminhado por essa estrada hoje à noite em busca de absolvição.

Quando a temperatura cai, vozes solitárias — claras e roucas — ocupam o lugar do coro de lamentações: a fala antiga das rãs. Uma palavra soa com clareza, como se falada na nossa língua. "Oiê! Oiê! Oiê! O mundo é muito mais que seu trajeto desatento. Nós, os danos colaterais, somos sua riqueza, seus professores, sua segurança, sua *família*. Sua estranha voracidade por comodidade não deveria representar uma sentença de morte para o restante da Criação."

*"Ai!", exclama a rã, sob a luz dos faróis.*
*"Ai!", exclama o jovem, num tanque de guerra longe de casa.*
*"Ai!", exclama a mãe, na casa reduzida a chamas.*

Deve haver um ponto-final para tudo isso.

Já é tarde quando chegamos, mas não consigo dormir, então subo a colina e vou ao lago atrás de minha casa. Ali também o ar vibra com o coaxar das rãs. Quero acender um chumaço de erva ancestral e afastar a tristeza numa nuvem de fumaça. Mas a neblina está muito cerrada e os fósforos só deixam um risco vermelho na caixa. Como deveria ser. Hoje à noite não deve haver purificação; melhor se cobrir com a tristeza como se fosse um casaco encharcado.

"Buá! Buá! Buá", grasna um sapo na beira da água. E eu choro. Se o sofrimento pode ser uma das portas de entrada para o amor, então choremos todos pelo mundo que estamos destruindo para poder, mais uma vez, amá-lo em sua plenitude.

## *Shkitagen*: Povo do Sétimo Fogo

Depende muito de acendermos esse fogo com capricho no terreno frio rodeado de pedras. Uma plataforma de gravetos secos de bordo; um leito de finos ramos retirados da lateral inferior de um abeto; um ninho de cascas desfiadas, pronto para receber a brasa; e no topo, galhos partidos de pinheiros equilibrados para elevar as chamas. Muito combustível, muito oxigênio. Todos os elementos em seus devidos lugares. Sem a centelha, no entanto, não passam de uma pilha de gravetos mortos. Depende muito da centelha.

Em minha família, aprender a acender o fogo com um único fósforo era motivo de orgulho. Meu pai e o bosque, é claro, eram nossos professores. Aprendemos sem aulas, brincando, observando e querendo reproduzir o conforto em lugares ermos. Com toda a paciência, meu pai nos ensinou a procurar os materiais corretos. Aos poucos, aprendemos a arquitetura que alimentaria a chama. Ele dava muita importância às pilhas bem-arrumadas, e passávamos muitos de nossos dias nos bosques, a cortar, carregar e separar. "As fogueiras com lenha aquecem duas vezes mais", sempre dizia, quando deixávamos os bosques morrendo de calor e suados. E assim aprendemos a identificar as árvores pela casca, pela madeira e pelo modo como queimam para atender a diferentes propósitos: pinhos-brancos para proporcionar mais luz, faias para as brasas, bordos-açucareiros para assar tortas no forno refletor.

Ele nunca disse isso com todas as letras, mas preparar a fogueira não era apenas uma habilidade — para acender uma boa fogueira, era preciso despender um bocado de esforço. Suas exigências eram altas; nenhum pedaço de bétula já meio apodrecida era permitido em sua pilha de lenha. "Inútil", dizia e a deixava de lado. O conhecimento da flora era uma exigência, bem como o tratamento respeitoso pelos bosques. Era preciso recolher sem causar danos. Havia muita madeira morta para pegar, já seca e tratada. Só produtos naturais eram usados para obter um bom fogo — nada de papel. Gasolina então, nem pensar! A madeira verde era uma afronta tanto estética quanto ética. Era terminantemente proibido o uso de isqueiros. Ganhávamos elogios quando atingíamos o ideal de usar um só fósforo, mas muito encorajamento, caso precisássemos de uma dúzia. Um dia, esse requisito deixou de ser uma façanha e passou a ser natural e fácil. Descobri o segredo que sempre funcionava no meu caso: cantar para o fogo, enquanto o fósforo encostava no pavio.

Entrelaçada aos ensinamentos de acender o fogo, havia a apreciação por tudo que os bosques nos davam e o senso de responsabilidade quanto à reciprocidade. Nunca saímos de um acampamento sem deixar uma pilha de madeira para quem chegaria depois. Prestar atenção, estar preparado, ter paciência e acertar da primeira vez. A destreza e os valores ficaram de tal modo entremeados que acender o fogo passou a ser, em nossa família, símbolo de uma espécie de virtude.

Uma vez dominada a técnica de acender o fogo com um só fósforo, chegávamos à etapa seguinte: acender o fogo com um só fósforo na chuva. E na neve. Com os materiais corretos, cuidadosamente reunidos, e o respeito pela natureza do ar e da madeira, era sempre possível ter um fogo. Era impressionante a força desse simples ato. Com um único fósforo, era possível deixar as pessoas seguras e felizes, converter um bando de indivíduos encharcados num grupo sociável com a cabeça voltada para ensopados e músicas. Era um dom fantástico para carregar no bolso e uma séria responsabilidade a ser usada da maneira correta.

A preparação do fogo era uma conexão vital com os que chegaram antes de nós. Potawatomi, ou, para ser mais exata, Bodwewadmi, em nossa língua, significa Povo do Fogo. Não havia dúvida de que essa era uma habilidade que devíamos dominar, um dom a compartilhar. Comecei a pensar que, para de fato compreender o fogo, precisaria de um arco e de uma broca. Agora, tento fazer fogo sem fósforo, acendendo a brasa no estilo antigo, com arco e broca, por meio da fricção ao esfregar dois pauzinhos.

*Wewene*, repito para mim mesma: tudo na hora certa, da maneira certa. Não há atalhos. Tudo deve acontecer da forma certa, quando todos os elementos estão presentes, mente e corpo conectados, em sincronia. Quando todas as ferramentas estão dispostas do modo correto e todas as partes unidas com o mesmo propósito, é tão fácil! Caso contrário, todo esforço será em vão. Enquanto não houver o perfeito equilíbrio e reciprocidade entre as forças, pode tentar inúmeras vezes e acabará fracassando. Sei por experiência própria. Ainda assim, por mais que necessite, pode esquecer a pressa e acalmar a respiração para que a energia não se converta em frustração, mas em fogo.

Depois de adultas e especialistas na arte de acender o fogo, meu pai fez questão de ensinar os netos a acender o fogo com um único fósforo. Aos oitenta e três anos, ele ensina a técnica em nosso acampamento de ciências para jovens indígenas, compartilhando com eles as mesmas técnicas que aprendemos. Há campeonatos para ver quem consegue primeiro fazer a corda, estendida de um lado a outro do círculo de fogo, queimar. Certo dia, depois de alguém já ter se sagrado vencedor, ele sentou-se em um toco de árvore atiçando o fogo. "Alguém aqui sabe", pergunta aos alunos, "que existem quatro tipos de fogo?". Esperava sua aula a respeito de madeira dura e madeira macia, mas ele tinha outra coisa em mente.

"Bem, primeiro, é claro, tem esse fogo de acampamento que acenderam aqui. Ele serve para vocês cozinharem e se aquecerem. Também é um ótimo lugar para cantar. E ainda por cima afasta os coiotes."

"E dá para assar marshmallows!", sugere uma das crianças.

"Se dá. E assar batatas também, fritar pão *bannock*, dá para cozinhar quase tudo nesse fogo de acampamento. Quem sabe quais são os outros tipos de fogo?", pergunta.

"Os florestais?", propõe, hesitante, um dos alunos.

"Muito bem", responde, "o que antigamente chamavam de fogos do pássaro-trovão, os incêndios na floresta, provocados pelos raios. Às vezes, a chuva até conseguia apagar essas chamas, mas, de vez em quando, acabavam se transformando em incêndios gigantescos. Sua intensidade era tamanha que destruíam tudo por quilômetros. Ninguém gosta desse tipo de fogo. Mas nosso povo aprendeu a fazê-los menores no lugar e na hora certa, para ajudar em vez de destruir. Nossos ancestrais acendiam esses fogos de propósito, com a finalidade de cuidar da terra, ajudar as amoras a crescer, ou então formar planícies para os cervos". Ele levanta um pedaço de casca de bétula. "Na verdade, olhem toda essa casca que usaram no fogo. Esses vidoeiros de papel só crescem depois de incêndios, então nossos ancestrais queimavam as florestas para abrir clareiras e as bétulas poderem ter mais espaço." A simetria de usar o fogo para criar materiais que serviriam para preparar novos incêndios não escapa às crianças. "Por precisarem da casca da bétula, usaram o próprio conhecimento para criar florestas de bétulas. A chama ajuda muitas plantas e animais. Dizem que esse foi o motivo de o Criador nos dar o bastão de fogo — trazer o bem para a terra. Muitas vezes, ouvimos que a melhor coisa que uma pessoa pode fazer pela natureza é se afastar dela e deixá-la em paz. Em alguns lugares, isso é a mais absoluta verdade, e nosso povo sempre respeitou isso. Mas também recebemos a responsabilidade de cuidar da terra. O que as pessoas esquecem é que cuidar significa participar: o mundo natural depende que façamos o bem. Ninguém demonstra seu amor e cuidado colocando o que ama atrás de uma cerca. É preciso envolvimento. Têm de contribuir para o bem-estar do mundo.

"A lenda nos oferece muitas dádivas; graças ao fogo, podemos contribuir. Hoje em dia, acreditam que ele só destrói, mas devem ter esquecido, ou talvez nunca tenham sabido, que antigamente o fogo era usado como força criativa. O bastão de fogo funcionava como um pincel na paisagem. Bastava uma pincelada, e aparecia uma planície verde para os alces; se espalhasse um pinguinho ali, os arbustos queimavam para os carvalhos poderem produzir mais bolotas. Se fizesse um pontilhado embaixo do dossel das árvores, ele reduzia a quantidade de galhos para evitar a propagação de incêndios catastróficos. Se deslizasse o bastão ao longo do riacho, na primavera seguinte, apareceria um arvoredo de salgueiros amarelos. Basta um toque na pradaria verde para ela ficar coberta de jacintos azuis. Para fazer amoras, é preciso deixar a tinta secar uns anos e depois dar outra demão. Nosso povo recebeu a responsabilidade de usar o fogo para fazer coisas lindas e produtivas. Essa era nossa arte e nossa ciência."

As florestas de bétulas mantidas pelos incêndios indígenas eram a cornucópia das dádivas: bétulas para a fabricação de canoas, revestimento para os *wigwams*, além de ferramentas e cestos, rolos para escrever e, é claro, mecha para os fogos. Mas esses eram os presentes óbvios. Tanto o vidoeiro de papel branco quanto a bétula amarela podiam hospedar o fungo *Inonotus obliquus*, que atravessa a casca e forma erupções estéreis, os corpos de frutificação que parecem um tumor granulado do tamanho de uma bola de *softbol*. Sua superfície tem rachaduras e crostas e é cravejada de cinzas de carvão, como se tivesse sido queimada. Conhecido como *chaga* pelos povos moradores nos entornos das florestas de bétulas siberianas, é uma medicina tradicional de muito valor. Nosso povo o chama de *shkitagen*.

É preciso muito esforço para encontrar um nódulo preto de *shkitagen* e desalojá-lo da árvore. Aberto, contudo, seu corpo apresenta faixas brilhantes em tons de dourado e bronze e textura esponjosa, além de ser todo constituído por minúsculos fios e poros cheios de ar. Nossos ancestrais descobriram sua propriedade excepcional, embora haja quem diga que o próprio fungo revelou seu uso graças a seu exterior queimado e seu coração dourado. O *shkitagen* é um fungo pavio, um guardião do fogo e ótimo amigo do Povo do Fogo. Quando a brasa encontra o *shkitagen*, permanece ardendo e não se apaga, conservando o calor no matricial do fungo. Mesmo a mais diminuta faísca, por mais fugaz e fugidia, continuará acesa, caso pouse num cubo de *shkitagen*. No entanto, à medida que as florestas são devastadas e a proibição de atear fogo põe em risco as espécies que dependem do solo queimado, fica cada vez mais difícil encontrá-lo.

"Muito bem, quais os outros tipos de fogo?", pergunta meu pai, acrescentando um graveto à chama a seus pés.

Taiotoreke sabe. "O Fogo Sagrado, como o das cerimônias."

"Claro", diz meu pai. "Os fogos que usamos para as orações, para a cura, para as cerimônias de purificação. Esse fogo representa nossa vida, os ensinamentos espirituais recebidos desde o início dos tempos. O Fogo Sagrado é o símbolo da vida e do espírito, por isso temos guardiões do fogo especiais para cuidar deles.

"Talvez não vejam esses fogos com frequência, mas tem um que devem vigiar todos os dias. O mais difícil de cuidar é este bem aqui", diz meu pai, batendo com o dedo no peito. "Seu próprio fogo, seu espírito. Todos carregamos uma chama desse fogo sagrado dentro de nós. É nosso dever honrá-lo e tratá-lo muito bem. *Vocês* são os guardiões do fogo."

"Nunca se esqueçam de que somos responsáveis por todos esses tipos de fogo", lembrou. "É nossa tarefa, sobretudo dos homens. De acordo com nossos costumes, há equilíbrio entre homens e mulheres: os homens são responsáveis pelo fogo, e as mulheres, pela água. Essas duas forças se equilibram. Precisamos das duas para viver. Hoje vou lhes contar algo a respeito do fogo que jamais devem esquecer", diz.

Quando se levanta diante das crianças, posso ouvir ecos dos primeiros ensinamentos, quando o pai de Nanabozho lhe passou os mesmos ensinamentos que meu pai está passando adiante hoje a respeito do fogo: "Você deve sempre se lembrar de que o fogo tem duas faces; ambas muito poderosas. Uma é a força da criação. O fogo pode ser usado para o bem — por exemplo, nas lareiras ou nas cerimônias. O fogo do seu coração também é uma força do bem. Mas esse mesmo poder pode ser convertido em destruição. O fogo pode ser bom para a terra, mas também pode resultar em destruição. O fogo que levamos dentro do peito também pode ser usado para o mal. Os seres humanos nunca podem se esquecer de compreender e respeitar as duas faces desse poder. Elas são muito mais poderosas do que nós. Precisamos aprender a estar atentos, ou elas podem destruir tudo o que foi criado. Precisamos sempre buscar o equilíbrio."

O fogo tem outro significado para o povo Anishinaabe: ele corresponde às diferentes etapas de vida de nossa nação. Os "fogos" se referem aos locais onde moramos e aos acontecimentos e aos ensinamentos a seu redor.

Os guardiões do conhecimento Anishinaabe — nossos historiadores e sábios — são os portadores da narrativa do povo desde nossa origem primeira, muito antes da chegada do povo que veio do mar, o povo *zaaganaash*. Também são transmissores do que aconteceu depois, pois nossas histórias estão inevitavelmente interligadas a nosso futuro. Essa história é conhecida como a Profecia do Sétimo Fogo e vem sendo largamente compartilhada por Eddie Benton-Banai e outros anciãos.

A era do Primeiro Fogo encontrou o povo Anishinaabe habitando a Terra do Amanhecer, nas costas do oceano Atlântico. O povo recebeu poderosos ensinamentos espirituais, a que deveriam obedecer visando ao bem do povo e ao da terra, pois os dois são um só. Mas um profeta previu que os Anishinaabe seriam obrigados a se mudar para o oeste ou seriam destruídos, em consequência das mudanças vindouras. Deveriam procurar até encontrar o lugar "onde o alimento cresce na água" e ali construiriam seu novo lar em segurança. Convencidos da veracidade da profecia, os líderes levaram a nação para o oeste ao longo do rio St. Lawrence, terra adentro, perto de onde hoje fica a cidade de Montreal. Ali reacenderam a chama, transportada na jornada em recipientes feitos de *shkitagen*.

Mas surgiu um novo mestre, e os aconselhou a prosseguir viagem, ainda mais para oeste, onde acampariam às margens de um enorme lago. Confiante na vidência, o povo obedeceu, e, ao se instalar às margens do lago Huron, perto de onde hoje fica a cidade de Detroit, teve início a era do Segundo Fogo. Contudo, não demorou para o povo Anishinaabe dividir-se em três grupos — o Ojibwe, o Odawa e o Potawatomi — que tomaram diferentes rumos e saíram em busca dos respectivos lares nas proximidades dos Grandes Lagos. Os Potawatomi seguiram para o Sul, ocupando a área do sul do estado de Michigan até o do Wisconsin. Como prenunciaram as profecias, contudo, os grupos voltaram a se unir várias gerações depois, na ilha de Manitoulin, e formaram a união conhecida como Confederação dos Três Fogos, que dura até nossos dias. Na era do Terceiro Fogo, encontraram o lugar anunciado na profecia, "onde o alimento cresce na água", e ali, no país do arroz selvagem, passaram a morar. O povo viveu bem por bastante tempo, amparado por bordos e bétulas, esturjões e castores, águias e mergulhões. Os ensinamentos espirituais que os guiaram mantiveram o povo forte e unido, e progrediram no regaço de seus parentes não humanos.

Na era do Quarto Fogo, a história de outro povo passou a ser trançada na nossa. Dois profetas se destacaram e vaticinaram a chegada do povo de pele clara em navios vindos do leste, mas suas visões diferiam quanto ao que transcorreria em seguida. O caminho não era claro, como acontece em se tratando do futuro. O primeiro profeta disse que caso o povo vindo do mar, o *zaaganaash*, chegasse imbuído do espírito da fraternidade, traria grande conhecimento e, combinado às formas de saber dos Anishinaabe, resultaria numa grande nova nação. Mas o segundo profeta soou o alarme: avisou que a aparência de fraternidade do rosto poderia, na realidade, ser o rosto da morte. Esse novo povo podia chegar imbuído ou do espírito da irmandade ou do espírito da ganância pelas riquezas de nossa terra. Como saberíamos qual sua verdadeira face? Se os peixes ficassem envenenados e a água imprópria para beber, saberíamos qual sua verdadeira face. E, tendo em vista suas ações, os *zaaganaash* passaram a ser conhecidos como *chimokman* — o povo das espadas compridas.

As profecias descreviam o que acabou virando história. Alertaram o povo acerca dos que chegariam vestidos com roupas pretas e livros pretos, trazendo promessas de júbilo e salvação. Os profetas advertiram que se o povo se voltasse contra as próprias tradições sagradas e passasse a seguir o caminho desses homens de preto, sofreria por muitas gerações. De fato, faltou pouco para o aro sagrado da Nação ser destruído, em consequência do abandono de nossos ensinamentos espirituais na época do Quinto Fogo. Os povos foram afastados de suas terras e uns dos outros, quando lhes impuseram ocupar as reservas. Os filhos foram afastados das famílias a fim de aprender o estilo de vida *zaaganaash*. Proibidos por lei de praticar a própria religião, quase se esqueceram da cosmovisão ancestral. Proibidos de falar as próprias línguas, um universo de conhecimento se desvaneceu no espaço de uma geração. A terra foi fragmentada, o povo foi dividido, os antigos costumes dispersados ao vento; até mesmo as plantas e os animais começaram a virar a cara para nós. Haviam previsto o dia em que as crianças se afastariam dos idosos; o povo perderia suas tradições e seu propósito de vida. Profetizaram que, na época do Sexto Fogo, "a taça de vida praticamente se transformaria em taça de luto". Ainda assim, mesmo depois de tudo isso, algo permanece, uma brasa ainda não extinta. No Primeiro Fogo, lá se vai tanto tempo, o povo foi avisado de que permaneceria forte e unido, graças a sua vida espiritual.

Contam que um dia apareceu um profeta dotado de uma luz estranha e distante nos olhos. O jovem chegou trazendo a mensagem de que, na época do Sétimo Fogo, um novo povo, munido de um propósito sagrado, surgiria. A vida não seria fácil para eles. Teriam de mostrar força e determinação em sua missão, pois se encontrariam em uma encruzilhada.

Da luz bruxuleante de fogos distantes, nossos antepassados fitaram o profeta. Nessa época, predisse, os jovens voltariam a procurar os idosos em busca de ensinamentos e descobririam que muitos já nada tinham a oferecer. A missão do povo do Sétimo Fogo não seria caminhar adiante; pelo contrário, deveria dar meia-volta e refazer os passos dos que nos trouxeram até aqui. Seu propósito Sagrado seria percorrer a estrada vermelha, a estrada espiritual de nossos ancestrais, e reunir todos os fragmentos espalhados pelo caminho. Fragmentos de terra, farrapos de linguagem, pedaços de canções, histórias, ensinamentos sagrados — tudo que foi abandonado pelo caminho. Nossos anciãos dizem que vivemos na era do Sétimo Fogo. Nós somos os seres de quem nossos ancestrais falaram, aqueles que se entregariam à tarefa de recolocar tudo em seu devido lugar, para reacender as chamas do fogo sagrado e dar início ao renascimento de toda a Nação.

E chegou o momento em que, por todo o Território Indígena, o movimento de revitalização da língua e da cultura não para de ganhar fôlego, graças ao dedicado trabalho de indivíduos com coragem suficiente para soprar vida às cerimônias, reunir falantes para, mais uma vez, ensinar a língua esquecida, plantar sementes de várias plantas antigas, restaurar paisagens nativas, trazer a juventude de volta à terra. O povo do Sétimo Fogo caminha entre nós. Esse povo usa o bastão de fogo dos ensinamentos originais para restaurar a saúde do povo, para ajudá-los a florescer de novo e a dar frutos.

A profecia do Sétimo Fogo apresenta uma segunda visão para a época que se aproxima. Todos os seres humanos verão a existência de uma bifurcação à frente. Será preciso optar por qual caminho trilhar rumo ao futuro. Uma das estradas é macia e verde, coberta de grama nova. É possível percorrê-la com os pés descalços. A outra é dura, de um preto chamuscado; as cinzas cortariam os pés descalços. Se escolherem o caminho relvado, a vida será mantida. Mas caso escolham o caminho das cinzas, todos os danos que provocaram na terra se voltarão contra eles e trarão sofrimento e morte para todas as criaturas da terra.

De fato, estamos numa encruzilhada. A evidência científica nos diz que estamos próximos do ponto de inflexão da mudança climática, do fim dos combustíveis fósseis, do início da escassez de recursos. Ecologistas estimam que precisaríamos de sete planetas para manter o estilo de vida por nós adotados. Contudo, esse estilo de vida, por falta de equilíbrio, justiça e paz não nos trouxe contentamento. Trouxe, ao contrário, a perda de nossos irmãos numa devastadora onda de extinção. Queiramos ou não admitir, temos à frente uma encruzilhada.

Não compreendo direito a profecia nem sua relação com a história. Mas sei que é mais fácil dizer a verdade por metáforas do que por dados científicos.

Sei que quando fecho os olhos e vislumbro a encruzilhada prevista por nossos antepassados, ela passa em minha cabeça como um filme.

A bifurcação na estrada fica no alto de uma colina. À esquerda, o caminho é suave, verde e molhado pelo orvalho. Dá vontade de ficar descalço. O caminho à esquerda é de asfalto comum, enganadoramente macio a princípio, mas depois desaparece de vista ao longe, envolto em brumas. Logo acima do horizonte, cedeu por causa do calor, rompeu-se em estilhaços dentados.

Nos vales, aos pés da colina, vejo o povo do Sétimo Fogo caminhando na direção da encruzilhada, com tudo o que conseguiram recolher. Em seus fardos, levam as preciosas sementes da mudança do conceito de mundo. Não para retornar a alguma utopia atávica, mas para buscar as ferramentas que nos permitam percorrer o caminho rumo ao futuro. Muito foi esquecido, mas não perdido, enquanto a terra resistir e nós cultivarmos seres dotados da humildade e da habilidade de ouvir e aprender. E eles não estão sozinhos. Ao longo do caminho, os seres não humanos colaboram. Qualquer conhecimento esquecido pelas criaturas humanas é recordado pela terra. Os outros também desejam viver. O caminho está apinhado de gente de todo o mundo, de todas as cores da roda medicinal — vermelhos, brancos, pretos, amarelos —, que entendem a importância da escolha a ser feita adiante e compartilham o conceito de respeito, reciprocidade e companheirismo com o povo mais-que-humano. Homens munidos do fogo, mulheres carregando a água, todos unidos pelo objetivo de restabelecer o equilíbrio, renovar o mundo. No mesmo ritmo, amigos e aliados formam uma fila monumental para chegar ao caminho no qual é possível andar descalço. Carregam lanternas *shkitagen*; iluminam o caminho banhado de luz.

Mas, claro, há outra estrada visível na paisagem, e do ponto alto onde me encontro, vejo a poeira e a fumaça deixada quando os motoristas embriagados aceleram e os motores roncam. Impacientes e cegos, dirigem e nem sequer enxergam as criaturas que quase atropelam, ou o maravilhoso mundo coberto de verde pelo qual passam a toda velocidade. Arruaceiros arrogantes percorrem a estrada com latas de gasolina e tochas acesas. Fico preocupada. Quem chegará primeiro à encruzilhada, quem tomará as decisões por todos nós? Reconheço a estrada derretida, o caminho de cinzas. Não é a primeira vez que o vejo.

Lembro-me da noite em que minha filha de cinco anos acordou com medo da trovoada. Só quando a abracei e tomei consciência de onde estava, me perguntei o motivo dos trovões em janeiro. Em vez de estrelas, a luz do lado de fora da janela do quarto apresentava uma intensa luminosidade laranja, e o ar vibrava com o rugido do fogo.

Corri para pegar o bebê do berço, e saímos as três enroladas em mantas. A casa não pegava fogo, mas o céu. Ondas de calor chegavam sopradas sobre os campos ermos do inverno, como o vento do deserto. A escuridão ardia em meio a uma chama gigantesca que ocupava todo o horizonte. Meus pensamentos se aceleraram: acidente aéreo? Explosão nuclear? Botei as meninas dentro da picape e saí correndo para buscar as chaves em casa. Só pensava em tirá-las daquele lugar, ir para o rio, sair correndo. Apesar do nervosismo, mantive um tom de voz sereno, como se fugir de casa de pijama no inverno não fosse motivo para pânico. "Mamãe? Está com medo?", perguntou a vozinha no meu ombro, quando peguei a estrada.

"Não, meu amor. Vai ficar tudo bem."

Mas ela não era tola. "Então, mamãe, por que está falando tão baixo?"

Sãs e salvas, chegamos à casa de nossos amigos, a dezesseis quilômetros de distância, e batemos na porta, em busca de refúgio no meio da noite. Da varanda dos fundos da casa, avistávamos os clarões que, embora mais tênues, ainda cintilavam de modo assustador. Servimos chocolate quente às crianças e as colocamos para dormir. Cada um se serviu de uma dose de uísque. E então ligamos o televisor. Uma tubulação de gás natural explodira a pouco mais de um quilômetro e meio de nossa casa. Havia equipes na área providenciando a evacuação dos moradores.

Uns dias depois, uma vez debelado o perigo, fomos até o local. Os campos de feno tinham se convertido em crateras. Dois estábulos de cavalos foram incinerados. A estrada se desmanchara, e, em seu lugar, havia uma pista de carvões pontudos.

A sensação de ser uma refugiada climática durou apenas uma noite, mas foi o suficiente. Embora as ondas de calor experimentadas agora, causadas pela mudança climática, não sejam tão intensas quanto as que nos atingiram naquela noite, são desproporcionais para a estação. Nem por um instante, naquela noite, me passou pela cabeça o que deveria salvar em uma casa em chamas, mas essa é a pergunta que todos enfrentamos em tempos de mudança climática. O que amamos demais para perder? Quem e o que você salvará?

Se fosse hoje, não mentiria para minha filha. Sinto medo. Tanto medo quanto naquele dia, por minhas filhas e pelo maravilhoso mundo verde no qual vivemos. Não podemos nos consolar fingindo que tudo vai ficar bem. Precisamos do que guardamos naquelas trouxas. Não podemos escapar indo para a casa dos vizinhos e não podemos nos dar ao luxo de falar baixinho.

Minha família pôde voltar para casa no dia seguinte. Mas o que dizer das cidades do Alasca sendo engolidas pela elevação das águas do mar de Bering? E dos camponeses de Bangladesh cujos campos estão inundados? E do petróleo queimando no Golfo? Não importa para onde olhe, sua aproximação é visível. Recifes de coral são perdidos para oceanos aquecidos. Há incêndios na Floresta Amazônica. A congelada taiga russa foi transformada em inferno pela fumaça do carvão armazenado no local faz dez mil anos. Inúmeros incêndios no caminho calcinado. Tomara que não seja o Sétimo Fogo. Rezo para que já não tenhamos passado pela bifurcação na estrada.

O que significa ser o povo do Sétimo Fogo, retroceder pela estrada de nossos ancestrais e recolher o que deixamos para trás? Como reconhecer o que devemos recuperar e o que, por ser perigoso, deve ser rejeitado? O que de fato serve de medicina para a terra viva e o que não passa de droga ilusória? Nenhum de nós é capaz de reconhecer cada um dos fragmentos e muito menos carregar tudo. Precisamos uns dos outros, seja para uma canção, uma palavra, uma história, uma ferramenta ou uma cerimônia, e as guardamos em nossas trouxas. Não para a gente, mas para aqueles ainda por nascer, para todas as nossas relações. Coletivamente, devemos reunir toda a sabedoria do passado para conceber uma visão para o futuro, uma concessão de mundo moldada no mútuo florescimento.

Nossos líderes espirituais interpretam essa profecia como símbolo da escolha entre a estrada sem saída do materialismo, que ameaça a terra e os seres, e o macio caminho da sabedoria, do respeito e da reciprocidade, contido nos ensinamentos do Primeiro Fogo. Dizem que, se as pessoas escolherem o caminho verde, todas as raças seguirão juntas em direção à luz, para o Oitavo — e último — Fogo, o da paz e da fraternidade, forjando a grande nação anunciada pelos profetas num passado muito distante.

Suponhamos que sejamos capazes de nos afastar da destruição e escolher o caminho verde. O que será preciso para iluminar o Oitavo Fogo? Não faço ideia, mas nosso povo tem longa familiaridade com o fogo. Talvez sejam úteis as lições para acendê-lo com as próprias mãos, ensinamentos adquiridos no período do

Sétimo Fogo. Eles não se acendem sozinhos. A terra fornece os materiais e as leis da termodinâmica. Por sua vez, os seres humanos fornecem o trabalho, o conhecimento e o saber para utilizar o poder do fogo visando a bons propósitos. A faísca em si é um mistério, mas sabemos que antes de o fogo ser aceso precisamos reunir o pavio, os pensamentos e as práticas que alimentarão a chama.

Quando acendemos o fogo por fricção, as plantas têm papel decisivo: dois pedaços de cedro, uma base ou prancha flexível e uma vara reta, feitos um para o outro, macho e fêmea da mesma árvore. O arco é uma vareta flexível de bordo da espécie *Acer pensylvanicum*, em cujas extremidades é presa a corda confeccionada em fibra de cânhamo canadense. Ao mover o arco para a frente e para trás, em movimento contínuo, com o apoio de um soquete, a broca começa a girar e acaba formando um buraco que se ajusta a seu formato.

Depende muito do posicionamento do corpo de quem acende o fogo; cada articulação deve estar no ângulo certo. O braço esquerdo em volta do joelho e apoiado firme sobre a canela, a perna esquerda dobrada, as costas eretas, os ombros firmes, o antebraço esquerdo encarregado da força, enquanto o braço direito empurra e puxa num movimento harmonioso para evitar que a broca, paralela à perna, saia do lugar. Depende muito da arquitetura, da estabilidade em três dimensões e da fluidez na quarta.

Depende muito do movimento da broca contra a prancha, para que se produza a fricção, e o calor aumente cada vez mais, enquanto a broca continua girando e abrindo caminho por meio da combustão e criando um espaço escuro, suave e brilhante para suavizar a pressão. Da pressão e do calor brota da madeira um pó fino, que também em busca de calor forma uma brasa e, sobre o próprio peso, cai no orifício da base e na isca.

Depende muito da isca, dos pedacinhos esvoaçantes da penugem da tabua-larga, dos maços amolecidos da casca de cedro esfregados entre as mãos até as fibras se soltarem e se misturarem com a cinza, os fiapos de casca da bétula amarela cortados como confete e o todo formando uma bola parecida com um ninho de rouxinol, uma teia rústica e solta, um ninho para um pássaro de fogo que ali descansará sua brasa, tudo dentro de um invólucro de casca de bétula aberto nas pontas para permitir a entrada e a saída do ar.

Repetidas vezes chego ao ponto em que o calor aumenta e o aroma da fumaça de cedro ardendo começa a subir ao redor de meu rosto. Quase, penso, estou quase conseguindo. Então minha mão escorrega, e a broca sai voando, a brasa se apaga e acabo ficando com dor no braço e sem o fogo. Minha luta com o arco de broca é a luta pela reciprocidade, a luta para encontrar uma forma na qual conhecimento, corpo, mente e espírito possam se unir em harmonia, e que os dons dos seres humanos possam ser presenteados à terra. Não me faltam as ferramentas — estão todas aqui, mas falta algo mais. Algo que *eu* não tenho. Ouço de novo o ensinamento do Sétimo Fogo: retome o caminho trilhado e recolha o que foi abandonado.

E me lembro do *shkitagen*, o fungo guardião do fogo, aquele que impossibilita a extinção da chama. Retorno ao lar do saber, aos bosques e, com toda a humildade, peço ajuda. Deixo meu presente, em troca por tudo que me é dado, e recomeço.

Depende muito da faísca alimentada pelo *shkitagen* dourado e ateada por canções. Depende muito do ar, que passa pelo ninho da isca forte o suficiente para que brilhe, mas não o bastante para que a apague, o sopro do vento e não do homem. Pelo movimento contínuo para a frente e para trás, embalado pelo sopro do Criador, para fazê-lo crescer, a união da casca e da poeira propaga mais calor sobre o calor; o oxigênio, o combustível sobre o combustível, até a fumaça subir numa doce fragrância, a luz irromper e você ter o fogo na mão.

Enquanto o povo do Sétimo Fogo percorre o caminho, também deveríamos procurar o *shkitagen* que não permite que a chama seja extinta. Encontramos guardiões do fogo ao longo do caminho e os cumprimentamos com gratidão e humildade por, apesar de todos os obstáculos, terem conseguido conservar a brasa acesa, à espera do sopro que os transformará em vida. À procura do *shkitagen* da floresta e do *shkitagen* do espírito, pedimos olhos abertos e mentes abertas, corações abertos o suficiente para que possamos incluir nossos irmãos não humanos, predispostos a colaborar com inteligências alheias às nossas. Precisaremos confiar na generosidade da maravilhosa terra verde, para prover esse dom e confiar que o povo humano retribuirá.

Não sei como o Oitavo Fogo será aceso. Mas sei que podemos recolher a isca que alimentará a chama, que podemos ser *shkitagen* para transmiti-la, como a transmitiram para nós. Acender esse fogo não é uma missão sagrada? Depende muito da faísca.

# Derrotar o Windigo

Na primavera, atravesso a planície rumo aos meus bosques medicinais, onde as plantas oferecem suas dádivas com incansável generosidade. Digo meus, não por título de posse, mas pelo cuidado que lhes dedico. Há décadas venho aqui para ficar com elas, para ouvir, aprender e colher.

A neve que cobria os bosques foi substituída pelos trílios brancos, mas ainda sinto calafrios. Há algo estranho na luz. Atravesso a colina onde avistei, na última nevasca, pegadas irreconhecíveis atrás das minhas. Eu deveria saber o que significam esses rastros. Encontro agora em seu lugar as marcas dos pneus de caminhões cruzando a pradaria. As flores ainda estão ali, como sempre estiveram, desde minha chegada, mas as árvores se foram. Meu vizinho trouxe os lenhadores no inverno.

Apesar das muitas opções de colheitas honoráveis, ele preferiu tomar outra atitude e deixou em pé apenas as faias doentes e algumas tsugas velhas, inúteis para as serrarias. Os trílios, as sanguinárias, as hepáticas, as uvulárias, os lírios-trutas amarelos, os gengibres e os alhos-porós selvagens ainda sorriem sob o sol da primavera, que os queimará quando o verão chegar à floresta sem árvores. Essas flores acreditavam que os bordos estariam a seu lado, mas eles se foram. Também depositaram sua confiança em mim. No ano que vem, serão reduzidas a arbustos — ervas-alheiras e espinheiros, as espécies invasivas que seguem as pegadas do Windigo.

Temo que um mundo feito de dádivas não possa coexistir com um mundo feito de mercadorias. Receio não ter forças para proteger do Windigo tudo que tanto amo.

Nos tempos antigos da lenda, de tão aterrorizados pelo espectro do Windigo, o povo tentou inventar meios de derrotá-lo. Levando em conta a desenfreada destruição provocada por nossos contemporâneos com mente de Windigo, me pergunto se nossas histórias antigas encerravam alguma sabedoria que possa nos guiar nos tempos modernos.

Existem histórias de banimento que podemos copiar, como, por exemplo, transformarmos os destruidores em párias e nos recusarmos a ser cúmplices de seus empreendimentos. Existem histórias de tentativas de afogamento, de assassinatos e de atear fogo, mas o Windigo sempre retorna. Existem incontáveis histórias de homens valentes, calçados com raquetes de neve, enfrentando nevoeiros para perseguir e matar o Windigo antes que ele voltasse a atacar, mas, quase sempre, a besta conseguia escapar em meio à tempestade de neve.

Há quem argumente não ser preciso fazer nada, pois, em função da diabólica combinação de ganância, crescimento e carbono, o mundo acabará derretendo o coração do Windigo de uma vez por todas. A mudança climática, inequivocamente, derrotará a economia calcada na constante apropriação, sem que nada seja oferecido em troca. Contudo, antes que o Windigo morra, ele levará muito do que amamos. Podemos esperar que a mudança climática transforme o mundo e o Windigo em um charco de água derretida tingida de vermelho, ou podemos amarrar nossas raquetes de neve e sair à caça.

Em nossas histórias, quando os seres humanos não conseguiam destruir o Windigo sozinhos, convocavam seu paladino, Nanabozho, para ser a luz contra a escuridão, a canção contra o guincho do Windigo. Basil Johnston narra a história de uma batalha épica, de vários dias de duração, com legiões de guerreiros liderados por seu herói. Na luta ferrenha, empregaram muitas armas e artimanhas. Munidos de grande coragem, procuraram encurralar o monstro em seu covil. Mas algo no contexto dessa história diferia bastante de qualquer outra que tivesse escutado: era possível sentir o cheiro das flores. Não havia nevasca ou neve, só o gelo no coração do Windigo. Nanabozho decidira caçar o monstro no verão. Os guerreiros cruzaram os lagos sem gelo até a ilha onde ficava o refúgio de verão do Windigo. Ele é mais poderoso em Tempos de Fome, ou seja, no inverno. Sob as brisas quentes, seu poder esmorece.

Em nossa língua, verão é *niibin* — a época da fartura —, e foi na *niibin* que Nanabozho enfrentou e derrotou o Windigo. Eis a flecha que enfraquece o monstro do consumo exagerado, a medicina capaz de curar a doença: seu nome é fartura. No inverno, quando a escassez atinge o apogeu, a fúria do Windigo foge do controle, mas, quando reina a abundância, a fome desaparece, e com ela o poder do monstro.

Num ensaio em que descreve os povos caçadores/colhedores com poucas posses, como a afluente sociedade original, o antropólogo Marshall Sahlins nos lembra que "sociedades capitalistas modernas, apesar de dotadas de fartos recursos, se dedicam à proposta da escassez. A inadequação dos recursos econômicos é o princípio básico dos povos mais ricos do mundo". O défice não se deve à existência da riqueza material, mas ao modo como ela é transmitida ou circula. O sistema de mercado cria escassez artificialmente ao obstruir o fluxo entre a fonte e o consumidor. Os cereais podem apodrecer no depósito, enquanto há gente morrendo de fome por não ter como pagar pelo produto. O resultado é a penúria para uns e as doenças geradas pelo excesso para outros. A terra em si, responsável por nosso sustento, vem sendo destruída para impulsionar a injustiça. Uma economia que concede direitos pessoais a corporações, mas recusa esses direitos a seres mais-que-humanos, é uma economia Windigo.

Qual a alternativa? E como chegamos lá? Não posso afirmar com segurança, mas acredito que a resposta esteja em nossos ensinamentos de "uma vasilha e uma colher". Segundo tal lição, todos os dons da terra estão contidos em uma vasilha e devem ser compartilhados com uma única colher. Essa é a visão de economia do bem comum, na qual recursos fundamentais para nosso bem-estar, tais como água, terra e florestas, são bens a serem compartilhados e não comercializados. Administrada da forma correta, a perspectiva do bem comum preserva a abundância e não a escassez. Essas alternativas econômicas contemporâneas encontram forte eco na visão de mundo indígena, em que a terra existe não como propriedade privada, mas como bem comum, a ser cuidada com respeito e reciprocidade em benefício de todos.

Ainda assim, embora a criação de uma alternativa para as estruturas econômicas destrutivas seja indiscutível, isso só não basta. Não precisamos apenas de mudanças nas políticas vigentes, mas também de mudanças em nosso coração. A escassez e a fartura são tanto qualidades da mente e do espírito quanto da economia. A gratidão planta a semente da abundância.

Todos temos ancestrais indígenas. Devemos reivindicar nossa adesão às culturas de gratidão que formaram nossas antigas relações com a terra viva. A gratidão é um poderoso antídoto para a psicose Windigo. A profunda consciência das dádivas da terra e de todos os seres vivos é um santo remédio. A prática da gratidão nos permite ouvir a insistência dos negociantes como o ronco do estômago do Windigo. A gratidão celebra as culturas de reciprocidade regenerativa, nas quais a fortuna é entendida como dispor do suficiente para compartilhar e as riquezas são contabilizadas em relações de benefício mútuo. Ademais, a gratidão nos deixa felizes.

A gratidão por tudo o que a terra nos dá infunde-nos coragem para nos transformarmos e enfrentarmos o Windigo que nos assola, para nos recusarmos a participar de uma economia que destrói a amada terra e enche os bolsos dos gananciosos, para exigirmos uma economia alinhada com a vida e não contra a vida. No entanto, sei que é mais fácil escrever do que fazer isso.

*Atiro-me ao chão, socando e lamentando o ataque contra meus bosques medicinais. Não sei como derrotar o monstro. Não tenho um arsenal de armas nem legiões de combatentes como os que acompanharam Nanabozho na batalha. Não sou guerreira. Fui criada por Morangos, que agora mesmo estão brotando a meus pés. Fui criada entre as Violetas. E os Milefólios. Entre os Ásteres e as Varas-de-Ouro, que mal começam a florescer, e entre as lâminas de erva ancestral reluzindo ao sol. Neste momento, sei que não estou sozinha. Deito-me na planície cercada pelas legiões a meu lado. Posso não saber como agir, mas elas sabem, oferecendo, como de hábito, seus dons medicinais para amparar o mundo. Não estamos indefesas contra o Windigo, dizem. Lembre que já temos tudo de que necessitamos. E então conspiramos.*

*Quando me ponho de pé, vejo Nanabozho parado a meu lado exibindo um olhar resoluto e um sorrisinho maroto. "Para vencer o monstro, é preciso pensar como ele", diz. "Quem com ferro fere, com ferro será ferido." Ele lança o olhar para uma fileira de densos arbustos à margem da floresta. "Faça com que sinta o gosto do próprio veneno", sugere com sorrisinho malicioso. Ele entra no matagal e cai na gargalhada ao desaparecer.*

*Nunca colhi espinheiro antes; as frutas preto-azuladas mancham meus dedos. Por mais que tente me afastar delas, nos seguem por toda parte. É uma invasora implacável nos ambientes perturbados pelo ser humano. Ocupa toda a floresta e mata as outras plantas, roubando-lhes luz e espaço. Além disso, o espinheiro envenena o solo, impedindo o crescimento de qualquer outra espécie e criando um deserto florístico. Há de se reconhecer que se trata da campeã da livre concorrência, uma história de sucesso cons-*

truída com base no monopólio, na eficiência e pautada na escassez. É uma imperialista botânica; rouba terra das espécies nativas.

Passo o verão colhendo; sentada junto a cada espécie voluntária para a causa, escuto e aprendo seus dons. Sempre fiz chás para resfriados, pomadas para a pele, mas isso nunca. Preparar medicinas não é tarefa simples, é uma responsabilidade sagrada. As vigas de minha casa têm plantas secas penduradas, prateleiras repletas de jarras de raízes e folhas. À espera do inverno.

Quando chega o inverno, vou até os bosques usando minhas raquetes de neve e deixo uma trilha inconfundível na direção de minha casa. Penduro na porta uma trança de erva ancestral. As três reluzentes mechas representam a união da mente, do corpo e do espírito, expressam nossa completude. No Windigo, a trança se desfez; e essa doença o leva à destruição. Essa trança me lembra que, enquanto trançamos o cabelo da Mãe Natureza, recordamos tudo que nos é ofertado e nossa responsabilidade de retribuir, por meio do cuidado dedicado a esses dons. Desse modo, as dádivas são conservadas, e todos somos alimentados. Ninguém sente fome.

Na noite passada, minha casa estava cheia de comida e de amigos; as risadas e a luz pareciam transbordar e banhar a neve lá fora. Achei ter visto o Windigo, faminto, passar e espiar pela janela. Mas hoje estou sozinha, e o vento bate com mais força.

Para ferver a água, coloco a maior panela que tenho, uma chaleira de ferro fundido, no fogão. Acrescento um bom bocado de frutos secos de espinheiro. E mais outro. Ao se dissolverem, as bagas formam um xarope líquido preto-azulado, parecido com tinta. Lembro-me do conselho de Nanabozho, faço uma oração e esvazio o conteúdo na jarra.

Numa segunda panela, coloco um cântaro da mais pura água da nascente; espalho em sua superfície uma pitada de pétalas retiradas de uma jarra e pedacinhos de casca de outra. Tudo escolhido a dedo, cada uma destinada a um propósito específico. Acrescento um pedaço de raiz, um punhado de folhas e uma colher de sopa de frutas silvestres ao chá dourado que se tinge de uma tonalidade rósea. Ponho o líquido para ferver em fogo brando e sento-me ao lado do fogão, à espera.

A neve fustiga a janela, o vento geme nas árvores. Ele chegou, seguiu minhas pegadas, como eu previra. Coloco a erva sagrada no bolso, respiro fundo e abro a porta. Embora com medo, sinto ainda mais medo do que pode acontecer, caso eu não tome essa atitude.

Ele se agiganta diante de mim; os olhos vermelhos enfurecidos contrastam com o gelo de sua cara. Ele expõe os caninos amarelos e estende as mãos ossudas. As minhas tremem, e coloco em seus dedos manchados de sangue uma xícara do escaldante chá de espinheiro. Ele engole tudo de uma só vez e começa a uivar pedindo mais — devorado pela dor do vazio, ele nunca se satisfaz. Tira a chaleira de ferro de mim e bebe o chá em goles ávidos; o xarope congela em seu queixo, deixando pingentes de gelo preto gotejando. Joga a chaleira vazia longe e estende de novo as mãos em minha direção, mas, antes que seus dedos possam apertar meu pescoço, se afasta da porta cambaleante e recua, pisando na neve.

Observo quando se curva, invadido pela violenta ânsia de vômito. O mau hálito de carniça se mistura ao fedor de fezes quando o espinheiro solta seu intestino. Uma pequena dose de espinheiro funciona como laxante. Uma dose grande tem o efeito de um purgativo, e uma chaleira inteira provoca também vômitos. Faz parte da natureza do Windigo: ele quis cada gota. Então, agora vomita moedas, chorume de carvão, tufos de serragem dos meus bosques, coágulos de areia betuminosa e ossinhos de pássaro. Despeja resíduos da Solvay, se engasga com uma poça inteira de petróleo. Quando termina, o estômago continua embrulhado, mas de sua boca só sai o rarefeito líquido da solidão.

Jaz exaurido na neve, uma carcaça fedorenta, mas ainda assim representa perigo; quando a fome ressurge, ele precisa aplacar o permanente vazio. Entro correndo em casa em busca do segundo bule e o deixo a seu lado, onde a neve derreteu. Apesar dos olhos vítreos, ouço seu estômago roncar. Ao levar o recipiente aos lábios, ele afasta a cabeça como se eu lhe oferecesse veneno. Tomo um gole com o intuito de tranquilizá-lo. Na verdade, ele não é o único a necessitar de serenidade. Sinto as medicinas em guarda a meu lado. E, então, ele toma um gole de cada vez do chá rosa-dourado, chá de salgueiro para saciar a avidez e de Morangos para reparar o sofrimento do coração. Com o nutritivo caldo das Três Irmãs e uma infusão dos saborosos Alhos-Porós Selvagens, as medicinas entram em sua corrente sanguínea: Salgueiro para proporcionar unidade; Pecã para infundir justiça; e raízes de Abeto, humildade. Ele sorve a compaixão das Hamamélis, o respeito dos Cedros, a bênção das Halésias, tudo adoçado pelo Bordo da gratidão. Não se pode conhecer a reciprocidade até conhecer a dádiva. Ele se mostra impotente diante do poder das plantas.

Sua cabeça tomba para trás, deixando a taça ainda cheia. Fecha os olhos. Falta ainda uma dose da medicina. Já perdi o medo. Sento-me a seu lado na grama verde que desponta embaixo da neve. "Deixe que lhe conte uma história", peço à medida que o gelo se dissolve. "Ela caiu como uma semente de Ácer, dando piruetas sob a brisa do outono."

# Epílogo:
# Retribuir as dádivas

Vermelho sobre verde; na tarde de verão, as framboesas despontam no meio do mato. O bico do gaio-azul, na outra extremidade desse terreno, está tão manchado de vermelho quanto meus dedos, que levo à boca e à tigela com a mesma frequência. Enfio a mão no arbusto para pegar um cacho de amoras e, ali, na sombra rajada, encontro uma satisfeita tartaruga com o queixo afundado no fruto caído, esticando o pescoço em busca de mais. Deixarei suas frutinhas em paz. A terra tem muitas e as oferece em abundância, espalhando suas dádivas sobre a grama verde: morangos, framboesas, amoras, cerejas, groselhas — para que possamos encher nossas tigelas de frutas. *Niibin*, assim denominamos o verão em Potawatomi, "a época da fartura", mas também a época do encontro de nosso povo, dos *powwows* e das cerimônias.

Vermelho sobre verde, as mantas espalhadas no gramado embaixo das árvores têm altas pilhas de presentes. Bolas de basquete e guarda-chuvas fechados, chaveiros artesanais em ponto *peyote* e arroz selvagem em sacos plásticos com fecho hermético. Entramos na fila para escolher um presente enquanto os anfitriões, radiantes, aguardam. Os adolescentes são despachados para levar os itens selecionados para os idosos sentados em círculo, frágeis demais para circular entre a multidão. *Megwech, megwech* — os obrigados circulam entre nós. À minha frente, uma menininha, inebriada com a abundância, pega tudo que consegue levar nos braços. A mãe se inclina e cochicha em seu ouvido. Indecisa por um instante, a menina se levanta e devolve tudo, à exceção de uma pistola d'água amarela fosforescente.

E depois dançamos. O tambor começa a entoar a melodia das oferendas, e todos se unem no círculo, num festival de trajes com franjas balançando, penas abanando, xales com as cores do arco-íris, camisetas e calças jeans. O piso ressoa com a batida dos pés calçados com mocassins. Toda vez que a música marca o ritmo das batidas de honra, nos detemos e dançamos no mesmo lugar; erguemos o presente acima da cabeça, agitando colares, cestos e bichos de pelúcia, dando gritos em honra aos presentes e aos doadores. Reina o pertencimento entre os risos e as músicas.

Essa é nossa tradicional cerimônia de oferendas, a *minidewak*, uma antiga cerimônia amada por nosso povo e frequente nos *powwows*. No mundo lá fora, quem comemora uma data especial pode esperar receber presentes em homenagem. Mas, segundo os costumes Potawatomi, essa expectativa se inverte. O homenageado é quem *dá* presentes, quem os empilha na manta para compartilhar sua boa sorte com todos no círculo.

Muitas vezes, quando a cerimônia de oferendas é pequena e reúne poucas pessoas, os presentes são artesanais. Por vezes, a comunidade inteira passa o ano trabalhando na confecção de presentes para convidados que nem sequer conhecem. Para os encontros entre os povos, dos quais participam centenas de pessoas, a manta é substituída por um encerado azul de plástico coberto de bugigangas das caixas de produtos em liquidação do Walmart. Pouco importa o presente, um cesto de freixo-negro ou um pegador de panela, o sentimento é o mesmo. A cerimônia de oferendas é um eco de nossos antigos ensinamentos.

A generosidade é, simultaneamente, um imperativo moral e material, em especial entre pessoas que moram perto da terra e conhecem suas ondas de fartura e escassez. E sabem que o bem-estar individual está vinculado ao bem-estar coletivo. A riqueza entre os povos tradicionais é avaliada pelo que se tem para dar. Ao acumular presentes, nos sentimos constipados com tanta prosperidade, empanturrados de pertences, pesados demais para participar da dança.

Às vezes, alguém, até mesmo uma família inteira, não entende esse conceito e pega presentes demais. Amontoam os objetos ao lado de suas cadeiras dobráveis. Talvez precisem deles. Talvez não. Não dançam, passam o tempo todo isolados, tomando conta de suas coisas.

Na cultura da gratidão, todos sabemos que presentes fazem parte do círculo de reciprocidade e acabam retornando para quem os ofereceu. Dessa vez você dá; da próxima, recebe. Tanto a honra de dar quanto a humildade de receber se constituem elementos essenciais da equação. No círculo, uma trilha de grama é desenhada num caminho unindo a gratidão à reciprocidade. Dançamos em círculo, não em fila.

Depois da dança, um menininho em traje da dança da grama, já cansado do brinquedo novo, o joga no chão. O pai manda o filho pegar o caminhãozinho e senta-se a seu lado. Um presente é diferente de algo comprado, possui um significado superior ao valor material. Nunca se deve desonrar um presente. Ele lhe exige algo. Que cuide dele. E ainda mais.

Desconheço a origem da cerimônia das oferendas, mas acredito que o aprendemos pela observação das plantas, em particular das frutas silvestres, que oferecem seus presentes embrulhados em vermelho e azul. Podemos esquecer o professor, mas nossa língua nos lembra: a palavra usada para a cerimônia das oferendas, *minidewak*, significa "eles dão de coração". O radical da palavra é *min*. *Min* é tanto a raiz da palavra para *presente* quanto *fruta silvestre*. Na poesia de nossa língua, pode o fato de falar de *minidewak* nos lembrar de sermos como as frutas silvestres?

As frutas silvestres estão sempre presentes em nossas cerimônias. Unem-se a nós em uma tigela de madeira. Uma grande tigela e uma grande colher, passadas de mão em mão no círculo, para que cada um possa saborear sua doçura, lembrar-se dos presentes e agradecer-lhes. Elas transmitem a lição, passada por nossos ancestrais, de que a generosidade da terra nos chega por meio de uma única tigela e uma única colher. Somos todos alimentados pela mesma tigela que a Mãe Natureza encheu para nós. Não se trata apenas das frutas, mas também da tigela. As dádivas da terra devem ser compartilhadas, mas não são ilimitadas. A generosidade da terra não é um convite para pegarmos tudo. Toda tigela tem um fundo. Quando acaba, acaba. E só há uma colher, ou seja, a mesma quantidade para todos.

Como reabastecemos a tigela vazia? Para tanto basta a gratidão? Não é o que as frutas silvestres nos ensinam. Quando elas espalham sua manta de oferendas, permitindo tanto a pássaros quanto a ursos e a meninos provar sua doçura, a troca não termina aí. Algo além de gratidão é solicitado. As frutas silvestres confiam que iremos cumprir nossa parte na barganha e espalhar suas sementes em outros lugares para crescerem, o que é bom para elas e para os meninos. Elas nos recordam que todo florescimento é mútuo. Precisamos delas, e elas de nós. Suas dádivas se multiplicam graças a nosso cuidado e escasseiam por culpa de nossa negligência. Estamos todos unidos por uma aliança de reciprocidade, um pacto de mútua responsabilidade que supõe sustentar quem nos sustenta. E assim a tigela vazia se enche.

Contudo, no meio do caminho, as pessoas abandonaram os ensinamentos das frutas silvestres. Em vez de semear a riqueza, reduzimos as possibilidades para o futuro. Mas o caminho incerto rumo ao futuro poderia ser iluminado pela linguagem. Em Potawatomi, usamos a palavra *emingoyak*, "a que nos foi dada", ao nos referirmos à terra. Em inglês, chamamos a terra de "recurso natural" ou "serviço ecossistêmico", como se a vida dos outros seres fosse nossa propriedade. Como se a terra não fosse uma tigela de frutas silvestres, mas uma mina a céu aberto, e a colher, uma pá de escavadeira.

Imagine o que aconteceria se, enquanto nossos vizinhos participassem de uma cerimônia de oferendas, alguém invadisse sua casa e levasse o que bem entendesse. Não nos revoltaríamos com a afronta moral? O mesmo deveria ocorrer em se tratando da terra. A terra nos doa a força do vento, do sol e da água. No entanto, arrombamos a terra para retirar combustíveis fósseis. Caso tirássemos apenas o que nos é dado, se retribuíssemos o presente, hoje não teríamos que temer pela atmosfera.

Estamos todos unidos por uma aliança de reciprocidade: alento vegetal e alento animal, inverno e verão, predador e presa, grama e fogo, noite e dia, vida e morte. A água sabe, as nuvens também. O solo e as pedras sabem que estão dançando numa contínua cerimônia que constrói, desconstrói e reconstrói a terra.

Nossos anciãos dizem que as cerimônias têm o propósito de nos lembrarmos de lembrar. Na dança da cerimônia de oferendas, lembramos que a terra é uma dádiva que devemos passar adiante, assim como chegou a nós. Caso nos esqueçamos, necessitaríamos da dança da cerimônia do luto. Pelo falecimento dos ursos-polares, pelo silêncio das garças, pela morte de rios e pela memória da neve.

Quando fecho os olhos, aguardando que a batida de meu coração sincronize com a do tambor, vislumbro que os participantes reconhecem, talvez pela primeira vez, as magníficas dádivas do mundo, enxergando-as com novos olhos, justo quando oscilam à beira do abismo da destruição. Talvez ainda haja tempo. Ou talvez, quem sabe, seja tarde demais. Espalhados na grama, verde sobre marrom, honrarão por fim as oferendas da Mãe Natureza. Mantas de musgo, vestidos de plumas, cestos de milho e recipientes de ervas medicinais. Salmões prateados, praias de ágata, dunas. Trovoadas e nevascas, braçadas de lenha e rebanhos de alces. Tulipas. Batatas. Mariposas-luna e gansos-das-neves. E frutas silvestres. E desejo, acima de tudo, ouvir uma formidável canção de agradecimento ser levada pelo vento. Acho que talvez essa canção nos salve. E então, quando os tambores começarem a tocar, dançaremos, usando trajes que celebrem a vida da terra: uma ondulante franja de ervas altas do campo, xales rodopiantes de borboletas, acenos de plumas de garça, todos adornados de joias com o resplendor de uma onda fosforescente. Quando a música fizer uma pausa para marcar o ritmo das batidas de honra, ergueremos bem alto nossos presentes e daremos gritos de louvor pelo peixe reluzente, pelo ramo de botões de flores e pela noite estrelada.

A aliança moral de reciprocidade nos conclama a honrar nossas responsabilidades por tudo que nos foi dado, por tudo que tomamos. Chegou nossa muito aguardada vez. Preparemos uma cerimônia de oferendas para a Mãe Natureza, estendamos nossas mantas para ela e nelas empilhemos os presentes feitos por nós. Imagine os livros, os quadros, os poemas, os artefatos, os gestos de compaixão, as ideias transcendentais, as ferramentas perfeitas. A acirrada defesa de tudo que nos foi dado. Dons da mente, das mãos, do coração, da voz e da visão oferecidos em benefício da terra. Não importa qual seja o nosso dom, somos convocados a oferecê-lo e a dançar pela renovação do mundo.

Em retribuição pelo privilégio de respirar.

# Uma nota quanto ao tratamento dos nomes das plantas

Aceitamos sem pestanejar que os nomes das pessoas são em letras maiúsculas. Escrever "george washington" seria despojar esse homem de seu status especial de ser humano. No entanto, seria ridículo escrever "Mosquito" para se referir ao inseto voador, mas aceitável se mencionássemos uma marca de barco. A letra maiúscula confere certa distinção, a posição elevada dos humanos e de suas criações na hierarquia dos seres. Biólogos adotaram mundialmente a regra de não usar nomes comuns de plantas e animais em maiúsculas, a não ser que incluam o nome de um ser humano ou o nome de um lugar. Assim, as primeiras flores dos bosques na primavera são chamadas de sanguinárias e a estrela rosa dos bosques da Califórnia é conhecida em inglês como lírio--tigre "de Kellogg". Na verdade, essa regra gramatical aparentemente trivial expressa o pressuposto, profundamente arraigado, da excepcionalidade humana, a noção de que somos diferentes e melhores do que as outras espécies a nosso redor. Já as tradições indígenas reconhecem a individualidade de todos os seres e sua igual importância, sem classificações de acordo com hierarquias, mas num círculo. Assim, neste livro, bem como na minha vida, rompo essas fronteiras gramaticais e escrevo com total liberdade a respeito do Bordo, da Garça e do Wally, quando me refiro a uma pessoa, humana ou não, e do bordo, da garça e do humano, quando me refiro a uma categoria ou conceitos.

# Uma nota quanto ao tratamento das línguas indígenas

As línguas Potawatomi e Anishinaabe são um reflexo da terra e do povo. São uma tradição oral viva, que só passou a ser transcrita recentemente. Diversos sistemas de escrita surgiram para tentar capturar a língua numa ortografia com regras, porém não há consenso quanto à primazia de uma específica, dentre as muitas variantes de uma língua viva tão extensa. Stewart King, ancião, falante fluente e professor Potawatomi, fez a gentileza de revisar meu uso rudimentar da língua, confirmando significados e propondo usos e grafias. Sou imensamente grata por seus conselhos quanto à compreensão da língua e da cultura. O sistema de vogais duplas desenvolvido por Charles Fiero para a escrita da língua foi amplamente adotado por muitos dos falantes Anishinaabe. Contudo, a maioria dos Potawatomi, conhecidos como os "que abandonam as vogais", não usam o sistema Fiero. Em respeito aos falantes e professores e a essas diferentes perspectivas, tentei usar as palavras como me foram originalmente ensinadas.

# Uma nota a respeito das histórias indígenas

Sou uma ouvinte e venho escutando os relatos a meu redor por mais tempo do que ouso admitir. Pretendo honrar meus professores, contando as histórias como elas me foram contadas.

Fomos ensinados que as histórias são seres vivos que crescem, se desenvolvem, se lembram e podem até mudar, não na essência, mas na aparência. São compartilhadas e moldadas pela terra, pela cultura e por quem conta, de modo que uma mesma história pode ser contada de várias maneiras distintas. Às vezes, apenas um fragmento é compartilhado, mostrando somente uma face de uma história multifacetada, dependendo de seu propósito. E o mesmo ocorre com as histórias compartilhadas aqui.

As histórias tradicionais são os tesouros coletivos de um povo, e não é fácil atribuir uma citação bibliográfica a uma única fonte. Muitas não devem ser compartilhadas publicamente e, portanto, não foram incluídas neste livro, mas muitas outras foram divulgadas a fim de poderem cumprir sua missão mundo afora. Para essas histórias, existentes em várias versões, escolhi citar como referência uma fonte publicada, embora reconheça que a versão que compartilho foi enriquecida ao ouvi-la múltiplas vezes e em diferentes relatos. Já de outras, transmitidas pela tradição oral, não tenho conhecimento de qualquer fonte publicada. *Chi megwech* aos contadores de histórias.

# Bibliografia

Allen, Paula Gunn. *Grandmothers of the Light: A Medicine Woman's Sourcebook*. Boston: Beacon Press, 1991.

Awiakta, Marilou. *Selu: Seeking the Corn-Mother's Wisdom*. Golden: Fulcrum, 1993.

Benton-Banai, Edward. *The Mishomis Book: The Voice of the Ojibway*. Red School House, 1988.

Berkes, Fikret. *Sacred Ecology*, 2ª ed. Nova York: Routledge, 2008.

Caduto, Michael J. e Bruchac, Joseph. *Keepers of Life: Discovering Plants through Native American Stories and Earth Activities for Children*. Golden: Fulcrum, 1995.

Cajete, Gregory. *Look to the Mountain: An Ecology of Indigenous Education*. Asheville: Kivaki Press, 1994.

Hyde, Lewis. *The Gift: Imagination and the Erotic Life of Property*. Nova York: Random House, 1979.

Johnston, Basil. *The Manitous: The Spiritual World of the Ojibway*. Saint Paul: Minnesota Historical Society, 2001.

LaDuke, Winona. *Recovering the Sacred: The Power of Naming and Claiming*. Cambridge: South End Press, 2005.

Macy, Joanna. *World as Lover, World as Self: Courage for Global Justice and Ecological Renewal*. Berkeley: Parallax Press, 2007.

Moore, Kathleen Dean e Nelson, Michael P. (orgs.). *Moral Ground: Ethical Action for a Planet in Peril*. San Antonio: Trinity University Press, 2011.

Nelson, Melissa K., (org.). *Original Instructions: Indigenous Teachings for a Sustainable Future.* Rochester: Bear and Company, 2008.

Porter, Tom. *Kanatsiohareke: Traditional Mohawk Indians Return to Their Ancestral Homeland.* Greenfield Center: Bowman Books, 1998.

Ritzenthaler, Robert E. e Ritzenthaler, Pat. *The Woodland Indians of the Western Great Lakes.* Prospect Heights, IL: Waveland Press, 1983.

Shenandoah, Joanne e George, Douglas M. *Skywoman: Legends of the Iroquois.* Santa Fé: Clear Light Publishers, 1988.

Stewart, Hilary e Reid, Bill. *Cedar: Tree of Life to the Northwest Coast Indians.* [S.l.] Douglas and MacIntyre, Ltd., 2003.

Stokes, John e Kanawahienton. *Thanksgiving Address: Greetings to the Natural World.* Six Nations Indian Museum and The Tracking Project, 1993.

Suzuki, David e Knudtson, Peter. *Wisdom of the Elders: Sacred Native Stories of Nature.* Nova York: Bantam Books, 1992.

Treuer, Anton S. *Living Our Language: Ojibwe Tales and Oral Histories: A Bilingual Anthology.* Saint Paul: Minnesota Historical Society, 2001.

# Agradecimentos

Tenho uma dívida de gratidão com o colo de minha avó Abeto Sitka, com o acolhimento do Salgueiro-Branco, o Abeto Balsâmico embaixo de meu saco de dormir e aquele trecho de Mirtilos de Katherine's Bay. Com o Pinheiro--Branco que canta para me fazer dormir e com o que me acorda, com o chá de Goldthread, com os Morangos de junho e as Orquídeas-Passarinho, com os Bordos que ladeiam a porta da minha casa, com as últimas Framboesas do outono e os primeiros Alhos-Porós da primavera, com a Tabua-Larga, a Bétula Papirífera, a raiz de Abeto que cuida do meu corpo e da minha alma e o Freixo-Negro, que carrega meus pensamentos, com os Narcisos e as Violetas e com os Ásteres e as Varas-de-Ouro, que ainda me deixam sem fôlego.

Tenho uma dívida de gratidão com as melhores pessoas que conheço: meus pais, Robert *Wasay ankwat* e Patricia *Wawaskonesen* Wall, que sempre me amaram incondicionalmente e encorajaram, carregaram a centelha e abanaram as chamas, e com minhas filhas Larkin Lee Kimmerer e Linden Lee Lane, pela inspiração que seus seres me proporcionaram e pela generosa permissão de tecer suas histórias com a minha. Não tenho como agradecer todo o amor com que fui abençoada, um amor no qual tudo é possível. *Megwech kine gego.*

Fui abençoada com a orientação de sábios e generosos professores que em muito contribuíram para essas histórias, mesmo que não o saibam. Digo *Chi megwech* àqueles que tenho escutado e com quem tenho aprendido, graças a seus ensinamentos e exemplos de vida, inclusive meus amigos e irmãos Anishinaabe Stewart King, Barbara Wall, Wally Meshigaud, Jim Thunder, Justin Neely, Kevin Finney, Big Bear Johnson, Dick Johnson e a família Pigeon. *Nya wenha* a meus vizinhos, amigos e colegas Haudenosaunee, Oren Lyons, Irving Powless, Jeanne Shenandoah, Audrey Shenandoah, Freida Jacques, Tom Porter, Dan Longboat, Dave Arquette, Noah Point, Neil Patterson, Bob Stevenson, Theresa Burns, Lionel LaCroix e Dean George. E aos incontáveis professores que conheci pelo caminho, em conferências, reuniões culturais, fogueiras e mesas de cozinha, cujos nomes esqueci, mas cujas lições permanecem: *igwien*. Suas palavras e seus comportamentos caíram como sementes em terreno fértil, e minha intenção é cultivá-los com cuidado e respeito. Aceito a total responsabilidade pelos erros inconscientes que sem dúvida cometerei, em função de minha ignorância.

Escrever é uma prática solitária — contudo, não escrevemos sozinhos. O apoio de uma comunidade de escritores sempre disposta a inspirar, ajudar e ouvir com atenção é um enorme presente. Muito obrigada a Kathleen Dean Moore, Libby Roderick, Charles Goodrich, Alison Hawthorne Deming, Carolyn Servid, Robert Michael Pyle, Jesse Ford, Michael Nelson, Janine Debaise, Nan Gartner, Joyce Homan, Dick Pearson, Bev Adams, Richard Weiskopf, Harsey Leonard e outros que me ofereceram incentivo e crítica. A meus amigos e a minha família, que me deram forças para continuar: o entusiasmo de vocês aparece em cada página. Minha gratidão em especial a meus alunos, ao longo de todos esses anos, que com frequência são meus professores e me fazem ter fé no futuro.

Muitas destas páginas foram redigidas em residências de escritores no Blue Mountain Center, no Sitka Center for Art and Ecology e no Mesa Refuge, onde fui muito bem acolhida. Muitas foram também inspiradas pelo tempo que passei na Spring Creek Project e na residência no Long Term Ecological Reflections, na H. J. Andrews Experimental Forest. Meu muito obrigada a todos que possibilitam esses períodos de solidão e apoio.

*Waewaenen* e meus calorosos agradecimentos aos acolhedores anfitriões no College of the Menominee Nation: Mike Dockry, Melissa Cook, Jeff Grignon e aos maravilhosos estudantes que criaram um ambiente inspirador e motivacional para que eu concluísse esta obra.

Um agradecimento especial a meu editor, Patrick Thomas, por acreditar neste trabalho e pelo cuidado, a competência e a paciência comigo, bem como por transformar as páginas do manuscrito em livro.

- intrinseca.com.br
- @intrinseca
- editoraintrinseca
- @intrinseca
- @editoraintrinseca
- editoraintrinseca

| | |
|---:|:---|
| *1ª edição* | MAIO DE 2023 |
| *impressão* | LIS GRÁFICA |
| *papel de miolo* | PÓLEN NATURAL 70 G/M² |
| *papel de capa* | CARTÃO SUPREMO ALTA ALVURA 250G/M² |
| *tipografia* | BEMBO |